传统文化研究

苏州市传统文化研究会 苏州市档案学会 编

顾廷龙 题

第二十四辑

学苑出版社

图书在版编目（CIP）数据

传统文化研究 / 苏州市传统文化研究会，苏州市档案学会编 .—北京：学苑出版社，2017.3
　ISBN 978-7-5077-5192-5

　Ⅰ.①传… Ⅱ.①苏… ②苏… Ⅲ.①中华文化—研究 Ⅳ.①K203

中国版本图书馆CIP数据核字（2017）第059196号

出 版 人：	孟　白
责任编辑：	陈　佳
装帧设计：	逸品书装
出版发行：	学苑出版社
社　　址：	北京市丰台区南方庄2号院1号楼
邮政编码：	100079
网　　址：	www.book001.com
电子信箱：	xueyuanpress@163.com
联系电话：	010-67601101（营销部）、010-67603091（总编室）
经　　销：	新华书店
印 刷 厂：	北京建宏印刷有限公司
开本尺寸：	850×1168mm　　1/32
印　　张：	15.75　　彩插8
字　　数：	423千字
版　　次：	2017年4月北京第1版
印　　次：	2017年4月北京第1次印刷
定　　价：	65.00元

目断江山魂欲飞

（吕凤子 画，1943 年）

初雪

（吕凤子 画，1957 年）

华山松
（吕凤子 画，1957年）

老凤今年七十四（吕凤子 画，1957年）

凤翥云霄艺峰巅，先师常至梦魂间（葛藤 作）

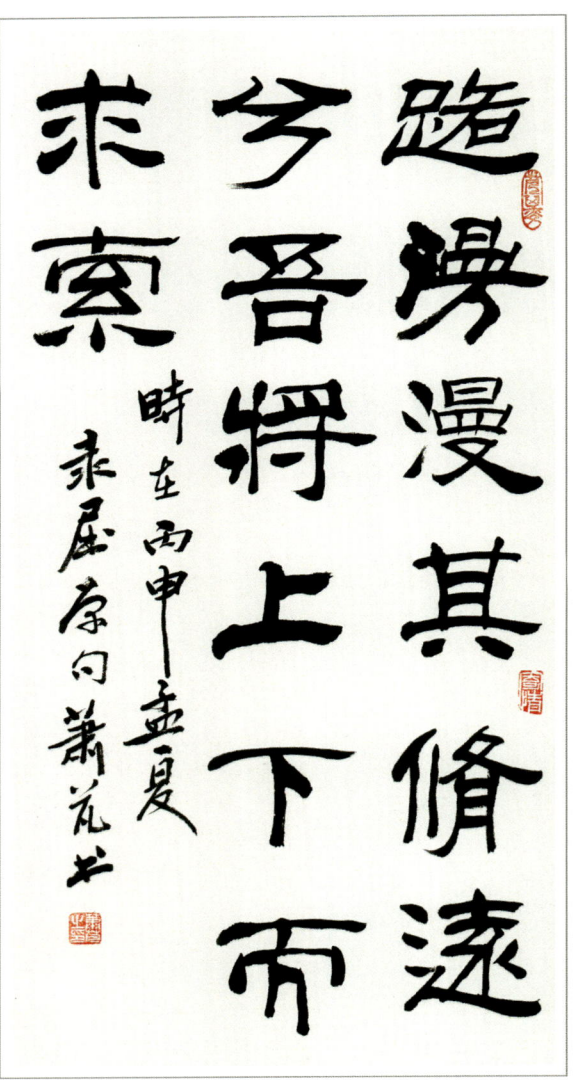

选自屈原《离骚》（肖芃 书）

板桥道人写竹图（王锡麒 画）

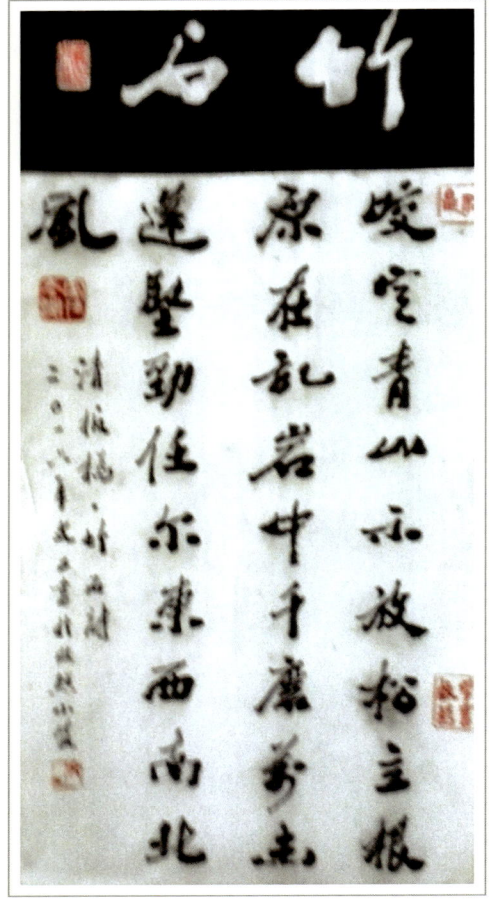

竹石（文工 书）　　　　　选自韩愈《师说》（费之雄 书）

活力有余（鱼）（李远延 作）

取自清郑板桥联：虚心竹有低头叶，傲骨梅有仰面花（闻立鼎 书）

目 录

序言 ·· 冯志杰 / 1

核心价值论

顾炎武爱国思想新论 ···························· 周可真 / 2
论爱国主义主题是永恒的 ······················ 陆承曜 / 17
工匠精神——敬业精神的时代表达 ············ 顾玉萍 / 27
让诚信实现更大价值 ···························· 李 直 / 36
论"诚信"价值观的内涵、价值与传承 ········ 徐正兴 / 42
社会主义核心价值观视域下大学生的精神文明建设
·· 赵絮颖 / 58

生态综议

倾听山林与湿地的无声之声 ···················· 杜国玲 / 68
生态环境与文化
——苏州开山取石与对文化高地的影响 ········ 张长霖 / 71
苏州古代生态环境保护与营造 ················· 戈春源 / 77
范成大的田园世界及其生态之恋 ··············· 王敏杰 / 89

锦绣兰台

如烟似水　摇曳多姿
　　——漫谈近现代中国苏州丝绸档案
　　……………………………肖　苊　栾清照　陈　鑫　卜鉴民 / 100
近现代中国苏州丝绸档案价值刍议 ………………………… 杨　韫 / 110
让苏州丝绸档案走向世界
　　——近现代苏州丝绸样本档案申报"世界记忆亚太地区
　　名录" ………………………………………………… 张　丫 / 118
苏州丝绸档案进入"世界记忆" ………………………… 陈秀雅 / 122
用文献向世界讲述"江苏故事"
　　——2.8万余卷苏州丝绸样本档案入选"世界记忆"
　　………………………………………………………… 李仲勋 / 124

吴中人文

苏州文化传承与文化苏州建设的思考 …… 高志罡　李远延 / 128
论春秋吴国都城苏州 ……………………………………… 吴恩培 / 133
元末重修苏州城墙初探 …………………………………… 嵇　元 / 144
从会稽郡、吴郡到苏州
　　——秦汉至隋唐时期吴城所辖行政区域及政治地位的变迁 …
　　………………………………………………………… 孙中旺 / 153
姑苏诗太守白居易笔下的东方水城
　　——诗意栖居的人间天堂 ………………………… 徐　静 / 162
吴中好风景，风景无朝暮
　　——白居易笔下的苏州诗咏 ……………………… 施伟萍 / 169
余怀晚隐吴门考 …………………………………………… 简　雄 / 178
徐俟斋情归吴中 …………………………………………… 吴眉眉 / 198

昆剧究竟几百年？
　　——昆剧产生的前前后后 …………………… 陆　咸 / 205
苏州评弹与苏州方言保护 ………………………… 徐志强 / 217
隐现无穷之态，招摇不尽之春
　　——经典《园冶》的文学品赏（下） ……… 金学智 / 223
在文学与历史之间的游弋
　　——顾颉刚的红楼梦研究 …………………… 朱洪涛 / 237
邓云乡与《红楼梦》 ……………………………… 祝兆平 / 246
曹寅昆仲游千尺雪及邓尉探梅轶事 ……………… 臧寿源 / 252
读书学习　成才兴邦
　　——以范仲淹为例 …………………………… 沈建洪 / 261
苏州传世名著解读两种
　　——《吴郡志》与《宋平江城坊考》 ……… 张维明 / 271
璀璨的教育遗产
　　——略论苏州校园历史建筑的保护和利用 … 何大明 / 280
苏州丝绸的沿革和展望 ………………… 刘立人　姚怡衷 / 289
开相宜从"阿堵"起？
　　——父亲费新我画像若干事 ………………… 费之雄 / 296
敲锣打鼓奏编钟　剑胆琴韵众乐乐
　　——记苏州市非物质文化保护基地带头人金海鸥
　　……………………………………………… 郑凤鸣 / 302
沧浪亭：官衙园林的文化表达 …………………… 陶友华 / 311
桥联：无名文人的用武之地
　　——从苏州古桥读历史文化（之一）
　　……………………………………… 王家伦　陈建红 / 322
桥头：阅尽历史的沧桑
　　——从苏州古桥读历史文化（之二）
　　……………………………………… 谢勤国　陈建红 / 330

红色苏档

无形战线上的隐蔽战士
　　——记苏州地下工作者徐懋德和顾孟琴 ········ 池景彦 / 340
茅丽瑛的光辉形象照耀了我的一生
　　——回忆在"中国职业妇女俱乐部"的峥嵘岁月
　　················· 罗致哲 口述　丁 蘖 整理 / 346
日伪统治下苏州丝织工人的罢工斗争 ··············· 杨　韫 / 352

江南望族

近代西学与柳亚子家庭教育思想的形成 ············ 陆文龙 / 358
近代家庭教育的转变：以黄炎培为例 ··············· 杨　桢 / 377
近代苏州贝氏与苏州旅沪同乡会的慈善事业 ········ 李志强 / 395

论苑撷英

孔子的"人无远虑，必有近忧"解 ··············· 王伏生 / 410
中华伦理美德"母慈子孝"与当代感恩教育 ········ 朱　年 / 414
探析计成共享园林与宜居环境的美学理想 ············ 金　文 / 421

资料集萃

春秋吴大城　姑苏繁华地 ····················· 徐刚毅 / 432
早期西学东渐和苏州科技发展 ···················· 张橙华 / 454
太湖流域猛将神信仰的调查与研究 ················ 沈建东 / 466

编后记 ······································· / 491

序言　传统文化的时代价值

在人类发展史上，中华传统文化①作为中华文明的核心内涵和主要呈现，曾是中华民族的精神支柱，撑起了华夏文明脊梁，构筑起华夏文明的大厦，引领着中华民族前进的步履走过五千年的辉煌历程。现在，中华民族已经站在新的历史起点上，实现两个一百年目标和中华民族伟大复兴的中国梦，建设富强民主文明和谐的社会主义现代化国家，成为我们目前面临的历史使命。建设现代化强国，既包括以经济为主要内涵的物质文明的高度发达，更包括以文化为主要内涵的精神文明的高度繁荣。在新的历史条件下，建设当代中国先进文化，深入研究传统文化具有极其重要的现实意义和时代价值。

首先，当代中国先进文化传承了中华优秀文化的基因。当代中国先进文化是当代中国政治和经济在观念形态上的反映，体现着时代精神和和时代价值观念，同时又折射着中华传统文化的优秀品质和精神。这种精神特别在作为中国当代先进文化基本内涵的社会主义核心价值观得到充分体现。作为社会主义核心价值观的内涵，富强、民主、文明、和谐，自由、平等、公正、法制，爱国、敬业、诚信、友善，不仅传承了中华传统优秀文化的基因，更反映了中华

---

① 为叙事需要，本文使用"中华传统文化"、"中华文化"、"传统文化"作为"中国传统文化"的同义语。

民族自强不息、舍生取义、爱国尊民、崇尚和合的民族精神和忧国忧民的家国情怀。从实践上看，当代革命烈士不怕牺牲的献身精神、两弹一星的无私奉献精神、铁人王进喜的艰苦创业精神，都能从古代仁人志士的精神品格中找到渊源，像屈原、岳飞的精忠报国精神、文天祥"人生自古谁无死，留取丹心照汗青"的大无畏牺牲精神，范仲淹"先天下之忧而忧，后天下之乐而乐"的奉献精神，顾炎武"天下兴亡，匹夫有责"和林则徐"苟利国家生死以，岂因祸福趋避之"的责任担当精神，等等，都是当今先进文化的精神渊源。

其次，传统文化是我们文化自信与自强的基石。我们建设当代中国先进文化，必须有坚定的文化自信，最终实现文化自强。中华优秀传统文化是我们中华民族精神家园的根基。中华文化历经五千年，尽管也遭到各种劫难，包括外国列强入侵试图亡我历史、亡我文化、亡我民族，但是中华文化深厚的历史根基，始终未能被外来文化所征服，显示出"野火烧不尽，春风吹又生"的顽强生命力，最终成为世界上唯一没有中断过的文明。我们知道，人类历史上曾经涌现出几十种文化形态，包括中华传统文化、古印度文化、巴比伦文化和古埃及文化四大文明古国的文化体系。在所有这些文化形态中，只有中华传统文化绵延五千年，生生不息，历久弥新，而古希腊、古罗马、古印度文化均因异族文化的入主而中断，中华传统文化不仅没有因外来文化而中断，反而将外来文化同化、融合，成为中国文化的组成部分，使中华文化焕发出新的生命力，以崭新的姿态立于人类文化之林，令我们自豪，给我们自信。这就是我们当今建设先进文化的基础，是我们文化自信和自强的基石。

第三，传统文化是我们建设中国先进文化的重要源泉。中国传统文化内涵丰富，博大精深，作为人类文明史上唯一没有中断的文化，经过五千多年的持续积淀，形成了浑厚恢弘的文化体系。从广义文化来看，中华传统文化包括物态文化、制度文化、行为文化和精神文化四个层面。其中精神文化是核心，其内涵十分丰富，包括思想理论、道德风尚、文学艺术、教育与科学等各个精神领域，具有价值导向、精神引领、凝聚共识的社会功能。优秀传统文化的精神和思想等文化要素，都可以为我们当今先进文化建设所借鉴。事实上，作为当代先进文化的核心和指导思想，中国化的马克思主义就继承、借鉴了很多中华优秀传统文化因素。例如，毛泽东曾倡导用《汉书》中的"实事求是"要求大家树立理论联系实际的学风，改革开放后"实事求是"被确立为党的思想路线。再如，古代崇尚和合思想之于我们当今和谐社会建设，古代天人合一思想之于当今生态文明建设，古代崇尚正道直行精神之于当今建设清明廉洁政治生态，古代重义轻利思想之于当今诚信体系构建，等等，都为我们提供了重要的历史借鉴，是我们当今建设先进文化的重要源泉。当然，对于中华传统文化的吸收、借鉴，要坚持古为今用原则，取其精华，去其糟粕，扬弃继承，借鉴创新，创造中华文化新辉煌。

由此可见，对于传统文化的研究不仅有其文化自身的意义，还有重要的时代价值。当前，中华传统文化研究呈现出不断高涨、百花齐放的良好态势，既有全国性的研究活动，也有地方组织的研究活动。读者面前的《传统文化研究》就是立足于苏州地区的有关传统文化研究成果荟萃，是传统文化研究百花园中绽放的一枚绚丽花朵。《传统文化研究》作为苏州市传统文化研究会编辑的集刊，迄今经历了近四分之一世纪，每年出版一辑，读者眼前所看到的是第二十四辑。每一卷内容征引宏富，荟萃苏州市传统文化研究会会员关于中华文化研究的新成果。就第二十四辑而言，包括核心价值论、生态综论、吴中人文等若干栏目，既涉及当代中国文化的核心内容——核心价值观、生态文明建设，又彰显地方特色，深入发掘传统文化的时代价值，服务当代中国先进文化建设和实现中国梦的伟大实践，浸透着吴地姑苏一批文化工作者的心血和汗水。苏州作为古今文明的文化重镇和中华文化重要的策源地之一，在中华文化的传承、发展中有着独特的历史地位和贡献。《传统文化研究》集刊就是当代苏州文化工作者在姑苏文化园地耕耘的硕果。他们立足苏州，在中华传统文化园地默默坚守、耕耘，对传统文化深入研究、发掘、阐释、提炼，并与当代实际密切结合，努力发掘传统文化的时代价值，做出新概括，得出新结论，为我们当今先进文化建设提供了非常有价值的参考和借鉴。

《传统文化研究》犹如中华传统文化研究园地的一株嘉树，愿它今后更加枝繁叶茂，花朵盛放，硕果累累，为中华传统文化研究和当代先进文化建设发挥自己独特的作用，作出新的贡献。

2017 年 1 月 20 日

（冯志杰，南京农业大学博士、中国三峡出版传媒有限公司副总经理、资深翻译家）

核 心 价 值 论

顾炎武爱国思想新论

周可真

顾炎武的爱国行为体现了其爱国思想中具有直接现实性的方面，并非全部内容，更不是本质内容。人的思想本质在于创造理想世界，关于这个理想世界的思想，才是其本质所在。顾炎武的爱国行为则是适应现实世界的东西，因此，它只是其爱国思想中非本质的方面。

顾炎武的爱国诗歌是其爱国性情的表现，这种性情亦属于爱国思想范畴，但却是非理性的。所谓"非理性"，并不是说它是未经理性思考的东西，只是纯粹直觉的产物，而是说，它是主其性情的东西，是围绕着其个人自我而展开的思想，亦即，它只是关于顾炎武之"我"的思想。这个"我"作为一种个别、一种个性，诚然也与某种一般的、共性的东西相联系而存在，但它毕竟不等同于后者，它并不就是一般，就是共性。这就是说，关于顾炎武之"我"的思想，是以特殊而非普遍的对象作为内容的，因而具有非理性的性质，而理性按其本性总是指向普遍的对象的。

严格地讲，顾炎武的爱国思想是围绕着他所爱的"国"而展开的关于"保国"的思想。然而，当其自觉地、有意识地欲保其国的时候，明朝很快就灭亡了。因此，其保国思想实际上是他在亡国以后为了"必有圣人，以续周汉"的信念而"翘足而待之"的"王者"复起并不再亡国而展开的，关于明朝灭亡原因的思考。他的思考是随着国内形势的变化而变化的，其爱国思想的发展也相应地显示出阶段性来。

顾炎武爱国思想的发展：从"保国"到"保天下"

在清初顺治时，清朝统治尚未稳固，南明军队尚在和清军作殊死搏斗，虽然力量对比悬殊，南明方面取胜的可能性极小，自弘光政权覆灭后顾炎武其实对此就心知肚明，后来隆武政权亦相继覆灭，他就更清楚复国的希望乃是十分渺茫，但是，他始终也没有丧失其胜利的信念，对南明的抗清斗争始终都怀有某种现实的期待。所以，那个时候他的爱国思想主要是体现在其明或暗的参与南明抗清斗争的行动上的，还很少或无暇从理性上去深入思考和总结明朝灭亡的原因及其教训。

进入康熙后，南明的抗清斗争很快偃旗息鼓，清朝政权愈益巩固和强大。在复国事业完全没有现实的成功希望的时候，顾炎武爱国思想的重点遂转移到了对明朝灭亡的原因及其教训的思考和总结上。他在《裴村记》（康熙二年，1663年）中写道：

> 呜呼！自治道愈下而国无强宗，无强宗，是以无立国，无立国，是以内溃外畔而卒至于亡。然则宗法之存，非所以扶人纪而张国势者乎？……唐之天子，贵士族而厚门荫，盖知封建之不可复，而寓其意于士大夫，以自卫于一旦仓黄之际，固非后之人主所能知也。予尝历览山东、河北，自兵兴以来，州县之能不至于残破者，多得之豪家大姓之力，而不尽恃乎其长吏。及至河东，问贼李自成所以长驱而下三晋之故，慨然伤之……夫不能复封建之治，而欲藉士大夫之势以立其国者，其在重氏族哉！其在重氏族哉！[①]

顾炎武在这里所表达的宗法立国的思想，是渊源于他十多年前（顺治六年，1649年）曾得读的《象象谭》一书。此书是由一位自称为"太虚山人"的学者所写的，其人真实姓名无从得知。据顾炎武介绍，其书内容梗概如下：

……天子本也，亲王枝也，宗室叶也，故福先上，祸先下……祸及亲王，此及天子之渐也……昔太祖高皇帝时，二十四王并皆少壮，分封之国，往往连跨数十城，护卫军至一二万，而又有行边之命，都司卫所并受节制。以故有北平之事，乐安、南昌缘之以起，异日大臣无不以削弱王府为务……及至贼骑至城，而亲王之势与齐民无异。逆贼见藩封之大，所向辄陷，而国家无如之何也，则以为天子之都，亦将如是而已，是以直犯京师而不忌。②

这本书顾炎武大概是从别人那里借阅的，认为书中所论颇有见地，读罢未休，还将此书原原本本地抄写下来（并且一直珍藏至老）。正是受了此书的影响，北游以后，他在"历览山东、河北"时，遂有意识地开展经验观察与调查研究，以征其书思想之实。《裴村记》中的观点表明，经过其数年来的经验观察与调查研究，他认为，太虚山人关于明朝之所以灭亡是由于其亲王势力遭受严重削弱所致的观点是与经验事实相符的，因为他在游历中确实了解到"自兵兴以来，州县之能不至于残破者，多得之豪家大姓之力"的情况，所以吸取了太虚山人的思想，并且提醒"后王"千万要记取这个历史教训——"欲藉士大夫之势以立其国者，其在重氏族哉！其在重氏族哉！"否则"一旦有变，人主无可仗之大臣，国人无可依之巨室，相率奔窜，以求苟免"③，国家必归于亡也。

顾炎武"重氏族"的思想不仅较为集中地反映在他的《裴村记》中，在其初刻《日知录》八卷本（康熙九年，1670年）中同样有所反映："春秋时最重族姓，至七国时，则绝无一语及之者，正犹唐人最重谱牒，而五代以后，则荡然无存，人亦不复问此。百余年间，世变风移，可为长叹也已。"④这里所谓"唐人最重谱牒"与《裴村记》中所述"出至官道旁，读唐时碑，载其谱牒世系，登陇而望，十里之内邱墓相连，其名字官爵可考者尚数百人。盖近古氏族之盛，莫过于唐，而河中为唐近畿地"的情况是完全一致的；前者作为一个论断，很可能正是依据后者的经验事实得出的一个结论。

正是出于"重氏族"的思想，顾炎武于作《裴村记》的当年，曾专程拜访明宗室朱存枟（即杨谦）于长安之青门，并破天荒地收其子烈及外甥王太和为门生，还为其父作《朱子斗诗序》，序曰：

> 国家之所以常治而不乱者，人材也。人材之出于天下者，固将爱之重之；夫苟人材之出于其宗，则尤爱之而尤重之。以文王之明德作人，而其用之也，常先同姓而后庶姓；周公为太宰，康叔为司寇，聃季为司空；成王顾命，而六卿之长，五为同姓。周公、祭公、毛伯、凡伯、之属，每见于《春秋》，而与周相终始。汉、唐而下，以同宗而为丞相，笔中书者不可胜数。然则自古以来，待宗人之失，未有如有明者也。庸疏舍戚，内羁而外亲，既不得筮仕为吏，而复限之于国城之中，若无罪而拘之者。故其不肖者怙侈放辟，以为民害，而其贤者亦仅仅守己洁行，学为词赋，以自附于文苑之徒。于是举天子之宗，无一人焉任国家之事，以生草泽之心，而召蛮裔之侮，宁以其四海之大，宗祧之重，畀之非族者而不恤，呜呼！此亦后世有天下者之大监也已。……子斗没后八年而余至关中，访七子之后，其六子皆衰落不振，而伯常年已六十有二。独其家遗书尚存，而为人亦温恭恿慎，以求全于世，惟恐人目之为故王孙者，反不若庶姓之人，犹得盱衡扼腕，言天下之事于朋友之前而无所忌。虽时势则然，亦繇国家向日裁抑太过，无有强宗大豪如南阳诸刘，得以挠新莽之威而保先人之祚者也。余悲夫以子斗之贤，使其立朝，必能为天子正纪纲，补阙失；其在封疆，必能秉一节，遏寇虣；……呜呼！孰谓宗室无人材也哉！⑤

顾炎武在这里所表达的"繇国家（明朝）向日（对宗人）裁抑太过，无强宗大豪如南阳诸刘"而终于"召蛮裔之侮"的思想，几乎完全是对《象象谭》思想的承袭。

不过，顾炎武关于重氏族以张国势的思想，不尽同于《象象谭》，而是对其有所发展，这主要体现在顾炎武对"封建之不可复"具有非常强烈而清醒的意识，他之所以主张"藉士大夫之势以立其国"，正是鉴于"不能复封建之治"。显然，这种"封建之不可复"的思想与他在《郡县论》中所表达的思想是完全一致的——《郡县论》有云："知封建之所以变而为郡县，则知郡县之敝而将复变。然则将复变而为封建乎？曰：不能。有圣人起，寓封建之意于郡县之中，而天下治矣。"⑥

顾炎武在《郡县论》中所提出的"寓封建之意于郡县之中"这一旨在"厚民生，强国势"而要求改革专制主义中央集权制度以扩大地方自治权的主张，其精神实质是在于利用"天下之人各怀其家，各私其子……为天子为百姓之心，必不如其自为"⑦这样一种"人之常情"来达到"（县令）为其私，所以为天子"的目的，那么同样可知，他在《裴村记》中所提出的"寓封建意于士大夫"这一"藉士大夫之势以立其国"的主张，也不过是鉴于上述"人之常情"，考虑到只有作为"天子之子若孙"的亲王和宗室成员才会出于其自为的本性而忠心为天子效力，所以，在他看来，在国难当头之际，天子真正可以依仗的还是自己的亲王和宗室成员，一般庶民是靠不住的，因其为天子之心，必不如其自为也，故于"一旦仓黄之际"，他们必定是"相率奔窜，以求苟免"，决不会置身家性命于不顾而一心为天子的。

在顾炎武的上述爱国思想中，蕴含着这样一个观点：只有王亲和宗室成员才会真心效忠于君主，而其他人出于其本性必是爱自己胜过爱天子，忠于自己的家族胜过忠于国君的。由此，普通百姓并无忠君爱国之本性，那么，他们的忠君爱国便不是无条件的、绝对的，而是必须具备一定的条件，他们才会效忠于国君。

然而，从顾炎武在《裴村记》中的表述来看，"重氏族"而重建宗法制度的意义却仅在于"藉士大夫之势以立其国"，易言之，宗法在这里所起的作用只是强化王府宗室势力，由此，充其量不过能培植一批在顾炎武看来能够效忠于国君的亲信而已。显然，不论这股亲信势力究竟能发展和强大到什么程度，对巩固君主的地位和保障国家的安全究竟会起到多大的积极作用，人数终究是有限的，只占全国人口的极少数。顾炎武在这里主张依靠极少数的所谓"士大夫"的势力来立国，表明其历史观是极端封建守旧的。由于平民百姓的力量尚在其视野之外，所以他并未涉及也不可能思考如何才能使他们效忠于国君的问题。

但是，到了其临终绝笔为定的《日知录》（1695）中，顾炎武原先主张通过重建宗法制度来"藉士大夫之势以立其国"的思想已发展和转变成为"立宗法以辅人君之治"的思想：

> 人君之于天下，不能以独治也。独治之而刑繁矣，众治之而刑措矣。古之王者不忍以刑穷天下之民也，是故一家之中父兄治之，一族之间宗子治之。其有不善之萌，莫不自化于闺门之内。而犹有不帅教者，然后归之士师。然则人君之所治者约矣……是故宗法立而刑清，天下之宗子各治其族，以辅人君之治，罔攸兼于庶狱，而民自不犯于有司，风俗之醇，科条之简，有自来矣。诗曰："君之宗之。"吾是以知宗子之次于君道也。⑧

顾炎武在这里以"众治"来取代"人君独治"的治国思想，表明他在历史观上已取得了重要突破——从原来只看到"士大夫"的力量，进展到了重视"天下之宗子"的力量，这样，其立宗法的主张便多少带有了提倡民主政治的意味。在这种以宗法制度作基础的"众治"政治体制下，"宗子治其族"作为"辅人君之治"的政治行为亦具有伦理意义，即成为"天下宗子"忠君爱国的道德行为。换言之，宗法制度在这里不仅具有可保有较强大的王府宗室势力来效忠于君主的意义，同时它实际上也成为保证普通百姓也能效忠于国君的客观条件了。这样，人们的忠君爱国行为便都是依靠宗法制度对他们的制约和引导而成，而并非是由于其主观的道德修养而成了。在宗法制度的作用下，人们无不是出于其本性而各谋其私——王府宗室成员之效忠于君主固然是其自为的表现，其他人也都是出于其自为的本性而为其家庭和宗族效力，只不过这种主观为其私的行为在客观上也起着为君主、为国家效力的作用罢了。在顾炎武所设想的宗法政治体制下，人们有没有自觉的忠君意识乃是无关紧要的，他们完全不必在意自己的行为是否合乎忠君之理。如此，传统的忠君之德实际上是被消解了。

在忠君之德被其消解的同时，顾炎武提出了"保国"与"保天下"两种德行："有亡国，有亡天下，亡国与亡天下奚辨？曰：易姓改号，谓之亡国；仁义充塞，而至于率兽食人，人将相食，谓之亡天下……是故知保天下，然后知保其国。保国者，其君其臣肉食者谋之；保天下者，匹夫之贱，与有责焉耳矣。"⑨这里，"国"是指某"姓"而言，实指占据国家统治地位的某个家族，所谓"保国"，就是捍卫其家族的政权，维护其家族的统治地位；"天下"则是指"人"而言，实指包括统治者和被统治者在内的全国人民，所谓"保天下"，就是捍卫全国人民的做人权利，确保他们过真正的人的生活，而不至于像毫无人道可言的禽兽一样生活。联系顾炎武的"众治"思想，并考虑到其《日知录》立言之本旨，他所谓"知保天下，然后知保其国"，无疑应该被理解为是对"后王"而言，其意思应该是说，为君主者如果真是想保其国，就应该懂得必须首先保天下；而如欲保天下，就不可不立"宗法"以行"众治"，若使"一家之中父兄治之，一族之间宗子治之。其有不善之萌，莫不自化于闺门之内。而犹有不帅教者，然后归之士师"，则"风俗之醇，科条之简，有自来矣"，而"民自不犯于有司"，如此，则天下太平，其国可以长存矣。这意味着，对于君主来说，因其保国必须以保天下为前提和基础，故他不但有保国之责，且因此更有责于保天下。保国，是其作为君主及其家族成员所特有的私德行为；保天下，则是君主及其家族成员作为人所应有的公德行为。保天下作为一种公德行为，是一切人所应当具有的普遍的道德行为，对于"贱夫"来说，这种道德行为更是他们唯一应取的因而也是最高的德行。显然，这种德行的本质并非在于忠君，而是在于忠民。

我们注意到，与顾炎武的"保国"与"保天下"之论基本一致，黄宗羲也提出："我之出而仕也，为天下，非为君也；为万民，非为一姓也。吾以天下万民起见，非其道，即君以形声强我，未之敢从也，况于无形无声乎！非其道，即立身于其朝，未之敢许也，况于杀其身乎！不然，而以君之一身一姓起见，君有无形无声之嗜欲，吾从而视之听之，此宦官宫妾之心也；君为己死而为己亡，吾从而死之亡之，此其私匿者之事也……盖天下之治乱，不在一姓之兴亡，而在万民之忧乐。"⑩黄宗羲所谓"为天下，非为君"、"为万民，非为一姓"，比顾炎武更加明确、更加旗帜鲜明地提出了忠民而不忠君的新道德。

由此可见，中国古代爱国主义发展到明清之际，已然新生出具有近代民主意识的伦理内容，传统的忠君之德以此受到前所未有的挑战，并显露出有被新兴忠民之德所取代的历史趋向。

从明清之际启蒙学者顾炎武、黄宗羲等人的伦理思想可以看出，虽然他们原是出于忠君意识来思考国家大事的，其初始目的甚至不过就是"为君"而非"为天下"、"为一姓"而非"为万民"的，但是，当着他们以现实主义态度来审视社会现实的时候，当着他们发现"人必有私"、"人必势利"的客观现实情况而意识到人的自私自利心是只可"从而恤之"而不可禁之的时候，他们却不知不觉地或有意无意地突破了封建主义忠君之德的樊篱，倡导起一种具有一定民主精神的忠民之德来了。由此，我们可以领悟到这样一个道理：人的"自私"、"自利"的本性与"为天下"、"为万民"的道德并不自相矛盾,恰恰相反,"为天下"、"为万民"的道德正是一种顺应人的"自私"、"自利"的本性的道德,一种能满足其本性需要的道德,只要人们能正视其作为人的这种本性,本着顺应其本性而不是违逆其本性的现实主义态度,从而由"人欲"之"私"出发,就必然逻辑地引出"为天下"、"为万民"的公德;反之,无视人的"自私"、"自利"的本性,采取违逆其本性的理想主义态度,乃至于从"天理"之"公"出发,则只可能引出"为君"、"为一姓"的私德,而必不能引出"为天下"、"为万民"的公德来。

但是,以黄宗羲、顾炎武为代表的明清之际启蒙学者所提出的具有近代民主意识的忠民之德,在当时资本主义尚在萌芽之中而"溥天之下,莫非王土;率土之滨,莫非王臣"的王有制仍是中国社会的经济基础的历史条件下,是缺乏现实的物质基础的,因而不可能成为一种现实的社会伦理道德,充其量只是以一种潜在的新道德而存在于个别人的道德意识和道德行为之中。事实上整个明清时期,占统治地位的现实的爱国主义道德依然是传统的忠君之德,其至像黄宗羲、顾炎武这样的启蒙学者,在其现实生活中也仍要遵从这种传统道德——他们始终作为明朝遗民而以"孤忠"断然拒绝同清朝合作就是证明。

顾炎武爱国思想的本质:"行己有耻"的"保天下"

顾炎武关于宗法立国的思想是基于传统的忠君意识,从这种封建伦理观念出发的,然其最终引出的结论却是具有一定民主精神的忠民之德,这是一种以博爱人类为情感基础的、包含着近代资产阶级人道主义因素的、具有中国传统宗法伦理特色的新道德。这种新道德所指向的对象是抽象的"人"——区别于禽兽的人的类本质。在传统儒家那里,人的这种类本质被规定为"仁","仁"又被进一步规定为"爱人"。按照传统儒家的宗法伦理观念,"爱人"的本质意义在于,在"家"为爱父母,在"国"为爱君主。如果像有人所说的那样传统儒家也有所谓人道主义的话,其人道主义所张扬的"人"本质上不过是"父"、"君",而且由于其提倡"孝"的目的在于"忠",故作为其人道主义归宿的"人"实质上只是"君"而已;"君",是为传统儒家所提倡的宗法伦理道德所指向的终极对象。如果说近代资产阶级人道主义主张"人是目的"的话,那么据实说,中国古代儒家人道主义所主张的则是"君是目的"。按照这种所谓的人道主义,惟有"君"才是真正的、本体意义的"人"。显然,这种所谓的人道主义,其实是根本不配称作人道主义的。顾炎武(同时也包括黄宗羲等明清之际杰出启蒙学者)在儒家学说发展史上的一个重要的历史贡献恰恰在于,他把原本不属于人道主义范畴的儒家学说发展成为一种人道主义学说——他通过对"亡国"与"亡天下"、"保国"与"保天下"的严格区分,不仅同时把"君"与"人"也严格区分开来,而且重新确定了道德的真正对象是"人"而不是"君"。按照这种新的伦理观,"君"并非天然就是道德的对象,"君"要成为道德的对象,惟其成为"人"才是可能的。在这里,"人"是本体,"君"则是有待于反归于其本体,在自己的思想和行动上反映和体现这个本体的个别之人;只有当这个特殊的人尽到其人所应尽的"保天下"之责而成为一个现实的人的时候,他才成为道德的对象。如此,他所要保的"国"才成为一种合乎道德的存在,从而"保国"也才成为一种合乎道德责任的行为。然则,在顾炎武的人道主义伦理体系中,"人"、"天下"乃是第一性的道德存在;"君"、"国"则是由"人"、"天下"派生出来的第二性的道德存在。

  从顾炎武反思亡国原因所得出的"知保天下,然后知保其国"的结论可以看出,他其实是认为明朝之所以灭亡是与其君之不知保天下而未能尽到人的道德责任有关,只不过在现实中他毕竟还受到传统忠君之德的约束和限制,而不便抑或不敢直白地将这一点挑明。但是,有一点是非常明确的,即"亡国"是"亡天下"的必然结果。

所谓"亡天下",就是道德的沦丧,使人不成其为人,即所谓"仁义充塞,而至于率兽食人,人将相食"也。重视仁义道德,这是顾炎武作为儒家学者在伦理观上的基本特点;但同时,他又是一位既有其时代特征更有其个性特征的儒家学者,因而他在伦理观上特别是在对仁义道德的理解上更有其不同于传统儒家学者或其他儒家学者的特殊思想,即在于特别重视和强调"廉耻"之德。

顾炎武之特重"廉耻"之德,首先与他遭遇国破家亡的人生经历密切相关。顾炎武亲历了明清改朝换代的沧桑之变,耳闻目睹了清军入关后,特别是野蛮征服江南的过程中大肆滥杀无辜的罪恶行径,扬州十日以及江阴、昆山等地的屠城,致使数百万生灵尽膏草野。生母何氏之伤而折右臂、同怀弟缵、绳及挚友吴其沆之罹难,更使顾炎武痛心疾首。顺治三年(1646),其赋《海上》诗有云:"十年天地干戈老,四海苍生痛哭深。"⑪既表达了他对于饱受战争之苦的平民百姓的深切同情,也是对清军所犯下的滔天罪行的悲愤控诉。他在《日知录》中"明告万世":"取天下者无灭国之义也!"⑫并劝诫"后王"务必"不动其行一不义、杀一不辜而得天下有不为也之心"⑬。顾炎武认为,在战争中滥杀无辜、无恶不作的情况是与军队的不讲廉耻直接相关的,"盖不廉则无所不取,不耻则无所不为"⑭也。他指出:"古圣王之征诛也,取天下而不取其国,诛其君、吊其民而存其先世之宗祀焉斯已矣。"⑮也就是说,正义的战争目的不在于夺取对方国家的政权而使其国百姓置于本国的统治之下,而仅仅是在于消除由于对方国家的统治者不仁不义而造成的"仁义充塞,而至于率兽食人,人将相食"的状态,使之重新确立起仁义之道。因此,"古先王之用兵也,不杀而待人也仁。杀人之中又有礼焉。"⑯。正义的战争应以达到征服对方为限度,最好不杀人,就是杀人也应受到"礼"的限制,而不可滥杀无辜。"先王之用兵,服之而已,不期于多杀也。"⑰可是"后世之人主,一战取人之国,而毁其宗庙,迁其重器"⑱,这种不仁不义的战争其实乃是以一国百姓为敌,而"古圣王无与一国为仇者也"⑲。正是为了避免军人在战争中滥杀无辜、无恶不作的情况的发生,故"古人治军之道,未有不本于廉耻者"[20]。

其次,顾炎武之所以特别强调"廉耻"之德的重要性,更是基于他对明朝败亡的原因及其教训的反思和总结。

顾炎武指出:"《五代史》冯道传论曰:'礼义廉耻,国之四维;四维不张,国乃灭亡。善乎管生之能言也。礼义,治人之大法;廉耻,立人之大节。盖不廉则无所不取,不耻则无所不为。人而如此,则祸败乱亡亦无所不至,况为大臣而无所不取,无所不为,则天下其有不乱,国家其有不亡者乎?'然而四者之中,耻尤为要。故夫子之论士曰:'行己有耻。'孟子曰:'人不可以无耻;无耻之耻,无耻矣。'又曰:'耻之于人大矣。为机变之巧者无所用耻焉。'所以然者,人之不廉而至于悖礼犯义,其原皆生于无耻也。故士大夫之无耻,是谓国耻。"顾炎武这里所讲的"国耻",实是指明朝的亡国之耻。他认为,明朝的败亡实是由于明末士大夫的无耻不廉所招致。他特别举例指出:"自古以来,边事之败有不始于贪求者哉!吾于辽东之事有感。"这里所讲的"辽东之事"所指未详。据季六奇《明季北略》卷四载:明崇祯元年七月,辽东宁远军以军粮四月不得,大哗,执巡抚毕自肃、总兵朱梅、推官苏涵,置谯楼上,捶击交下,括赏金得二万,不厌,遂借商民得五万。自肃草奏引罢,而户部不发。不越三月,又锦州军哗。冬十月,削前户部侍郎王家祯藉。顾炎武所谓"辽东之事",无疑是指此类事件而言。由此可见明末政府和军队腐败到了什么程度,其官员在边防受到外来侵袭这样的危急关头,居然会完全置国家安危于不顾,肆意克扣军粮,中饱私囊,以至于边防军队屡屡哗变!明末政府及军队内部如此腐败,官员如此无耻不廉,乃至贪暴成灾,其国岂有不亡之理哉!顾炎武由此总结明亡教训,认为廉耻之德是一支军队也是一个国家能够立于不败之地的一个必要条件。"吴子曰:'凡制国治军,必教之以礼,励之以义,使有耻也。'夫人有耻,在大足以战,在小足以守矣。"明末军队则因其官员无耻不廉,贪暴成灾,故在大不足以战,在小不足以守,以此必败而亡其国。因此,"国必有慈、孝、廉、耻之俗,则可以死易生"。

顾炎武于"廉耻"之德最为强调"耻",认为"人之不廉而至于悖礼犯义,其原皆生于无耻也"。他所谓"耻",就是遵循作为"治人之大法"的"礼义"而行事;反之,"无耻"就是目无"礼义"而"无所不为"。显然,顾炎武特别强调"耻",是与其主张适度地张扬人的个性的人文精神完全一致的。从这个角度来看,"耻"其实就是对个性的自我控制、自我约束,用伦理学术语来说,亦即是"意志自律"(康德语),它意味着作为道德主体的人在外在于他并且要求他必须服从的"礼义"(道德规律)面前是有自由的,而不是只能消极被动地屈从于"礼义"(道德规律);换言之,人不只是应当作为这个道德规律的服从者而存在,同时他也应当作为这个道德规律的立法者而存在。顾炎武一再强调"耻之于人大矣!"[21]这表明他的伦理观念并不只是满足于一般的服从"礼义",而是进一步要求作为"礼义"的立法者而服从"礼义"——在他看来,这才是人的真正的伟大之处!正因为如此,他把"博学于文"和"行己有耻"提到"从事于圣人"的高度来认识,把它们看作就是"圣人之道"的基本内容——"愚所谓圣人之道者如之何?曰:'博学于文',曰:'行己有耻'。"[22]。从伦理学角度看,"博学于文"对于人的意义就在于使他成为"礼义"的立法者;"行己有耻"的意义则在于他作为"礼义"的立法者而服从"礼义",从而使他成为一个真正具有人的尊严的伟大的人——"圣人"。毫无疑问,在顾炎武的伦理思想中,"耻"是道德的最高原则。

作为道德的最高原则,"耻"首先是人的正当行为成立的根据,即所谓"廉耻,立人之大节"[23]、"士而不先言耻,则为无本之人"[24]。而本于"耻"的行为,则是意味着循"礼义"而行。另一方面,"耻"又是人的正当行为所应达到的效果,所谓"不耻恶衣恶食,而耻匹夫匹妇之不被其泽"[25],乃意味着"行己有耻"就是要达到"匹夫匹妇被其泽",易言之,即尽到"保天下"的道德责任。顾炎武对于"耻"的这种理解表明,在他的伦理观念中,"礼义"对"人"的最高要求是"保天下",而"保国"则并非其题中应有之义,"礼义"并不内在地要求"保国"——在顾炎武看来,"人"在道德上并不负有"保国"的责任。由此可见,他对"礼义"的精神实质的把握颇不同于传统儒家:传统儒家把"君君、臣臣"或"君为臣纲"当作"礼义"首要的基本内容来理解,按照这种理解,"礼义"的最高要求就是"臣"、"民"必须服从"君"(若"臣"、"民"不服从"君",那便是"君不君、臣不臣"了),故"保国"乃是"臣"、"民"义不容辞的责任;顾炎武则明确否认"保国"是"贱夫"("民")的道德责任,这意味着他并不认为"贱夫"("民")有服从"君"的道德义务,并不认为"礼义"对"贱夫"("民")有这样的要求——"贱夫"("民")必须服从"君",尽管由于受历史条件的限制,他尚不至于直截了当地明确否认"贱夫"("民")应该服从"君",还只是转弯抹角地说"保国者,其君其臣肉食者谋之"而已,就像他并没有直截了当地把明朝之亡国归咎于其君之不知保天下而未能尽到人所应尽的道德责任,而是含蓄地说"知保天下,然后知保其国"一样。

要之,顾炎武的爱国思想本质上是他为"王者复起"后不再亡国而展开的关于明亡原因的思考,通过这种思考,他有意无意地突破了传统忠君之德的樊篱,倡导起一种具有一定民主精神的忠民之德,他并把这种新道德纳入"仁"范畴而落实到"耻匹夫匹妇之不被其泽"的"行己有耻"上,从而把爱国的本质归结于践履"仁民"之德的"保天下"。

注释:

① 顾炎武:《亭林文集》卷五,《裴村记》。
② 顾炎武:《亭林余集·书太虚山人象象谭后》。

③ 顾炎武:《亭林文集》卷五,《裴村记》。
④ 顾炎武:《日知录》(初刻本)卷一,《公姓》,《日知录集释〈外七种〉》本。
⑤ 顾炎武:《亭林文集》卷二,《朱子斗诗序》。
⑥ 顾炎武:《亭林文集》卷二,《郡县论一》。
⑦ 顾炎武:《亭林文集》卷二,《郡县论五》。
⑧ 顾炎武:《日知录》卷六,《爱百姓故刑罚中》。
⑨ 顾炎武:《日知录》卷十三,《名教》。
⑩ 顾炎武:《明夷待访录·原臣》。
⑪ 顾炎武:《亭林诗集》卷一。
⑫ 顾炎武:《日知录》卷二,《武王伐纣》。
⑬ 顾炎武:《日知录》卷七,《不动心》。
⑭ 顾炎武:《日知录》卷十三,《廉耻》。
⑮ 顾炎武:《日知录》卷二,《武王伐纣》。
⑯ 顾炎武:《日知录》卷二,《武王伐纣》。
⑰ 顾炎武:《日知录》卷三,《小人所腓》。
⑱ 顾炎武:《日知录》卷二,《武王伐纣》。
⑲ 顾炎武:《日知录》卷二,《武王伐纣》。
⑳ 顾炎武:《日知录》卷十三,《廉耻》。
㉑ 顾炎武:《亭林文集》卷三,《与友人论学书》;《日知录》卷十三《廉耻》。
㉒ 顾炎武:《亭林文集》卷三,《与友人论学书》。
㉓ 顾炎武:《日知录》卷十三,《廉耻》引《五代史》冯道传语。
㉔ 顾炎武:《亭林文集》卷三,《与友人论学书》。
㉕ 顾炎武:《亭林文集》卷三,《与友人论学书》。

论爱国主义主题是永恒的

陆承曜

在中国历代文史古籍上,无论正史、野史、史志、笔记、小说、诗词等等所蕴含的内涵,"爱国是永恒的"这一理念精神始终是深入人心的。

历史上的烟云回眸

被现代誉之为国际伟大爱国诗人的屈原,他的《离骚》长诗,正是一篇忧国忧民的,充满爱国精神情怀的诗章。"举贤而授能兮,循绳墨而不颇",早在战国时代,屈原已明确到,凡是治理国家,必须要选贤与能,重视德才兼备的人才,必须要明修法度,遵循法治办事,而不能有所偏颇。但是,楚王昏庸无能,不辨忠奸,听信谗言,所以他又愤慨地说"初既与余成言兮,后悔遁而有他。余既不难夫离别兮,伤灵修之数化"。就是说,开始就有了承诺,现在又后悔而有他想。我可不在乎与君王的离别,却在乎君王的反复无常。话语是多么地抑郁恳切!蕴含着满腔爱国情愫而无从释放的哀伤。

屈原的《国殇》一诗却又另有一番的爱国豪情,气冲长空,"操吴戈兮披犀甲,车错毂兮短兵接……带长剑兮挟秦弓,首身离兮心不惩。诚既勇兮又以武,魂魄毅兮为鬼雄"。拉开诗的帷幕,一片肃杀的带有血腥味的战场就显现在人们的眼前,在冷兵器的相击中,一群年轻的,英勇的战士手持长剑,肩拷秦弓,奋勇杀敌而忘死生。为了保护祖国,身首分离也无怨无悔。诚勇精武,刚毅的魂魄化为精神不死的鬼雄。称之为"国殇",明正言顺。屈原是借

《国殇》而抒自己的爱国胸怀。《史记》一书人们奉之为"无韵的《离骚》",太史公最为理解屈原。《屈原贾生列传》一文的开端:"屈平者楚之同姓也。楚怀王左徒。博闻强志,明于治乱。娴于辞令。入则与王图议国事,以出号令;出则接遇宾客,应付诸侯。"这样一个高级的治国人才,被在楚怀王身边的佞臣上官大夫几句谗言而被流放,报国无门,行吟于汨罗江边,他的《离骚》却蕴含着一个屈原忧国忧民的爱国主题,人们最喜爱吟咏他《离骚》中"路漫漫其修远兮,吾将上下而求索",直至今天吟声不绝。当然,屈原所爱之国,仅是周王朝所分封的诸侯国,但是他这种执着的爱国"精神"是永恒的。

爱国主题并不一定都显现在你死我活兵戎相见的战场上,有的是以团结、和平、但绝不是投降的爱国战略来获得双赢的。例如汉王朝武帝建元二年,正值盛世时期,但也有边患纷扰不绝的情况,然爱国战略各有不同,张骞奉命出使西域,本为联合大月氏共同攻打匈奴,因大月氏不想再动干戈,联合不成反为匈奴所俘虏,张骞在西域被羁畔十年后逃回祖国,壮心未已,仍想为国贡献,虽然汉武帝封他为博望侯,但张骞并不在乎"封侯"之荣,继续第二次出使西域,这次"出使"纯粹为沟通汉王朝与"西域"的经济、文化的交流,因而和西域各国订立了交往与过境的协议,共同开辟了一条商贾云集,驼铃叮当的丝绸之路,又打通了商业之路,联系了东西方的文化交流。张骞也深得人民爱戴,在他家乡汉中的坟墓历经千余年,仍为后人所膜拜瞻仰。

班超和张骞一样,也是一位通西域,走在丝绸道路上的"爱国使者。"他出自名门,深受班固、班昭兄妹熏陶,然而他也爱习武艺,不愿老死在笔砚之间,班超就投笔从戎,并立下了战功。东汉明帝16年,班超又奉命通西域,那时,又因边患不绝,张骞在西域辛苦开辟的丝绸之路已中断了60余年,班超就带了一支具有30多人的精悍队伍,抱着不入虎穴焉得虎子的精神前往西域,于疏通中略带几分威胁,说服了大国鄯善和玉田两国,并带动了其他小国，于是中断了60多年的丝绸之路又有了新的生命与活力（见《后汉书班超列传》）。班超也被汉王朝封为定远侯，当然他并不在乎于此，因为他自有其宏大的志愿，男儿不是战死沙场，就是要为国家做出一番强国富民的大业，现在他如愿以偿了。

张骞与班超虽然是西汉、东汉两代人物，但他们的爱国策略却是一致的，都是从团结、和平、平等的方式着手的。既尊重了对方，又维护了祖国的尊严，获得了双赢。

历史的脚步来到了唐王朝贞观之治的年代，但匈奴、吐蕃（即今西藏）边患时来时去，不胜其骚扰。松赞干布是吐蕃的君长，自幼受良好教育，精于武功，又善歌能诗，是吐蕃的英雄领袖，为吐蕃人所钦服。他曾向唐公主求婚，，被唐太宗所拒，松赞就带兵向唐示威，又为唐所败，但松赞还是派人继续求婚，唐王朝考虑边境的安宁，才选李氏宗室江夏王李道宗女（李雪雁），册封为文成公主入藏远嫁松赞干布作为汉藏两族和亲。唐王朝的陪嫁物非常丰厚，除了了金银宝物佛像外，更有各种药物药方，医疗器械，纺织耕作的工具。松赞亲自迎接，向李道宗行子婿礼。（见《土蕃王朝世袭明鉴》）

文成公主既美丽又有能耐，诗词歌赋舞件件皆能，她和松赞干布不仅两情相悦，而且身负国家重任，是唐王朝的汉藏两族友好使者。她不惜离开自己的父母，以及王室的富贵生活，远嫁西藏高原，所以她非得步步为营，引导藏民耕作纺织，交流两族文化，让汉藏两族团结和好，终于赢得了唐王朝的边境与人民能得久久安宁。

文成公主在藏生活四十年，独守空闺31年，始终获得藏民的爱戴与尊敬（见《新唐书·吐蕃传》）。至今在拉萨布达拉宫内，还供有文成公主的塑像，文成公主的和亲爱国精神主题歌始终在汉藏两族人民心中回响。

两宋是兵连祸结的时代，六百余年后的明代同样如此。宋明两朝的有些官员、士人、平民，先后看到祖国的沉沦，他们所写的爱国主题是"杀身成仁，舍身取义"。例如宋有岳飞，文天祥、陆秀夫、张世杰等，明有史可法、张苍水、瞿式耜、阎应元、夏允彝、夏完淳等，其中有大臣、小吏、平民，甚至年仅十七八岁的少年，他们在敌人面前都是不屈不挠，在刑场上从容赴义。在古代历史上，这些爱国爱民的英雄人物，虽然他们的形体已与春泥同化，可是他们可歌可泣的爱国"精神"却可与日月常在。他们留下的诗歌，在中国文学史上，也正是最为响亮，最有魅力，最能拨动人们心弦的爱国诗歌，尤其是文天祥的《正气歌》是永不落幕的爱国主题歌。当然，他们所爱的国，是封建君主的国，可是他们的"精神"传承到今天，正可用以加强全国人民的爱国心。

回眸历史，在中国二千多年的史册上，在每一行的字迹中，都会闪耀出以爱国为主题的光芒，只有这种光芒，才能支撑国家的存在延续与发展。

至于古代的爱国，由于历史的局限，总是不可避免地与当时的封建帝制难以分割。而"人生自古谁无死，留取丹心照汗青"，却是古代英雄们的人生观，已经传承、发扬至今。这是符合历史唯物论与唯物辩证法的理念的。

近现代的风雷演进

在清王朝道光时期，国事日衰，帝国主义的大炮和军舰打开了清王朝闭关自守的大门，从此境外的帝国主义者闯进了中国的大门，衰颓的清王朝也想拒他们于国门之外，然而屡战屡败，不平等条约有南京条约、辛丑条约、马关条约等接踵而来，割地赔款，每条都饱含着中国人民的血泪，使中国人民蒙受着莫大的耻辱。

但是，中国人是不好欺凌的，林则徐顶天立地，为了禁止鸦片毒品危害中国人民，在虎门焚烧了大量的烟土；关天培，林则徐的部下，他已年逾六旬，为了抵御英军，竟与虎门炮台共存亡；邓世昌在黄海之上，驾驶着受了重创的致远号冲破巨浪，撞向敌舰，黄海之上，轰然声中，致远号与敌舰同归于尽，邓管带一缕英魂飞向长空。最近见报载,在黄海深处,找到了致远号的遗骸,这是历史的见证,是日本帝国主义侵略中国的罪证。

三位民族英雄,在抵御外国侵略的战争中,首先擎起了中华民族的大旗,和中国人民在一起,吹响了战斗的号角。

时光依然在飞速前进,历史的尘累形成了一首首令人难以忘却的史诗。1906年,中国人民为了推翻数千年的封建帝制,秋瑾和徐锡麟二位革命战友在西子湖边,共商革命起义大事,愿将西湖换易水,他们深知在这豪迈而又艰危的日子里,将会有什么样的命运在等待着他们,"风萧萧兮易水寒,壮士一去兮不复回"。秋瑾遗诗有《赠蒋鹿珊先生言志》:"危俱如斯敢惜身?愿将生命作牺牲。"又如《对酒》一诗:"拼将十万头颅血,须把乾坤力挽回。"秋瑾女侠还有一个心愿,就是一再托付她的挚友,在她身后,必须要与岳飞为邻,这可说岁月虽与时代一次又一次的嬗变,但也隔离不了爱国者的思想和情感上的融洽。同时他们的爱国精神又进一步融入了时代的浪潮。

历史的双翼已经飞越到推翻了封建王朝制度的时代。自中日马关条约以来,日本帝国主义者日日夜夜,时时刻刻在觊觎着中国的国土。1931年9月18日,侵华日军发动九一八事变,入侵我东北三省,激起了全国人民的愤怒,9月20日有中国共产党发表了抗战宣言。1932年,在上海有19路军一二·八的淞沪保卫战、东北有马占山组织的东北抗日义勇军、中国共产党领导的抗日联军等等,不时给日军以意外打击的局部战争,形成了局部的6年抗战。义勇军进行曲,就在这个历史时段唱响的。解放后,经研究被指定为中华人民共和国的国歌。

通过六年的局部抗战,1937年7月7日,日军在卢沟桥挑起七七事变,29军和日本侵略军就此拉开了全面抗战的帷幕,日军猛攻北平南宛,"宁作战死鬼,不作亡国奴",这是29军132师师长赵登禹的"心声"。29军手起刀落,日军一个接一个应刀倒下,击退了日军的进攻。但两位抗日将领先后壮烈牺牲,然而他们的心声也是全国人民的心声。"八一三"就在这响亮的"心声"中,民族抗日统一战线的领导下展开了大规模的淞沪保卫战,数以几十万的年青生命击破了敌人三个月灭亡中国的妄想。但是战争的惨烈和英勇已不是一页史册所能道尽。

大军决定西撤,命令孙元良八十八师,谢晋元254团掩护,坚守四行仓库(大陆、金城、中南、盐业四行)谢晋元团长动员全体官兵说:"为了掩护大军西撤,坚持到一枪一弹,流尽到最后一滴血,我们就以这里为坟墓。""八百壮士"从四行阵地上发出一叠叠的信件,这是他们向家人表示为国牺牲的遗嘱,也是向祖国人民所表示的决心书。经过了四天四夜血与火的战斗,大军已撤,谢晋元团的"八百壮士"却成了孤军。但他们决不后撤,仍是坚守阵地,誓不投降。"八百壮士"坚守四行仓库的胜败安危揪住了上海人民的心,他们奔走相告,胜喜败忧,似乎与"八百壮士"战斗在一起。"八百壮士"的壮举博得了中外人士的赞颂、钦敬。他们在抗日壮举中谱写了一首壮丽的长篇史诗。

后来由于英国人生怕抗日的炮火会影响租界的安全,一再和谢团长谈判停战,同时又有上海警备司令部撤入租界的电令,以便和正在战斗的88师汇合,谁知在行程中,又遭到便衣日军的袭击,为了不使战火影响租界,"八百壮士"才退入租界忍痛含泪放下武器,被安排在胶州路的一座竹结构的营房里,人称"孤军营"。壮士们身困孤军营,然在谢团长的领导下,坚守民族气节,不脱战时征衣,每天升旗,出操。从此,每一个上海的黎明,在胶州路上,孤军营里就会传出嘹亮的军号声、雄壮的口令声、嚓嚓的跑步声,当人们经过那里,都要投过一瞥崇敬的眼光,甚至会驻足凝听!这是一支有声而又无声交织而成的爱国主义进行曲。

就在这些日子里,孤军营又为了出操,引起了一件"升旗"大事,原因是工部局在日本人的压力下禁止升旗,为了祖国的尊严,全体官兵一致绝食,因而引起了上海人民连锁公愤,以及中外报纸舆论的谴责,孤军营才取得了升旗的权利。

孤军营的土地是干净的,但孤军营的岁月是不平静的。在它的背后还隐藏着更为险恶的一幕。日伪为了要消灭这一颗抗日的火种,时时以高官厚禄威胁利诱谢团长,然而都被他严词拒绝了。由此,他深有预感。1939年,九一八纪念日那一天,在孤军营里他写信给父母,其中有句:"大丈夫光明而生,亦必光明磊落而死,男对死生之义,求仁得仁,泰山鸿毛之旨,熟虑之矣。人生必有一死,此时此地而死,实人生之快事也。"果然1941年4月24日,传来噩耗,谢团长被刺,于是谢团长在上海人民的哀痛下,献花者的敬礼中走了。可是他的精神犹在,孤军营仍然屹立在胶州路上出操、升旗。谢晋元团长还留下《七古》遗诗一首:

勇敢杀敌八百兵,百无聊赖以诗鸣。
谁怜爱国千行泪,说到倭奴气不平。

从当年不屈的孤军营,直到今天屹立在苏州河畔的四行仓库纪念馆,以及323名壮士英魂的名单,正在面对着汤汤的苏州河,无声而自豪地诉说着当年他们与日寇的英勇战斗!

再如在抗日战争中的武汉保卫战、长沙保卫战,更有百团大战、平型关大战、中国远征军的远征,自然是永远铭刻在近代史上的大型爱国战役。还有左权、杨靖宇、赵一曼、戴安澜等等在抗日战争中的壮烈牺牲的烈士,他们都是近代史上的抗日精英。

如今的爱国主义,就是爱自己生于斯,长于斯的锦绣大地,爱中华民族的灿烂文化,爱祖国的同胞兄弟姐妹。当有敌来犯,不惜以生命相搏。这也正是明代大学者顾亭林"保天下"理念的传承,而且还有所发展。

在方志敏烈士的遗著《可爱的中国》一书中所体现的"方志敏式"的"爱国",更有深意。他认为当祖国处在贫穷、落后、衰败、黑暗之中时,更应该觉得可爱,更应该去爱护她,保护她。他说:"我生存一天,就要为中国呼喊一天!"所以,他在狱中,用他生命的最后,写下了《可爱的中国》一书。这正是他更为深层的爱国主义,也是"方志敏"式的爱国、清贫、创造、奉献的辩证思维。

中国的抗日战争,由于在抗日民族统一战线的领导下,坚持了局部与全面14年血的战争,取得了与国际间的联合,获得抗日战争的胜利。才废除了不平等的条约,收复了失地。所以抗日战争不单在我国历史上是最为辉煌的一页,同时在国际上也是最有影响的大仗。胜利正是由于我国几百万中华儿女发扬了伟大的爱国主义精神,以血肉筑成了新的长城而碧血如花,永垂青史。时至今日,历史上的爱国已发展上升为爱国主义理念。

2015年9月3日,习近平同志在纪念中国人民抗日战争暨世界反法西斯战争胜利70周年大会上的讲话:"中国人民抗日战争胜利,是近代以来中国抗击外敌入侵的第一次完全胜利。这一伟大胜利,彻底粉碎了日本军国主义理念殖民奴役中国的图谋,洗刷了近代以来中国抗击外来侵略屡战屡败的民族耻辱。这一伟大胜利,重新确立了中国在世界上的大国地位,使中国人民赢得了世界爱好和平人民尊敬。这一伟大胜利开辟了中华民族伟大复兴的光明前景,开启了古老中国凤凰涅槃、浴火重生的新征程。

习近平同志的讲话,凡是当年参加过抗日战争,或是接触过抗日战争的中国人,都会感到言之恳切,句句精确,他肯定了当年抗日战争的历史,让老年人重温当年抗日岁月,使青年人理解了抗日战史的本质。

世界反法西斯东方主战场,那是由中国人民作出了巨大牺牲而支撑起来的,反法西斯是西方国家人民爱国的一个重要方面,例如中美两国在二次大战中为开辟驼峰运输线,美方牺牲了几千个年轻飞行员,仅是为了中国抗战吗?那是不可能的,他们主要是为了自己的美利坚,为了反法西斯,由此开辟了在东方的反法西斯主战场,自然也支持了中国抗战。又如在二次大战中,前苏联斯大林格勒保卫战中的日日夜夜,也正是体现了苏联人民伟大的爱国主义精神。据档案揭秘：驻缅英军被日军围困在一个小镇上，伤亡惨重，但没有一个人投降，他们中间还有一句豪言壮语：贡献我们的今天就是为了祖国的明天。所以爱国主义主题不但是永恒的，而且是无国不在的。

  爱国主义除了保卫国家，浴血战场以外，全心全意，清廉自律地为国家的经济、文化、科技、教育等事业奋斗终身，研核终身，使国家繁荣富强，屹立于世界之林，同样是爱国。当新中国成立后，就着重于军事科技的建设，那时，恰好钱学森在美国学习空气动力学，他本拟学成归来报效祖国，谁知美国苦留，但钱学森毅然放弃了优厚的待遇，冲破了重重阻挠，踏上归国的邮轮，回国后，就担任中国人民解放军装备委员会高级顾问。他投身于两弹一星的研发，寒往暑来，年复一年，矢志不渝。两弹一星研发成功了，天上人间，共享欢乐。更有意义的是起到了对敌人的威慑作用。

  风雷滚滚，新中国在不断的迈进，尤其是十八大的春雷响彻全国，历经三中、四中、五中、六中全会，廓清了腐败的阴霾，树立了具有中国特色的社会主义核心价值观，这正是爱国主义的时代主题，爱国人物相继涌现，尤其是2016年来，有被海军某舰载航空兵部队追授为"逐梦海天的强军先锋"的一级飞行员张超，有被追授为革命烈士的二级飞行员余旭，他们为了保卫祖国的蓝天，苦练战斗技术，驾驶着歼—15，歼—10战机翱翔长空，甚至不惜献出自己年轻的生命，他们是以此来抒写爱国主义的主题歌的。

  又有天宫二号、神舟11号飞行任务获得圆满成功，空间实验室的实验任务也连战连胜，并安全着陆。这不是在地上，而是在天上，沉浮在云层之间，航天员们在心理上、生理上就必须要有无上的毅力，在科学技术上更需要具有高而精的水平。今天的成就，这不但是两弹一星精神的再现，而且是两弹一星精神的发展。

  重走长征路、发扬孙中山先生民族复兴的爱国精神，这一曲曲爱国旋律，深入人心，响彻世界。习近平同志以这样的主旋律引领全国人民高歌猛进，定能使我国从世界大国进入到世界强国的行列中间去。

  由于时代不同了，所担负的问题也就不同了，所以我们研究传统文化必须要倾听时代的声音，研究属于时代的问题，只有这样才能回眸再把准历史的脉搏，才能找到新的规律，并以此来推动理论的创新。

参考文献：

[1] 《习近平同志在纪念中国人民抗日战争暨世界反法西斯战争胜利70周年大会上的讲话》。
[2] 张从田：《确立十四年抗战的重大意义》，载《人民日报》2017年2月6日11版。
[3] 游国恩：《中国文学史》（第一、三辑），人民文学出版社1982年版。
[4] 司马迁：《史记》，岳麓书社2001年版。
[5] 文天祥：《文文山集》，上海商务印书馆《四部丛刊初编缩本》，1936年版。
[6] 抱阳生：《甲申朝事小纪》，任道斌校点，书目文献出版社1987年版。

工匠精神——敬业精神的时代表达

顾玉萍

2012年11月,党的十八大报告首次以24个字概括了社会主义核心价值观:"倡导富强、民主、文明、和谐,倡导自由、平等、公正、法治,倡导爱国、敬业、诚信、友善,积极培育和践行社会主义核心价值观。"习主席的系列讲话也多次强调社会主义核心价值观的重要性。这些论述明确了社会主义核心价值观的基本理念和具体内容,它是公民必须恪守的基本道德准则,也是评价公民道德行为选择的基本价值标准。

在推进全面深化改革的新时期,社会主义核心价值观成为指引全国各族人民进行思想道德建设的鲜明旗帜,继承并丰富了我国优秀的传统价值理念,凝练并发展了社会主义核心价值体系。其中每项内容都对应了不同的领域。敬业是对公民职业行为准则的价值评价,要求公民忠于职守、尽职负责,充分体现了社会主义职业精神。本文试从敬业精神的思想溯源、时代表达和自身如何践行敬业精神三方面展开论述,才疏学浅,所论粗疏,敬请批评指正。

敬业精神思想溯源

敬业思想在中国历史文化中源远流长,首先从字义上分析,敬由苟与攵组成。"苟。自急敕也。急与苟双声。敕与苟叠韵,急者,褊也。敕者,诫也。犹慎言也。"[①] "攵"古文同"攴","攴,小击也。按此字从又卜声。又者手也。从又卜声"[②],又引申为轻轻敲击的意思。古人认为苟与攵相合有以下的意思:一是敬重、尊敬,如"门人不敬子路"(《论语·先进》);二是严肃、勤快、认真。"敬，肃也。肃部曰。肃者，持事振敬也。心部曰。忠敬也。……恭肃也。懒，不敬也。"③综上所述，据古人意，敬有"对人尊敬、有礼貌；做事严肃、认真负责不偷懒"的意思。

"敬"，在中国伦理思想史上属于儒家哲学的范畴。孔子提倡"敬事而信"（《论语·学而》）、"事思敬"（《论语·季氏篇第十六》），强调"执事敬"（《论语·子路第十三》），朱熹解释为"专心致志，以事其业"，即以一种严谨恭敬的态度去对待自己的工作，勤勤恳恳。程颐也说："所谓敬者，主之一谓敬；所谓一者，无适（心不外向）之谓一"。（《二程遗书》卷十八）就是讲对待工作要尽职尽责、严肃恭谨。孟子把它论述为："天将降大任于斯人也，必先苦其心智，劳其筋骨，饿其体肤，空乏其身，行拂乱其所为，所以动心忍性，增益其所不能。"（《孟子·告子下》）所表达的意思是，干事业必须意志坚强，吃苦耐劳，鞠躬尽瘁，甘于奉献，才能有所成就。

"敬业"两字最早出现在西汉戴圣的《礼记·学记》："一年视离经辨志，三年视敬业乐群。"孔颖达疏："敬业谓艺业长者敬而亲之；乐群谓群居朋友善者愿而乐之。"孙希旦引《朱熹集》认为"敬业者，专心致志以事其业也"。

近代以后，梁启超先生在《敬业与乐业》一文中说道，"敬业乐业"四个字是人类生活的不二法门。鲁迅也曾经说："中华民族自古以来就有埋头苦干的人，就有拼命硬干的人……他们是中国的脊梁。"再次提出要把"敬业"当作人类生存不可缺少的精神支柱。

"敬业"作为社会主义核心价值观的内容，要求我们给以劳动足够的礼敬，尊重劳动、尊重创造，并积极投身于劳动建设实践。具体言之，"敬业"要求每一位劳动者，在不同的行业、岗位上，努力做到乐于职业、忠于岗位、行于实践、诚于道义、精于技艺、勇于创新，对自己工作葆有极大热诚与激情；"凡做一件事便忠于一件事，将全副精力集中到这事上头"④，心无旁骛，埋头实干，

"不驰于空想,不骛于虚声,而惟以求真的态度作踏实的工夫"[5];遵守职业道德,恪尽社会责任;追求卓越,提升从业素质和技艺水平,勇于创新、创造、创业,都是敬业的具体体现。有此敬业精神,任何职业都可能有所成就,"因自己的才能境地做一种劳作而做到圆满,便是天地间第一等人"[6]。

对于社会主义公民来说,可用热爱、勤勉和克制来表示敬业的内涵。首先热爱工作。当我们把工作当作自我价值得以实现的所在时,才能把精力和体力全身心地投入其中,才能克制自己懒惰的想法,才能不满足于目前成就。其次勤勉努力。热爱工作只是敬业的前提和基础,是一种主观意愿,需要转化为行动,发展成实践。敬业还需要把对工作的感情,外化为实际的劳动与付出。只有热爱工作的口号,而没有勤勉工作的行动,比懒散的方式更恶劣。只有精益求精的人,才能既磨炼品格、提升能力,又有事业的成就。再次自我克制。在 24 小时内除去吃饭睡觉和其他必要的生活时间,实际上所剩无几。如果不能克制享乐的欲望,时间就会如白驹过隙,稍纵即逝。所以克制与敬业的关系是如影随形,相得益彰;克制不到位,敬业也会成为水中月镜中花。所以我们强调的就业精神就是包含以上三方面内涵的。我们要实现民族复兴、人民幸福的中国梦,更要强调敬业精神的内涵。

结合敬业精神的思想渊源和内涵我们对敬业可以下一个简单的含义,敬业就是对所从事的学业、职业、事业的尊敬、尊重、严肃、认真负责,是一种道德的行为。

敬业精神的时代表达——工匠精神

历史上敬业概念虽然基本内涵不变,在不同的时期其思想侧重点还是有所不同。

在目前整个制造业转型,"从制造业大国变成制造强国"的现实语境下,敬业精神华丽转身,有了新的时代意蕴。"鼓励企业开展个性化定制、柔性化生产,培育精益求精的工匠精神,增品种、提品质、创品牌。""工匠精神"被写入2016年政府工作报告,引发了公众热议。媒体一致认为弘扬"工匠精神"将带动中国从"制造大国"走向"制造强国",促进各类企业精益求精、提高质量,使认真、敬业、执着、创新成为所有人的职业追求。

有人定义工匠精神,是指对产品精雕细琢、精益求精,对品质追求完美、极致的敬业精神。[⑦]让精益求精成为每个生产和管理监督层面上人员的工作精神、态度、职业道德、质量意识和服务观念,把违反这一精神的行为看作工作上警戒线和底线,这有一定道理。在人类的发展史上,工匠精神一直在推动着科技进步和生产发展。在农耕时代,第二次社会分工,手工业从农业中分离,都是小作坊式的个体生产,为了更好赢得生存和发展,工匠们以精益求精的精神追求品质,出现了一批广受赞誉的工匠和老字号。然后工业时代的机器化大生产逐步代替了手工生产,但工匠精神仍然显示出了巨大的社会价值。一项项新技术在工匠精神的推动下接二连三出现,使人们得以享用更多更好的产品,享受更加舒适的生活。

工匠精神虽然在媒体中的报道中得到广泛传播,但同时也陷入一些误区。

误区之一:有人认为"工匠精神"只是工科、工艺、工匠的事。"工匠精神"话题之热毫无疑问缘起《大国工匠》。八位传奇人物用"八双劳动的手"缔造了工匠的神话。上海飞机制造有限公司高级技师胡双钱所作零件一个价值一百多万,是以发丝大小的孔径,用双手和传统的铁钻床,将36个孔打好。他加工了数十万个飞机零件,没有一个次品!通过纪录片人们惊叹于他们的特殊存在和伟大精湛的手艺,再联想起周边的粗制滥造,不约而同感慨中国制造需要"工匠精神"。基于这样的逻辑推理,许多人顾名思义地认为"工匠精神"就是工匠身上具有的特殊精神。百度百科的定义也是:工匠精神是工匠对自己的产品精雕细琢、精益求精的精神理念。工匠不断改善工艺,不断雕琢产品,然后产品在自己双手中升华。这样的表述完全基于工匠、基于产品、基于工艺,显然有点将"工匠精神"的外延窄化了。

误区之二:将"工匠精神"等同于"手工技艺"。由于用简单的思维对待这一"新生事物",有些媒体把"工匠精神"当作手工技艺。这一理解当然有一定的时代局限性。在弘扬传统的同时,我们不能排斥现代科技。随着新一代信息技术向制造领域的加快渗透,现代工业信息化发展已迈入发展智能制造的历史新阶段。能用PLC我们就不用使用复杂的机械运动;能用集成块实现的功能,我们就没有必要用手工焊接复杂的电路。所以只要运用现代科技实现精准运动,只要具备精益求精、认真负责的敬业精神,当然都是属于可贵的"工匠精神"。

误区三:把"工匠精神"的领域窄化,比如限定在加工制造领域。其实"工匠精神"同样可以用于教育、管理等软科学领域。软科学管理运用精细化管理也能提高效率,保证提高质量。对软科学的精致追求,也是"工匠精神"的体现。

所以工匠精神的现代内涵已不仅仅是过去手工业者价值取向,而可以作为社会各行业的行为追求。精神追求层面不以世俗为累,甘于每一个平凡的岗位,享受自己的内心精神,坚持"将平凡的事做好就是不平凡"的信念,并且付诸实践。据此,臧志军认为工匠精神就是"一种努力去发现问题并且通过亲身实践来解决问题的文化"[8],这与将工作视为谋生手段有着显著区别。综上所述,"工匠精神(Craftsman' Spirit)属于职业精神的范畴,是从业人员的一种职业价值取向和行为表现,与其人生观和价值观紧密相连,是从业过程中对职业的态度和精神理念"[9]。所以工匠精神也成为一种信念,是要做成某事的强烈愿望,将自己所从事的行业做到极致的信念。

工匠精神也是一种情怀,是职场处事、面对世界、面对职业的一种自信,是傲立于世间的一种人性情怀。强调以己度物,用沉静之心去感知和体贴世界;以人性之心面对自然,面对工作。有这样的情怀,我们的世界,才成为一个温情的世界。这种感知感悟的主体情怀，于今非常重要。

综上所述，工匠精神是制造业转型和整个社会变迁的背景下敬业精神的具体体现。怎样精益求精、提高工作水平，怎样爱岗敬业是时代不容回避的重要课题。工匠精神，能够增强职业人的敬业感，不仅是一种谋生手段，也是事业追求和生命守望。所以不仅能为社会提供更精细的产品和服务，也使职业人获得职业满足感，实现自我价值。如果整个社会的科研工作者发明创造更高科技水平，教师全身心投入教学……所有职业人员都精益求精，国家会更加富强，我们的生活会更加美好。

所以工匠精神所含的意蕴和敬业精神已经融为一体，并且带有鲜明的时代背景和特色，也符合国家的上层意志。本文认为工匠精神作为一种职业精神，可以作为敬业精神的时代表达，将敬业精神的内涵更加深化和细致。至此我们不难发现，在新的时代，工匠精神扛起了敬业精神的大旗，在国家的意志下，在社会各界的践行中，将社会主义核心价值观尽力诠释。

敢于担当，勇于践行

中国青年政治学院副院长、教授陆玉林在接受《人民日报》的采访中指出"社会主义核心价值观的概念化和理论化，有一个从自发到自觉、从抽象到具体、从实践发展到理论总结的过程。"[⑩]同样公民对于核心价值观的理解和实践过程，也有一个从自发到自觉、从抽象到具体的过程。

我们在此谈敬业精神、工匠精神最终目的还是践行。我作为一名教师，作为一名社会主义劳动者，不仅担负自身的核心价值观的践行，也要担当起核心价值观教育的宣导和教育。

首先，在教育中拥有匠心。匠心表现了一种严谨的工作作风，体现的是耐心、专注的职业精神。其背后隐藏的是追求职业完美的意识。拥有"匠心"的教师在内心能多些纯粹，少些复杂。多些脚踏实地，少些投机取巧；多些深沉专注，少些急功近利。教育是一门艺术，教师是平淡的职业，所以匠心首先是一颗甘于平凡的教育心。其次教育的艺术，看似重复劳动，其实充满了各种变化与可能。当然这需要教师精益求精，更新教育理念，转变教育思想，拥有一颗追求卓越的教育心。雅斯贝尔斯说过："教育是一片云推动另一片云，一棵树摇动另一棵树，一个灵魂召唤另一个灵魂。"教师面对的是一个个鲜活的生命个体，是一个个丰富多彩的灵魂，所以教师的匠心不能完全与工匠雕琢自己的设计对象一样，按照自己的设计目标来实现，必须沉下心，了解每个迥异的灵魂，尊重每个灵魂。

其次，在教育中拥有敬畏心。儒学大家朱熹在《中庸注》中说："君子之心，常存敬畏。"中国传统文化历来重视敬畏心。所谓敬畏心，不是迷信，它是人对自然规律和社会规律，对人与自然相和谐应怀有的一种敬重与畏惧心理。这种心理具有警戒与自省的作用，有助于规范与约束人的言行举止。不仅对不公正、不合宜的言行有羞愧之心，也有自尊自重之义。我们人类的敬畏是与信仰息息相关，没有敬畏之心，就没有真正的信仰。现在社会普遍缺乏信仰，真的意味人们精神的荒漠化。人是有信仰，才会心怀敬畏，才会用虔诚、踏实的态度，认真工作。而有信仰的踏实和认真也是工匠精神的一部分！

再次，在教育中以身示范。回到原点，我们是教师，师德修养是我们的职业要求和价值追求。传道授业的职业特性，使得我们的行为习惯、一言一行都会潜移默化的渗透到学生的思想深处，产生影响。所以我们更要不断地督促自己，提高师德素养，以期真正做到以身示范。曾子曰："吾日三省吾身：为人谋而不忠乎？与朋友交而不信乎？传不乎？"是说，每天都要多次反省自己——替人家谋虑是否不够尽心？和朋友交往是否不够诚信？老师传授的学业是否不曾复习？如果没有做到我就会立即改正。想来我们作为普通的教师更要有这种自省精神，可以作为师德建设的起点。相信只要持之以恒，在每天的三省中不断地思考、检讨、磨炼自己，刻苦钻研、总结改进，职业和师德素养的提高才能不断改进，并能在修己的同时影响学生。

最后，在教育中勇于担当。作为教师，我们对学生的学养、行为、道德教育负有不可推卸的责任。不管行为教育也好，素质教育也罢，都贯穿在整个教育过程，不是某几个人的责任，而是全体教育工作者的责任。作为教学一线的教师，我们更直接面对学生，更能通过言传身教，进行德行教育。"言传身教"是最根本的教学方法，尤其是在对知识技能之外的其他素养教育上。

尤其是面对大环境中的现状和问题，我们总是摇头、叹息、抱怨：大环境这样，社会风气已坏到如此，我能改变大环境？易卜生有个观点："每个人都对他所属的社会负有责任，那个社会的弊端他也有一份。"确实，我们每个人不该以此为托辞为自己开脱。虽然大环境下我们个人的力量的确微乎其微，但是如果我们每个人都愿意努力做好自己力所能及的事，就会有不同的结果。

选择了教育，就选择了担当教育是一种担当，担当也是一种幸福。担当是一种胸怀，一种智慧，一份责任，是一种精神，一种不甘平庸、不甘屈从、不甘得过且过的血性和品节。在教书生涯中不管身处顺境还是逆境，有担当才能保持工作的激情。有担当，才会不怕寂寞、不怕路远。

担当责任是社会主义核心价值观的敬业基本要求，更是师德建设的核心内容。专注于自己本职岗位，刻苦钻研、精益求精，以满腔热情投身到教育事业中去，用自己行为去诠释爱岗敬业的精髓所在，正是我们发挥以身示范作用，对学生进行职业素养教育的关键所在。

广大的教育工作者，尤其是处于基层学校的广大教师朋友们，都应该努力成为拥有工匠精神的教育家，以自身高度的人文修养、严谨踏实的科学精神、崇高美好的精神境界、健全完美的人格力量来引领、帮助和教化每一个学生。

注释：

① ② 许慎著，段玉裁注：《说文解字注》，上海古籍出版社 1981 年版。
③ 曹先擢、苏培成：《汉字形义分析字典》，北京大学出版社 1999 年版，第 270 页。
④ 梁启超：《梁启超全集》第七册，北京出版社 1999 年版，第 4019 页。
⑤ 梁启超：《梁启超全集》第七册，北京出版社 1999 年版，第 443 页。
⑥ 梁启超：《梁启超全集》第七册，北京出版社 1999 年版，第 4020 页。
⑦ 马春梅：《弘扬工匠精神的时代价值》，载《河北日报》2016 年 6 月 11 日。
⑧ 臧志军：《两种"工匠精神"》，载《职教通讯》2015 年 28 期。
⑨ 王丽媛：《高职教育中培养学生工匠精神的必要性与可行性研究》，载《职教论坛》2014 年 22 期，第 66 页。
⑩ 陆玉林：《在实践中坚持核心价值观的要求》，载《人民日报》2014 年 2 月 18 日第 8 版。

让诚信实现更大价值

李 直

习近平同志说:"中国人历来讲究'信'。""信任是人与人关系的基础、国与国交往的前提。"这就把中国优秀传统文化的诚信思想由人与人关系推衍到了国与国交往层面。这是对中国传统诚信价值观的现代阐释,是对诚信精神的新发展。

"人无信不立,国无信不宁。"讲诚信,是中华民族的传统美德,是社会文明进步的重要标志,是维系社会和国家正常秩序的基本准则,也是每个人都应当具有的价值追求。在今天,需要通过多方面努力,让诚信实现更大价值。

(一)从字面上看。"信"的字形构造,左边是"人"字,右边是"言"字,"人言为信",表明"信"是靠人的语言来表达的。我们平时讲"一诺千金"、"言必信,信必果"等,都是因为言语真实、守信,能说到做到,才能进而建立起信誉、信赖、信任、信心。诚信的含义就是诚实守信,就是要讲真话、做实事、不欺人、不骗人。它反映的是一种价值观,一种精神文化、精神资源和精神财富。中国人的诚信思想,已经跨越时空直到当今,值得我们一代一代的继承和弘扬下去。

(二)从诚信的构成和特征来看。坚守诚信,不仅在个人层面上要担当,而且在整个社会层面和国家层面都要担当。从构成诚信的范围来看,小范围的诚信是指个人与家庭父母兄弟姐妹之间及朋友之间的诚信;中范围的诚信是指家族之间、宗族之间及"老乡"之间的诚信;大范围的诚信是指地区之间、民族之间、各行各业之间及国家之间的诚信。它是由从个人讲诚信开始,一直渗透到家庭、朋友、宗族、民族、社会各行各业甚至国家之间的一个完整体系。诚信是人类的本性，社会的稳定器，人与人之间的一种德，一种对别人的爱，一种内在的美。其不同特征是：在不同时代，有不同表现。古代中国，社会流动性小，是一个以家为本的社会，人与人之间世世代代彼此相识、相互守望，相互"放心"。随着生产力的发展，经济的繁荣，社会结构的改变，人的流动性大了，固定的关系逐步瓦解，"不放心"的因素增多了。这是社会前进中出现的新情况、新特征。根据这个新特征，需要建立新的诚信体系。

（三）从诚信的本和源来看。中国人的精神风貌和气派是重信践诺，信誉至上。中国人把诚信看成安身立命之本，做人办事之本。在漫长的中华文化发展过程中，可以看到诚信历史的源头和发展脉络。2000多年前，儒圣孔子就说："人而无信，不知其可也。"为人要做到"仁、义、礼、智、信"，认为讲诚信是"仁者爱人"的基础。兵圣孙子说：为将和做人都要讲"智、信、仁、勇、严"。认为这5个字是为将和做人的"五德"，也是平时选人和用人的"五个标准"，其中特别强调信则不欺，严则听令。无论是在"北孔"的齐鲁，还是在"南孙"的吴越，甚至在祖国各地，到处都传颂着至今仍耳熟能详的诚信之士的成语典故。至于吴文化的核心地区苏州，诚信的典型就更多了。泰伯让贤，说到做到；言子讲学，言传身教；孙子用兵，以智取胜；范蠡治业，乐善好施；朱子家训，重在践行；洞庭商人，守诺重信……这些优秀传统，极大地丰富了吴地和中华诚信文化的宝库，一代一代地发展着、流传着。

（四）从诚信价值观的现状来看。在建设中国特色社会主义和发展社会主义市场经济的今天，诚信是社会主义市场经济的道德"基石"，是完善社会主义市场经济体制的基础性工程，更是社会主义核心价值观的重要组成部分和重要内容。近年来，我国的诚信建设，像大江中的主流，滚滚向前，取得了前所未有的成绩。通过多种渠道、多种形式、多种方法，营造人人事事处处讲诚信的社会环境，制订诚信条例、发放诚信手册、推选诚信模范、宣传诚信典型、曝光失信案例，建立守信联合激励和失信联合惩戒制度，提高信用意识，开展"我承诺我践行"活动等，取得了明显收效，有些方面有所创新、有所突破。但是，还要看到"支流"，看到问题。尽管是支流，也不能忽视，忽视了，支流也会变成主流。当今，人与人之间的诚信度明显下降，诚信价值观被抛弃；有些人私欲膨胀，总想不劳而获、一夜暴富；有些人不敢正面社会，不敢正视自己，整天讲空话，讲假话，说假话，以至于谎言肆行，造谣惑众，不诚不信大行其道；有些行业制假售假、欺诈顾客、骗贷骗钱；有的失信被执行人判决后，有履行能力也拒不履行、逃避执行；有些文化和教育单位追逐名利、学术不端等屡见不鲜。党和政府已经看到了这些问题的存在，在党的十八大报告中明确指出："一些领域存在道德失范、诚信缺失现象"，强调"我们必须高度重视，进一步认真加以解决"。

（五）从诚信缺失的危害和原因来看。诚信的缺失，不仅危害经济社会发展，破坏市场和社会秩序，而且损害社会公正、群众利益，全社会都为此付出沉重代价，并最终阻碍社会的文明进步。中外历史都证明：一个不讲诚信、没有诚信传统的国家和民族，终究会被历史淘汰。如果国与国之间不讲诚信，矛盾就会更大，损失也会更大。

究其原因，有些人是受激烈的市场竞争的刺激、社会转型和城乡巨变的消极影响，互相之间"陌生"了，诚信传统丢失了，增加了建立信任关系的难度，相信"跑得了和尚跑不了庙"，而人口流动性大了却让"和尚连庙"都不要了，于是出现了信任危机；有的是受自私自利和西方资本主义思潮的影响，唯利是图，不择手段，在前进的道路上迷失了方向，走上了邪路；还有就是政府及其有关部门对失信行为的预防、限制和惩戒缺乏经验和力度，还需要一段时间的经验积累和摸索。

（六）从加强诚信建设的措施来看。在今天，诚信建设亟待加强。此时此刻，更需要继承和弘扬做人讲诚信的中华优秀传统和社会主义核心价值观。具体措施有：

1. 最重要的，或者说关键所在，是各级政府各级领导和有关部门要发挥"看得见的手"的作用，高度重视和加强诚信建设，尽到主体责任和监督责任。否则，一切都是空话。

2. 普遍深入地搞好诚信教育。建设诚信社会，需要大力开展诚信教育，发挥另一只"看不见的手"的作用。要从娃娃抓起。小时候就讲诚信，一辈子不会忘记，一辈子管用。要使人人明确做人讲诚信的极端重要性。诚信是立国、立德、立功、立业之基，具有永存的生命力。诚信是人的全面发展和经济社会发展的大战备和生命线。通过教育要深入理解社会主义诚信价值观的重大意义，维护社会稳定、搞好各项建设都必须要有诚信观念和诚信精神的支撑；要进一步明确社会主义诚信建设的重大作用，它能为人与人之间、国与国之间的互信、互尊、互助奠定价值基础。党的十八大强调要大力"倡导爱国、敬业、诚信、友善"精神。我们坚持搞好诚信教育，就是践行党的十八大精神，就是继承和弘扬做人讲诚信的中华文化优秀传统。

3. 用道德的力量相支撑。讲诚信是道德建设的根本。大家都讲诚信，人心和力量才会更加凝聚巩固。在社会主义市场经济建设和规范的过程中，在建设中国特色社会主义核心价值体系的过程中，都需要注重培养人们对诚信的崇尚和追求，都需要用道德的力量来支撑。诚信是市场健康发展的灵魂和前提。只有讲诚信，才能深知以何为荣、以何为耻，使人际关系和谐，促进经济社会持续发展。

4. 用法律和制度的力量相约束。凡事只讲诚信和良心是远远不够的。欲建立与当代经济社会相适应的社会主义诚信体系，必须要有中国特色的社会主义法律体系和规章制度来保障。要健全和完善相关法律法规和制度，使诚信建设有法可依，使失信者寸步难行，使诚信者一路畅通，使诚实守信成为全社会的价值追求。当前，特别要加强对食品、药品犯罪、电信诈骗犯罪的打击力度和联合惩戒力度,加强人民法院的执行工作,通过政务网站、微信、微博、移动客户端、新闻发布会等方式,公开司法判决和失信被执行人名单,提高司法公信,以公信促诚信。有了这样良好的法制环境,诚信大厦的根基方能坚不可摧。

5. 从身边做起,从小事做起。讲诚信,不仅要靠道德支撑和法律保障,更要靠自我约束,从自身做起,从小事做起。诚实守信,人从有责。如果只说不做,背离诚信,到头来会背离自己,背离国家,背离人民。我们要讲诚信话,办诚信事,做诚信人。在工作中,要诚信立业,诚信定位,反对营私舞弊和欺上瞒下;在生活中,要真诚待人,恪守承诺,反对虚情假意和背信弃义;在学习中,要脚踏实地,求实进取,反对弄虚作假和抄袭作弊;在经营中,要明码标价,公平交易,反对以假充真和坑蒙拐骗。按照做人讲诚信的要求,我们要特别关注接班人,关注未成年人,关注青年人。党的十八大指出:"中国特色社会主义事业是面向未来的事业,需要一代又一代有志青年持续奋斗。全党都要关注青年、关心青年、关爱青年,倾听青年心声,鼓励青年成长,支持青年创业。"

(七)从树立诚信建设的信心来看。我们可以满怀信心地说,不管今后在诚信建设的道路上还会遇到多少困难和挑战,只要团结一心,奋力前行,再大的困难都可以克服,再多的挑战都可以战胜。"办法总比困难多。"我们有条件、有智慧、有能力解决存在问题。960多万平方公里的陆地和300多万平方公里的海洋就是我们的大市场,13亿多人民的共同理想就是我们的民意,拥有8800多万党员的中国共产党就是我们的领导核心。我们有充分理由相信,诚信建设的浪潮一定会越来越高,诚信价值观的熏陶和感染一定会越来越深入,诚信文化的普及一定会越来越广阔。树立诚信建设的信心,需要消除自卑心,增强自信心。我们一定要坚定不移地坚持习近平同志倡导的中国特色社会主义道路自信、理论自信、制度自信、文化自信,也一定要坚定不移地坚持诚信自信。这是一种相信自己的心态和积极工作的精神力量,也是一种对社会主义核心价值观的充分肯定和对国家发展战略的认同,更饱含着对诚信建设根基和未来发展前景的传承和期待。

精诚所至,金石为开。建设诚信社会是一项长期、艰巨的系统工程,需要全社会一致行动。在社会主义市场经济条件下,国家倡导诚信,社会呼唤诚信,个人需要诚信。让我们共同努力,使全国人民的诚信素质不断提高,诚信心态不断增强,诚信收效不断扩大。

论"诚信"价值观的内涵、价值与传承

徐正兴

"太上有立德,其次有立功,其次有立言。"中华民族向来重视道德品质,最高理想便是有圣人之德。党的十八大提出,积极培育和践行"富强、民主、文明、和谐,自由、平等、公正、法治,爱国、敬业、诚信、友善"的社会主义核心价值观[①]。"诚信"价值观作为中华民族传承至今的道德传统,是个人层面社会主义道德建设的重点内容,旨在引导全民诚实劳动、信守承诺、诚恳待人。

"诚信"价值观的内涵

诚信,《说文解字》的解释是:"诚,信也"、"信,诚也"。[②]这就是说,"诚"与"信"的意义相通。可见,从现代汉语的构词方式看,"诚信"是一个并列式的合成词,"诚"是指"内诚于心",即思想要诚实、诚恳,"信"则指"外信于人",即行为要守信、有信,概括为"合意的契约关系",以真诚之心、行信义之事。可见,"诚"与"信"既相互独立又彼此相通,具有关联性、互补性、融通性。具体而言,可以通过"场域"、"律例"和"向度"等三个方面来理解"诚信"价值观的内涵。

(一) 场域

每个人的思想和行为都被周边发生的场域所影响,而场域并不单指物理环境,也包括外在的思想、行为及其相关联的因素。诚信作为人的思想和行为。显性和隐性的表现均与其所处的场域密不可分。也就是说,在不同的条件下,契约各方的关系并不对等。

一是物理环境的差异。契约的内容,是不可变的先决条件。比如契约对象由谁占有、契约期限的长与短等。按照儒家"言必信，行必果"（《论语·子路》）思想，君子只管以言行贯彻契约，契约关系的履行不会受影响。孔子还说"言忠信，行笃敬"（《论语·卫灵公》），指明言语忠诚守信、行为忠厚严肃的人，到处都行得通。但在现代社会，契约对象的占有者经不住利益诱惑，为了更大的"利"而不守约定、单方违约，就是不诚信。这种情况下，即便其违约之后给予对方补偿，再与第三方签订新的契约，也逃脱不了"见利忘义"的场域。

二是人际关系的差异。在人际关系场域，"诚信"是如何表现的？以血缘关系为标准而自然形成的家庭，是最基本也是最重要的社会单元。与非"血缘"关系的契约相比较，"大家庭"内部更讲诚信。面对同样的契约，契约各方如果是亲属，则彼此的契约，特别是口头的承诺，兑现的概率更高。以亲密关系为标准而自主构成的"朋友圈"，做到"五伦"之一的"朋友有信"（《孟子·滕文公上》），而挚友之间往往具备高于血缘关系的"义"。也就是说，在亲朋好友场域，"诚信"价值观的执行程度较高。

三是思想行为的差异。诚信是无条件的，宋代理学家朱熹认为："诚者，真实无妄之谓。"[3]当前，社会主义核心价值观所倡导的"诚信"价值理念已人所共知，也涌现了不少正面典型，但还没有深入人心，甚至被一些负面的、消极的思想和行为所干扰。人们践行"诚信"价值观的程度还参差不齐。思想上，一部分人还怀揣着"诚信无用"、"老实吃亏"的想法，认为整个社会无诚信可言，对诚信极度失望；行为上，也有一部分人将"利益"摆在"诚信"的前面、把"借口"当成"谋私"的工具，在人际交往产生了恶劣的影响、不良的后果。

（二）律例

自古以来，中国传统社会就有关于"诚信"的法治要求，历朝历代处置"不诚信行为"的相关法律、判例等标准也是越来越严。同时，传统的家族礼俗、乡规民约等成文或不成文的自治条例,也对"诚信"有着明确的要求和约束。

一是以法律条文"治国"。为了维护社会秩序,保障统治阶级的权益,古代刑法对人们社会生活中的言行有严苛的规定。先秦时期,已有"诬告罪"、"诬告反坐"等法令条例,"从汉代开始,对诬告罪的处罚已经严厉至处以极刑,并附之以腰斩、伏诛等多种执刑方式,以此来警醒其他犯罪成员。而发展到魏晋时期,其惩处对象的范围甚至涉及诬告者的亲属"④。而弄虚作假、伪装假冒等不诚信行为,《唐律疏义》《大明律》《大清律例》以及《中华人民共和国宪法》等正式的硬性制度都有涉及并予以惩治。如"诸伪造皇帝八宝者,斩。太皇太后、皇太后、皇后、皇太子宝者,绞"⑤。

二是以家规祖训"齐家"。诚信是"齐家"的基本要求。传统家训在修身、交友、为官、经商四个方面体现了对子女的诚信要求。⑥明太祖总结历代统治经验,制定"皇明祖训"作为后世君主规范;清代更有皇帝的家规大于国法之说,康熙《圣谕十六条》为皇室后人尊崇。明清时期,苏州的家训特别重视个人"敦厚德、守诚信、知廉耻"品性修养。在守诚信方面,有谓:"忠信,人之根本也。人而无信,何以为人",君子以信而立,在生活中对"信"的具体执行应是"凡与人订约,不可踰期;许人财物,不可食言;与人言谈,不可虚诳"。⑦可见,传统的家规祖训充满着"说真话,做实事"的诚信元素。

三是以乡规民约"修身"。如果家规祖训是他律的准绳,那乡规民约则是自律的诉求,属于非正式的软性制度,为个体"修身"提供了遵行的标准。封建时代"国权不下县,县下惟宗族,宗族皆自治,自治靠伦理,伦理造乡绅"⑧的社会治理结构,催生了具有"人治"特点的乡规民约。法家认为,在人人都有"听于威"、"服于势"(《韩非子·五蠹》)的现实特征,意思是说面对威势,人人都会比较听话、顺服。⑨乡规民约延续至今,已成为现代社会治理的一种方式,要"发挥市民公约、乡规民约、行业规章、团体章程等社会规范在社会治理中的积极作用"⑩。

(三) 向度

封建社会是伦理型社会,伦理道德为统治阶级提供了合法性的社会治理基础,并以此引导和约束全社会的思想和行为。"诚信"作为传统伦理道德的核心内容,在不同向度的表现也是有差异的。

一是上与下的向度。"在下位不获乎上,民不可得而治矣。"(《中庸·第二十章》) 在下位的人如果得不到上位人的信任,就不可能治理好民众。上,指以帝王为核心的统治阶级;下,则是广大的平民百姓。由上而下,统治者如果诚信不足,人民就不会相信他们。所谓"信不足焉,有不信焉"(《老子·第十七章》)。比如古代官吏相互包庇、无视百姓权益,冤假错案频发,导致社会黑暗,平民就不会相信政府。而黑暗到了极端,甚至会引发"革命"。自下而上,如果人民对于政府缺乏信心,国家是站不起来的。"自古皆有死,民无信不立"(《论语·颜渊》)。统治阶级的公信力与平民百姓的守信度是成正比的。可见,统治阶级社会治理的公信力越低,平民的在社会生活中的守信度自然也会下降。

二是善与恶的向度。"诚信"包含诚实、诚恳的意义,与善、恶是分不开的。"孟子所谓性善,乃谓人性中本有善端,人即此善端。荀子谓人之性恶,乃谓人性中本无善端。非但无善端,且有恶端。"⑪关于人性善恶的向度,孟子说"人皆有不忍人之心"(《孟子·公孙丑上》),善性是人类所特有的一种本性;荀子说"人之性恶,其善者伪也。"(《荀子·性恶》),但也认为人性虽恶,而人人可以为善。"诚身有道:不明乎善,不诚乎身矣。"(《中庸·第二十章》) 不明白什么是善,就不能够使自己真诚。显然,主体自我向善、自我去恶的纯正性是其修身养性的至诚之道,反之,主体则会走向"不诚"的一端。

三是恕与欲的向度。主体的价值追求,直接决定着主体的价值观选择。围绕"诚信"价值观,就是要做好"诚实、诚恳、守信、有信"的自己,同时也要想到他人。子贡问曰:"有一言而可以终身行之者乎?"子曰:"其恕乎!己所不欲,勿施于人。"(《论语·卫灵公》)"恕"字可以终身实践,指做人要宽容,不要强人所难、甚至给他人造成伤害。"欲"字也包含了很多内容,从政者谋取权位、从商者谋求利益,甚至包括"三不朽"的目标等,主体的价值追求与"欲"的大小、多寡、远近等关联,届时的价值取向是经常变化的,真正做到"恕"并不容易。

"诚信"价值观的价值

在未来十年,我们将毫无疑问地面临与日俱增的怀疑、错误信息、假情报、曲解和阴谋理论以及欺诈行为。由此带来的重要结果就是声誉和信任对个人、组织和政府来说越来越重要。[12]作为一种价值观,"诚信"的思想和行为在国家、社会和个体层面都有深刻反映,时时处处彰显了国家的综合实力、社会的文明程度、个体的做人素养。显然,"诚信"似乎从来都没有这么重要,也从未受到如此严峻的挑战。

(一)应对全球战略挑战的理性选择

对一个国家而言,诚信就是良好的形象。全球的和平与发展需要每一个国家(地区)的努力与维护。可以说,"诚信"价值观是全球各国、各地区的立国之本,有利于推进其涉外交流、优化其内部治理。

面向国际,"诚信"与国家的利益息息相关,是国家保持友好、顺畅式涉外交流的基础。春秋战国时期,各国谋士们为了"国家"利益,绞尽脑汁出谋划策,其中隐瞒、欺骗等"不诚信"的手段层出不穷。比如张仪、苏秦这两位战国时代的纵横家,他们在游说"连横"、"合纵"策略时狡诈、隐瞒、欺骗,善用阴谋。为了实现称雄称霸的目标,各国在政治、军事、外交等方面不惜"自损形象",虽然可能会取得阶段性的实际利益,但从长远看终将失去诚信的口碑。当今世界,各国在全球化背景下的战略意图都很明确或者是"被公开",国家与国家之间依托现代化技术手段异常便捷地实现了彼此的沟通与交流，其诚信与否也很容易得到验证。但是，如果某国刻意隐藏或更改原定的战略意图，那么沟通与交流必将伴生潜在的"谎言"，给他国政治、经济、社会、文化的涉外交流埋下战略隐患。简言之，一个国家对外"不诚信"，极易引发与其关联的国际事务争端。今天，时代的主题是和平与发展。国与国之间有冲突是正常的，但战略上不讲信誉、战术上不择手段是不可取的，只有正大光明的协调、解决矛盾与冲突才是正道。

转向国内，诚信与国家的稳定密切相关，是国家维护社会秩序、优化内部治理的法宝。历史经验说明，在统治与被统治的向度上常常表现为"得道者多助、失道者寡助"（《孟子·公孙丑下》）、"顺民心，政兴；逆民心者，政废"（《管子·四顺》）。在古代社会，如果以帝王为核心的统治阶级坚守道义、以民为本，国家的社会秩序则比较稳定，政权也就相对稳固；反之，统治者不讲道义、鱼肉百姓，则必将陷自身于孤立，也就会在被统治者面前失去公信力，必然导致社会动乱、国家分裂。现代社会，广大民众的知识水平已得到了普遍提升，民主意识也愈加强烈。我国是由人民当家做主的社会主义国家，将"诚信"作为核心价值观的主要内容激励、引领社会大众的思想和行为，有利于正向促进、推动整个国家的内部治理。显然，诚信的价值导向有益于从下而上、从个体到集体形成良好的诚信氛围，也就从基层搭建的"诚信"基础保障了每一个社会组织的良性发展；同时，从点到面的诚信关系对全社会的诚信体系构建，并营造自由、平等、公正、法治的社会氛围也极为有利。

（二）顺应社会进步发展的必然要求

社会的进步，是众多优势因素共同发挥作用的结果。诚信，无疑是这众多优势因素中最基础性的一个。对一个社会而言，诚信是助推其进步与发展的基石，表现为全社会各领域和谐与共进。

政治诚信是每一个政党的立党基础。在政治事务中，执政党要履行对全党、全民族的承诺，社会才能朝着好的方向发展、国家才能逐渐强大。儒家认为"诚信"对执政者治国为政意义重大。当向孔子请教治国之道时,他答道"足食,足兵,足信。"(《论语·颜渊》),即指百姓有饭吃、军队够强大、政要讲诚信,而且还强调"信"比"兵"、"食"更重要。法家思想,实际上是后世封建统治者维护集权统治的理论基石。[13]法家把"信"当作依法治国的必要条件。商鞅变法时,曾以"城门立杆"树立起"言必行,行必果"的形象,为变法顺利实施奠定基础。秦国因为推行法治,变得强盛起来。

"诚信"价值观对经济的发展具有不可替代的作用。在公平正义的法治环境下,从商者总是以追求经济利益的最大化为目标,包括短期的"暴利"、中期的"盈利"、长期的"大利"等等。可以说,"诚信"是立业之本。当前,我国经济快速发展,在不同的利益驱动面前,诚实守信的道德传统受到了冲击。其中,大部分从商者能坚守诚信,做到远离假冒伪劣、拒绝弄虚作假等,他们自然受到广大百姓的认可;然而,也有不少从商者总是以次充好、唯利是图、甚至坑蒙拐骗,挑战道德、责任等诚信美德。

"诚信"价值观,从古至今就是中华民族的优秀文化传统。所谓"人而无信,不知其可也。"(《论语·为政》)作为一个人却不讲信用,不晓得那怎么可以。但是,当今社会的"诚信"文化却不容乐观。比如"扶不起"、"老赖"、"传销"等现象的背后,就是有一批诚信的"叛徒"。其中,"扶不起"利用别人的同情、背信弃义,谋取不正当的利益;"老赖"们则是欠债不还、不劳而获,达成损人利己的目的。那些"叛徒"使内心善良、诚实守信的人上了当、受了骗,不仅严重损害了自身的信誉,而且冲击了中华民族救死扶伤、欠债还钱的文化传统。显然,必须严肃惩治这些不诚信的"叛徒",以正风尚。

社会生活中,"诚信"价值观作为一项普遍适用的道德诉求和行为准则,是和谐社会建设的必要条件,表现为个体及政、产、学、研、用等主体与主体、主体与集体、集体与集体在人际交往的实践中坦诚相见、彼此互信、友好共处。对个体而言,"诚信"是做人的基础。"君子不亮,恶乎执?"(《孟子·告子下》)君子不讲诚信,如何能有操守?对集体来讲,"诚信"代表着主体的名誉和利益,是行业、单位或企业正常的生产秩序。任何一个社会主体,如果不讲诚信则无法在社会生活中立足。失信于社会,不仅会受到法律的制裁,而且会被公众所谴责。

(三) 完善个体生活实践的基础条件

在个体的生活实践中,"诚信"是做人的基本要求。新时期,我国将"诚信"纳入社会主义核心价值观,作为每个人都应当具备的道德品质。对个体而言,"诚信"价值观不仅是其生活实践中应有的一种道德品质,更是其必须履行的一项社会责任。

人与人之间,以诚相待是美德。"诚者,天之道也;思诚者,人之道也"(《孟子·离娄上》),古人早就参透了这个道理,提出诚信应当是做人之"道"。首先,个体对外是否诚信?表现在个体对他人或集体的思想与行为上,做到诚实守信、坦诚互信。应该说,"诚信"是维系人与人、人与单位之间和谐关系的纽带。在日常生活中,不论是信任他人或集体,还是使自己受到他人或集体信任,均达到了"诚信"做人的基本要求;反之,则是个体对外的"不诚信"。其次,个体对内是否诚信?表现在自己的诚实、守信的想法是否真正落实到了自己的行动中,做到言行一致、表里如一。个体的成功总是通过朝着目标努力奋斗实现的,不经努力就不可能成功。诚信是对他人或集体的尊重,也是对自己的尊重。"所谓诚其意者,毋自欺也。"(《大学·第七章》),自我承诺要通过严格的自律去兑现,靠自觉、自省、自我约束进行"诚信"实践。第三,个体是否得到他人的信任?表现为个体的思想与行为是否受到他人或集体的认可。孔子认为"信"有两个层次,一是自己守信,二是受人信任。"能行五者于天下为仁矣。恭、宽、信、敏、惠。信则人任焉。"(《论语·阳货》)得到他人或集体的信任,才会得到别人的任用、办事才能成功。

人与自然之间，最佳状态是人类与自然界和谐相处。在"五位一体"的社会主义现代化建设中，生态文明建设至关重要。因而，人类要用"诚信"的思想和行动去和自然界保持互动互联。首先，人类要实事求是地认识自然界，树立生态文明的理念。就是说，个体要坦诚地把自身置于自然环境中，既尊重自然、顺应自然，又不藐视自然。其次，人类要有条不紊地利用自然资源，履行保护自然的责任。个体不仅要以"诚"的人格力量去开发利用自然资源，而且要积极地保护生态系统、防止环境污染等。道德个体要认识、把握事物的本质，无限地发挥他们呢的性质作用，严格按照事物本身的"理"，达到天人合一、万物一体的精神境界。[14]否则，如果是抛弃生态文明理念而恣意妄为，那么自然界一旦受到人类的伤害，人类也必将自食恶果。

"诚信"价值观的传承

在中国传统的价值观中，"诚信"是一种处世精神或表现，在国家、社会和个体各个层面都是极为重要的美德。诚信进入社会主义核心价值观系统，是因为诚信属于那种对于国家社会发展极具关键性的且迫切需要的价值观念。[15]"五位一体"社会主义现代化建设的新时期，"诚信"价值观在政治、经济、文化、社会、生态文明建设等方面依然具有核心作用。从宏观、中观、微观层面看，这需要国家、社会和每一个人去坚守和传承。

（一）宏观规划：政府部门构建有效的传承路径

政府靠什么团结和带领人民为社会主义现代化建设而不懈努力，为国家的繁荣富强积蓄力量？民主的治理政策与良好的精神信念是必要条件。"诚信"价值观就是取信于民、团结大众的道德标准。在全球化背景下，政府部门要从宏观上构建传承"诚信"价值观的有效路径，服务"五位一体"建设的伟大目标。

一是制度上的约束。路径选择时，诚信立法是基本要求，旨在外树形象、内强素质。国家的依法治国理念已经全面推行，用

"法"的规定加强社会各阶层的"诚信"观念与行为是理所应当的。首先是建立诚信奖惩制度,对"诚信"价值观的典型传承者,予以物质和精神上的奖励;对"失信者",由政府部门根据现行国家《合同法》《民法通则》《消费者权益保护法》等对失信行为予以严肃惩治。其次是建立信用档案制度,与奖惩制度相统一,将"诚信"行为记录纳入全国联网的诚信系统,公开查询方式、增大"失信成本",并对失信者政治、经济、文化等方面的生活予以一定的约束。第三是建立诚信监督制度,从制度上列出明确的监督规范,督查诚信奖惩是否合适、及时、有效,确保执行到位;同时,进一步加强实名监督、举报等。

二是舆论上的主导。政府部门依托报刊杂志、网络媒体、信息平台等,加强对"诚信"思想和行为的常态化、体系化舆论宣传。首先是剖析古代传统的诚信故事。地方宣传部门有计划地遴选区域历史中典型的诚信故事,重点剖析诚信轶事所反映的物质得失、价值取向、人性关怀等,并通过地方报刊、官方微信及公益宣传栏等路径进行多层次、连载式的专题宣传。其次是宣传当今社会的诚信模范。当前,社会主义核心价值观倡导的"诚信"理念引领着全社会的道德风尚,涌现了大量平凡、朴实的诚信模范。地方宣传部门有重点地宣传"正能量",比如每年"感动中国十大人物"之诚信人物、全国及地方道德模范评选中的诚实守信模范等。第三是主导复杂问题的诚信精神。对政治、经济、文化、社会、生态文明建设等方面多元、复杂的现实问题,地方宣传部门有责任、有义务配合各条线的主管单位开展协同治理、理清问题缘由,将"诚信"价值观贯穿于协调社会矛盾的过程中。

三是作风上的引领。面对全球战略挑战和新媒体时代,政府的作为具有强烈的"马太效应"。也就是说,政府部门必须率先垂范,践行"诚信"价值观。政府代表着人民群众的利益诉求,政府部门的作风是社会大众关注的焦点。在依法治理社会之余,地方政府部门应着力引领全社会养成文明、向上的道德观念,营造区域内形成健康、广泛的诚信环境，做到"以诚实守信为荣，以见利忘义为耻"。以政务诚信标榜"以民为本"。子曰："道千乘之国，敬事而信。"(《论语·学而》)治理国家，就要认真对待工作，诚实可靠。我国是社会主义国家，人民当家做主。政府部门的诚信就是要权为民作用，在政务活动中兑现政务承诺，彰显政府的治理效率、公信力。以实际行动治理"诚信危机"。政府部门要率先加大自我治理，加大"失信成本"，提升在民众中的形象。对于社会上假药、诈骗等恶劣的"不诚信"行为，政府部门要加大治理力度，并快、准、狠地予以处理，表明政府的治理决心与执行力。

(二) 中观疏导：社会因子形成多元的传承策略

按照个体所扮演社会角色的差异，企业、学校、家庭是广大民众的主要生活圈。子曰："其身正，不令而行；其身不正，虽令不从。"(《论语·子路》)按此类推当今社会，当权者自己行得正，不发命令，政令也能贯彻；当权者自己行为不检点，即便三令五申，也不会听从。显然，企业、学校和家庭等社会因子都应当树立"正气"，并扮演好各自的角色。

一是企业成为行业文化担当。企业有性质、类型、大小之分，但是作为一个社会因子所承担的社会责任是一样的，都应该遵守行业承诺，将质量摆在第一位，以行业精神标榜自身的价值。树立行业"好口碑"。行业文化是行业内所有参与者共同努力、共同奋斗而慢慢积累起来的，需要很长的周期、需要实践的检验。但是，却极易被损坏，难以在短期内好转。比如"毒奶粉""地沟油""瘦肉精"等现象的阴影依然还在。显然，每一家企业都应该以实际行动树立在行业内的"好口碑"。比如生产型企业的原料辅料选购、产品加工、成品包装、商品营销等每一个环节，都存在都要牢记行业精神、行业使命，自觉成为行业文化的传播者。拒绝行业"潜规则"。每一家企业的生存与发展都面临着各种挑战，其中不可逃避的是来自行业的"潜规则"。所谓"潜规则"自然就是企业为了追求更大、更快、更有诱惑的利益在采取的"非常规甚至不合法"的措施与手段。这是重利轻义的表现，与行业标准背道而驰的，有行业担当的企业都应该严正拒绝，重义轻利。

二是学校健全立德树人体系。子以四教：文、行、忠、信。（《论语·述而》）孔子把"忠"与"信"列为育人的基本内容，以忠诚、信实教育学生。我国一直贯彻"德育为先"的教育方针，从幼儿园到大学均开设德育课；但是，在实际教学实践中往往是"副课"，实效性也不高。因此，在新时期急需健全立德树人的诚信教育体系。①内容上重启发。自古以来，教师都扮演着"传道、授业、解惑"的角色，是正能量的典型代表。教师在"诚信"价值观教育的内容选择上，应努力避免政治化、抽象化、空洞化的文本，与政治、经济、文化、社会和生态文明建设联系起来，用现实的问题来阐述诚信的内涵与价值，而非纯粹地谈理论或讲故事。②形式上重实践。学校的"诚信"价值观教育重理论、重灌输，较为常见的形式是诚信案例的展览、说教，往往时间段、成效差。也就是说，只是片面强调了这项工作，而没有认真地设计。学校应当结合现实生活，以社会实践促进师生内化"诚信"价值观。③过程上重评估。"诚信"教育，关键在于师生的自我道德是否得到了培养、人格塑造是否得到了加强？如果没有，那就未达到教育目标。学校必须加强"诚信"教育的过程评估，凸显其效果。

三是家庭完善家规家风家教。家庭是人生的第一所学校，父母是孩子的启蒙导师，家庭生活方式是人们丢不掉的遗产，早期教育对于个人道德品质的形成影响重大。[⑩]"诚信"价值观的养成、培育与践行，受到场域、律例、向度等诸多方面因素的影响，家庭因素至关重要。①立家规。从古至今，"诚信"都是传统家庭所立家规的主要内容；社会主义现代化建设的新时期，将"诚信"价值观列为家规的主要内容也不过时，有益于约束、规范、引领每一位家庭成员诚信做人、诚信办事。②正家风。家风是打在家庭成员身上的烙印，是一个家庭的"信牌"。家风正，家庭成员诚实守信、为人坦荡，整个家庭的社会影响就好，日常生活中的受欢迎程度也高;反之,则不然。③严家教。每一个人的成长都离不开自我约束、外部管教。严格的家教,不光对家庭成员有深远影响,使其日常行为得以规范,而且是一个家庭长盛不衰的"法宝",便于整个家庭保持良好的发展态势。

(三) 微观坚守:异质主体践行合意的传承原则

"诚信"价值观不仅是一般的道德理念,而且体现着国家的价值指向。一个国家里,每一位个体都有义务、有责任持之以恒的保持思想上的坦诚、行为上的守信。人与人之间的主观思维、所处的客观环境存有差异,传承"诚信"价值观的方式、方法也不尽相同;因此,需要异质主体合意地坚守。

一是道德合意。异质主体在道德层面的意见是否统一,对于社会主义法治建设影响大。国家法律是硬性的明文条款,而道德是软性的思想和行为。在社会主义现代化建设进程中,维护诚信需要法制,更需要道德规范,异质主体要保持遵纪守法,更要坚持道德的合意。

协同式合意。在新媒体时代,政府官员"失信"的蝴蝶效应时常可见,重新树立形象是很难的,需要更长的周期。政治生活中,从政者心系民生、事顺民意,在互信的基础上彼此协作、共同为人民服务,才是为官的正道。

扬弃式合意。传统文化中,既有精华,也有糟粕。在个体的道德价值,必然需要作出扬弃式合意。文化生活中,每一个人所处的场域有差异,但是道德领域诚实、守信的优良品质始终应该坚守,欺诈、阴险等恶劣品质必须唾弃。

宽容式合意。社会生活中,人与人之间的关系是标志社会和谐的主要因素之一。当前,社会个体的"诚信"问题已经凸显,种种"不诚信"的行为甚至左右了普通大众的价值观。异质主体的道德宽容,强调个体的善言、善行,而不赞成"得理不饶人"。

二是经济合意。"诚实守信反映的是社会的普遍利益,其行为能够促进最大多数人的幸福,最合乎他人和社会的共同利益"[⑰]。

在经济行为中，异质主体中达成的涉及经济利益的合作意向、合作协议，都需要个体共同维护。

供应链合意。在金融、贸易、投资活动的前期，甲、乙、丙等异质主体之间的互信度对经济行为中后期的有重要影响。比如生产资料的采购，以次充好、夸大品质和空头承诺等失信问题造成的资本流失，对中期的加工、后期的销售都起到了基础性作用。

产业链合意。经济行为的中期，行业内部各异质主体的诚信，对于经济利益的得失具有关键作用。主体"利润最大化"的价值导向，容易造成产品的设计、制造等方面具体生产行为的改变，而产业链各环节的合意无疑是产品品质最有力的保证。

服务链合意。在市场经济中，生产者与消费者之间的合意预示着社会诚信的广泛性。也就是说，经济行为后期的销售与售后服务、用户意见的反馈与落实，异质主体应该坚守"诚信于公众、诚信于顾客"，坚决抵制虚假性宣传、欺骗性承诺等。

三是人与自然合意。"诚"与"信"在中国传统伦理文化中一直处于至高的地位，所谓"至诚可参天地"。[⑬]"诚信"的初始意义，指向天人合一的最高境界，既是崇高信仰，又饱含无上敬畏。"诚"是生命之源、做人之法，"诚者"自然可以体悟天道，为人之道。当今社会，异质主体拥有健康、文明、可持续的生活方式，以本真、自然的状态自觉保护生态环境，与自然界和谐相处，就是在用实际行动传承"诚信"价值观。社会主义"五位一体"建设中的生态文明，特别强调人与自然的和谐，彼此合理地对待对方。思想上，异质主体要敬畏自然。主体在生活实践中，要充分认识自然的伟大，把自我作为自然界的一个部分，而不是凌驾于自然界之上。所谓"过犹不及"，人类任何过分的开发利用自然资源，破坏生态系统，必将反受其害。行为上，异质主体要保护自然。人类的能动性应该保持合理的"度"，有效控制自身与大自然的关系。其中，危害人类的自然力量，异质主体应该主动规避、积极防御；因人类不合理行为而造成的恶果，异质主体应该及时补救、加强保护。

结　语

　　从哲学意义上讲，"诚信"是一种世界观、人生观、价值观，引导人与人、人与社会、人与自然的关系朝着风清气正的方向发展，具有不可替代性。所谓"不宝金玉，而忠信以为宝"（《礼记·儒行》），就是说不把金玉视为宝，而把忠诚守信当作宝。社会主义现代化建设的新时期，每一个社会个体、社会组织都应该把"诚信"作为最宝贵的财富、以"诚信"为法宝，在社会生活中诚实坦荡、守信做事。

　　作为个人意志的实质，道德体系就是道德世界的灵魂。美德乃是被认为体现在一个人的本性中的这样做的一种习惯。[19]显然，"诚信"作为24字社会主义核心价值观的组成部分，是国家、社会对每一位个体培育、践行道德素质的关键性指导，也是对于个体道德成长的基础性要求。自古以来，"诚信"在社会治理上的作用都极为关键，但是真正做到"诚信"却十分困难。《中庸·第二十章》提出了治理天下国家的九条原则，即"修身也，尊贤也，亲亲也，敬大臣也，体群臣也，子庶民也，来百工也，柔远人也，怀诸侯也"，执政者真实无妄地做好该做的事，自然就能治理好国家与社会。因此，在"五位一体"社会主义现代化建设的进程中，党和政府不仅要增强执政的公信力、执行力，也需要我们每一个公民都从自身做起，坚守"诚信"观念，践行"诚信"行为。

注释：

① 中共中央办公厅：《关于培育和践行社会主义核心价值观的意见》，参见http：//news.xinhuanet.com/politics/2013－12/23/c_118674689.htm
② （汉）许慎撰，（清）段玉裁注：《说文解字注》，上海古籍出版社1988年版，第92页。
③ （宋）朱熹撰：《四书章句集注》，中华书局2012年版，第25页。

④ 武林杰:《中国传统诚信法律制度研究》,载《人民论坛》2016年第3期。
⑤ 长孙无忌等撰,刘俊文点校:《唐律疏议》,中华书局1999年版,第487页。
⑥ 宣璐:《中国传统家训中的诚信文化及其当代价值》,载《重庆社会科学》2015年第1期。
⑦ 王卫平、王莉:《明清时期苏州家训研究》,载《江汉论坛》2015年第8期。
⑧ 秦晖:《传统十论——本土社会的制度文化与其变革》,复旦大学出版社2003年版,第3页。
⑨ 张岂之:《中国思想文化史》,高等教育出版社2013年版,第135页。
⑩ 中国共产党第十八届中央委员会:《十八届四中全会公报全文》,参见 http://www.js.xinhuanet.com/2014-10/24/c_1112969836_3.htm
⑪ 冯友兰:《中国哲学史》,华东师范大学出版社2010年版,第167页。
⑫ (美)埃蒙·凯利著,王哲译:《强势时代:应对来自不确定世界的挑战》,中国人民大学出版社2009年版,第40页。
⑬ 程裕祯:《中国文化要略》,外语教学与研究出版社1998年版,78页。
⑭⑱ 张啸尘、顾青青:《"诚信、公正、和谐"核心价值观的传统文化渊源》,载《浙江师范大学学报》(社会科学版)2016年第2期。
⑮ 余玉花:《论诚信价值观》,载《思想理论教育导刊》2016年第3期。
⑯ 施向阳、程萍:《公民诚信建设的路径研究》,载《南通大学学报》(社会科学版)2016年第5期。
⑰ 王淑芹:《诚信道德正当性的理论辩护——从德性论、义务论、功利论的诚信伦理思想谈起》,载《哲学研究》2015年第12期。
⑲ (英)鲍桑葵著,汪淑钧译:《关于国家的哲学治理》,商务印书馆2010年版,第259页。

社会主义核心价值观视域下大学生的精神文明建设

赵絮颖

"文明"是一个宽泛的概念，有着丰富的内涵和复杂的结构。著名伦理学家唐凯麟先生指出："文明不只是一种对社会进步和成就状况单纯的描述性的客观概念，还是一个关涉到社会主体的存在和发展状况的价值概念。"[1]这意味着，"文明"的范围涉及由一定数量的个人所构成的一定社会的宏观生活领域和作为一定社会中各个成员的特殊个人的微观生活领域，这两个领域的生活状态是互动生成、相互影响和相互作用的，只有宏观领域的生活和微观领域的生活都达到了文明，文明才足以成立。另一方面，"大凡关涉到提升人类整体生存和发展能力的各种要素，都无不要进入文明概念的内涵之中，因而它逻辑地展开为物质文明、政治文明、精神文明、社会文明和生态文明五大层次或系统"[2]。这五个层次的文明：物质文明是指人类在物质生产活动中创造的物质成果，主要表现为人们生产和生活的物质条件；政治文明指人们创造的用以改善政治生活的经验总和；精神文明包括人们从事精神生产活动所创造的所有的精神成果，是人们的智慧和道德的进步状态；社会文明包括人们创造的，协调人与社会关系的社会活动的成果，是人类社会的开化状态和进步程度，主要表现为各种社会秩序和规范；生态文明反映的是人与自然关系的文明，是人协调和改善与自然的关系的成果。其中，精神文明是从事一切社会活动的思想基础。大学生作为尚未正式步入社会的群体，文明素质的培养应该主要是精神文明的培养。而社会主义核心价值观要求公民做到爱国、敬业、诚信、友善，本文即拟从这四个方面来讨论大学生的精神文明建设。

爱　国

"爱国"这一词，自古以来，传颂至今，在古代的教育中，经史子集的内涵，忠孝是重要的一环。在宋代的教育史上，书院就是培育人才的园地。例如江西四大书院、庐山白鹿洞书院、江西铅山鹅湖书院、南昌预章书院、吉安白鹭洲书院等。1241—1257年这16年间，江西吉安高中进士的就有47名，大多数出自白鹭洲书院，文天祥就在其中。他德才俱高，正是由于白鹭洲书院的创办人是宋代名相江万里特别注意德才教育。江万里对文天祥格外赏识，曾对他说："吾老矣，观天时人事当有变，吾阅人多矣，世道之责，其在君乎？君其勉之。"（我老了，目前国事人事当有所变化，我阅人多矣，能挽救国家民族大任，应该落在你的双肩，希你多多自勉！）最后，江万里和文天祥在南宋灭亡后，都悲壮殉国，他们的爱国精神更是代代相传。

爱国精神发展到今天，亦被赋予了新的内涵，"中国梦"正是其重要内容。要实现"中国梦"，希望主要寄托在中国的青年一代，其中大学生尤为青年一代之主力。他们要不负党和人民的重托，首先必须要成为坚定的爱国者，因为只有坚定的爱国者，才会矢志不渝地以实现"中国梦"为己任，为实现"中国梦"而努力拼搏。对于大学生来说，爱国心的养成是最重要的，这是大学生精神文明建设的首要一环。大学生只有将自己赤诚的爱国心转化为中国社会主义建设的强大精神动力，才能完成中华民族的伟大复兴的光荣使命。

但是在日益全球化的今天，西方资产阶级的意识形态和价值观正严重地影响着中国大学生的思想和情感，特别是时刻不忘和平演变中国的某些西方国家，近些年来更是打着"维护人权"的幌子，向中国人特别是中国的青年一代兜售"人权高于主权"的思想，虽然这些西方国家从来都是坚持其本国利益至上并为此而不惜损害别国人民人权的,经其别有用心的虚伪炒作,这种思想还是无孔不入地渗透到了中国,在一定程度上动摇了包括一些大学生在内的部分中国人的爱国心,使其失去了建设祖国的志向和动力。针对这种情况,高校正在加强爱国思想教育和宣传力度,努力使大学生生活在一个充满爱国情调的校园环境中,让莘莘学子都能感受到浓浓的爱国气氛,同时还希望高校应加大对大学生的人文知识教育,提高大学生的文化认知能力,使他们学会以理性分析和理性批判的眼光来看待西方文化及其价值观,从而自觉清醒地"取其精华,去其糟粕",建立文化自觉与文化自信,从而振兴中华文化。

另一方面,"当前的高校爱国主义教育仍然是以说教形式为主,将一些爱国和道德内容当作知识来普及,并以考试的形式来测验预期效果"。作为一个大学生,我认为爱国思想教育决不应限于嘴上说说、手上写写的课堂教学,如此即使能让学生达到出口成章、妙笔生花的地步,也并不意味着就能把他们培养成为爱国者。真正的爱国必须将爱国认知、爱国情感和爱国意志统一于爱国行为并具体落实到现实生活的方方面面中间去,所以爱国思想教育应该以现实生活作为最重要的课堂,例如,老师可以带领学生去实地参观南京大屠杀纪念馆,这比起让学生死记硬背爱国道德知识的效果不知要强多少倍!

此外,"爱国主义行为分为感性与理性两个层次,其中感性的爱国激情是理性的基础,没有爱国激情就没有强烈爱国意识和行为;理性是感性情感的升华,没有理性的引导就没有'有理、有利、有节'的爱国行为。"③

上海市晋元高级中学的"重走长征路"是"在新的历史条件下,引导学生发扬光荣革命传统,坚定理想信念的信心之行"。他们从2002年开始,持续十余年,组织带领学生完成了贵州行、陕西行等八个站,走出了一片新天地,使学生领略了长征历程的壮烈,进一步领略了祖国山河的壮美,民族文化的壮观,这是既有感性又有理性的最佳课堂。晋元中学是一所具有爱国传统的高级中学，晋元中学的"重走长征路"的精神也适合于大学借鉴。

敬 业

《论语·学而》中说道"学而不思则罔，思而不学则殆"，学而不去思索就会食而不化，思索而不再学习，就不能深入。大学生还没有正式踏入工作岗位，其主要职责就是认真学习，为将来的工作做好准备。所以对于大学生来说，敬业就是要重视学业。敬业精神，也是大学生精神文明建设的一项重要内容，这对于我们日后走向工作岗位，养成对本职工作一丝不苟的态度具有重要的奠基作用。

大学生对于学业的整体态度集中体现在学风之中。"学风是学习者在求知目的、治学态度、认知方法上长期形成的，具有一定稳定性和持续性的精神倾向、心理特征及其外在表现。"[④]就我国大学的现状来看，咱们大学生的学风普遍存在以下几个问题：

首先，学习动力不足。有些大学生经历了高考的洗礼后，一下子从紧张的冲刺状态松弛下来，面对从未有过的宽松环境，变得无所适从，不知道该做什么，丧失了继续努力学习的动力和目标，这在很大程度上是由于高等教育与基础教育互相脱节造成的，这种脱节使得刚刚结束基础学习的学生不能很快适应大学的学习生活。为此，希望高校应该对刚入学的新生进行专门的大学学习方式的指导性教育，这样可以减轻大学生的迷茫状态。

其次，学习态度不够端正。由于缺乏足够的学习动力，有些大学生对学业抱以无所谓的态度：平时作业敷衍了事，考试突击复习，成绩及格就好等等。对待学业没有追求，得过且过，缺乏踏实肯干、勤勉上进的学习态度，这样不端正的态度是不可能在学业上取得成功的。鉴于这种情况，希望高校应该进一步严肃校纪校规，树立校纪校规的应有权威，对一切违纪违规的行为实行毫不容情的坚决处理，绝不姑息迁就。

最后，学习方法死板。有些大学生的学习方法还停留在死记硬背的应试阶段,不懂得灵活运用,也不知道将所学知识联系实际,这归根结底还是由于学生自己对于学业不够重视,如果真有锐意进取的话,他们自然会主动探索和寻找更加有效的学习方法来提高自己的学习能力和学习效率,之所以会出现这种情况,也与大学老师在教学过程中不够重视对学生进行学习方法的指导与训练有关。

针对以上不良现象,我认为还可以从以下几个方面来改进大学教育:首先,诚挚希望高校老师发挥教师的垂范作用,用老师的人格魅力感染学生,以老师严谨治学,积极进取的形象,从而潜移默化地带动大学生养成重视学业的思想精神。其次希望进一步营造校园文化环境,积极倡导丰富多彩的校园文化活动,以陶冶学生情操,提升人文素质和精神品格;举办各类帮助大学生坚定刻苦学习信念的励志讲座,逐渐培养起认真对待学习的态度。同时还要希望鼓励大学生投身社会实践,增强大学生的责任感。然而最重要的还是大学生的自我激励,大学生要意识到历史赋予自己的使命,要意识到自己是国家和民族的未来和希望,那就真正成为社会主义事业的建设者了。所以,为了将来要承担的重任,大学生要自觉地将自己锻造成合格的社会主义事业的接班人,而敬业是其必不可少的条件之一。在大学里要努力读书,养成敬业的文明习惯,这对于大学生的成长是至关重要的。

诚 信

诚信是做人的基本精神文明素养,《论语·为政》中说道:"人而无信,不知其可也。"诚信是一个人安身立命的基本道德素质,而"大学生诚信是整个社会诚信的晴雨表和风向标"[5]。因此,大学生必须以身作则,时刻注重自身的诚信品质,在任何时候,都不能丢失做人的基本原则。然而在现实生活中,有些大学生的不诚信行为时有发生,这体现在其学习、生活、工作等各个方面,诸如抄袭他人作业、考试作弊、为奖学金和班干部评选,弄虚作假、学术论文抄袭等等,这些令人担忧的现象,反映了这些大学生诚信缺失的本质，。

造成当今中国大学生诚信危机的原因何在？

从大学生个人角度来说，现今大学生大多数都是独生子女，缺乏艰苦奋斗的精神，有些大学生自我观念太强，只顾自己不顾别人的自私心态很重，他们渴望成功，但是却又不想为之付出应有的努力，而渴望走捷径，因此，在面临义和利的选择时，自私自利的想法往往使得大学生偏离诚信的原则。

大学生即将迈入社会舞台，而诚信则是通往走上社会舞台的一个必备条件。所以，大学生诚信品质重建是刻不容缓的任务。

首先，希望学校对于大学生的诚信教育要注重道德实践，将道德教育深入到校园的每个角落，要教育大学生从身边的小事情做起，严格要求自己，将诚信意识一点一滴培养起来。

其次，完善诚信保障机制，希望学校应该要制定详细明确的规章制度，并要严格执行，对大学生的行为要进行正面教育或约束，不然制度就失去了效力，也就无法保障大学生的诚信意识和行为了。

再次，要发挥思想政治教育课的作用，引导学生树立正确思想，自觉抵制社会上的种种不良风气，希望思想政治教育课要弘扬优秀的传统文化，强调诚信的重要性，大学生是知识人、文化人的象征，应当时刻注重自己的身份和形象，把诚信当作自己的座右铭，将诚实的品质落实到生活中的每一件小事中间去。

友 善

《论语·学而》曰"弟子入则孝，出则悌，谨而信，泛爱众"，意思就是在父母身边要孝顺父母，离开父母，要尊敬兄长，做事要谨慎，说话要诚实，要团结大多数，这就是友善。

在今天来说，友善，即与人为善、宽以待人，以礼相待，是每个人在日常生活、学习和工作中，对待他人和社会整体所应该遵守的道德准则。加强友善能力的培养，这对于当代大学生适应社会生活和顺利成才具有重要的现实意义。将友善道德素质的培养,纳入大学生的精神文明建设中是非常必要的。将友善的种子播撒在大学生的思想意识中,使之不断发展壮大,对大学生身心的健康发展具有举足轻重的影响,也有助于整个社会的良好风气的形成。

在当今这样快速发展的社会,社会的分工合作越来越受到重视,大学生是整个社会的新生力量,更要学会与不同的人相处,那么,友善就是与人相处的第一要义。大学生要树立与他人相处的友善观,以及与集体相处的友善观。

现在的大学生大多是独生子女,从小就备受宠爱,享受着父母全部的爱,从而无形中使得他们形成以自我为中心的思想观念,不会考虑他人的感受,所以与他人友善相处方面的能力有所欠缺。然而要获得自身素质的全面发展,大学生就必须要学会与他人相处的艺术。在与他人相处时,大学生要体现出自身的良好素质,做到尊重人、关心人和理解人,学会换位思考,学会宽恕,学会"己所不欲,勿施于人"。其实也就是破除以自我为中心的思维方式而已,将自己与他人放在同等的位置来对待,这样就会少了许多的偏执。要树立为他人服务的意识,"把利他和利己结合起来,实现'我为人人,人人为我'的友善氛围。"⑥

人是社会的产物,每一个个体都是处于集体的包围之中。在与集体相处的时候,大学生要把个体利益与集体利益结合起来,妥善处理好两者的冲突,竖立个体利益服从集体利益、局部利益服从整体利益的进步的思想观念。脱离了集体,个体无法生存。大学生要主动融入集体,团结成员,不能搞个人主义。学会和集体友善相处也是对大学生提出的一项要求。

大学生要常怀一颗善良的,感恩的,包容的心对待身边的人和物,心存善念,人生的道路才会越走越宽,要用自己的力量推动整个社会文明友善氛围的形成。

中华民族是有着五千年的历史的文明礼仪之邦,有着深厚的文明素养积淀,身处于这样的文明礼仪国度的大学生,从小就受到礼仪文化的熏陶,更加要自觉加强自身精神文明建设,努力将自身打造成爱国、敬业、诚信、友善的精神文明的传承者和发扬者。

注释：

① 唐凯麟：《关于培育和践行社会主义文明观的几个问题》,载《伦理学研究》2013 年第 4 期,第 1~6 页。
② 赵利萍：《大学生爱国主义教育的国民性反思》,载《黑龙江高教研究》2014 年第 3 期,第 117~120 页。
③ 徐家庆：《大学生理性爱国的教育与引导》,载《思想理论教育导刊》2014 年第 12 期,第 26~29 页。
④ 郑家茂：《关于加强大学生学风建设的思考》,载《清华大学教育研究》2003 年第 4 期,第 39~43 页。
⑤ 胡钦太：《重构大学生诚信教育机制》,载《道德与文明》第 2003 年第 1 期,第 62~64 页。
⑥ 马汝伟：《友善是大学生不可或缺的美德》,载《学校党建与思想教育》2010 年第 10 期,第 79~80 页。

生态综议

倾听山林与湿地的无声之声

杜国玲

多年前,有一天约媒体负责人座谈,向他们通报人民代表大会刚通过的推进生态文明的决定、生态补偿议案、保护蓝天绿水议案事。随后是漫谈。我那天有话要说。我说:"对太湖先要定好位。不能满足于只是景观水(劣五类),它首先是饮用水,规划与开发都要先以此定位。"

现在水中围网拆除了还要警惕它"卷土重来"。而岸边的无序开发建设将使天然湿地完全消失,导致岸线硬化。人类无距离侵入水边甚至水中,造成大面积新的污染。

湖周围的群山对太湖很重要。水边山岭有涵养水源之功能。尤其当太湖的上游来水被大量截建水库,致使太湖除降水之外几无新水交换,周边山岭的植被就成了蓄水池,如果不注意保护,听任开发创收,最终会破坏其毛细血管般输血的源头。

山上的每棵树都是一个精妙的蓄水系统,树冠有多大,树根就有多大。它不光使得山峦丰满,也使得江河湖泊有了充沛的水源补充。

山里没了树就保不住水土,水干了,山就死了。来场大雨,枯山会坍,就成泥石流。苏州的很多山这些年愈来愈干,除了气象变化外,最主要的是我们保护山林不够。我常去的花山,很多年不见山溪汹涌、春日满山绿茵的样子了。我只在十年前刚来时见过一次,后来就很难再见那种满山满树满林子水声轰鸣水汽弥漫的情景了。尤其到冬旱时分,山干涸得像要着火似的。即便如此,偶尔一次抽空去时,忽听冬山空静之中有细微的溪流声,仔细看去,见山岩皱褶与隙缝中有水流从上而下急奔。"水往低处流",高处之水之源何在?我仰望山巅,心知此"天水"实为树之根系孕发与汇聚,加上其储存之雨水,自然血脉丰沛,全山皆活。因为花山的植被还可以。林与山相依相成,护林就是护山护水,树多则水多,"水满则溢",山之津液漫山流泻,向下向下,就形成涧溪、湿地与河流,滋润与哺育众生。

"众生"不只是人,也含一切有情无情。

让我们都来保护山林,而不只是总打如何消费它们的主意。

除了山林,我们还要重视湿地。湿地在水与陆地连接之处。毛发般自然纷披与漫盈的湿地自成一个小世界,它让湖泊河流滋养生息,起到对水的过滤净化的作用。所以我说它们是山水与土地之间的裙边与毛发。水中的微生物,天上的飞鸟,地上的禽类与很多动物,都将之视为赖以生存的母地。那里自成大千世界。

"微小的生活在水塘里生物四膜虫,是我们理解端粒和发现端粒酶的关键。我得跟你们讲讲这种微生物,因为它们太迷人了。它不仅仅比其他大多数生物拥有更多的染色体,而且,我忍不住要告诉你们,它们不像我们只有两种性别,而是七种——所以谁知道水塘平静黑暗的水面之下发生着什么事情呢!"

说这话的女士名叫伊丽莎白·布莱克本（Elizabeth H. Blackburn）,生理学和医学奖得主。

在科学家眼里,连湿地中的一滴水,都奥妙无穷。对国人而言,"有蒲与荷"、"有蒲与莲"的水乡时光,会让人的心灵也氤氲与丰沛起来。

现在,人工湿地公园是人类过度侵占后的一种复绿返利的补偿行为,但要适度,不能将现有的天然湿地一律开发成人工公园,甚至在其中无节制地开发建设,大搞楼堂馆所和各种硬化项目,为赚取旅游门票,牺牲原有的天然湿地。那是短期行为。自然湿地一旦毁坏,很难再生。都造成了人工花园,就没有野趣和灵性了。

就像在山上盲目开发,将青山一律视作荒山,砍去原生植被种上人工经济作物,其实所谓荒山本是绿色葱茏的秀美山岭,它们自古生生不息,人们不能因为它不产生"经济效益"而随意"开荒"。岂不知江南的山为低缓丘陵,除薄薄一层浅表土层,内里大多骨质,满山都是岩石。原生植被一旦被毁很难恢复,它们的存在是天然的产物,是大自然的选择。江南之山具有天底下湖岸边田野上最柔美的曲线,因为有了原生植被,才毛茸茸地生动而鲜活。也因为有了它们,才有了宋元明清的山水画与性灵诗,氤氲湿润而又清淡明秀,唯独江南才有此韵味。

这些山林已历经几次大的劫难了。先是开山取石,所谓"大炮一响,黄金万两",致使青山多残破,这大约占了苏州之山的三分之一多;然后是坟墓经济,大量开辟公墓,又白化了三分之一多;现在好不容易禁采限墓了,这仅剩的不到三分之一的山林,又面临新一轮的开发,这次是旅游项目与房地产。如果继续没有限制的大开发,留下大量低劣的水泥产品,会把最后的湖山全部破坏。

在过去的年代里苏州的各类湿地也正在迅速消失。

试想山都秃了残了水泥化了,水都断了流硬了岸围满了建筑,还会有那个氤氲湿润、清淡明秀的江南水乡吗?

所以不能再以各种名目去蚕食、占有、破坏它们了。它们消失之日,也是我们面临绝境之时。

既要鼓而呼,更要起而行了。让大家都来保护故乡这片最后的"伊甸园",江南这方自然历史文化仅存的最后一点母地。

让我们静下来,倾听山林与湿地的无声之声。

说这番话是2010年2月11日,距今近七年了,好像还是昨天的事。

生态环境与文化

——苏州开山取石与对文化高地的影响

张长霖

苏州曾经的一些文化高地,如阳山、支硎山、尧峰山,我们当世苏州人还熟悉吗?

阳山的文化底蕴丰厚,春秋末期,这里是吴越时期的古战场。吴王夫差北上伐齐,在皇宴岭(位于阳山与鹿山的交汇处)大宴将士,誓师出兵。越王勾践困夫差于阳山,并将自刎的夫差葬于此山。秦时管霄霞隐居于管山,唐丁令威在白鹤峰上得道成仙,宋时皇帝赐建龙母庙,元大德间僧觉明在大石峰建立云泉庵。

阳山的雪景为清代浒墅关八景之一,称为"秦馀积雪"。宋代范成大,明代王鏊、沈周、文征明、王稚登,近人李根源等吟诵阳山的诗文实多。明代顾大有隐居阳山,建立顾氏山房,并归葬于此,至今吴门顾氏族墓在阳山周围还多有留存。到明清时期这里分布着大量名门望族,达官显贵的墓葬。

阳山素有"吴中普陀"盛誉,鼎盛时达到"一里一庙"。自东晋至明清,有宫观殿宇 30 余处。有建于唐朝会昌年间的澄照寺、北宋太平兴国时的灵济庙等等。但寺院多毁于历年战火,特别是文革期间几乎彻底毁灭。笔者文革间曾到阳山,几乎成为一座秃山。

支硎山是吴中著名的佛教名山,自支遁开山以来已经 1500 多年历史了。支硎山因开山祖支遁和尚而得名"支",因"有石盘薄平广,泉流其上如磨刀石,"而得名"硎"。"硎"者,磨刀石也。支遁和尚是东晋高僧,与王羲之同时代人。字道林,在佛学史上"支道林"的名声更大。

支遁（314—366），号道林，俗姓关，陈留人，一说河东林虑人。在余杭山隐居时，他研究《道行般若》等经典。二十五岁出家。其后他到吴地建立了支山寺，恐怕就是支硎山寺了。

支遁开佛学与士大夫清谈合流的风气，并成为这种风气的代表人物。从这点说，他是佛教中土化的先驱者之一，也是后世禅宗"机锋"的倡导者之一。他是主张顿悟的，所以说他也是禅宗的先驱者。支遁是一个高度名士化的高僧，《世说新语》记载他曾养马养鹤，擅长草书隶书，诗也写得很好。苏州白马涧据说就是支遁养马之所。

尧峰山，横山山脉最西滨临太湖的山峰，海拔223.7米，仅次于横山山脉的主峰七子山的294.4米，为横山山脉第二高峰。据地方志记载，尧峰山得名，因尧帝时代洪水滔滔，唯此山不被淹没，所以又有别名"免水山"、"免水顶"。但是也有史料记载，尧峰山的山名是吴越王第六子钱元璙所定，不知孰是？

尧峰山在明清之际是文人雅士隐居和雅集之所，清初著名诗人汪琬隐居此山，而以"汪尧峰"称著于世。旧日尧峰山有所谓"十景"，即清晖轩、碧玉沼、多景岩、宝云井、白龙洞、观音岩、偃盖松、妙高峰、东斋和西隐。而名清人题咏涉及的有多景岩、妙高峰、观音岩、鲸吸岩、芽月岩、天湧岩、飞镜台、白龙洞、西龙洞、嵝硊岭、碧玉沼、宝云泉、听湖石、青沙坞诸胜景。云峰奇石，悬泉瀑布，又有古刹名园，极一时之胜。

然而，现在人说起阳山，首先想到的是白泥矿和采石场。更惨的是支硎山，连名字也被篡改，变成了不知所云的"支英"。现在是公墓两处，分别称"支英南山"和"支英北山"。现在的尧峰山只是荒山一座，只有随处可见的榛莽间的古代石构件向人们诉说着昔日的辉煌。最近这些年，禁止开山取石了，阳山有了复苏的迹象，尧峰山嵝硊岭也建成了景区，但是佛教名山支硎山却是无望了。苏州这些文化高地的消失，究其原因，也许很复杂。但是其中一个重要因素，就是与开山取石有关。环境被破坏了，文化随之也被破坏了。

苏州开山取石的历史成因及后世延续

苏州开山采石，主要是采三种石材，一是金山花岗石，二是太湖石，三是垒假山材料黄石，又称"尧峰石"。

苏州开山取石始于何时？现在已经难以确切判定了。可以确定的是，北宋末年，也就是史称"花石纲"的时候，苏州就成了开山取石的重点地区。"花石纲"的始作俑者是苏州人朱勔，老家就在苏州胥门城内的朱家园。有这样的熟知家底的本地人主持，苏州佳石就不免遭殃。

"花石纲"在苏州采用了大量上等的太湖石，据说苏州园林最著名的"三峰"——织造府花园瑞云峰、留园冠云峰、岫云峰——就是"花石纲"遗物。要知道，采到一块奇石，要损坏多少山体，这样的大规模采石，破坏惊人。更可怕的是，湖石因此名闻天下，四方癖好者趋之若鹜，不绝于途。于是洞庭西山也就体无完肤了。最可怕的是在文革前后一段时间，上海的钢厂把西山的湖石当作石灰石来开采，炸山取石，用轮拖装载着运走。这情形为笔者亲见。半座石公山就是这样被炸碎运走的。

这是说的太湖石。

苏州花岗岩，又称金山石，天下闻名。金山石是世界上最好的花岗岩，质地坚硬致密，不易腐蚀，色泽洁白明亮。因为最好的花岗岩主要出产在苏州，所以学名就叫作"苏州花岗岩"。又因为苏州花岗岩最早就在木渎镇郊的金山，所以俗称"金山石"。

说起来，金山石开采的历史比太湖石更晚些。现在我们见到的宋代石桥都还是武康石为主要建材，这或许可以说明，当时还没有发现质地更好的金山石。但是宋代以后的石桥，几乎清一色都用金山石，再也看不到使用武康石。于是这就成了判定石桥年龄的一个通识。再后来，全国最重要的建筑无一例外都是用金山石，远的不说，就说近时的吧。南京紫金山中山陵使用的是金山石，人民大会堂使用的是金山石，人民英雄纪念碑使用的还是金山石。这样一来，苏州西郊诸山就难逃一劫了。现在我们可以见到，金山基本上已经夷为平地了，残存的一小块山体被称之为"寿桃山"，而炸石的宕口已经深为水潭，称之为"寿桃湖"。而采石区从此一路向北、向西拓展，支硎山只剩下小小的山体，因为是碎石，无有开采价值。但是卖碎石也是获利多多啊，笔者亲见那些年支硎山满村卖石子（俗称瓜子片），所以山体已经所剩无几。鹿山被炸去了一大半，幸好及时叫停，剩下怪石嶙峋。曾经山体庞大的高景山被劈成两半，残存的不大山体形成绝壁，现在成了攀岩基地。山体最大的阳山也大量采石，至今巨大的宕口还触目惊心……

开采金山石，几乎改变了苏州西郊的地貌，处处隐藏着的塌方危机，须得化大力气加固。处处秃山，须得花大力气复绿。苏州采石，对环境为祸最烈者，莫过于开采金山石。

尧峰山则出产另一种名石，黄石。中国园林堆山，主要分为两种，一种是湖石假山，如狮子林；另一种就是黄石假山，如留园西部的大型假山。黄石假山以假山似真山为堆山艺术特色。尧峰山所产黄石又名尧峰石，为庭园叠石堆山的佳品。明造园大师计成《园冶》云："其质坚，不入斧錾，其文古拙。"尧峰山炸山取石由来已久。因历代开采过度，当地山僧曾建亭护石，名"护石亭"。但是尧峰山山石的巨大利益，使得开山取石一直延续到了到了二十世纪九十年代。就这样，一座文化名山变成了一座荒山。时至1999年，苏州市人大通过了《禁止开山采石条例》。政府出台了《苏州市禁止开山采石实施规划》，包括尧峰山在内的所有采石宕口，在全面禁采后分期分批造景复绿。

但愿亡羊补牢，为时未晚吧。

苏州文化高地多在名山

苏州隐逸之风由来已久，阳山之支脉管山，即巏峰，望如狻猊，相传始皇时有管霄霞隐此成仙，因之改名"管山"，仙人洞、来鹤峰皆其遗迹。洞庭西山东村有"栖贤巷门",据说是秦末汉初"商山四皓"之东园公的隐居之所。这些已经难以考证。两汉间高士梁鸿隐居苏州,留下了皋桥等许多遗迹。东汉初年,大将蒋横被人诬告屈杀,第五子蒋渐隐居苏州避难,事见史籍。东晋高僧支遁在天平之北小山建支山寺,一时群贤毕集,是为支硎山。南朝梁陈之际大学者顾野王隐居吴山,至今其坟冢尚在石湖之阴。唐道士丁令威在阳山白鹤峰下骑鹤飞升,也是多有记载。阳山支脉锦峰山,因产石紫赤色而秀润,故名。南宋兵部尚书郑起潜居此,理宗书"锦峰"二字宠之。元大德间僧觉明在阳山大石峰建立云泉庵。明代高士赵宧光夫妇隐居寒山岭,潜心学术,至今遗迹尚在。清初大学者诗人叶燮、汪琬隐居吴山,一居七子山,一居尧峰山,两家攻伐往来,形成当时文化热点。诗人张永夫、黄野鸿隐居灵岩山,至今遗冢尚在灵岩山麓。民国年间,李根源隐居小王山,进行乡村建设实验。如今摩崖石刻尚在,遗爱尚存……可以说苏州隐逸之风无代无之,而苏州西部山区成为隐逸首选。而其中形成了如支硎山、阳山、尧峰山这样的文化高地。

苏州西部,山峦连绵,且多水网湿地,自古交通不便,非舟船不能通行。这样相对安全的环境,是隐逸的必需条件。而实际离郡城不远,一叶扁舟可以朝发夕至,与外界交流并不闭塞。两者结合,苏州西郊诸山就成了隐逸的极佳选择了。

可惜的是,这些文化高地在隆隆的开山声中,消失了。

今日痛定思痛的环境保护与文化重建

日前,有朋友把太湖奇观"熨斗石"旧照和唐寅等名家巨匠"熨斗石"画作示我,感到震惊。如此罕见奇景竟然毁于采石,叫人不胜痛心。所幸,这样的蠢事终于结束了。

1977年,我到洞庭西山,亲见上海钢厂的轮拖把炸碎的太湖石运走。痛心之余,写下了小文章《漫话太湖石》,为太湖石请命。遗憾的是,在当时的昆山杂志上刊登出来时,编辑把我最要紧的一段删去了。为什么？因为当时这样的呼吁不合时宜。

　　1999年，苏州市人大通过了《禁止开山采石条例》，市政府出台了《苏州市禁止开山采石实施规划》，苏州西郊群山的命运得到了改变。这十多年来，变化是可以见到的，大批秃山和宕口复绿，苏州西郊的环境得到了保护，尘土飞扬的场面不再出现。

　　但是，那些因为开山取石而被毁坏的文化高地呢？是不是可以重现呢？这比造几个公园，造几座庙的文化价值大得多。我们是不是可以在支硎山造一座支遁的纪念馆，可以把苏州历史上的著名高僧都放进去，形成一个苏州的佛学高地？我们可以在七子山、尧峰山分别建立叶燮与汪琬的纪念馆。特别是诗学大家叶燮及其门下士，奇人甚多，成就各异，内容应该很丰富。我们甚至可以在叶燮纪念馆搞一个叶燮讲堂，定期举行诗学的学术活动，形成诗学的学术新高地。我们可以在小王山搞一个苏州地方文化的研究会，搞一些"重走李根源考察路"等活动。我们甚至可以把有些不在这些山区的文化内涵也搬过来，如"四大名著"与苏州的渊源。

　　经济发达的苏州肯定不缺这些钱，这些文化高地建设也花不了多少钱，更何况必有有心人关心。环境与文化的关系我们应该想明白。我们已经痛定思痛注意到了环境保护了，那么文化的重建也应该提到议事日程上来。

苏州古代生态环境保护与营造

戈春源

苏州古代经济发达,人口稠密,对环境的保护,与他地相比,更显重要。苏州最早发布环境保护的法规,积极开展放生与绿化活动。

苏州古代水生态保护

苏州古代对于防止污染,保护水生态,还是重视的,具体做法有下列几点:

(一)河流的开挖与疏通

苏州地形西高东低,太湖之水向东而流,但是东、北两面,由于长江的冲积,形成冈阜,往往造成水流不通,形成潴水,久积成秽,成为污源。

古人很注意太湖下流的开通,这不仅满足泄洪的需要,而且根据"流水不腐"的原理,客观上有活水排污的作用。早在大禹时代,太湖水通过三江注入大海,保持了太湖与江水的清洁。周敬王二十五年至三十五年,吴王夫差为争霸权,开凿了一条从太湖出发,通过淀山湖到达大海的河道,称胥浦。在战国末期,楚春申君封于吴地,而治水松江,开挖浦江,导流入海,因而今天有黄浦江的名称。

北宋范仲淹在景祐元年(1034)任苏州知州,时水利失修,河塘毁废,贮水久积,人们贫病。他经调查研究,亲自督察,疏浚茜泾、下张、七丫、白茆、浒浦五大浦,导诸邑之水,东南入吴淞江,东北入大江,继而入海。宝元元年(1038),两浙转运副使叶清臣，根据范仲淹《上宰臣书》的意见，截直了吴淞江盘龙湾的弯道，使"道直流速"，①不仅消弭了水患，而且提高了水的纯洁度。稍后转运使沈立，又开昆山顾浦，使河水更加深浚。隆兴三年（1164），知平江府沈度浚许浦、白茆、崔浦、黄泗、茜泾、下张、七丫、川涉、杨林等常昆十浦。淳熙十三年（1186），提举常平罗点，上疏开浚淀山湖，人民闻之欢跃，不待告谕自带粮食、工具进行开挖。至元二十四年（1287），宣慰使循娄江故道，开浚刘家港并导之入海。大德十年（1306），行都水少监任仁发大浚吴淞江下游段，后又曾二度疏浚吴淞江与淀山湖，导太湖积水入海。

天历二年（1329）吴江知州孙伯恭用巨石修吴江塘路，并开通水洞133个，以通太湖泄水。至正二十四年（1364），在战乱中，"吴王"张士诚起兵、夫十万，浚白茆港，长90里，宽36丈，大大提高泄洪能力。洪武九年（1376）进一步开浚刘家港、白茆塘及昆承湖诸多泾浜，并疏通至和塘淤浅处，使苏州水流敞通。永乐元年（1403）至次年，工部尚书夏原吉，疏吴松江南北支流，导水由浏河出海，增加一条主要出海口。又在淀山湖、泖湖众水汇集之处，开范家浜，接大黄浦，以分水势。百余年后，此河逐渐被冲大淘深，成为太湖向东排水的主干黄浦江。夏原吉又督浚白茆、福山、耿泾等入江水道，使长期积累的昆承湖、阳澄湖及苏州东北地区的涝水，进入长江，激活了苏州之水。天顺二年（1458），明朝政府大浚吴淞江，经今苏州夏驾口，经上海白鹤江（又称青龙江）、嘉定卞家渡，至庄家泾出旧江，长近3701丈，底宽4丈，大大提高了泄洪能力。嘉靖二年（1523）工部郎中林文沛令昆山、吴县、吴江三县开太湖南边诸溇港，导天目来水至太湖；开光福胥江，进一步导太湖水入娄江；开南大虞浦与杨林塘导阳澄湖水分别入娄江与大海。隆庆三年（1569）海瑞督治吴淞江下游，又开白茆、刘家港及其他湖浦泾溇，降低了水患。万历三十四年（1606）常熟知县耿橘组织民工浚三丈浦、奚浦、盐铁塘等骨干河流，使水流畅通。康熙十年（1671）巡抚马祐督浚浏河淤道29里。康熙二十年（1681）巡抚慕天颜督浚白茆港，自支塘至海口43里。康熙四十七年（1708）江苏地方当局疏浚浏河，起自凝碧桥，至袁家渡，长30里；次年，又浚白茆、福山两港。雍正六年（1728），诏修江南水利，浚浏河、白茆二港；又浚徐六泾、福山塘、七浦塘等河港。乾隆十一年（1746），以"按酌亩捐"的办法收集资金，浚治浏河、福山入江河港，得旨嘉奖。乾隆三十五年（1770），巡抚萨载浚白茆港自支塘至滚水坝6500丈。道光四年（1824），江苏按察使林则徐浚治太湖出溇港，使东注之水，畅行无阻。道光七年（1827）江苏巡抚陶澍组织属下上海等十县浚治吴淞江下游段，再裁弯取直，长10800余丈。道光十四年（1834），陶澍督浚浏河，从吴家坟起到白家厂基东，长8000余丈；以后又用余款浚治七浦塘、沙溪至浮桥段以及杨林塘、瓜泾港等水道。同治五年（1866）江苏巡抚郭伯荫督浚浏河以下段7690丈。七年（1868）江苏巡抚丁日昌督浚白茆塘自王家庄至土塘，长5900余丈。同治十年（1871）苏城水利局成立，浚太湖溇港29处，计11000余丈；浚杨林、七浦入江港浦8200余丈，用机器船挖进泖湖、拦路港30余里及吴淞江下游段700余丈。用人工浚吴淞江下游段9020余丈，又开吴江、震泽水窦115个，以便水的流通。光绪十六年（1890），大浚吴淞江，从四江口至新闸大王庙止，长12500余丈。历次水道的开通、疏浚，不仅使水疏通，解除或降低太湖的水患而且可保持水的流动，使涝水激活，提高水的洁净度，减少因水污而生病的几率。疏通水道，可说是最重要的环保之举。

江南大运河在水的流通中起重作用。早在春秋末期，吴国开挖了两条通江水道，一从武进孟河入江，一从江阴鱼捕（今利港）入江，均通广陵（今扬州）。越国又开了一条"通江南陵"，相传为今平望至苏州的水道，以上数条河流是江南运河的雏形。隋大业六年（610），炀帝下令开江南河（大运河江南段），从京口至杭州，河面开阔，可通龙舟。今大运河苏州段，从望亭五七桥起，至吴江苏浙交界处鸭子坝止，全长81.78公里，是苏南主航道，也是我国南北水路交通的枢纽。江南河的开通有助于消弭太湖水患，有助农田的开垦；更有利于水的流通，它把太湖横向支流串连起来，活跃了水的流淌，对提高水的品质，起一定的辅助作用。

(二) 清除淤污泥土

淤泥，是沉积于河底的软土，由微生物的作用而形成，它富含有机物，常呈灰黑色，是污染之源。因此，清除淤泥，是疏浚河道，实行环保的必要之举。古代十分重视清淤工程。五代贞明元年，吴越置都水营田使，主管水事，招募士兵，称捞浅军。"捞浅"，即挖去淤泥，疏浚水道之意。宋继承五代制度，在苏南浙北，设置"开江"的军队，它的职责是"撩浅"与修堤。元丰三年（1080），朝廷"赐"米三万石，诏开苏州至杭州运河的"浅淀处"，也就是挖出河底浮泥，加深河水。乾道五年（1169），增加了"撩湖"军队的人数，禁止在沿岸种菱茭易污的水生植物。嘉定十年（1217）平江知府赵彦橚疏通锦帆泾，纵横四出，以达运河。明清以来，苏州工商业发达，成为第一等繁华之地，是中国资本主义萌芽的诞生地，也是被污染较严重的城市之一。因此，疏浚城内河道是地方政府的重要任务。计明朝大的疏浚，有弘治六年，万历三十四年，崇祯三年，崇祯十年，共计四次。清朝有康熙六十一年、雍正六年、乾隆四年、乾隆十一年、嘉庆元年、嘉庆二年、道光五年、同治三年、同治十二年、光绪十七年，共计十次。其中包括整治县前河、娄门水道与大日晖桥官河的专门项目三次。除淤次数的增多，说明工商业的发达，污染日趋严重，也说明政府能担当责任，主动应对，保证水质的清洁与饮水的卫生。

最早的水质保护法规出在苏州

苏州历来是东南一大都会。《史记·货殖列传》上说："夫吴，自阖闾、春申、王濞三人招致天下之喜游子弟，东有海盐之饶，章山之铜，三江、五湖之利，亦江东一都会也。"[②]《吴地记》称苏州"地名甄冑，水名通波，城号阖闾，台曰姑苏，隩壤千里，是号全吴。"③直言吴地为肥沃之地。《吴郡图经续记》讲自宋初钱氏纳土至元丰七年（1084）"当此百年之间，井邑之富，过于唐世，郛郭填溢，楼阁相望，飞杠如虹，栉比棋布，近郊隘巷，悉甃以甓。冠盖之多，人物之盛，为东南冠"④。从五代以来，苏州的物产，号为全国第一，传有"苏湖熟，天下足"的谚语。由于工商业繁盛，生活优裕，因而有天堂的美誉，相传"上有天堂，下有苏杭"。范成大经考证后以为，苏超过杭，"苏之繁雄，固为浙右第一矣"⑤。自明清以来，成为第一等风流富贵之地，四海为宾，五方杂遝。苏州这个资本主义萌芽的发祥地，也是中国丝棉纺织工业的中心之一，随着棉纺织业的兴起，苏州又成为中国染布业的中心。清时苏松地区生产棉布 4500 万匹，其中大部分到苏州染色。康熙（1662—1722）时苏州有字号的染布坊达 64 家，它们分布于阊门外上下塘与虎丘山塘街一带。染布业随着时代发展，内部分工日趋细密，染坊有红、蓝、黑坊之分，还有所谓"漂染"，用于布匹净化。布匹染色以植物染料为主。红色用茜草、胭脂红、红花等原料，蓝色用崧兰、蓼兰等。紫色用苏木、山矾叶等。黑色用乌梅、五倍子、栗壳。黄色用黄栀、槐花芦木等。加上一些青矾、明矾、红矾、蓝矾、元明粉作为助剂，这些助剂含硫酸成分。还用金属铬、铜、铝、铁、锡作为媒染剂。更有一些染坊，直接采用矿物染料，如朱砂、丹粉、赭石和大青等，直接染成各种颜色。以上这些染料产生大量的废液、废渣，排入山塘河中，使山塘河遭到严重污染。山塘河是沟通苏州古城与虎丘的一道重要河流，山塘街是苏州最繁华的街道，虎丘称吴中第一山，是清朝全国闻名的风景区，康熙、乾隆南巡时的行宫就设在虎丘万寿行宫。山塘街众多的染坊，破坏了美丽如画的风景，满河呈现青红黑紫诸色，充斥一股臭气，已不堪饮用。有人用之泡茶，结果毒害肠胃，引发疾病。用山塘河水灌溉园圃农田，伤害了禾稼，直接影响了虎丘的茶花生产。因此，各图（清时行政单位，约相当于一个村）居民十分愤慨，要求迁移染坊。乾隆初，120 户居民联名上告官府，严正提出上述要求。经苏州知府会同附城的吴、长洲、元和三县知县，共同勘察，于乾隆二年（1737）发布禁令，永禁在虎丘山塘开设染坊，原染坊迁移他处，"如敢故违，定行究究"。此禁令镌刻成碑，镶嵌于虎丘山门内侧右边的墙上，保存至今天。

这应该说是最早的水质保护法规，据周治华、吴奈夫考证，它比英国1833年发布的《水质污染控制法》早了96年，比美国1899年发布的《河川港湾法》早了162年。这道禁令直接的效果是使著名的名胜风景区，恢复了青山绿水的美貌；使山塘河继续发挥饮用、灌溉与航行的作用；更使人提高了环保意识，知道工业的发展要与环保相协调，要确保人们的生活质量。这对于我们今天工业配置与治理污染，建设景区，发展旅游都是一个很好的启发。

苏州古代"放生"活动

把捕获的动物放掉，表示慈善的胸怀，表示对生命的珍惜，这是儒佛两家的共同思想。《列子·说符》有"正旦放生"之说。沈括《梦溪笔谈补笔谈·药议》中提到北宋著名改革家王安石喜欢放生，"每日就市买活鱼纵之江中，莫不洋然"[6]。同时代的著名文学家苏东坡下狱得释后，"决意戒杀，有馈蟹蛤者，即放江中"[7]。南宋哲学家真德秀亦言"天地以发生为心，人欲仰体天心，不可不全物命"[8]。爱护生命，珍惜生命，也是佛家行善宗旨，各寺庙丛林，多有放生池之设。

苏州古代的放生，时间多放生在佛的诞生日四月初八，也有放生在七月十五或十二月初八释迦牟尼成道日。今寒山寺的"放生"是放在八月十五中秋节，地点在太湖。在1月3至9日的佛七法会中，也有放生一类的活动。

由于佛教的东传与盛行，"放生"成俗。苏州人在四月初八开"放生会"，"居人持斋礼懴，结众于寺院，为放生会。笼禽鸟、盆鱼虾、筐螺蚌罗佛前，僧作梵语数千相向，纵羽飞空。蠙者落屋上，移时始去。水之属，投大云庵放生池、南园流水居并城河禁网罝笱钼之处。至于牛羊鸡豕之族，亦有买放于城外西园，并施舍饲养，刍料之费给僧领之，竟日乃罢"⑨。《清嘉录》亦载："（四月）八日，为释迦文佛生日。僧尼香花灯烛，置铜佛于水盆，妇女争舍钱财，曰'浴佛'。居人持斋礼忏结众为放生会。或小舟买龟、鱼、螺、蚌，口诵往生咒放生，竟日不绝。"⑩民国《吴县志·风俗》，亦有类似的记载。苏州的放生地点主要是在城内的大云庵、南边的流水居，以及城郊的西园。所放之物以水族为主，这是江南水乡此类动物较多的缘故。

  放生，获政府的提倡，唐颜真卿在所领郡县中，找临江、附郭的地方，各置放生池，共八十一所，并立碑作记，作为不朽的善举，传之后代。颜真卿在任湖州刺史时又把城河作为放生之河，禁止在这里捕鱼作业。苏州秉承这一传统，政府划定一些河道作放生之用，所划地区较广，从康熙九年（1670）江苏布政使慕天颜开始规定"虎丘山塘及运河一切支港，严禁网捕，为放生官河"⑪。乾隆十七年（1752）布政使张诚基再次强调永远禁止在上述河段捕鱼捉虾，并刻石示告。苏州城内的东仓里河，政府亦规定作放生官河，命令善堂加强对此河的巡查，对违法者严加惩处。嘉庆二年（1797）知县舒怀勒，将东仓里河永禁网捕的告示，刻于碑上，树于妙济堂门首。苏州之下的一些属县，亦有放生池之设。早在明朝时期，常熟地方官员刘鼎等抱"好生恶杀"的信念，提出"山林川泽与民共之"，"仁民爱物，君子所事"，规定南关外三里桥一带的河流，从三里桥开始，北至丰乐桥，南至资福院桥内，东行至辛戌桥，"方围约三里许，界址画然，渔人俱不得过而问利"⑫。刘鼎并指出，此举有以小喻大之义。"此长生河虽仅一勺，苟能于好生恶杀，深体而力行之，将香海水举在盘盂几席间，乌得以大小广狭远近之殊而曰仁政在彼，不在此也哉！"⑬由于"放生"也增添了生物、生态的景点。

  综观苏州的"放生"，是在政府导引、规范下，由寺院、善局为主体的一种群体式的居民活动，萌发了群众的生态文明意识，对苏州的生态环境保护，起了一定作用。

苏州古代的绿化保护

苏州古人重视绿化，在政府机关、学校与寺观等院内多植花草树木，营造良好的生活环境。唐朝在郡府木兰堂之后建有北池（也称后池）。在池边与池中岛上多种花草树木。其岛上所种桧树，是白居易手植培养，特别奇特，称白公桧。池上还植有多种草木。北宋景祐四年（1037）蒋堂任苏州太守，修葺郡府池馆，作《北池赋》，称北池"绿竹整整，矗羽林之兵"，"岛桧高耸，虬枝相撑"。他又作《和梅挚北池十咏》："池上有修竹，青青岁纪深。旧枝怜茂殖，时亦欠清吟。""池上有修竹，遥闻手自栽。几因风韵响，时感隼旟来。""池上上有垂柳，烟柳濯濯根。芳根逢茂育，老翠胜平时。""池上有丛菊，繁英满旧蹊。金刀惜平剪，粉蝶得幽栖。"[14]此外，还养有雏鹤、驯鹿，成为优美的园林。在郡府园囿的东北，有四照亭。绍兴十四年（1144）郡守王晚建筑，根据岁时的变化，栽植海棠、秋芙蓉等花树。南宋著名哲学家叶适，淳熙二年（1183），任浙右提点刑狱幕僚，在废署亲植双干桧于超然堂前。几十年后，当局移巨桧一株，与先生手植栏楯对峙，蔽以花柳，翼以墙垣，观者目骇心动。[15]可见早在唐宋时代，苏州地方主官十分重视衙门内的绿化建设。

在一些学校中，亦注意到草木的种植，以营造优美的教学环境。苏州州学，由范仲淹割自己的南园之地而建成。在宋时，校内有十景"曰辛夷、百干黄扬、公堂槐、鼎足松、双桐、石楠、龙头桧、蘸水桧、泮池玲珑石"[16]，传为州学掌学、著名文学家苏子美所题。十景中大部分由桧、松、槐、桐、楠等树木组成。辛夷是一种花树，属木兰科，高数丈，木有香气；花色紫红，亦有白色者，是一种宝贵的景树。这些树木，州学一直视为宝贝，枯死随补，或重新营造。原十景至朱长文任州学教授时已亡其四，朱乃以干柏、香桧、新杉补足十数。直至清，仍是树木掩映，"树木之多，清代即植有松柏千株，一年四季，花木扶疏，飞禽鸣鸟，美不胜收。其间师儒往来，士子切磋，充满欢声与朝气，可以说是我国最美的园林学校"[17]。寺庙以绿化为先，青木高耸，花树点缀，适应禅定幽静的境界。寒山寺坐落在枫桥畔，其地多枫，可说是寺院的外景。南宋范成大有次因病襀被，路过枫桥，作《阊门初泛二十四韵》一诗，写枫桥一带的景色是"数帆残照满，一笛暮江平。晒网枫边桁，牵罾柳际棚"[18]。元末顾仲瑛作《泊阊门》一诗："枫叶芦花暗画船，银筝断绝十三弦。西风只在寒山寺，长送钟声搅客眠。"[19]两诗都写出，寒山寺一带多枫。明初高启作《枫桥送丁凤》诗："红叶寺前桥，停君晚云桡。醉应忘世难，归程不计远。"这里的红叶指枫叶，因枫树霜后呈红。清初王士禛在《夜雨题寒山寺寄西樵礼吉》中亦有"枫叶萧条水驿空，离居千里怅难同"之句。可见"桥"以"枫"命名。有人以为这里无枫。"枫"桥的来由是，这里原是收税的关卡，至晚"封"航，故称封桥。"枫"，是"封"的音讹。上述诗句，可证此说的有疑。寒山寺内植松竹杨等。南宋张孝祥《游枫桥》："借我绳床销午暑，乱蝉鸣处竹影多。"明文子悱《寒山寺访僧不遇》："寺古残阳路，经声杂晚钟。引流萦白草，留雪点青松。"明袁宏道《重游寒山寺赠僧旭诗》说寒山寺景色是"竹筱烟苾湿，花枝带雨新"[20]。明末马之骏《重游寒山寺有引》，说寒山寺"十围杨已白，千个竹尤青"[21]。沈懋学《寒山寺》诗亦有"杳杳竹深处，萧萧僧雨门"之句。[22]清初僧逸慈形容寒山寺景色是"飞花片片惜春余，闲庭老树参天出"。在清黄周星的诗中，可知寒山寺还植梅，他说寺内"松涛入枕知风细，梅影移窗爱月明"。徐汝峄在《留别在昔诗》中，也提到寒山寺松树众多，因而发出"谡谡"的松风声。清初徐崧在《过寒山寺示梵公》等诗中有"松树催诗"、"梅花入梦"的境界。可见古代寒山寺，多植松竹梅，表示了一种经冬不凋的精神，与僧人的坚定佛念相一致。寒山寺青松成荫，绿竹成千，是一个经绿化的美丽景色的寺庙。

苏州稻香鱼肥，经济发达，以园林城市而著名。苏州园林广植花木，是美化环境的典范。南宋时在今旧学前建有茂苑堂的园林，"堂之南荣，植以嘉木修竹，奇方蕙草，郁葱吐秀而森然敷阴"[23]。沧浪亭原本就是"草树郁然"、"杂花修竹"的地方。至清沧浪亭"远岫浮青，曲池泻碧，左右老树数株，参差交映，四时苍翠不凋，诚为吴国灵异之境"[24]。宋时的乐圃"其木则松、桧、栝、柏、黄杨、冬青、椅桐、柽柳之类，柯叶相蟠，与风飘飏，高或穿云，或直如绳，或曲如钩，或蔓如附，或偃如傲，或参如鼎足，或并如钗股，或园如盖，或深如幄，或如蜕虬卧，或如惊蛇走，名不可以尽记，状不可以殚书也"[25]。建于元时的狮子林经元末兵燹之后，"林泉益清，竹益茂，屋宇益完"[26]，这是天如禅师等努力经营所造成。拙政园是明时王献臣将隙地稍加浚治，环以林木而成。园内多木芙蓉，垂柳、红桃、桧柏，"果林弥望""篁竹荫翳，榆槐蔽亏"，一派勃勃生机。苏州近郊之刘园（后称"留园"）其"花木之美"诚足为吴园名园之冠。[27]花木是园林的组成部分，与山水相配，构成了一幅幅的画图。其春华与秋实，都能成为美的享受之物，又能保持空气的净化。

对于古树佳木，苏州有保护的习惯，今据《吴门表隐》等书的记载：自古至清道光（1820—1850）所保护的名木有苏州唯亭"延福寺内，有汉时银杏，甚古"[28]。光福司徒庙古柏四棵，名清奇古怪，据说是晋时物。支硎山古松三十六株，晋支遁手植，至清还留十八株。在山塘街半塘寺天王殿东有晋朝大银杏，"大可十抱，竺道生所植"[29]。虎丘云岩寺内古杉是晋朝王珉所植。在虎丘真娘墓，有雌雄树交岐古挺，为唐初所栽。在阳山觉海寺，有一株"古桂"大可五抱，是宋初人植载。植于宋时的有酒仙堂东的古银杏四株，到清时，仍秀挺而直。有植于集福巷内的娑罗树，植于横金寂照庵、玄庙山司徒庙的紫藤，朱勔手植于虎丘后山的玉兰。植于元时的古木，有柏树弄的古柏，在阊门北濠的西边，居然"枯而不朽。有东花桥巷东的山茶树。有百家巷内的金钱松。植于明朝的更多，如拙政园文徵明所植紫藤，还有连理山茶。皋桥西唐寅读书处的古梓树，其大合抱，至清"树本犹存"。周通桥南桂花厅的木樨，浓荫密布。明清以来的古木，凡有书不胜书之慨。此外，还有东山罗汉松，孩儿莲等等。对于古树名木，古人已有初步的保护意识。山塘冶坊浜有古松七棵，是唐朝时的遗树，清康熙初年（1662）有一周姓之人，伐去作造酒之所。此事，一直遭到人们的谴责。在洞庭山翠峰寺前，有古松两株，还是宋朝初年所植，在明正德年间（1506—1521），被寺僧砍伐，以抵偿征徭。当时东山士绅（曾任大学士）的王鏊还特地作《悯松序》一文，作为纪念。㉚

以上是苏州古代有关生态保护的一些作法与措施。这些做法有自觉的，也有自发的。在政府主导下，发展水利以净水，古人已认识到保护水质的重要，把污染企业迁到地广人少之处，在当时不可能根绝的污染条件下，迁移企业，是唯一办法。苏州的放生，已成群众性活动，建放生池与放生官河。供放生的地方有多处。且放生活动不限节日，平时亦可行善放生。古代苏州的绿化植树遍于衙署、学校、寺观与民居，美化了环境，清净了空气，给后代留下宝贵的花木文化遗产。以上只是鸟瞰式的粗叙，还有待于进一步的研究。

注释：

① 朱长文：《吴郡图经续记》卷下，江苏古籍出版社1986年版，第53页。
② 司马迁：《史记·货殖列传》中华书局1959年版，第3267页。
③ 陆广微：《吴地记》卷上，江苏古籍出版社1986年版，第6页。
④ 朱长文：《吴郡图经续记》卷上，江苏古籍出版社1986年版，第6页。
⑤ 范成大：《吴郡志·杂志》，江苏古籍出版社1986年版，第660页。
⑥ 沈括：《梦溪笔谈·补笔谈》卷二，《药议》《说库》，浙江古籍出版社1986年版，第157页。
⑦⑧ 转引自《吴郡岁华纪丽》，江苏古籍出版社1986年版，第157页。
⑨ 袁学澜：《吴郡岁华纪丽》，江苏古籍出版社1986年版，第157页。
⑩ 顾禄：《清嘉录》卷四，上海古籍出版社1986年版，第73页。

⑪ 顾震涛:《吴门表隐》卷十,江苏古籍出版社1986年版,第133页。
⑫⑬ 刘鼎:《放生池记》,顾沅辑《吴郡文编》,上海古籍出版社2011年版第三册,第546页。
⑭ 蒋堂:《和梅挚北池十咏》见范成大《吴郡志》,江苏古籍出版社1986年版,第55页。
⑮ 赵希边:《超然堂记》,见顾源辑《吴郡文编》第二册,上海古籍出版社2011年版,第263页。
⑯ 朱长文:《吴郡图经续记·学校》,江苏古籍出版社1986年版,第13页。
⑰ 杨镜如编著:《苏州府学志·概述》,苏州大学出版社2013年版,第6页。
⑱ 范成大:《石湖诗钞·阊门初泛二十四韵》,见吴之振等《宋诗钞》,中华书局1986年版,第1804页。
⑲ 顾仲瑛:《泊阊门》,见叶昌炽《寒出寺志》,江苏古籍出版社1990年版,第82页。下述有关寒出寺的诗,除个别外,均出自叶昌炽《寒出寺志》,不别注。
⑳㉑㉒ 该诗见《(重修)(寒出寺志)未收诗文概况》,选自《寒出寺文化论坛》,中国文史出版社2008年版,第265页。
㉓ 米友仁:《茂苑堂记》,选自王稼句编《苏州园林历代文钞》,上海三联书店2008年版,第3页。
㉔ 吴存礼:《重修沧浪亭记》,选自王稼句编《苏州园林历代文钞》,上海三联书店2008年版,第6页。
㉕ 朱长文:《乐圃记》,选自王稼句编《苏州园林历代文钞》,上海三联书店2008年版,第18~19页。
㉖ 文徵明:《王氏拙政园记》,选自王稼句编《苏州园林历代文钞》,上海三联书店2008年版,第38页。
㉗ 俞樾:《留园记》,选自王稼句编《苏州园林历代文钞》,上海三联书店2008年版,第56页。
㉘ 顾震涛:《吴门表隐》卷一,江苏古籍出版社1986年版,第7页。
㉙《吴门表隐》,第7页。
㉚ 震涛:《吴门表隐》,第44页。

范成大的田园世界及其生态之恋

王敏杰

田园诗是中国古代诗歌的重要一脉,诗歌总集《诗经》中就有部分描写农事的诗篇,如"鸡栖于埘,日之夕矣,羊牛下来"(《诗经·君子于役》),又如《诗经·豳风·七月》全诗按照季节先后,反映周代早期的农业生产情况和农民的日常生活情况,叙述农民的辛勤劳动和艰苦生活,这些早期的田园诗歌成为田园诗的源头。晋宋时期出现了田园诗流派,田园诗开始独立于诗歌园地,东晋诗人陶渊明是田园诗派的开创者,"少无适俗韵,性本爱丘山",他创作了大量的田园诗歌,绘制的一幅幅优美恬静的田园风光画对后代的田园诗人产生了深远的影响。盛唐时期,王维继承了陶渊明田园诗的创作成果,在此基础上创作出山水田园诗,成为山水田园诗派的代表人物。

南宋时期,对山水田园诗的继承和发展,成就最高的要属范成大。他的田园诗继承了前人田园诗的创作成果,又在前人的基础上推陈出新。他拓宽了传统田园诗的表现范围,丰富了田园诗的创作内容,把《诗经》中的农事诗、描写田园美景表现农耕生活的田园诗,以及反映农民生活艰辛的悯农诗融合在一起,钱钟书在《宋诗选注》中谓之"也算得中国古代田园诗的集大成"。

范成大晚年归隐苏州石湖,所作《四时田园杂兴》六十首是其田园诗的代表作,诗歌描绘了江南农村的自然风光、农村的风俗人情和农民的农耕生活,其诗语言平淡朴实,富有乡土气息。他的田园诗对江南农人的田园生活和风俗民情进行了全方位的描写,在南宋末期产生极大影响,也在我国诗歌史上留下了浓墨重彩的一笔，达到了其他田园诗无法企及的高度，取得了重要的创作成就。本文结合赏析《四时田园杂兴》诗歌，分析范成大田园诗的创作成就，探讨范成大对田园诗的继承和发展。

范成大的田园世界

范成大，字致能，号石湖居士，平江府（今江苏苏州）人。他与尤袤、杨万里、陆游被称为"南宋四大家"。他降生之年，正是金人攻陷汴京，北宋即将灭亡的前夕。他四岁时，金兵渡江南侵，他由少至长，亲身经历国家的耻辱，人民的灾难，奠定了他爱国爱民的思想。绍兴二十四年范成大中进士，他在官场经历了几番起起落落之后，在淳熙十年借病辞归。他在担任地方官时，礼贤下士，体恤贫民，创作了大量的爱国诗篇和爱民诗篇。在退隐石湖的十年中，他创作了许多田园诗，其中以《四时田园杂兴》最为著名，以60首绝句构成一个整体的组诗，以农村一年四季的生活和农民的甘苦哀乐为题材，描写田园生活。他的田园世界大致有三类内容：第一类是以江南农村风光和农耕生活为描写对象的田园诗；第二类是以江南农村四时习俗为描写对象的田园诗；第三类是以农民艰难的生计为描写对象的田园诗。

（一）农耕生活图

《四时田园杂兴》共60首诗歌，其中春日田园杂兴、晚春田园杂兴、夏日田园杂兴、秋日田园杂兴、冬日田园杂兴各12首。描写了江南农村春、夏、秋、冬四个季节的景色和农民的农耕生活，歌咏乡村田园美丽的自然风光，他以一种超然宁静的心态走向田园，与自然融为一体，表达诗人对田园闲适惬意生活的喜爱，对自由人格的追求，对人与自然和谐关系的向往。

范成大领略到的田园风光是色彩缤纷，朴素恬静的。春日的田园繁花似锦，空气中弥漫着荷花菜花的芳香，蝴蝶在花丛中翩翩飞舞。"桃奇满村春似锦"，"万草千花一饷开"，"紫青莼菜卷荷香"，"蝴蝶双双入菜花"。

夏日的田园充满生机,夏天是万物生长的季节,梅黄杏肥,蜓飞蝶舞。"梅子金黄杏子肥,麦花雪白菜花稀。日长篱落无人过,惟有蜻蜓蛱蝶飞。"

秋日的田园秋高气爽,水天一色,杞菊沾露,橘园硕果累累。"杞菊垂珠滴露红","身外水天银一色","惟有橘园风景异,碧丛丛里万黄金"。

冬日的田园,斜阳红艳,雪后初晴,湖面结冰,"斜日低山片月高","放船开看雪山晴,风定奇寒晚更凝。坐听一篙珠玉碎,不知湖面已成冰!"范成大细致地描绘了江南农村四季物候的变化。

范成大在描写景物的过程中,融入了自己的思想感情,使得寻常景物具有了非凡的气质和神韵,创造出优美的意境。"柳花深巷午鸡声,桑叶尖新绿未成。坐睡觉来无一事,满窗晴日看蚕生。"(《春日田园杂兴》其一)。诗人选取农家常见之景物,柳花、深巷、鸡声、桑叶等,展现了田园宁静的风光,置身于充满诗情画意的田园风景中,诗人是那样的陶醉留恋,安闲适意,闲适的生活和恬美的画面,宛如一幅秀丽的江南农村田园画卷。

范成大的大部分田园诗展现了农民的农耕生活,乡村男女耕田、采桑、养蚕、绩麻,日夜忙碌,表现农民的勤劳。"昼出耘田夜绩麻,村庄儿女各当家。童孙未解供耕织,也傍桑阴学种瓜。"(《夏日田园杂兴》其七),诗人写出了农民的农耕生活,我们仿佛从字里行间看到了村庄儿女忙碌的身影,辛勤劳作,耘田绩麻,诗人还写出农村孩子们的生活情状,傍着桑阴,学习种瓜。"新绿园林晓气凉,晨炊蚤出看移秧。百花飘尽桑麻小,来路风来阿魏香。"(《晚春田园杂兴》其五)晚春的田园绿意清新,清晨空气凉爽怡人,炊烟袅袅,农民清早去田间插秧,落花缤纷,清风吹拂,香气宜人,乡间的清晨是那样的美妙,劳作的人们是那样的质朴。

范成大的田园诗还有很多描写农民养蚕的场景,写蚕农的生产活动。"三旬蚕忌闭门中,邻曲都无步往踪。犹是晓晴风露下,采桑时节暂相逢。"（《晚春田园杂兴》其六）蚕禁期间，蚕农闭门不出，精心饲蚕，邻里之间不再来往，只有户外采桑，蚕农才走出蚕室，路上相逢，诗人长期生活在农村田园，洞察蚕农的生活情状，农家一年四季的劳作，在他的诗歌中都有反映。

范成大这类描写农村自然风光和农耕生活的诗篇风格清新明快，语言优美流畅，富有民歌特色。

（二）岁时习俗图

范成大的田园诗用大量篇幅描写了农村一年四季的风俗民情，清明踏青，秋日赏月，冬日拜年，反映了农村淳朴的民风。

清明时节，农人祭社、踏歌，期盼稻谷丰收。"高田二麦接山青，傍水低田绿未耕。桃奇满村春似锦，踏歌椎鼓过清明"（《春日田园杂兴》其三），青翠的麦田，傍水的低田，桃奇满村，人们在似锦的春日踏歌椎鼓，热闹非凡。"社下烧钱鼓似雷，日斜扶得醉翁回。春枝满地花狼藉，知是儿孙斗草来"（《春日田园杂诗》其五），描写农民擂鼓祭社，膜拜祈福，期盼风调雨顺获得好收成。老翁醉酒，儿孙斗草，字里行间洋溢着欢乐祥和的气氛。

寒食节人们盛装出行，结伴游山。"寒食花枝插满头，蒨裙青袂几扁舟。一年一度游山寺，不上灵岩即虎丘。"（《春日田园杂兴》其七）妇女头插花枝，裙袂飘逸，乘着扁舟，游春赏花。

中秋节是赏月的佳节，"中秋全景属潜夫，棹入空明看太湖。身外水天银一色，城中有此月明无"（《秋日田园杂兴》其七），中秋时节，月光皎洁，水天一色，中秋祭月，合家团圆。

冬日邻里互访，更添农民之间淳朴的友情，"村巷冬年见俗情，邻翁讲礼拜柴荆。长衫布缕如霜雪，云是家机自织成"（《冬日田园杂兴》其十二），农村的冬天，民情淳朴，邻里互拜，祈求平安。农人们身着自家织成的长衫布衣，雪白如霜雪，邻里间互相祝福，表现农民善良朴素的友好情谊。

这类描写农村风俗民情的田园诗，反映了农村民风淳朴，表达出诗人真挚的赞美之情。

(三) 艰难生计图

诗人在描写农村风光和农耕生活的同时，也反映了农民生活的艰苦和所受的压迫，流露出对他们的同情，对统治者的控诉，具有强烈的人文情怀。

"采菱辛苦废犁锄，血指流丹鬼质枯。无力买田聊种水，近来湖面亦收租。"(《夏日田园杂兴》其十一) 这首诗描写种菱农民被剥削的痛苦，农民们辛苦采菱，手指流血，诗人为采菱农民倾诉苦况，语言朴素，感情强烈，带着农民的血泪和作者的愤恨。

"朱门乞巧沸欢声，田舍黄昏静掩扃。男能耕牛女能织，不须邀福渡河星。"(《秋日田园杂兴》其二) 诗歌运用对比的手法，写七夕之夜，财主欢乐祈福，农家的田舍悄无声息，农人只有勤耕苦织以养家糊口，无福可祈。诗歌充满了对劳苦大众的同情，对朱门祈福的不满。

"垂成穑事苦艰难，忌雨嫌风更怯寒。笺诉天公休掠剩，半偿私债半输官。"(《秋日田园杂兴》其五) 这首诗写农民稼穑艰难，祈求老天爷保佑，他们指望田里的收成来偿还私债和交官租。

"租船满载候开仓，粒粒如珠白似霜。不惜两钟输一斛，尚赢糠核饱儿郎。"(《秋日田园杂兴》其九) 这首诗写农民们用一年的辛勤收获的稻米，被官租搜刮殆尽，仅剩下糠核来为儿女们糊口，极言官府剥削之狠，农民负担之重。

"黄纸蠲租白纸催，皂衣旁午下乡来。长官头脑冬烘甚，乞汝青钱买酒回。"(《冬日田园杂兴》其十) 这首诗写公差下乡，盘剥农民。说长官胡涂不管事，要求农民孝敬他们买酒钱。衙役那无赖的行径，蛮横的嘴脸，作者的愤恨，农民的无奈，在诗人笔下表现得是那样鲜活生动。

这类悯农的田园诗反映了农民生活的艰苦和所受的压迫，诗人充满了对农民的同情，对统治阶级的不满，体现了诗人爱国恤民、仁义的儒家思想。

综观范成大《四时田园杂兴》组诗，诗歌内容十分丰富，描述了当时江南农村生活的各个方面：有描写四季物候变化的，有描写四时习俗的，有描写男耕女织的，有描写丰年收获的，有描写生计艰难的等等，诗人在描写景物的同时，既表现农民勤劳淳朴的美德，又揭示封建统治者剥削农民的罪行，把农民生活的苦乐和自己的情感融为一体，使田园诗既写景状物抒情，又包含了深刻的社会内容。这就是范成大田园诗的田园世界。

范成大田园诗的创作成就

前人对于田园诗的创造、发展，给范成大田园诗的创作产生了深刻的影响。他继承了《诗经·豳风·七月》的叙事形式，按照季节的先后，反映一年四季多层次的劳动。陶渊明的田园诗对他也产生了深刻的影响，《归园田居》中"榆柳"、"桑树"、"狗吠"、"鸡鸣"等典型意象成为后来田园诗的重要组成部分，范成大的田园诗也提取了陶渊明田园诗的典型意象。如"蝴蝶双双入菜花，日长无客到田家。鸡飞过篱犬吠窦，知有行商来买茶"（《晚春田园杂兴》其三），这首诗写暮春农忙时节，村舍宁静，菜花丛中蝴蝶翩翩飞舞，农民忙于农事，只有行商出入田家，鸡飞、犬吠就是典型的田园诗意象。

范成大的《四时田园杂兴》在继承前人田园诗创作成果的基础上，推陈出新，形成了自己的独特风格。本文试从以下几个方面分析范成大田园诗的创作成就。

（一）广阔的诗歌题材

范成大的田园诗题材广阔，涉及田园自然风光、农民农耕生活，农村风俗民情，农民艰辛生活等等。他的田园诗对农民平凡朴素的日常生活进行了全景式的描述。

在中国古代田园诗中，大多是士大夫自抒隐逸情趣的抒情诗。陶渊明的田园诗在描写田园风光的同时，表现了农耕的主题，"晨兴理荒秽，带月荷锄归"（《归园田居》其五），但陶诗写自己的农耕生活，是为了表示要坚持自己的理想，"衣沾不足惜，但使愿无违",抒发诗人"久在樊笼"解脱之后的澹泊心境。除了陶诗外,古代大多数田园诗中,田园生活的最重要的内容——农事基本被忽略了,王维的田园诗描写了农夫的生活,"田夫荷锄至,相见语依依。即此羡闲逸,怅然吟式微"(《渭川田家》),诗中出现的田夫往往被赋予隐士的性格,在诗人眼中,生活在田园的农人是闲适的,诗人在很大程度上是以一个农村局外人的身份来描写田园,并未真正深入地涉及农人的生计。

范成大因病退隐石湖,他关心农民,深入农村生活,与农民近距离接触,真切体验到农家生活的甘苦哀乐。他用诗歌表现农民的生活习惯、生存方式、精神追求和文化心态,通过那些古老而又鲜活的民俗民情来展示农村、刻画农民。因此范成大的田园诗不仅有了通常意义上的审美价值,还蕴含更深刻的文化意味。

范成大了解到农村贫富悬殊的阶级对立和农民遭受的残酷剥削,出于一颗正直爱民之心,他在总结前人田园诗的基础上,推陈出新,吸收前人田园诗的表现手法,放弃前人田园诗表现隐逸的情趣。他的田园诗采用现实主义的表现手法,透过田园生活,恬静美好的面纱,将田园风光、农村生活和对封建社会的批判有机结合,从而显示予以恬淡优美为特征的传统田园诗更新颖、更深刻的思想境界。

如果说陶渊明等人是用田园诗来展示文人的趣味和情怀的话,那么范成大则是用田园诗来表现农民的精神风貌和文化心态,他的田园诗有生活、有内容、有艺术,他多方面、多角度表现农村风光和农民生活,在题材的广度和深度上,是其他田园诗人所无法比拟的,他的思想境界超越了前代田园诗人,又影响了后代田园诗人。

(二)独创的诗歌形式

范成大的田园诗创造性地采用七绝连章的组诗方式,把60首旋律优美的乐曲,汇成气势宏大的组曲;把60条涓涓流淌的溪流,汇成奔腾的河流;把60幅美妙的图画,构成一幅壮观的画卷。各式各样的生活,各式各样的琐事,把劳作生活的苦乐与田园情趣融为一体，全面而深刻地反映了当时的农村生活。

范成大的田园诗的抒情主人公也由隐士转变为农人。陶渊明身在田园，是对黑暗现实的逃离和反抗，他的田园描写是官场与田园的对比，描写现实的田园，盼望理想的桃花源；王维是身在官场，路过田园，描写想象的美好田园，美化隐者的田园生活。范成大晚年归隐石湖，移居田园，长期生活在农村，对农村和农民有着真切的感受，在描写农村生活和农民情感时，不以为官者的居高临下和旁观者的无动于衷，他以农人的平常心去客观审视农村和农民，他是身处现实田园，书写现实田园。他没有陶醉于自己归隐的乐趣，也没有沉浸于理想的桃花源。他的田园诗是充溢着江南农村浓郁的乡土气息，描绘了农村生活生动的立体长卷，他既是田园景物的欣赏者，也是田园生活的亲历者，他用老农的口气，写农家生活的方方面面，在描写广阔多姿的农村生活中，爱憎感情表露鲜明，形成了自己独特的艺术风格。

（三）浓郁的乡土气息

范成大的田园诗运用了很通俗的语言表现农村自然风光和农民淳朴的生活，使田园诗具有乡土气息。如"新筑场泥镜面平，家家打稻趁霜晴。笑歌声里轻雷动，一夜连枷响到明"（《秋日田园杂兴》其八），这首诗写霜后晴天，农民们紧张繁忙的打稻场面，笑声，歌声，伴着打稻的连枷声，写出了农民丰收的欢乐。语言通俗易懂，明白如话，这样的诗歌，就算普通老百姓也可读懂。

范成大的田园诗多用白描手法反映农事，用语自然，蕴含淳朴的民风，带给我们深情而真挚的田园牧歌。如"雨后山家起较迟，天窗新色半熹微。老翁欹枕听莺转，童子开门放燕飞"（《晚春田园杂兴》其十一），诗人用平淡朴素的口语，描述农家景象，雨后初晴，空气清新，晨曦微明，窗外黄莺宛转，室内老翁靠着床头侧耳倾听，孙儿开门，放飞燕子去山间觅食。景是那么清新、自然，有浓郁的生活气息。

"乌鸟投林过客稀，前山烟暝到柴扉。小童一棹舟如叶，独自编阑鸭阵归。"(《晚春田园杂兴》其十二)这首诗写傍晚时分,山间烟雾笼罩,乌鸟投林,过客稀少,只见小童独自驾着一叶轻舟,赶着鸭子归来。这是一幅典型的农家孩子放鸭晚归图。

范成大的田园诗赋予传统田园诗新的内容,新的生命。钱钟书先生从田园诗流变发展的角度,评价范成大田园诗的贡献,认为范成大使脱离现实的田园诗有了泥土和血汗的气息,把一年四季的农村劳动和生活鲜明地刻画出一个比较完全的面貌。使田园诗又获得了生命,扩大了意境,所以范成大的田园诗可以跟陶潜诗相提并称,甚至是后来居上。

范成大以他自己的田园世界的情怀展现了一幅幅广阔天地间的人与自然的生态之美,生态之恋。

参考文献:

[1] 黄进丽:《试论范成大的田园诗》,出自《名作欣赏》2011年第30期,第106页。

[2] 《范石湖集》,上海:上海古籍出版社2006年4月第1版。

锦 绣 兰 台

如烟似水　摇曳多姿

——漫谈近现代中国苏州丝绸档案

肖　芃　栾清照　陈　鑫　卜鉴民

世界是丰富多彩的，每个国家都用自己的方式为这多彩的世界画上绚烂的一笔，它们都有自己的"语言"。提到法国，人们会想到香水、葡萄酒；提到瑞士，钟表的嘀嗒声似乎就在耳畔响起；提到埃及，人们的脑海中会出现雄伟壮观的金字塔……亲爱的朋友，说到中国，你会想到什么呢？

古老的中国有着悠久的历史，长江和黄河两条母亲河孕育了五千年的华夏文明。说到中国，也许你会想到很多，古代的四大发明造纸术、指南针、火药和印刷术自不必说，它们对中国古代的政治、经济、文化的发展产生了巨大的推动作用，对世界文明发展史也产生了很大的影响。除了四大发明，精美绝伦的瓷器、韵味十足的京剧、泼墨写意的中国画、刚柔并济的中国武术、香气四溢的茶叶等等都令世人赞叹不绝。当然，还有一样宝贝是不可缺少的，她堪称中国的符号，那就是丝绸！

丝绸的故乡

中国是世界上最早发明丝绸的国家，早在5000多年前，轩辕黄帝的妻子，勤劳、智慧的嫘祖就发明了丝绸，中国从此开始了栽桑、养蚕、缫丝、织绸的历史。后人为了纪念嫘祖衣被天下、福泽万民的功绩，尊称她为"先蚕娘娘"，为之建祠祭拜，韩国、朝鲜及东南亚国家也都隆重祭祀嫘祖。

丝绸是古代中国先于四大发明的对人类文明的伟大贡献，西方国家认识中国是从认识丝绸开始的,他们称中国丝绸为"赛尔"(Ser,希腊语),意为丝,称中国为"塞里斯"(Seres),意思为产丝之国。从2000多年前汉朝张骞出使西域开始,中国丝绸源源不断地传入中亚、西亚和欧洲,外国货物和文化也随之传入中国,由此形成了著名的"丝绸之路"。正是通过丝绸之路,中国的瓷器、京剧、国画、武术、茶叶等才得以被更多的人认识和喜爱,中华文明的独特魅力才会散播到更广阔的范围。

丝绸是中国的名片,中国是丝绸的故乡,悠长的丝绸之路连接起中外文明;丝绸更是苏州的代言,苏州是丝绸之府,温婉的江南小城与烟一样轻软,水一样细腻的丝绸完美地融合在一起。唐宋时期,苏州就是全国丝绸中心,明代中期,便呈现出"东北半城,万户机声"的盛况,明清时代,皇家高级丝绸织品也大多出自苏州织工之手。丝绸与苏州有着千丝万缕的联系,是苏州的金字招牌,苏州丝绸从某种意义上说,代表了中国悠久灿烂的丝绸历史与丝绸文化。

然而,由于人力、工艺、技术等原因,不少优秀的传统丝绸品种却在历史发展的进程中逐渐失传,如各种风格的经锦,自唐代以后就逐步被纬锦所替代;"链式罗",古代为二经和四经环式绞罗,该结构自秦汉就产生,至唐宋盛行,但之后也失传了;中国三大名锦之一的宋锦,随着1998年苏州宋锦织造厂的倒闭,工艺技术逐渐失传。一些熟悉苏州丝绸生产的老艺人有的年过古稀,有的已亡故,有的后继乏人,不少传统丝绸品种濒临人亡技绝之危。

在此情形下,保护和传承传统丝绸显得既重要又紧迫,可是,哪里去寻丝绸的"根"呢,那些绝妙的织造工艺哪里找呢?幸运的是苏州市工商档案管理中心(以下简称"中心")珍藏着29592卷近现代苏州丝绸档案,是现今我国乃至世界保存数量最多、内容最完整也最系统的丝绸档案。

如烟似水、摇曳多姿的丝绸样本档案

20世纪末,国有(集体)产权制度改革轰轰烈烈地进行,通过改革，一大批国有（集体）企业获得了新生，然而改革也给许多企业的档案管理工作带来困难，面对困难，苏州市知难而进，建立了全国首家专门管理改制企业档案的事业单位——苏州市工商档案管理中心，抢救式接收改制企事业单位档案约200万卷，打了一场漂亮的"档案保卫战"，并由此开创了全国档案系统改制企业档案管理的"苏州模式"。

在这200万卷厚重的档案中，有一部分档案质地轻软却格外光彩夺目，那就是前面提到的29592卷近现代苏州丝绸档案，其中丝绸样本302841件。由于得到及时抢救和集中保存，这批足以彰显近现代中国传统织造业璀璨历史的极为珍贵的丝绸档案资源，现已成为中心的"镇馆之宝"。这批恢弘的近现代苏州丝绸样本档案源自苏州东吴丝织厂、苏州光明丝织厂、苏州丝绸印花厂、苏州绸缎炼染厂、苏州丝绸研究所等为代表的原市区丝绸系统的41家企事业单位和组织，是19世纪到20世纪末这些丝绸企业、组织在技术研发、生产管理、营销贸易、对外交流过程中直接形成的，由纸质文字、图案、图表和丝绸样本实物等不同形式组成的，具有保存价值的原始记录。主要包括生产管理档案、技术科研档案、营销贸易档案和产品实物档案等。

翻开一卷卷丝绸档案，你一定会被如烟似水、摇曳多姿的丝绸所迷倒，美丽的丝绸薄若蝉翼、柔如春水，看着就让人陶醉，抚摸一下，爽滑、细腻的感觉传遍全身，如此柔顺舒适，就不难理解她对人体的保健作用，被誉为"纤维皇后"当之无愧。

（一）完整的14大类丝绸样本档案

日常生活中人们用绫罗绸缎作为丝织品的通称，其实这并非一个完整的分类方法，中国古代丝织品种有绢、纱、绮、绫、罗、锦、缎、缂丝等，今天，丝织品依据组织结构、原料、工艺、外观及用途分成纱、罗、绫、绢、纺、绡、绉、锦、缎、绨、葛、呢、绒、绸14大类。中心馆藏的丝绸样本档案完整地包含了这14大类织花和印花样本，每一类都有自己独特的组织结构、工艺特点，给人不同的视觉和触觉冲击。

纱，全部或部分采用纱组织，绸面呈现清晰纱孔。若隐若现、轻盈飘逸的纱犹如美丽婀娜的少女，迎着春风款款而来，西施浣纱的景象不由得映入眼帘。这批丝绸样本中的纱细分为很多品种，有大家非常熟悉的乔其纱，还有凉艳纱、腊羽纱、玉洁纱、花影纱等，听着这些好听的名字，就让人生发出一股似水柔情。

缎，缎纹组织，外观平滑光亮。富丽堂皇、光彩熠熠的缎宛若富贵端庄的妇人，高贵而不失典雅，华丽而不失庄重。该档案中的缎非常富有特色，既有荣获国家金质奖章的、代表国内当时丝绸业内最顶尖工艺的织锦缎、古香缎、修花缎、真丝印花层云缎，又有提花缎、琳琅缎、素绉缎、花绉缎、新惠缎、桑波缎、玉叶缎、百花缎、花软缎等众多品种，组成了缎的海洋。

锦，缎纹、斜纹等组织，经纬无捻或弱捻，色织提花。精致华美、质地坚柔的锦仿佛儒雅稳重的官者，华贵中彰显威严。三大名锦之一的宋锦是不得不提的，还有月华锦、风华锦、合锦、宁锦以及民国时期的细纹云林锦等多个品种。

绢，平纹或平纹变化组织，熟织或色织套染，绸面细密平挺。质地轻薄、坚韧挺括的绢好似活泼俏皮的孩子，顽皮中透着无限活力。烂花绢、丛花绢、吟梅绢等不同品种丰富了馆藏。

呢，采用或混用基本组织、联合组织及变化组织，质地丰厚。温厚柔软、柔和厚实的呢就像成熟睿智的长者，充满岁月的厚重感。该批丝绸样本档案中的呢包括华达呢、四唯呢、彩格呢、维美呢、西装呢、涤纹呢、闪色呢等。

站在高高的档案密集架前，看着满满当当的档案盒，你一定会被震撼，我们无法一一列举14大类丝绸的风格特征，然而柔滑绚丽的绸、轻柔飘逸的纺、雍容华贵的绒、富有弹性的绉……这些丝绸带给我们的美好感受会慢慢沁入心底，在内心最深处激荡。

(二) 迷人的特色档案

中心馆藏的近现代苏州丝绸样本档案中，有一些闪着格外耀眼的光芒，她们集中展现了苏州丝绸的韵味，形成了一道独特的丝绸风景线。

宋锦，与蜀锦、云锦并称为"三大名锦"，指宋代发展起来的织锦，广义的宋锦还包括元明清及以后出现的仿宋代风格的织锦。宋锦继承了蜀锦的特点，并在其基础上创造了纬向抛道换色的独特技艺，在不增加纬线重数的情况下，整匹织物可形成不同的纬向色彩，且质地坚柔轻薄。因主要产地在苏州，宋锦在后世被谈起时总会在前面加上"苏州"二字，称为"苏州宋锦"。苏州宋锦兴起于宋代，繁盛于明清，她的繁荣带动了整个苏州地区经济的发展，直至 20 世纪 80 年代后，宋锦市场萎缩，传统宋锦濒临失传，便愈加凸显出她的价值。2006 年，宋锦被列入第一批国家级非物质文化遗产名录，2009 年，又被列入世界非物质文化遗产。中心有一块非常珍贵的明代宋锦残片，名为"米黄色地万字双鸾团龙宋锦残片"，万字、双鸾、团龙都是对其纹样的说明，动物、几何纹样是宋锦中比较经典的题材，龙纹在古代是不能乱用的，通常由皇家专享，可见这块残片极有可能原本用于宫廷的装饰。这块残片虽已残破暗淡，但上面的金色丝线却闪闪发光，原来上面的金色丝线，竟然是由真金制成的，难怪经过漫长岁月的洗礼依旧散发着夺目的光彩。

塔夫绸，法文 taffetas 的音译，含有平纹织物之意，是一种以平纹组织织制的熟织高档丝织品。20 世纪 20 年代起源于法国，后传至中国，主要产地是苏州与杭州。塔夫绸选用熟蚕丝为经丝，纬丝可用蚕丝也可用绢丝和人造丝，均为染色有捻丝，一般经、纬同色。以平纹组织为地，织品密度大，是绸类织品中最紧密的一个品种。苏州东吴丝织厂生产的塔夫绸最负盛名，该厂生产的塔夫绸花纹光亮、绸面细洁、质地坚牢、轻薄挺括、色彩鲜艳、光泽柔和，是塔夫绸中的精品。1951 年初，国家外贸部门组织苏州丝织业 16 种产品去东欧 7 国展出，苏州东吴丝织厂生产的塔夫绸等产品广受欢迎，在德国展出时引起轰动，被客商誉为"塔王"，"塔王"的称号由此享誉海内外。1981 年，英国查尔斯王子和戴安娜王妃在伦敦圣保罗大教堂成婚,戴安娜王妃穿着的7.6米超长裙摆的拖地长裙给人们留下了深刻的印象,这件惊艳世界的婚礼服所用的丝绸面料,正是苏州东吴丝织厂生产的塔夫绸。苏州的塔夫绸登上了国际舞台,赢得了世界性的荣誉。这些承载了无上荣誉的真丝塔夫绸的相关档案被完好地保存在中心的库房中,包括英国王室当时的英文订货单原件,婚礼选用的真丝塔夫绸样本及相关的照片等,还有作为国家机密档案的制作塔夫绸的技术资料。

漳缎及其祖本。漳缎是采用漳绒的织造方法,按云锦的花纹图案织成的缎地绒花织物。外观缎地紧密肥亮,绒花饱满缜密,质地挺括厚实,花纹立体感极强。漳绒源自福建漳州,而漳缎却源于苏州,清初聪慧细腻的苏州人将漳绒改进创新,发明了风格独特的丝绒新产品漳缎。漳缎一经问世,康熙皇帝即令苏州织造局发银督造,大量订货专供朝廷,并规定漳缎不得私自出售,违者治罪。宫廷贵族及文武百官服饰皆用漳缎缝制,此外,漳缎还用做高档陈设及桌椅套垫用料。道光中叶鸦片战争前,朝廷皇室贵族及文武百官的外衣长袍马褂,也多以漳缎为主要面料,当时也是漳缎生产的全盛时期。新中国成立后,北京迎宾馆和民族文化宫两大建筑的装饰用丝织品及沙发、椅子等套垫,也都采用的是苏州产的漳缎。2014年11月亚太经合组织第二十二次领导人非正式会议(APEC会议)上,亚太国家女领导人和领导人女配偶服装的装饰采用的亦是漳缎。如今,苏州漳缎织造技艺已经列入江苏省非物质文化遗产名录。中心馆藏的漳缎有宝蓝喜字镶金漳缎、咖啡色团花纹漳缎、紫色喜字圆形纹漳缎、紫色地扇形葫芦纹彩色漳缎等,而馆藏更珍贵的是24件漳缎祖本。这些祖本主要出自20世纪60年代,大多由两到三种颜色的粗线编制而成,四周还有很多散乱的粗线头,经过历史的洗涤,部分粗线还略有褪色,看着这些祖本,你很难想象她们与华丽的漳缎有何联系。其实祖本相当于织物的遗传密码,业内称作丝绸产品的"种子花",《天工开物》中说:"凡工匠结花本者,心计最精巧。画师先画何等花色于纸上,结本者以丝线随画量度,算计分寸秒忽,而结成之,张悬花楼之上。即织者不知成何花色,穿综带经,随其尺寸度数,提起衢脚,梭过之后,居然花现。"描述的正是我国古代丝织提花生产过程中非常重要的一步——挑花结本。而祖本则是挑花结本产生的第一本花本,又叫母本。有了祖本,就好似有了复制用的模本,可以复制出许多花本,因此这些祖本是非常珍贵的研究漳缎工艺的实物档案。

像锦织物,丝织人像、风景等的总称。以人物、风景或名人字画、摄影作品为纹样,采用提花织锦工艺技术,一般由桑蚕丝和人造丝交织而成,是供装饰和欣赏用的丝织工艺品。在织造时利用黑白或彩色经纬线,通过变化织物组织方法获得层次分明的效果,使织物表面再现与照片同样生动的人物或景物。像锦织物按其结构、色彩运用可分为黑白像锦和彩色像锦两大类。中心馆藏700余件像锦织物,既有20世纪五六十年代苏州织制的以园林为题材的风景像锦织物,又有马克思、恩格斯、列宁等伟人和国家领袖等人物像锦,内容丰富多彩,形象栩栩如生,具有极高的艺术价值。

(三) 神秘的科技档案

美轮美奂的丝绸样本深深吸引着我们的眼球,同样惹人瞩目的还有许多神秘的科技档案,包括丝织品工艺设计书、订货单和意匠图等。

丝织品工艺设计书上详细记载了丝绸的品种规格、工艺程序、产品特征、理化指标、原料技术指标等信息,工艺程序中又按步骤逐条记录下详细的过程及每个步骤的注意事项,对今后复制或开发生产同类产品具有极大的参考和应用价值,同时为新的丝绸产品的开发提供了创意。一些新产品还会有新品开发材料及投产工艺设计,具体内容包括新产品开发任务书、品种规格单、新产品开发可行性分析报告、新产品试制报告、产品实样、织物样品、检验报告等,是非常完备的生产管理和技术科研档案。

丝绸订货单上清晰列出了丝绸的品号、品名、花色号、订货对象、数量、生产单位等,其中不乏许多销往国外的丝绸,如销往英国、阿联酋、新加坡、瑞士、加拿大、日本。前文提到的戴安娜王妃的婚礼服布料的英文订货单原件就完整地保存在中心的库房中，上面清楚地写着：苏州东吴丝织厂生产的水榭牌深青莲色塔夫绸，订货数量是14匹420码。大量的订货单记录了苏州丝绸远销全球的历史瞬间，表明了丝绸在东西方交流中发挥着重要作用。如今，中国人民用"一带一路"搭建起中国梦与世界梦息息相通的桥梁。古老的丝绸从历史深处走来，融通古今、连接中外，将再次见证中外人民的深厚情谊。

意匠图是另一个非常重要且极富特色的科技档案，在整个丝绸织造过程中起着承上启下的关键作用。把不同的图案纹样织制到丝绸织物上，需要根据图案纹样结合丝织物的组织结构将各种不同图案纹样放大，绘制在一定规格的格子纸上，这种格子纸称为意匠图纸，纵格相当于织物中的经纱，横格相当于纬纱，格子纸上的图纹统称意匠图。第一次看到馆藏的意匠图，内心有一种莫名的感动，不同规格的意匠图纸上画着各式各样美丽的图案，凑近看有一种眼花缭乱之感，那密密麻麻的方格里填涂着不同的色彩，光光涂满那些格子就不知需要花费多少时间和精力，意匠图完成之后，才能根据意匠图织造出同样图案的织物，美丽的图案花型才会呈现在我们眼前。了解了意匠图的故事，便愈加觉得这些瑰丽秀美的丝织物来之不易，我们一定要好好地将之传承下去。

让丝绸之花永远绽放

近3万卷的近现代中国苏州丝绸档案是苏州档案人的骄傲，守着这个宝贝，应该怎么做呢？是像藏宝一样将她们藏在深闺秘不示人，让其做漂亮的睡美人吗？苏州的档案人给出了不一样的答案，走出了一条别样光彩的道路，在丝绸档案的基础上开辟了一片新天地。

档案人深知档案的重要价值之一就是开发利用，让静态的档案"活"起来，才是对她更好的守护。依托丰富的丝绸档案资源，中心与丝绸生产企业开展了多领域合作，对传统丝绸品种进行抢救、保护和开发利用，拓展了档案资源利用的新途径。

2014年11月10日，出席APEC会议欢迎晚宴的各国领导人及其配偶身穿的名为"新中装"的现代中式礼服惊艳亮相，受到了世人的瞩目。这些"新中装"采用了极具东方韵味的宋锦面料，正源自中心的宋锦样本档案。早在2012年，中心与吴江一家丝绸企业开展合作，以馆藏的宋锦样本档案为蓝本，通过对机器设备的技术革新，研发出10余种宋锦新花型和新图案，让古老的宋锦技艺走出了档案库房，在世人面前焕发新的生机和活力，并最终走上了APEC这一国际舞台，赢得了世界人民的赞赏。此后的2015年第53届世界乒乓球锦标赛颁奖礼仪服装和纪念中国人民抗日战争暨世界反法西斯战争胜利70周年大阅兵上使用的福袋，均是源自宋锦，引发了新一轮的宋锦热和丝绸文化热。

截至目前，中心已与苏州圣龙丝织绣品有限公司、苏州天翱特种织绣有限公司、苏州锦达丝织品有限公司、苏州工业园区家明织造坊、顾金珍刺绣艺术有限公司等14家丝绸企业合作建立了"苏州传统丝绸样本档案传承与恢复基地"。通过合作，完成了对宋锦、漳缎、纱罗等传统丝绸品种及其工艺的恢复、传承和发展，开发出了纱罗宫扇、宫灯、宋锦、纱罗书签，新宋锦箱包、服饰等不同织物属性的产品和衍生产品。那一块用真金织成的米黄色地万字双鸾团龙纹宋锦残片，即在苏州工业园区家明织造坊织工的巧手下复制成功，明代的宋锦残片就这样在现代成功"复活"，这是档案部门与企业共同努力的结果。

除了自身寻求新发展新途径，档案部门希望更多的人加入到了解、保护和传承丝绸文化的队伍中来。苏州市档案局和中心围绕丝绸档案做了大量工作，并取得了诸多阶段性成果。目前，中心已申请并获批建立了中国丝绸品种传承与保护基地和丝绸档案文化研究中心、江苏省丝绸文化档案研究中心。国内首家专业的丝绸档案馆——苏州中国丝绸档案馆也在苏州启动建设，总投资1.8亿元，为更好地保护这批丝绸档案、传承和弘扬丝绸文化提供了基础和平台。同时，积极申报各项名录，多渠道向人们展示丝绸档案的魅力，2011年，经苏州市珍贵档案文献评选委员会审议，该档案被列入第三批"苏州市珍贵档案文献名录"。2012年，经江苏省珍贵档案文献评审委员会审议，该档案列入第四批"江苏省珍贵档案文献名录"。2015年，经中国档案文献遗产工程国家咨询委员会审定，该档案入选"中国档案文献遗产名录"。2016年5月，经世界记忆工程亚太地区委员会（MOWCAP）审定，该档案入选"世界记忆亚太地区名录"，成为我国继《本草纲目》《黄帝内经》"元代西藏官方档案"等之后又一入选"世界记忆亚太地区名录"的档案文献，也是国内目前唯一一组由地市级档案馆单独申报并成功入选的档案文献。

面对这份宝贵的财富，我们想说的太多，要做的太多，希望通过档案人和社会各界的努力，使这批近现代中国苏州丝绸档案绽放出姹紫嫣红的花朵，让中华民族最美丽的发明永远散发着绚烂的光芒！

参考文献：
[1] 赵丰：《中国丝绸通史》，苏州大学出版社2005年版。
[2] 赵丰：《天鹅绒》，苏州大学出版社2011年版。
[3] 李平生：《丝绸文化》，山东大学出版社2012年版。
[4] 陈鑫、甘戈、吴芳、卜鉴民：《苏州丝绸业的记忆——苏州丝绸样本档案》，《江苏丝绸》2013年第6期，第16~19页。
[5] 陈鑫、卜鉴民、方玉群：《柔软的力量——苏州市工商档案管理中心抢救与保护丝绸档案纪实》，《中国档案》2014年第7期，第29~31页。
[6] 刘立人、卜鉴民、刘婧、甘戈：《丝绸艺术赏析》，苏州大学出版社2015年版。
[7] 甘戈、陈鑫：《漳缎三问》，《档案与建设》2015年第2期，第52~53页。
[8] 朱亚鹏：《让美丽图案在丝绸织物上绽放——意匠图》，《档案与建设》2015年12期，第62~63页。

近现代中国苏州丝绸档案价值刍议

杨 韫

近现代中国苏州丝绸样本档案是19世纪到20世纪末期，苏州众多丝绸企业、组织在技术研发、生产管理、营销贸易、对外交流过程中直接形成的，由纸质文字、图案、图表和丝绸样本实物等不同形式组成的，具有保存价值的原始记录。该档案由苏州市工商档案管理中心（简称中心）保管，共计29592卷，主要包括生产管理档案、技术科研档案、营销贸易档案和产品实物档案等。

这批丝绸档案涵盖了绫、罗、绸、缎、绉、纺、绢、葛、纱、绡、绒、锦、呢等14大类织花和印花样本，主要来自于以苏州东吴丝织厂、光明丝织厂、丝绸印花厂、绸缎炼染厂、丝绸研究所等为代表的原市区丝绸系统的41个企事业单位，全面真实地记录了100多年来丝绸花色品种的发展、演变。通过这批丝绸档案，我们不仅可以看到丝织品本身的魅力，更能了解到近百年间苏州市区及国内重点丝绸产地丝绸产品演变的历程。其中极具艺术和科研价值的漳缎祖本、在国际舞台上大展风采的塔夫绸和四经绞罗等品种，均体现了当时中国乃至世界丝绸产品的最高工艺水平，也从一个侧面折射出近现代中国各阶段的丝绸文化与社会政治经济、人民生活之间的密切关系以及审美观、价值观对丝绸的影响。其所蕴含的体现在不同时期经济、文化、历史、艺术等方面的价值难以估量，现已成为中心的"镇馆之宝"。

经济价值——以丝为笔墨，勾勒繁荣景象

随着历史的变迁、朝代的更迭，丝绸经历了数次起伏，既有

"日出万绸,衣被天下"的兴旺繁荣,亦有在改革浪潮下的急流勇退。早在魏晋南北朝时,东西方往来频繁,大秦(东罗马帝国)商人、波斯商人运往西方的商品主要就是丝绸,东方的丝绸成为当时人们趋之若鹜的华美服装面料。秦汉时期,随着大规模扩展而来的,就是丝绸的贸易输出达到了空前繁荣。这也推动了中原同边疆的经济文化的广泛交流,从而形成了著名的"丝绸之路"。而自明代起,直到19世纪末叶,生丝和丝织品一直是中国输往东南亚和欧洲国家的大宗物品,并在国际生丝贸易市场上占据霸主地位。

作为苏州最古老也是最传统的产业,丝绸与苏州密不可分。新中国成立以后,国家大力发展丝绸产业,逐渐形成了一个门类齐全的丝绸工业体系,不断创造外汇支援国家和地方经济建设。如今,丝绸产业已成为民营经济创业发展的重要领域,为推进中国特色社会主义建设提供了巨大动力。

在中心馆藏中保存着部分外销丝绸的样本及订货单等一系列完整的档案。这些档案均是新中国成立后出口国外的丝绸产品档案,展示了20世纪中期至20世纪末专为外贸设计、生产并输出到世界各地的丝织品,从中可以看出当时丝绸的生产、销售不断创下历史新高。单以被人们所熟知的塔夫绸而言,它在1950年第一次于东欧七国展出时,就轰动了东欧市场,此后苏州生产的塔夫绸被称为"塔王",畅销美国、英国、苏联、西德、瑞士、澳大利亚以及亚洲许多国家和地区,深受各国客商的欢迎,在国内外都享有盛誉。据馆藏资料记载,仅苏州东吴丝织厂一家,在1981年一至七月份就生产了十一万七千米的塔夫绸,并被客户争购一空。当时媒体报道中提到:"为了扩大生产,满足国内外市场的需要,苏州东吴丝织厂今年将增加20台织机,年产量预计可以达到六十多万米。"其所带来的经济效益由此可见一斑。

国际价值——以丝为使者,行走于中西方

经济是国际关系的一种反映。丝绸并非只是一块小小的布料,

透过丝绸我们不仅可以看到中西方之间经济、文化的碰撞与交流，更能体会到其中的跨国互动。

塔夫绸的畅销使其终被英国王室所耳闻。1981年7月，英国王储查尔斯王子和戴安娜王妃在伦敦圣保罗教堂举行了历史上著名的世纪婚礼。而早前中国纺织品进出口公司江苏省分公司就寄给苏州市外贸公司一张订货单，要求订购水榭牌深青莲色素塔夫绸十四匹，共计四百二十码，这批塔夫绸正是供英王储查尔斯举行婚礼所用。塔夫绸站在了世界的舞台，为中国苏州赢得了巨大的荣誉。而值得一提的是，水榭牌商标也被意大利米兰科莫丝绸博物馆收藏至今。

回顾历史，再看今朝。丝绸向来就是国礼佳品，漂洋过海，扬名世界，延续至今。据不完全统计，仅新中国成立以来，苏州丝绸织绣品就有30多次作为"国礼"走出国门。进入21世纪后，特别是在苏州推进"丝绸档案+"档案资源开发利用新模式后，为充分发挥馆藏丝绸档案资源优势，助推丝绸企业对传统丝绸品种进行保护、传承、创新和发展，中心先后与各地丝绸企业共建了14家"苏州传统丝绸样本档案传承与恢复基地"，将馆藏样本、祖本加以研究、开发和产业化，使档案走出深闺，在国际上再次焕发生机。2014年，在第二十二次领导人非正式会议（APEC会议）晚宴上，各经济体领导人和代表穿着特色中式服装拍摄"全家福"。这些华而不炫的宋锦、贵而不显的漳缎以及不同特质的系列丝绸面料，展现出了各国领导人的独特风采。其中，宋锦面料上的海水江崖纹，就赋予了与会21个经济体山水相依、守望相助的寓意，正应和了"共建面向未来的亚太伙伴关系"这一主题。而在2015年11月中国—中东欧"16+1"峰会上，一系列制作精美、惟妙惟肖的领导人肖像真丝画作为国礼被赠予多国领导人。真丝肖像画已先后四次作为国礼被赠送给多国国家领导人，既表达了苏州人民对于外国友邦的热情，也是丝绸人响应"丝绸之路经济带"这一号召的积极行动。

而丝绸的国际价值,不仅彰显于我们同各国间的友好互动、共昌繁荣,更体现在我们所得到的一种社会荣耀上。在此次2016年世界记忆亚太地区名录评选会议上,近现代中国苏州丝绸档案中所囊括的样本、工艺技术、图纸纹样等再次展现在世人面前,在当前中国倡导"一带一路"建设上提供了助力,也让更多人了解了中国的丝绸。正如评审会专家、塔吉克斯坦代表、国际咨询委员会委员阿拉女士说:"这是很有意思的一组档案,收集了各种丝绸品种,这是拥有国际性价值的遗产。"

文化价值——以丝为纽带,连接古今文明

丝绸是传播丝绸文化的一种语言,它不是随心所欲的艺术创造,而是将设计艺术的美贯穿于织物织造的始终。博大精深而独树一帜的丝绸文化是中国古老文明的一个重要分支,是华夏人文历史上一段动人的乐章。丝绸文化不仅反映出中国的悠久历史,也记录着各地鲜明的地域特征,有着如诗画般灿烂、隽永的价值。时代精神的火花在这里凝练、积淀下来,感染着我们的思想、情感,使我们流连不已。而近现代苏州丝绸样本档案作为丝绸文化的载体,以其深厚的传统文化底蕴、精湛的工艺水平,诠释了中国历朝历代不同的精神风貌及主要内涵,更翔实地记录了人们在传承和发扬丝绸文化道路上的奋斗足迹,是我国民族文化的象征。它是苏州的骄傲,江苏的骄傲,更是整个中华民族宝贵的文化遗产。

近现代中国苏州丝绸档案是早期传承下来的历史的、传统的财富,其种类繁多、地域特征明显,多为在长期生产生活中为了方便或审美需求而制造出来的,不仅造型、结构、色彩具有形式美,而且纹样内涵丰富,如喜庆、富贵、吉祥、平安等寓意,就通过特定的图案表达出来,传达出了一种大家都能读懂的语言。这些档案上所凝聚的精美的纹样,充分展现了丝绸的文化价值。通过各具特色的丝绸纹样,可以看到不同时期对于中华民族传统文化的传承与对外来文化兼容并蓄后的创新。就最为典型的吉祥纹样而言,用蝙蝠

表现"福"、桃子表示"寿"、牡丹寓意"富贵"的纹样在近现代苏州丝绸样本档案中就占有很大一部分，它们所体现出的含蓄的纳吉祈福的传统文化思想耐人寻味、引人深思。可以看出，无论古今，人们对于美好生活的追求都是一样的，这也使得人们在吉祥纹样所象征的华夏文明上息息相通。另外，在外销丝绸产品中，其品种、花样等往往是根据不同出口国家的需要而特殊设计制作的，融入了大量的国际元素，如深受儿童喜爱的小矮人、超人等卡通漫画图案以及日本的和服纹样等，也在一定程度上反映了国际社会文化百余年的发展变迁。

此外，基于近现代中国苏州丝绸档案本身所衍生而出的文化价值也值得一提。截至目前，中心已在专业期刊发表丝绸档案研究文章30余篇，并在近年来编辑出版了《丝绸艺术赏析》《花间晚照：丝绸图案设计的实践与思考》等相关书籍，与《档案与建设》合作在2015—2016年开设了"档案中的丝绸文化"和"苏州丝绸样本档案"两个年度专栏。

历史价值——以丝为印记，追忆峥嵘岁月

历史是当下的追忆。如今居住在苏州古城区的人们，倘若追溯到三四代前，怕是至少有半数家庭都从事过同丝绸业相关的工作。即便曾经主要分布在古城东北区域的国有现代丝织产业，已经被岁月冲刷得几乎无迹可寻，然而丝绸的根早已驻扎在了苏州，融入了苏州人民的血脉之中。在历史发展演变中逐渐积累下来的中国近现代苏州丝绸档案，具有其鲜明的时代特征，它不仅见证了苏州丝绸发展的历史进程，还浓缩了近现代中国丝绸的文化和技艺，是研究近现代丝绸产业发展历史的重要资料。

这批档案跨越的是中国皇权社会结束、现代社会兴起的特殊历史时期，凝聚了洋务运动以来中国民族工业家实业兴邦的报国情怀。产生这批档案的绝大多数企业，已在21世纪初的国企改制中消失，丝绸产业在苏州发生、发展的历史状况唯在余留下的这些档

案史料中尚能窥见一二。而在国内众多的丝绸产地中，也只有苏州才保存了如此丰富的丝绸档案，特别是其中五光十色、璀璨夺目的样本档案，苏州地产印花丝绸样本几乎完整地保存了苏州丝绸印花厂建厂40年间自主设计的两万余幅丝绸样本。而在国内重点丝绸产地的丝绸样本实物中，更保存有二十世纪五六十年代出口东欧的传统织锦类丝绸样本实物，还有"文革"期间鲜见的出口欧美的真丝和各类交织丝绸样本实物，尤其是还较为完整地保存了从1972年到1992年这20余年间在历届广交会上展销的出口丝绸。这些档案为研究建国后各个历史阶段丝绸产品演变的轨迹和概貌提供了重要的资料。此外，中心还保存有大量关于丝绸行业的珍贵纸质档案和历史资料，如道光、咸丰、同治、光绪、宣统年间的苏州丝织行业契约档案以及民国年间的苏州丝绸企业会计凭证类档案等，对研究苏州丝织业的起源和民国时期丝绸企业发展史也有着非常重要的意义。

应用价值——以丝为旋律，奏出时代新声

档案的最终价值在于利用，而不是躺在库房里做睡美人。前文所提到的丝绸纹样现如今已被更多人所熟知，许多丝绸大师会到中心寻找合适的纹样，这些图案、装帧装饰已经广泛应用于现代生活。

而这批丝绸档案所附的产品工艺单，更是从技术层面清晰地展示了中国传统丝绸产品的工艺特征、结构技巧、产品规格、纹样色彩等，这是丝绸档案中含金量最高的一部分。这些宝贵的、不可再生的技术资料，对丝绸的复制或开发生产同类产品具有极大的参考和应用价值，并能为新产品的开发提供创意。

2013年，中心经中国丝绸协会同意建立了全国唯一的"中国丝绸品种传承与保护基地"；2014年，经中国档案学会和江苏省丝绸协会同意，建立了2家丝绸档案文化研究中心。目前中心已同苏州大学、苏州经贸学院和苏州职业大学高等学校开展丝绸保护技研究，并与各地丝绸企业共建了14家"苏州传统丝绸样本档案传承与恢复基地"，提供档案中的丝织品样本和技术资料，依赖丝绸企业的专业化研发和生产设备，逐步恢复、创新濒危的传统丝绸工艺。馆藏明清宋锦、罗残片，已得到不同程度的恢复，漳缎祖本也得以解密。中心在第五届中国苏州文化创意设计产业交易博览会（简称创博会）上，推出了"非遗"和"国礼"丝绸专题展，展出档案史料、实物和图片等近200件，吸引6000人次参观，受到中外参观者和各级领导好评，成为媒体关注热点之一。这是中心积极响应苏州推进"丝绸档案+"档案资源开发利用新模式的表现，也是"丝绸档案+"开发利用成果的一次精彩亮相。在观看中国丝绸档案馆"档企合作"成果时，省档案局谢波局长说道："中国丝绸档案馆在丝绸档案资源开发利用工作上为档案界提供了新鲜经验，打破了传统档案利用的框框和方式，把档案资源的开发利用同地方社会发展、经济建设、城市文化和百姓美好生活相结合，具有推广价值。"

对苏州丝绸档案进行开发利用，将存在库房里的丝绸由幕后推向台前，一方面可以根据市场需要将档案转化为现实的社会财富，为丝绸产业的转型升级服务；另一方面可以为国内外丝绸品种保护和系统性研究提供充足的资源，更好地为发展丝绸产业、传承丝绸工业文明和弘扬丝绸文化服务，从而为中国丝绸业的发展提供更为强劲的推动力，实现经济效益与社会效益的共赢。

自苏州市委、市政府在2012年提出"传承发展苏州丝绸产业，提高苏州丝绸品牌和形象，重振苏州丝绸文化的影响力"这一战略部署时起，苏州市工商档案管理中心便积极响应号召，充分利用档案部门的资源优势，围绕近现代中国苏州丝绸档案展开了一系列探索与尝试，从中发掘出这批丝绸档案的价值。从抢救保护到开发利用，从苏州到江苏再到整个中国乃至世界舞台，近现代苏州丝绸档案已被更多人所熟知。

2015年，近现代苏州丝绸样本档案被列入中国档案文献遗产名录。2016年5月19日,该档案通过第七届联合国教科文组织世界记忆工程亚太地区委员会(MOWCAP)的严格甄选,批准列入世界记忆亚太地区名录,成为亚洲及太平洋地区具有影响意义的文献遗产之一,这也是国内目前唯一一组由地市级档案馆单独申报并成功入选的档案文献,是中心保护开发丝绸样本档案所迈出的一大步。同时,为使其得到更好的保存和利用,国内首家和唯一一家专业的丝绸档案馆——中国丝绸档案馆,已于2013年7月在苏州启动建设。2015年12月16日,国务院办公厅正式发文,同意苏州市工商档案管理中心加挂"苏州中国丝绸档案馆"牌子,丝绸档案馆工程建设和一系列征集工作目前已经顺利展开。

　　围绕"一带一路"战略,通过辛勤整理和系统性的价值发掘,近现代中国苏州丝绸档案从散存到整合,从偏居一隅到惊艳世界,如今又在国家档案局支持下成功入选联合国教科文组织《世界记忆亚太地区名录》,漫漫丝路行,在贯穿千年的经纬蓝图上,近现代中国苏州丝绸档案必然会添上其浓墨重彩的一笔。

参考文献:

[1] 赵丰:《中国丝绸通史》,苏州大学出版社2005年版。
[2] 吴淑生、田自秉:《中国染织史》,苏州大学出版社2005年版。
[3] 向云驹:《人类口头和非物质遗产》,宁夏人民教育出版社2004年版。
[4] 李泽厚:《美的历程》,天津社会科学院出版社2006年版。
[5] 陈鑫、甘戈、吴芳、卜鉴民:《苏州丝绸业的记忆——苏州丝绸样本档案》,《江苏丝绸》2013年第6期,第16—19页。
[6] 陈鑫、卜鉴民、方玉群:《柔软的力量——苏州市工商档案管理中心抢救与保护丝绸档案纪实》,《中国档案》,2014年第7期,第29—31页。

让苏州丝绸档案走向世界

——近现代苏州丝绸样本档案申报"世界记忆亚太地区名录"

张 丫

在苏州市工商档案管理中心的库房里,有这样一批特殊的档案:它们是丝绸,闪耀着传统丝织品的魅力;它们又是档案,真实记录着近百年间苏州市区及国内重点丝绸产地绸缎产品演变的历程。它们有一个共同的名字——近现代苏州丝绸样本档案。

2016年5月17日,世界记忆工程亚太地区委员会第七次全体会议将在越南顺化举行,2015年完成初期申报工作的"近现代苏州丝绸样本档案",将在这次会议期间,参与评选世界记忆亚太地区名录。它为什么能够参选?它有哪些价值?它的参选将为我们带来什么?

这批档案如此全面和丰富,全国找不到第二个

苏州市工商档案管理中心馆藏的"近现代苏州丝绸样本档案",是现今我国乃至世界上保存数量最多、内容最完整也最系统的丝绸样本档案,总数高达28650卷302841件。这批档案是19世纪到20世纪末期,苏州众多丝绸企业、单位在技术研发、生产管理、营销贸易、对外交流过程中直接形成的,由纸质文字记录和丝绸样本实物组成的原始记录。

"这批档案包罗万象,保存之全超乎想象。"苏州市档案局副局长、苏州市工商档案管理中心主任卜鉴民介绍说,"这批档案非常特殊,特殊之处在于,它既有丰富、翔实的文字记录,又附有超乎想象的实物样本。内容涵盖了绫、罗、绸、缎、绉、纺、绢、葛、纱、绡、绒、锦、呢等14大类织花和印花样本，而且这些样本、工艺和产品实物，大多来自上海、江苏、浙江、四川、广东、广西、山东、辽宁等国内重点丝绸产地，如此全面和丰富，全国找不到第二个。"

记者小心翼翼翻阅这批档案，几乎件件脚的出名堂，既有晚清时期苏州织造署使用过的丝绸花本、民国时期的风景古香缎、真丝交织织锦缎、细纹云林锦等，又有列入中国非物质文化遗产名录和人类非物质文化遗产代表作名录的宋锦、列入江苏省级非物质文化遗产名录的纱罗、四经绞罗、漳缎及其祖本，还有荣获国家金质奖章的、代表国内当时丝绸业内最顶尖工艺的织锦缎、古香缎、修花缎、涤花绡、真丝印花层云缎、真丝印花斜纹绸等，二十世纪五六十年代苏州织制的以园林为题材的风景像锦织物，以反映现实政治的领袖人物、南京长江大桥、南湖、向日葵等革命内容为题材、具有"文革"时期之鲜明时代特征的像锦织物，以及在国际舞台上大放异彩、为英国王室所钟爱的真丝塔夫绸等诸多样本档案，集中展示了当时中国丝绸行业发展的状况和取得的成果。如今这批档案已经成了苏州市工商档案管理中心的"镇馆之宝"。

从抢救式接收到研究式保护

数量如此之多、品种如此丰富的丝绸样本档案源自哪里呢？它又是怎么被发掘的呢？原来这些档案的形成源于一场抢救式接收，源于苏州对丝绸历史的保护与发展。

记者了解到，这批档案的源头是以苏州东吴丝织厂、苏州光明丝织厂、苏州丝绸印花厂、苏州绸缎炼染厂、苏州丝绸研究所等为代表的原市区丝绸系统的41家企事业单位。苏州市工商档案管理中心（前身是苏州市工投档案管理中心）于2008年成立之初，抢救式接受了120万卷苏州工业企业档案，将原来分散在市区各家企事业单位的大量文书、科技、会计类档案和30余万件丝绸样本档案加以整合，成为国内首家专门收集、保管和利用破产、关闭和改制企业档案的专门档案机构。在这批被抢救的档案中，最引人注目的当属那 30 余万件丝绸样本档案。由于得到及时抢救和集中保存，这批足以彰显近现代国内传统织造业璀璨历史的样本档案资源，得以传承和发展。

"由于当时是抢救式接收，很多资料、档案来不及分类整理，后续我们花费了大量的时间、精力投入整理，'近现代苏州丝绸样本档案'是在百万卷资料档案中整理出来的。"有关人士介绍，这些档案如此珍贵，不能只躺在库房里当"睡美人"，抢救式接收只能起到保存的作用，而这些档案可以发挥更大的作用，可以产生更大的社会价值。为此，他们聘请了国内外专家学者对丝绸样本档案进行专题学术研究，制定出一系列丝绸样本档案综合保护研发方案，诸如建立中国丝绸品种传承与保护基地和丝绸档案文化研究中心、江苏省丝绸文化档案研究中心；与苏州丝绸企业合作推广苏州丝绸文化等等。这些文字类的报告似乎并不能直观地表现丝绸档案发挥的作用，而近两年频频跃上国际舞台的"新中装"就是最好的例子，这些"新中装"采用的宋锦面料，正源自苏州市工商档案管理中心的宋锦样本档案。中心与吴江一家丝绸企业合作，以馆藏的宋锦样本档案为蓝本，研发出 10 余种宋锦新花型和新图案，让古老的宋锦技艺走出了档案库房。

进入世界记忆亚太地区名录有多难

《世界记忆亚太地区名录》是在亚洲及太平洋地区具有影响意义的文献遗产，需要由"世界记忆工程"亚太地区委员会（MOWCAP）通过严格甄选而批准列入。这项名录，甄选的标准一如《世界记忆名录》，要求严格的文献时间、地点、人物、主题和领域、形式和风格，对完成性、真实性、唯一性和重要性等同样有着极高的要求。目前中国列入《世界记忆亚太地区名录》的项目共有 5 项，有《本草纲目》《黄帝内经》《天主教澳门教区档案文献（16至19世纪）》、侨批档案—海外华侨银信和元代西藏官方档案。

"'近现代苏州丝绸样本档案'是在去年开始申报世界记忆亚太地区名录的。"卜鉴民介绍说。2011年，该档案被列入第三批"苏州市珍贵档案文献"名录，随后是进入省级珍贵档案文献名录，2015年5月，又被正式列入第四批《中国档案文献遗产名录》。"也就是在列入《中国档案文献遗产名录》时，国家档案局推选我们参加世界记忆亚太地区名录申报。中国同时参与申报仅两项，还有一项就是《孔子世家明清文书文书档案》。"卜鉴民介绍道。"近现代苏州丝绸样本档案"无论是从档案本身出发，还是后续参与一系列珍遗文献评选，它自身所具有的政治、经济、历史、文化、应用等价值，一直都在且有增无减。就如2015年入选《中国档案文献遗产名录》时，在同批入选的29件（组）档案文献中，"近现代苏州丝绸样本档案"是唯一一组以丝织品实物为主要载体的档案资料。而在此次申报世界记忆亚太地区名录中，它也是一次性就通过了初期审核。"世界记忆亚太地区名录对档案文献的要求极高，也就是说，亚太名录的关注点在文字记录上。很多不了解情况的人会认为'近现代苏州丝绸样本档案'因为有样本才独特，其实不然，这批档案包括文献和样本两部分，而翔实、丰富、完整地文献部分就完全符合申报要求，已经具备很高的研究价值了。"

"申报世界记忆亚太地区名录只是我们的一项工作，在未申报任何珍贵档案之前，苏州对丝绸展开的抢救、保护、开发和应用工作已经实打实地做下去了，但积极申报各项名录，在我们发展苏州丝绸产业的同时，可以有更多渠道向人们展示丝绸样本档案的魅力，展示苏州丝绸的魅力。"卜鉴民表示，作为档案人，深知档案的重要价值之一就是开发利用，让静态的档案"活"起来，才是对她更好的守护。"申报是拓宽宣传渠道，我们希望原本就生活在丝绸之乡的苏州人，都能喜欢这份前人留给我们的丝绸记忆。"

苏州丝绸档案进入"世界记忆"

陈秀雅

古城苏州的世界遗产家族再添新成员。昨天,从正在越南顺化召开的第七届联合国教科文组织世界记忆工程亚太地区委员会(MOWCAP)大会上传来喜讯,经专家评审,新一轮"世界记忆亚太地区名录"出炉,由苏州市工商档案管理中心申报的"近现代苏州丝绸样本档案"成功入选该名录。

这是我国继《本草纲目》《黄帝内经》"天主教澳门教区档案文献""元代西藏官方档案""侨批档案""赤道南北两总星图"之后,又一入选该名录的档案文献。

1992年,联合国教科文组织发起世界记忆工程,保护和保管世界文化遗产。1998年11月,世界记忆工程亚太地区委员会在北京成立,为亚太地区的43个国家提供服务。从2008年起该委员会建立了"世界记忆亚太地区名录",每两年评审一次,旨在提升亚太地区各国政府及民众对珍贵文献遗产重要性的认识,从而对其开展有效的抢救、保护及利用。

"近现代苏州丝绸样本档案"是从19世纪到20世纪末苏州众多丝绸企业、组织,在技术研发、生产管理、营销贸易、对外交流过程中直接形成的,由纸质文字、图案、图表和丝绸样本实物等不同形式组成的,具有保存价值的原始记录,共28650卷。其中,既有苏州所特有的传统丝织工艺代表性产品,如宋锦、漳缎、吴罗的相关生产资料,又有近现代丝绸业顶尖工艺的代表性产品,如塔夫绸的技术和贸易资料。去年该档案入选第四批"中国档案文献遗产名录"。

中国、澳大利亚、柬埔寨、朝鲜、日本等16个国家和地区的代表参加第七届联合国教科文组织世界记忆工程亚太地区委员会大会。会上评选出14组档案文献进入亚太名录，分别来自12个国家和地区。中国大陆共有2项档案文献入选名录，另一项为山东的"孔子世家明清文书档案"。

世界记忆亚太地区名录分委会主席儒扎亚认为，从近现代苏州丝绸样本档案中，可以较为全面地了解中国的丝绸生产。评审会专家、塔吉克斯坦代表阿拉女士称，这是拥有国际性价值的遗产。世界记忆亚太地区委员会主席、中国国家档案局长李明华认为，这既是苏州丝绸产业工艺技术和百年历史的珍贵记录，又见证了中国现代工业成长和东西方商贸交流。在大力推进"一带一路"战略的背景下，成功入选名录将得到更好地保护与利用，让历史档案文献服务于社会进步。

目前，苏州共有2项世界物质文化遗产和6项世界非物质文化遗产。此次"近现代苏州丝绸样本档案"入选"世界记忆亚太地区名录"，填补了苏州在世界文献遗产领域的空白。

（原载《苏州日报》2016年5月20日）

用文献向世界讲述"江苏故事"
——2.8万余卷苏州丝绸样本档案入选"世界记忆"

李仲勋

5月30日,记者走进苏州市工商档案管理中心特藏室,探访一批价值连城的文献档案。5月19日,在越南举行的第七届联合国教科文组织世界记忆工程亚太地区委员会大会上,苏州市申报的"近现代苏州丝绸样本档案"经专家评审,成功入选《世界记忆亚太地区名录》。自此,苏州成为目前国内唯一单独申报成功入选《世界记忆亚太地区名录》的地级市。

联合国教科文组织于1992年发起世界记忆工程,并于2008年建立《世界记忆亚太地区名录》,旨在提升亚太地区各国政府及民众对珍贵文献遗产重要性的认识,从而对其开展有效的抢救、保护及利用。目前,中国共有《本草纲目》《黄帝内经》等10份珍贵文献进入《世界记忆亚太地区名录》。

28650卷丝绸档案 创下世界之最

记者看到,收藏这批珍贵文献档案的特藏室一共有26排密集架,一排分为6列,一列又分6层,一本本案卷排列成行,按单位年度及档案类别排序存放,查找起来方便快捷。因为丝绸实物档案保存的特殊性,整个特藏室按照标准库房的要求,温度控制在14℃~24℃,湿度控制在45%~60%。

穿梭在特藏室,所见档案可谓件件有来头,件件令人惊叹。有晚晴时期苏州织造署用过的丝绸花本,20世纪70年代末至90年代初获得的全部国家金、银质奖的绸缎样本实物及申报档案,以及用于英国查尔斯王子和戴安娜王妃订婚礼服的真丝塔夫绸等。

"这批丝绸档案在保存数量、内容完整性和系统性方面,堪称世界之最,全世界找不到第二个。"苏州市档案局局长肖芃告诉记者,这批档案是19世纪到20世纪末期,苏州众多丝绸企业、单位在技术研发、生产管理、营销贸易、对外交流过程中直接形成的,由纸质文字和丝绸样本实物组成的原始记录,总数高达28650卷302841件,涵盖绫、罗、绸、缎、绉、纺、绢、葛、纱、绡、绒、锦、呢等14大类。

"此次参评的16组档案分别来自12个国家和地区,竞争异常激烈。"据在现场参会的苏州档案局工作人员周济、吴芳介绍,苏州申报的"近现代苏州丝绸样本档案",以其独一无二的价值,得到澳大利亚、日本、新西兰、韩国等16个国家的专家一直认可,一次性通过初期审核,并最终成功入选《世界记忆亚太地区名录》。评审会专家称赞:"这组档案收集了各种丝绸品种,拥有国际性价值,使大家清楚了解中国是如何生产丝绸的。"

"十年磨一剑"终于修成正果

"'近现代苏州丝绸样本档案'是从百万卷资料档案中整理出来的。"苏州丝绸协会秘书长商大民介绍,这批珍贵的档案得以完整保存并成功申报,要归功于苏州近十多年来对丝绸文化的保护与传承。

2002年至2006年,包括丝绸系统在内的苏州国有集体企事业单位实施改制,为保护珍贵的丝绸档案,苏州先后成立破产丝织、印染门类企业档案集中保管点,随后又实施了包括近现代苏州丝绸样本档案在内的苏州百年工业档案的大整合,将原来分散在市区各家企事业单位的档案移交入库,抢救式接收市区丝绸业41个改制企事业单位30万余件档案,使得苏州丝绸样本档案在总体上得到妥善处置。

前几年,苏州专门出台振兴丝绸产业的发展规划,为重振苏州丝绸文化影响力营造良好的外部环境,也让"近现代苏州丝绸样本档案"的申遗之路变得顺畅:2012年,进入省级珍贵档案文献名录;2015年5月,又被正式列入第四批《中国档案文献遗产名录》,同时被国家档案局推选参加世界记忆亚太地区名录申报。

苏州将投1.8亿元　建国内首家丝绸档案馆

专家指出,此次"近现代苏州丝绸样本档案"入选《世界记忆亚太地区名录》,将对苏州丝绸文化影响力的提升以及全省各地做好档案文献保护,起到重要推动作用。

"丝绸样本档案虽然只记录了苏州丝绸产业100多年的工业技术,但传承的是苏州丝绸几千年来的历史积淀,见证中国现代工业成长和一个多世纪的东西方商贸交流,呈现世界文明发展的脉络和地图,将在'一带一路'国家战略中担当起重任。"苏州职业大学丝绸研究所所长李世超说,历史文化是"一带一路"建设的重要基础,丝绸档案讲述的"苏州故事"乃至"江苏故事"有很强的说服力,可以促进江苏与各地区间的交流,在政治经济建设上产生不可估量的作用。

"丝绸档案入围'亚太名录',不仅把苏州丝绸的名片打向全球,也给全省各地注入很好的理念:一定要重视文献档案的保存和开发。"省档案馆征集接待处处长林越陵认为,文献档案样本作为民族的记忆遗产,清晰地记录着民族的历史文化,具有重要的社会价值。各地应摸清自身的家底,通过广泛征集,形成一定的规模,同时整合资源、联手开发,积极挖掘特色文献的价值,彰显特色文化的巨大魅力。

苏州将在年内投资1.8亿元建设国内首家专业丝绸档案馆,为丝绸档案更好地为产业和社会服务提供一个好平台,从而让丝绸档案产生更大的社会价值。

(原载《新华日报》2016年6月6日)

吴中人文

苏州文化传承与文化苏州建设的思考

高志罡　李远延

苏州的历史源远流长，文化积淀深厚。可以说，改革开放30多年来，以吴文化为内核的城市文化为苏州现代化建设提供了强大的精神动力和广泛的智力支撑。文化属于软实力的一部分，在当今的经济和社会发展中，已经渗透到各个领域、各个方面。文化和经济、社会相辅相成，相互促进，已经成为增强城市综合实力、经济实力和国际竞争力的重要内容。

历史文化的独特性和唯一性是苏州发展最宝贵的资源

习近平总书记说，历史文化是城市的灵魂。我们说起古罗马，会想起那里的竞技场和帝国文化；说起古雅典，人们会说到那里的悲剧艺术和对自由价值的推崇。说到苏州，我们能想起苏州园林、小桥流水、古镇古村、昆曲评弹等，这些都体现了这座城市的美丽精致和温文尔雅。

苏州古城历经2500年，处处是岁月的流痕、文化的积淀。粉墙黛瓦在烟雨朦胧中构成一幅绝美的画卷。城内纵横交错的河道、枕河而居的民宅，形成了"河街相邻、水陆并行"的双棋盘格局。"君到姑苏见，人家尽枕河。古宫闲地少，水巷小桥多。夜市卖菱藕，春船载绮罗。遥知未眠月，乡君在渔歌。"短短40字勾勒出"东方水都"的无穷魅力。

苏州园林是苏州的骄傲，有"江南园林甲天下，苏州园林甲江南"的美称，苏州园林和苏州古城将世界文化遗产和世界非物质文化遗产"双遗产"集于一身。目前保存完好的古典园林有六十多处。苏州的造园家运用独特的造园手法，在有限的空间里，通过叠山理水，栽植花木，配置园林建筑，并用大量的匾额、楹联、书画、雕刻、碑石、家具陈设和各式摆件等来反映古代哲理观念、文化意识和审美情趣，从而形成充满诗情画意的文人写意山水园林，使人"不出城郭而获山水之怡，身居闹市而得林泉之趣"，达到"虽由人作，宛若天开"的艺术境地。苏州园林在世界造园史上有其独特的历史地位和价值，她以写意山水的高超艺术手法，蕴含浓厚的汉族传统思想和文化内涵，展示东方文明的造园艺术典范。在中国乃至全世界，这样的城市特征都是独一无二的。

如苏州话，是吴语的一种，为汉语七大方言语系之一的吴语标准语，以优雅著称，所谓吴侬软语就是由此而来。以苏州话进行讲说表演的苏州评弹被誉为"中国最美声音"，入选第一批国家级非物质文化遗产扩展项目名录。昆剧被称为"百戏之祖、百戏之师"，很多剧种都是在昆剧的基础上发展起来的，唱腔华丽婉转、念白儒雅、表演细腻、舞蹈飘逸。2001年5月18日，联合国教科文组织在巴黎宣布第一批"人类口头和非物质遗产代表作"名单，其中就包括昆曲。

除此之外，书法、篆刻、诗文、苏剧等都是苏州值得骄傲的文化奇宝。苏州的古寺、古塔、古桥等古典建筑也具有极高的历史地位和研究价值。可以说，苏州是一座历经千年而保存完好的巨大的"历史、文化、艺术、建筑博物馆"。正因为有如此辉煌灿烂的历史文化，苏州才体现她独一无二的价值。当前和将来的苏州，如果失去了江南传统文化特色，那就只是上海的一个工业化程度较高的现代郊区而已。

悠久厚重的历史文化始终是苏州发展的强大动力源

文化既是经济、政治发展水平的精神投影，也是经济、政治发展的物质表现。在城市发展中，文化竞争力的高低，有时甚至成为决定性因素；城市发展的后劲，很大程度上依赖于文化底蕴的深厚和文化发展体制的现代化。

一是对人的强大感召力。随着物质生活水平的提高，人们对于精神文化的需求日益迫切。城市的向心力，不仅来自较高的经济发展水平，更要有强劲的文化竞争力的吸引和感召，为人民群众提供健全的公共文化设施、多样的文化娱乐活动、丰富的文化消费产品，从而将人们凝聚在一起。江南水乡传统风貌和深厚的历史沉淀，是苏州强大的感召力。

二是对社会的重大影响力。一座城市的知名度和影响力不完全取决于它的经济发展水平，而在更大程度上取决于它的文化竞争力、辐射力、影响力水平。强劲的文化力，以其厚重的内涵为城市发展倡导新的理念，以其独特的魅力为城市发展打造新的名片，以其鲜明的特色为城市发展凝炼新的个性，从而推动城市发展不断呈现新面貌，实现新跨越。

三对经济的巨大推动力。当今社会，文化与经济相互渗透，相互转化，相互影响，文化力对于社会的发展产生强大的力量和重要的影响，对于经济发展，也日益成为一个有力的助推器。强劲的文化力，以其丰厚的文化附加值为经济增长开辟了一个新的空间，为解放生产力、发展生产力拓展了一条新的路径。

一座城市的发展，经过了一开始粗放型的增长之后，如果不具备文化竞争力，就不可能有长远的、可持续的发展，就不可能有城市吸引能力和辐射能力的进一步提升，就不可能有综合竞争力的不断增强。文化是城市凝聚力和辐射力的源泉。一个缺乏文化认同的城市是一个没有凝聚力、没有个性和辐射力的城市，这就是为什么很多城市经过"摊大饼"的增长后，新并入的区域并没有得到同步发展，关键就在于文化上没有融入。

经济社会的发展，关键取决于人的主观能动性的发挥，有凝聚力的城市文化在激发人的本质力量、发挥人的主体精神和创造精神上具有独特作用。一方面，城市文化建设使市民获得自身发展和为城市发展去贡献的动力，有利于市民自身素质的提高，获得实现理想目标的行为能力、文化素质、技术能力等等。另一方面，城市文化包含着强大的精神力量，如道德观、价值观、理想信念、创新精神、奉献精神等，这种力量引导、激发和感召着人们转变思想观念，树立正确的人生观价值观，凝心聚力，干事创业。

苏州应当在文化传承与发展上有"破"和"立"的高度自觉

文化是苏州的"第一优势"，是构建和谐社会不可或缺的重要源泉，也是一个城市文化精神和文化氛围的组成部分。一座城市如果文化发达、思想解放、尊重知识、尊重人才，发扬科学精神，未来发展就大有希望。今天的文化就是明天的经济，就是未来的理想家园。从这个意义上说，文化建设最终决定城市的历史地位。

一是要从"天堂意识"中走出来。绵长的历史，深厚的文化底蕴，使苏州有了较外地人更为充足的文化底气。"上有天堂，下有苏杭。"多少年来，苏州在发展中所体现的天堂情结似乎不是在减弱，而是在有意或无意之间得以强化。对历史文化的自豪与自信不能盲目过头，蜕变而成一种自恋情结。自恋则不易创新，易生满足之感。从某种意义上说，苏州的"天堂意识"，总是一种文化优越感的影子；它的作用，是比讲苏州话以示与外来人相区别要来得更为含蓄与隐蔽，也更为内在而持久。必须从文化自恋的保守主义形态中解脱出来，实现新的文化超越。

二是从"小巷意识"走出来。弯弯曲曲的小巷，悠长而深邃。小巷的石板路，依稀可以听到从巷子深处传来悠长的历史回声，但高高的院墙，又经长年累月的风化而成斑斑驳驳之状，陡地使人产生一种凝固与滞重之感，仿佛岁月在这里已经停滞，让人生出"不知有汉，无论魏晋"之感。长期的小巷生活之习惯性沿袭，使得其生存文化中深深地铭刻上了小巷意识的印记，这难免使得其眼界与心胸显出某种程度上的内敛与狭窄，表现出人文精神上的萎缩与缺乏刚劲。今日的苏州人在小巷之中熏陶久了，是会生出惰性来的，所以必须要走出小巷意识，实现文化上的自我突破。

三是从"园林意识"中走出来。苏州园林精美绝伦、小巧雅致、别具一格，但假使苏州人的心胸也像园子这般大，于虑事与行事上呈如此格局，那就不成其为美。每个城市都有一个文化境界之问题。从城市规模上看，苏州正在变得愈来愈大，但实际上，这只是文化的表层。苏州的城市规模从原先的小格局变得大了起来，这并不意味着苏州的文化同时在发展并足以与时代的文化精神相适应。说苏州格局小，就是小在文化境界上。必须以更阔大的胸怀与魄力，以海纳百川、包容万物的气度，开阔大思路，寻求大手笔，立足大发展，实现大突破。

当前，苏州已从物质的文化遗产的重视和保护，进一步深入到了苏州非物质文化遗产的保护和传承领域，建立了苏州文化遗产保护中心，桃花坞木刻年画、吴歌、刺绣技艺等12个项目列入了市第一批保护名录，其中有16项目（包括已是世界文化遗产的昆曲、古琴在内）已进入国家级非物质文化遗产名录。2016年1月14日，文化部在苏州召开全国非遗保护工作会议，充分肯定苏州在非遗工作方面的成绩。此外，苏州要更加注重充分发挥历史人文和山水资源的独特优势，依托园林、丝绸刺绣、昆曲评弹、工艺美术、太湖山水等文化遗产资源，深度挖掘吴文化的内涵和价值，大力发展以文化为内核的高品质旅游；全方位开展国际经济文化交流合作，加强对外文化交流整体规划，坚持政府推动与民间联动并举，鼓励更多民间机构、组织和个人从事对外文化交流活动，构建多层次、宽领域的对外文化交流格局，不断加快苏州文化"走出去"的步伐。

论春秋吴国都城苏州

吴恩培

1986年10月,中共苏州市委、市人大常委会、市人民政府和市政协在公园会堂隆重举行苏州建城2500年纪念大会。与其同时,江苏省历史学会、江苏省考古学会暨江苏省吴文化研究会等学术团体均在苏州举办相应的学术活动。其时,对历史形成的春秋吴都即苏州古城的城址位置、建城年代等,无论是国家层面,或是历史学界、考古学界等学术层面,均无疑义。30年过去,在种种因素冲击之下,苏州古城周边的文化生态发生了很大变化,而否定苏州古城是建于2500多年前的吴国都城,则成为这一变化的焦点。

对这一学术问题的探讨,首先必须回归学术本身。本文试从以下几方面论述:

春秋吴都研究中的历史学与考古学关系的学术理论

不以规矩,不成方圆。离开历史学与考古学关系的学术理论来谈春秋吴都的学术研究,难免会闹出瞎子摸象那样的笑话。

1. 王国维"二重证据法":考古材料对文献的"补正"和"证明"作用

在春秋吴都研究中,首先得弄理清相关的学界理论,亦即学术界的游戏规则。通俗地说,苏州古城的历史地位,到底依据什么来确定。这里首先得提到自国外考古学引入中国后,国学大师王国维1925年对这一问题提出的著名的"二重证据法"。其表述如下:

> 吾辈生于今日,幸于纸上之材料外更得地下之新材料。由

> 此种材料，我辈固得据以补正纸上之材料，亦得证明古书之某部分全为实录，即百家不雅驯之言亦不无表示一面之事实。此二重证据法惟在今日始得为之。虽古书之未得证明者不能加以否定，而其已得证明者不能不加以肯定，可断言也。①

上述，"纸上之材料"即传统的文献典籍，"地下之新材料"即考古发现的新材料。因此，"二重证据法"就是研究文献典籍和考古材料相互关系的学术理论。该理论要点为：第一，"地下之新材料"（即考古实证材料）具有对"纸上之材料"的"补正"和"证明"作用。第二，"古书之未得证明者不能加以否定"，即文献所记载的事件虽未得到考古实物出土器的"证明"，但也不能对这一文献记载加以否定。第三，"其已得证明者不能不加以肯定，可断言也"，意指，如果文献记载得到了考古实物的证明，则可"加以肯定"、可"断言"，即予以认定、肯定之意。

2. 李学勤的阐释：历史时期（含春秋、战国）的研究"以文献材料为主"

2014 年 9 月获得首届"全球华人国学奖终身成就奖"的当代国家大师李学勤先生在《"二重证据法"与古史研究》一文中说："王国维先生的'二重证据法'实际是对古史研究中历史学与考古学关系的表述。"②也正是在这篇文章中李学勤先生提出了国际上近期流行的"原史时期"概念："前些年，我曾在小著中介绍国际上近期流行的'原史时期'（protohistory）的概念③。'原史时期'是介乎'史前时期'和'历史时期'间的阶段。研究'历史时期'以文献材料为主，研究'史前时期'以考古学、人类学方法为主，而'原史时期'则文献、考古并重。中国的夏商西周三代，或许还包括更早一段，看来很适合这样讲的'原史时期'。"④

显然，按李学勤先生对"原史时期"的年代划分——中国的夏、商、西周三代，或许还包括更早一段，当是"文献、考古并重"；而西周后的东周（即春秋、战国时期）及秦汉等，则为"研究'历史时期'以文献材料为主"。

关于苏州古城历史地位的文献记载

在考古学出现并引入前的两千多年里,苏州建城的历史与苏州城墙的筑造历史紧密相连,从而体现在"苏州城墙春秋时建、战国时重修"的命题上。而这一命题的确立,又依赖于以下文献记载:

1. 《春秋经》、《左传》

春秋时期列国都城的内城,大多以国名代之。故吴国都城内城称为"吴"《春秋经》、《左传》共有四处,分别记载了春秋吴国军事力量在外时,越国曾两次偷袭攻入吴国都城的内城。

这两次分别为公元前505年(吴阖闾十年)吴王阖闾伐楚时,《春秋经·定公五年》:"于越入吴。"⑤《左传·定公五年》:"越入吴,吴在楚也。"⑥另一次则是公元前482年(吴夫差十四年),吴、晋黄池争霸时,《春秋经·哀公十三年》:"公会晋侯及吴子于黄池……于越入吴。"⑦《左传·哀公十三年》:"六月丙子,越子伐吴……丁亥,入吴。"⑧

2. 《国语》

《国语·吴语》对上述公元前482年(吴夫差十四年)越国偷袭并攻入吴国都城记写为:"越王句践乃率中军泝江以袭吴,入其郛,焚其姑苏,徙其大舟。"⑨意为,越王勾践率中军逆吴江而上,袭击吴国,攻陷吴都外城,烧毁了姑苏台,并运走了吴国的大船。上述,"郛"指苏州古城的外城,又称外郭。

3. 《史记》

《史记·仲尼弟子列传》中,记写孔弟子子贡进行个人穿梭外交时,到了齐国并怂恿齐国田常攻打吴国说:"君不如伐吴。夫吴,城高以厚,地广以深……"⑩从子贡口中,可以看出春秋吴王夫差时期吴国都城城墙的外在观感是"城高以厚"。

4. 《越绝书》

《越绝书》记载"阖庐(阖闾)所造"的"吴大城"时说:"吴大城,周四十七里二百一十步二尺。陆门八,其二有楼。水门八。南面十里四十二步五尺,西面七里百一十二步三尺,北面八里二百二十六步三尺,东面十一里七十九步一尺。阖庐所造也。吴郭周六十八里六十步。"⑪除上述外,《越绝书》还记载了战国黄歇治吴时对苏州城墙的重修:"楚门,春申君所造。楚人从之,故为楚门。"⑫而唐代张守节《史记正义》则指出黄歇重修苏州城墙时"改破楚门为昌门"⑬

5.《吴越春秋》

《吴越春秋》记载了伍子胥筑城的年代和经过说,公元前514年(吴阖闾元年),阖闾与伍子胥在"与谋国政"的谈话中,伍子胥提出了"必先立城郭"的强国之策,阖闾听了很高兴并说"寡人委计于子"⑭,即将筑城之事委托给伍子胥。正是在这一情况下,伍子胥受命而"相土尝水,象天法地,造筑大城。"⑮

6.《史记正义》

唐代张守节《史记正义》:"寿梦卒,诸樊南徙吴。至二十一代孙光,使子胥筑阖闾城都之,今苏州也。"⑯这里,将"阖闾城"与苏州作了明确的对应关系。

上述文献,记载了苏州城墙春秋时建、战国时重修,印证了苏州古城即为春秋"吴都"的学术结论。而这一结论向为史家采信,并构成史学界的主流意见。如:范文澜《中国通史》:"寿梦死后,长子诸樊迁都吴(江苏吴县)。"⑰李学勤《东周与秦代文明》:"吴国的国都姑苏,在今江苏苏州。"⑱白寿彝《中国通史》记写黄池盟会时,"夫差正得意扬扬的时候,忽然听到越兵已乘虚进入吴的国都姑苏(今苏州)。"⑲杨宽《战国史》:"越王勾践灭吴后,国都曾迁琅邪(今山东胶南西南琅玡台),到公元前三七八年(越王翳三十三年)迁回吴(今江苏苏州)。"⑳顾德融、朱顺龙《春秋史》在论述"各国城邑的普遍兴起"时指出"周天子的王城(今河南洛阳)……楚国的郢(今湖北江陵);吴国的吴(今江苏苏州);越国的会稽（今浙江绍兴）"㉑。

考古对苏州古城历史地位的"补正"和"证明"

在上述文献记载苏州古城历史地位的同时，也当重视当代考古对苏州古城历史地位所作出的"补正"和"证明"作用。表现如下：

1. 1957年平门考古实际已完成苏州古城的文献与考古相契合的学术论证

1957年南京博物院主持的平门考古，是苏州历史上最早一次由考古部门（南京博物院）主持进行的严格意义上的考古调查。在该考古调查基础上产生的考古学专业报告——《苏州市和吴县新石器时代遗址调查》（以下简称《1957年考古报告》），刊于《考古》1961年第3期。这是苏州历史上最早的一篇考古学文献。其考古调查时，苏州城墙尚未拆去。因此，这次考古调查后，随着苏州平门"完全是土城"的城墙的消失，已无法再次进行考古。从这一意义上讲，它已不可复制。《1957年考古报告》作如下叙述和结论："我们采集的遗物多半是城墙下层的，如果这一层是吴越建城时的城墙，那么这些遗物就是吴越时代的东西，而其中又以印纹硬陶最多，这就给印纹硬陶的时代问题提出比较可靠的证据。""如文献记载说两地为春秋时代的越城及平门属实的话，则下层为新石器时代，上层为春秋末期无疑。所以，从已普遍发现为春秋战国时代的遗物来反证文献，同时也从文献记载来对证遗物，我们认为以几何形印纹硬陶为代表的遗址属于春秋战国时代是非常可能的。整个说来，本地区遗址的时代：新石器时代遗址约当西周至春秋时期，以几何形印纹硬陶为代表的遗址约当春秋战国时期。"㉒由此可见，1957年考古在平门的"城墙下层"发掘出了"约当春秋战国时期"的"印纹硬陶"㉓等结论，与历代文献关于苏州古城建于春秋的记载相契合。按照王国维的"二重证据法"之"其已得证明者不能不加以肯定，可断言也"㉔的论述，故可断苏州为春秋城之言。因此，历经 1957 年考古，苏州城的城址、年代，实际上已完成了它的学术论证。

2. 2005 年苏州平四路考古及其成果

2005 年 6 月至 11 月，苏州博物馆受苏州市文物局委托，派出考古队对平四路垃圾中转站工地进行调查和抢救性发掘。署名"王霞、金怡、姚晨辰、周官清"的考古报告《平四路垃圾中转站抢救性发掘简报》，刊于苏州博物馆编《苏州文物考古新发现——苏州考古发掘报告专辑（2001—2006）》一书，由古吴轩出版社 2007 年出版。该考古报告指出："汉代城墙下压的有大片层叠夯窝的春秋战国时期夯土层的发现，非常重要。""土中出有几何印纹陶片，根据其特征判断，时代为战国时期。""汉代城墙分地面和基槽两部分，基槽下挖破坏了战国文化层，战国文化层土质坚硬，我们在揭露时发现在两个层面下有夯窝现象，推测为人工堆筑并略经夯筑的遗迹，其下分布的五件陶器，是战国时代的遗物。"㉕再次印证了文献关于苏州古城春秋时建、战国时重修的记载。同时，平四路垃圾中转站距平门不远。因此，这里的考古发现及成果与 1957 年"平门遗址"考古成果，实是互为印证。

3. 2011 年苏州市考古研究所对阊门北码头等古城墙的考古勘探及其发现

据 2011 年 6 月 17 日《苏州日报》发表的《苏州阊门北码头古城墙下发现战国时堆积层》（记者：吕继东，责任编辑：单晓冰）一文说："苏州阊门北码头古城墙下发现战国时期堆积层！这是从昨天在南园宾馆举行的'苏州吴越文化考古座谈会'上传来的消息。……阊门北码头城墙以土为主，混有砖块及石灰渣，主要修筑于明清时期。在对其中一段城墙进行剖面分析时发现，城墙上面几层为明代堆筑，其余的土层均属战国时期。"㉖

同日（2011 年 6 月 17 日）《姑苏晚报》发表的该报记者李婷撰写的《阊门北码头城墙遗址发现战国堆积层》一文也说："昨天，为配合苏州古城墙修复工程而进行的阊门北码头古城墙考古有了新发现,一段长约300米的明代古城墙直接'跨'在了一段战国堆积层上。……'因为从这个堆积层中发现了战国时期的印纹陶片,所以初步判断这个堆积层的时代为战国。'考古项目的负责人表示。"㉗

4. 考古对"苏州城墙春秋时建、战国时重修"这一学术结论的"补正"和"证明"

上述1957年、2005年及2011年对苏州古城平门、平四路及阊门北码头城墙所做的考古及"考古勘探",相关考古或"考古勘探"的结论和描述都表明对"苏州城墙春秋时建、战国时重修"这一学术结论的"补正"和"证明"作用。

战国时,苏州两次成为越都及为黄歇封邑的中心城市与秦置"吴县"

1. 越灭吴后苏州两次成为越都

公元前473年(吴夫差二十三年),"冬十一月,丁卯,越灭吴"㉘。吴国灭亡后,据《越绝书》记载:越"灭吴,徙治姑苏台"㉙。姑苏台代指故吴旧都苏州。故越灭吴后,将国都自大越(今绍兴)迁至苏州。其后,"勾践,大霸称王,徙琅玡,都也"㉚。即勾践称霸之时,又将国都自苏州迁至琅玡(今山东胶南琅玡台西北)。勾践去世后,越国君位传数代后,据唐司马贞《史记索隐》引《纪年》曰"翳三十三年迁于吴"㉛即公元前379年(越王翳三十三年)越国又将都城自琅玡迁回吴(今苏州)。

2. 黄歇治吴对其封邑中心城市苏州的修复及《史记》记载的司马迁的直观印证

公元前248年黄歇徙封于吴(今苏州)。《史记·春申君列传》记载春申君黄歇改"请封于江东,考烈王许之。春申君因城故吴墟,以自为都邑"㉜。唐代张守节《史记正义》对之注释为:"墟音虚。今苏州也。于城内小城西北别筑城居之,今圮毁也。又大内北渎,四从五横,至今犹存。又改破楚门为昌门。"㉝由此可知,历经越灭吴及楚灭越之战,故吴旧都的苏州,至战国后期黄歇治吴时,已成为"故吴墟"的废墟之地。黄歇正是以这"故吴墟"为都邑,着力营建,构建为其封地的政治、经济中心。黄歇治吴百余年后,司马迁在《史记·春申君列传》曾记载说"吾适楚,观春申君故城,宫室盛矣哉!"㊳由司马迁的直观印证,可知黄歇治吴对苏州古城修复的盛况。

3. 战国末秦置"吴县"

秦灭楚并于公元前221年建立了中国历史上的第一个中央集权王朝。而在秦王朝建立前夜的"始皇二十五年(前222)置"㊴会稽郡(郡,相当于后世的行省),并在故吴旧都置郡治"吴县"(郡治,相当于后世的省会),这就是《史记·秦始皇本纪》所记载的秦王朝推行郡县制"分天下以为三十六郡"㊵。因秦置"吴县"为会稽郡治时,秦王朝尚未建立。故秦置吴县当为战国末期的时间范围内。秦设会稽郡治"吴县",其县名为"吴"的原因,如顾颉刚所指出:"这地方的名称,称为吴县,从秦朝起,这因春秋之季吴国建都于此之故。"㊶"吴县"的出现,意味着秦置"吴县"与其后的"苏州"名称长期等同或并存。且秦置"吴县"时,距吴、越、楚的灭国之时并不久远。因此,秦置"吴县"于故吴旧都,不可能将这一故吴旧都(即吴都)的地望搞错。谨此,或已说明:吴县(即苏州)为"春秋时吴国都城",早在秦王朝建立前夜置会稽郡时,已以国家行政方式予以认定,而这一行政认定,又是中国历史上即将诞生的第一个中央王朝在2200多年前对故吴旧都(吴都)即为"吴县"的行政认定。其中隐含的"苏州为春秋吴都"命题,不言而喻。两千多年后的今天,上述秦王朝的行政认定已转化为历史认定和学术认定。

国务院文件对"苏州,春秋时为吴国都城" "建城已有两年五百年的历史"的国家认定

1981年12月28日,国家基本建设委员会、国家文物事业管理

局和国家城市建设总局三部门,向国务院上报了《关于保护我国历史文化名城的请示》,提议将北京等24个有重大历史价值和革命意义的城市作为国家第一批历史文化名城,加强管理和保护。苏州为其中之一,简述的入选理由为:"苏州,春秋时为吴国都城"等。1982年2月8日,国务院下发《国务院批转国家基本建设委员会等部门关于保护我国历史文化名城的请示的通知》〔国发(1982) 26号〕。文件所附《国家第一批历史文化名城名单(24个)》中,苏州名列第五。国务院批准并公布时,有关苏州古城历史地位的定义,即前述的"春秋时为吴国都城。"㊳

这一定义和结论,本就是著名学者侯仁之、郑孝燮和单士元等专家的进言,并经国家基本建设委员会、国家文物事业管理局和国家城市建设总局采纳、且获中央人民政府——国务院批准的学术界通行的意见。

因此,上述国务院的批转和批复,本就是建立在学术研究基础上对历史文化名城采取保护措施的国家行为,而经国务院批转后,上述三家呈文单位的上报意见,即体现为中央政府的意志了。这一对历史文化名城采取保护措施的国家行为及其保护机制,也纳入了现行法律保护的范畴。《中华人民共和国文物保护法》第一章第十四条规定:"保存文物特别丰富并且具有重大历史价值或者革命纪念意义的城市,由国务院核定公布为历史文化名城。"㊴

不仅如此,1986年3月13日,江苏省人民政府向国务院上报《苏州市城市总体规划》。同年8月,国务院下发《关于苏州市城市总体规划的批复》(国函〔1986〕81号文件),在批复再次指出:"苏州是我国重要的历史文化名城和风景旅游城市。建城已有两年五百年的历史。"㊵

综上可见,无论是文献记载,还是考古证明;无论是从历史上第一个中央政府秦王朝的行政认定,还是今日国务院〔国发(1982) 26号〕文件精神,都对苏州的春秋"吴都"历史地位作出了共同指向和相同认定。

注释：

① 王国维：《古史新证》，清华大学出版社 1994 年版，第 1—3 页。
② 李学勤：《"二重证据法"与古史研究》，《清华大学学报（哲学社会科学版）》，2007 年第 5 期。
③ 李学勤：《东周与秦代文明》，文物出版社 1991 年版，第 10 页。
④ 李学勤：《"二重证据法"与古史研究》，《清华大学学报（哲学社会科学版）》，2007 年第 5 期。
⑤ 《春秋经·定公五年》，引自《春秋左传正义》，北京大学出版社 1999 年版，第 1559 页。
⑥ 《左传·定公五年》，引自《春秋左传正义》，北京大学出版社 1999 年版，第 1559 页。
⑦ 《春秋经·哀公十三年》，引自《春秋左传正义》，北京大学出版社 1999 年版，第 1669 页。
⑧ 《左传·哀公十三年》，引自《春秋左传正义》，北京大学出版社 1999 年版，第 1670 页。
⑨ 《国语·吴语》，引自上海师范大学古籍整理研究所校点《国语》，上海古籍出版社 1998 年版，第 604 页。
⑩ 《史记·仲尼弟子列传》，引自司马迁《史记》，中华书局 1959 年版，第 2197 页。
⑪ 《越绝书》，上海古籍出版社 1985 年版，第 9—10 页。
⑫ 《越绝书》，上海古籍出版社 1985 年版，第 17 页。
⑬ 张守节：《史记正义》，转引自司马迁：《史记》，中华书局 1959 年版，第 2395 页。
⑭ 《吴越春秋》，江苏古籍出版社 1986 年版，第 25 页。
⑮ 《吴越春秋》，江苏古籍出版社 1986 年版，第 25 页。
⑯ 张守节：《史记正义》，转引自司马迁《史记》，中华书局 1959 年版，第 1445 页。
⑰ 范文澜：《中国通史》第一册，人民出版社 1978 年版，第 122 页。
⑱ 李学勤：《东周与秦代文明》，上海人民出版社 2007 版，第 120 页。
⑲ 白寿彝：《中国通史》第三卷中古时代（下），上海人民出版社 1989 年版，第 1035 页。
⑳ 杨宽：《战国史》，上海人民出版社 1998 年版，第 279 页。
㉑ 顾德融、朱顺龙：《春秋史》，上海人民出版社 2001 版，第 245 页。
㉒ 南京博物院：《苏州市和吴县新石器时代遗址调查》（罗宗真执笔），《考古》1961 年第 3 期。
㉓ 南京博物院：《苏州市和吴县新石器时代遗址调查》（罗宗真执笔），《考古》

1961 年第 3 期。
㉔ 王国维：《古史新证》，清华大学出版社 1994 年版，第 1—3 页。
㉕ 王霞、金怡、姚晨辰、周官清：《平四路垃圾中转站抢救性发掘简报》，刊于苏州博物馆编：《苏州文物考古新发现——苏州考古发掘报告专辑（2001—2006）》，古吴轩出版社 2007 年版，第 328 页。
㉖ 吕继东：《苏州阊门北码头古城墙下发现战国时堆积层》，刊于 2011 年 6 月 17 日《苏州日报》。
㉗ 李婷：《阊门北码头城墙遗址发现战国堆积层》，刊于《姑苏晚报》2011 年 6 月 17 日。
㉘《左传·哀公二十二年》，引自《春秋左传正义》，北京大学出版社 1999 年版，第 1705 页。
㉙《越绝书》，上海古籍出版社 1985 年版，第 58 页。
㉚《越绝书》，上海古籍出版社 1985 年版，第 58 页。
㉛ 司马贞：《史记索隐》，引自司马迁：《史记》，中华书局 1959 年版，第 1747 页。
㉜《史记·春申君列传》，引自司马迁：《史记》，中华书局 1959 年版，第 2394 页。
㉝ 张守节：《史记正义》，转引自司马迁：《史记》，中华书局 1959 年版，第 2394~2395 页。
㉞《史记·春申君列传》，引自司马迁：《史记》，中华书局 1959 年版，第 2399 页。
㉟ 顾颉刚、史念海：《中国疆域沿革史》，商务印书馆 2000 年版，第 64 页。另见司马迁：《史记·秦始皇本纪》，引自司马迁：《史记》，中华书局 1959 年版，第 234 页。
㊱ 司马迁：《史记·秦始皇本纪》，中华书局 1959 年版，第 239 页。
㊲ 顾颉刚：《苏州的历史和文化》，刊于苏州市地方志编纂委员会办公室、苏州市档案局编：《苏州史志资料选辑》第 2 期（内部发行，1984 年 9 月编印），第 1 页。
㊳ 苏州市档案馆藏：《中央领导同志和国务院有关保护苏州古城风貌和今后建设方针的部分批示、文件》，第 24—26 页，1984 年 1 月 21 日。档号 C1-1-332。
㊴《中华人民共和国文物保护法》，引自国务院法制办公室编：《新编中华人民共和国常用法律、法规全书》，中国法制出版社 2013 年版，第 3—272 页。
㊵ 苏州市档案局编：《苏州年鉴·1987》，上海社会科学出版社 1988 年版，第 2 页。

元末重修苏州城墙初探

嵇 元

苏州的城墙在元初被拆毁，到元朝晚期至正十一年（1351）红巾军起义，大约有六十年以上的历史了，大部分城墙遗址已经没有了，或者城址被侵占也是可能的。

王厚孙、徐亮纂《至正四明续志》卷三"城邑"说："国朝混一区宇，无恃偏壕支垒之险固，郡城之废，垂六十有余载。民居侵蚀，夷为坦途……虽有州东、西二门之名，实为通衢矣。"元代陈大震纂修《大德南海志》卷八"城壕"："天兵南下，平夷城壁，楼橹雉堞一切荡除。以后因之，不复修治。"从这两个地方的元代方志可见，元代拆毁城墙比较彻底，达到"荡除"也即荡然无存的地步，并且经过六十多年，原先城墙的地方，或居民侵占建了民房，或已成了大马路，这虽然是其他地方的情况，但也可作为苏州城墙被拆六十多后城址实际情况的参照。

许多学者通过各地元代的方志等研究发现，元世祖忽必烈在灭南宋政权统一全国后，为防止汉族人反抗，便于蒙古骑兵驰骋突击，拆毁了各地的城墙，尤其以南方城市的城墙，更是坚决禁毁。苏州的城墙就在元朝被拆毁的，明《姑苏志》卷十六"城池"："元既定江南，凡城池悉命夷湮，（苏州）虽设五门，荡无防蔽。至正十一年兵起，复诏天下缮完城郭。"（至正十一年兵起，但朝廷的"复诏"并不是在这年，而在次年，下文有谈到。）

来了个朝鲜人要修城墙

元惠宗至正十一年黄河河工在黄陵岗掘得石人，背刻"莫道石人一只眼,此物一出天下反",这一故意为之的造反动员事件,仿佛一粒火星掉入干草堆,引动了红巾军起义大爆发,导致天下震动。

这一年东南方向也不太平,史书上所说的浙东海寇应该是指占据台州、温州一带的方国珍武装集团,烧劫了没有城墙的昆山。一向繁华的苏州城,已能明显感觉到天下大乱前的风声鹤唳。

就在这一年,有一个苏州建城史上重要的人物来到平江(苏州)。

郑元祐《侨吴集》卷九《平江路新筑郡城记》:

> 至正十一年红巾贼起汝阳;明年浙东海寇烧劫昆山。这一年廉访宪司佥朝鲜李公巡案吴下。(李公)深惟平江赋役供国家经费十之七,郡无城郭,何以御寇,乃谋于监郡西夏六十公、郡太守真定高公。时百须之出于吴者,日不暇给,然筑城之役,则不可已。

这个巡按到苏州的李公,官居廉访宪司佥事,廉访宪就是肃政廉访司,是中央政府派出的大员,肃政廉访使的职责是"随处审囚刷卷,体察滥官污吏",有先斩后奏的权力。《元史》"成宗本纪"中记载大德七年这一年,"罢赃污官吏凡一万八千四百七十三人,赃四万五千八百六十五锭,审冤狱五千一百七十六事",一方面可见元朝的基层政权的昏暗腐败,贪官横行、冤狱遍地,另一方面这么多官员被查处,可见肃政廉访使官员的权力之大,和运作效率之高。

但是,按照制度,肃政廉访使平时坐镇廉访司衙门,由衙门内其他人分临下面。廉访司正官编制,为廉访使二员,正三品;副使二员,正四品;佥事四员,正五品,其他还有一些经历、知事、照磨之类属吏。这位到苏州来的,是江南行御史台下属的浙西道肃政廉访司衙门里的佥事,是个朝鲜族人。当时的元朝中国,是个多民族国家，汉化非常深的其他民族的人到江南来担任重要官职，不是很异常的事。肃政廉访司里的佥事虽只是正五品官，而且还要负责监察农业生产方面的事，但总的权力很大，地方官很是忌惮，对他们的意见很尊重。

这位来到苏州的朝鲜人，郑元祐说"李公名朵只，字仲善"，有的"朵只"作"多尔济"。而到了清乾隆《苏州府志》，将这位李公的信息补充为"平江路廉访史李帖木儿，乃谋于监郡六十，太守高履，城之周遭开濠，加深广"，"掘姑苏驿下得石，镌'胥门'二字，重辟胥门陆路，而无水门"。

这位李公，原来又叫李帖木儿，帖木儿是蒙古化的名字，看来这位朝鲜人深得蒙古统治者的信任，已经很蒙古化了，而他又有表字叫仲善，还有汉化的印记。所谓平江路廉访史，并不是很准确的职务，似乎应该以郑元祐所说为准，他是上面派出巡按平江路的廉访司里的佥事。再说，当时元帝惠宗以高丽奇氏为第二皇后，朝鲜族在国内是很吃香的。

李朵只到了苏州，看到堂堂大郡没有城郭，无法御寇（这表明他对苏州今后的局势不乐观），而平江承担国家的经费居然到了十分之七！一旦有事，对国家的打击将极为沉重。兹事体大，于是他急急和苏州的达鲁花赤六十，平江路总管府总管官高履商量，要赶快建起城墙。

苏州最高长官叫六十

六十，看起来名字有些奇怪，其实是音译，后来有人可能考虑到这个名字不太雅，如《四库全书》就改译作"禄实"，虽然显得雅致一点，却不符合历史的真实了。

六十是西夏人，估计是个少数民族人。在明《姑苏志》卷二十四中有这样的记载："（至正）十五年，监郡六十筑庙墙，凡五百七十丈。"他修缮苏州郡学即文庙的围墙，记载在苏州地方志书里。这件事说明他很重视教育。陈基《夷白斋稿》卷十二有《平江路达鲁花赤西夏六十公纪绩碑颂》，对他在苏州的事迹记载较《姑苏志》详细得多。

陈基首先介绍了平江（苏州）在当时国家的地位和作用：

> 平江为郡，控带楚越，所部四州二县，地方千里，海陆之产饶于古昔，国家所恃以为奉祀根本，所系实异他壤。

"国家所恃以为奉祀根本"，这句话是说苏州是国家命脉所在的地区，失去了苏州，国家就没有办法奉祀也即灭亡了。这和郑元祐所说的朝廷重要官员"深惟平江赋役供国家经费十之七"的看法，是一致的。当然，平江（苏州）当时供国家财赋这么多、这么重要，主要还是供应大都的元朝廷和主要军队所需，并不是真的供养全中国。在平江这样重要的地方，朝廷派出的都是干练的官员，甚至做事是亲力亲为的优秀官员。六十来苏州为官比李朶只早几年，元至正九年（1349），六十从江西豫章调苏州任达鲁花赤。《元史》卷九十一"百官七"："诸路总管府，至元初置。二十年，定十万户之上者为上路，十万户之下者为下路，当冲要者，虽不及十万户亦为上路。上路秩正三品，达鲁花赤一员，总管一员，并正三品，兼管劝农事。"苏州的行政地位当然是上路，苏州的达鲁花赤也自然是正三品，地方行政主官总管（就是所谓太守）虽然也是正三品，但位居达鲁花赤之下。达鲁花赤在地方上有一点监治总管的意义，权力比总管大，是一地的最高官员。

六十到了苏州，作为地方实际上的最高官员，他首先是做一些和苏州市民普遍心理相吻合的事。苏州是个重文化的城市，因此他到平江上任的第二天，先去文庙拜谒孔夫子，然后为府学（文庙）做了一些事，用现在的话就是从软（管理和文化方面）、硬（硬件建设）两手来抓教育。

> 饬学官，增弟子员，礼聘名师，用月书季考之法程试之，

录其中式补郡曹吏。寻饰学宫墙,广仓庾以储粟,买学宫南废圃,作灵星门,以正庙堂。

包括他后来为府学(学宫)做的,算起来有这样几件大事:一是修葺了府学,包括府学的宫墙;二是为府学聘请名师,提高教学力量;三是改革了生员的考核方法,并将其中优秀的录为官府中的属吏,充实本土办事员的力量;四是买了学宫南面的土地。今天苏州文庙南面至新市路,占地面积大,还是这位叫六十的官员打下的基础。

这些措施必然受到苏州百姓的欢迎,然而,达鲁花赤是军政官员,他还有一项重要工作要做,就是确保海路畅通,春秋两季的海运漕粮,得以准时送抵大都。六十还带兵到长江口去打击海盗,"按兵昆山刘家港,公(指六十)身先士卒,戮力海事,春秋两漕皆以时达京师"。他在苏州工作的最主要目的,还是在于确保大都的粮食供应。

李朵只(帖木儿)是至正十二年(1352)来到苏州的,他一到苏州,就和达鲁花赤六十、总管高履商量恢复苏州城墙的事。从政治上讲,原先"修城子里,无体例"是朝廷的既定政策,修城墙是政治事件,但现在不同了,局势动荡,许多城池被轻易攻破,苏州不修城墙,后果肯定会很严重,从全国形势来讲,苏州修城墙真是时不我待。

但要实施这么大的工程,又是经济上的大项目,一个人当然拍不了板,需要苏州地方官员们达成共识,集体决定,共同实施。正好在至正十二年夏四月,朝廷面对各地造反武装蜂起的局面,"诏天下完城郭,筑堤防"(《元史》卷四十二),李朵只于是更可以督促地方落实朝廷在全国各地恢复城墙的新决定了,果然苏州恢复城墙工程在此前有讨论,如今水到渠成,就在这个夏四月上马了。

虽苏州城墙得以恢复,也多半不是李朵只一人之力,但他在重建苏州城墙这件事上,可以说起了很重要的作用。

家家出钱又出力

但是，修建城墙这一浩大工程的经费从何而来？元朝廷此时已百孔千疮，是只会吸苏州的血而不肯拨钱给苏州的，这修建城墙的钱最终还是要苏州的百姓来出。郑元祐《平江路新筑郡城记》中说：

> 会司属僚佐，验民之家资产厚薄，计量城之长短高下，分筑，罢弱户则悉汰去之。常时役不及，而豪强者则纠率之。宁夏、高公为南台御史大夫，及太尉首捐资以助役，水司亦捐官帑一千锭，漕府皆捐资俸。

筹集出这笔工程款，主要方法是集中行政机构的办事吏属，到市民家里去验资产的多少，再根据城墙总长度和高度，进行任务的分摊。如果有的人家一时拿不出钱，影响工程进度，就让地方豪强来实行强制性处置。六十及高履这两位苏州的地方主要官员，还为南台御史大夫、太尉代为出资作为首捐，管水上运输的和漕运的衙门也分别捐了点公款和个人的薪资。虽说这项工程的费用在"合官民用财凡若干万锭、米若干万斛"，实际上公款只有"中统钞三百五十贯、白米一千斛"，实在是微不足道。所以笔者认为，这捐款、公帑只是象征性的，真正做出牺牲的还是苏州的百姓。

工程从至正十二年夏四月开始，到秋八月城墙建好。工程量如此浩大而建成得如此之快，完全是官府将此项工程视作重点工程，抓得很紧的结果。还有一个原因，苏州的城墙外面有护城河（是不是有内城河不敢肯定），工程的方案是城墙基本沿城河恢复。

当时"省宪督吴郡募民大兴筑城之役，周转四十里，费且巨万，然皆不取给予官属。方盛暑，公不忍重困民，因泣下，时以身出入版筑间劳慰之"（《平江路达鲁花赤西夏六十公纪绩碑颂》），"民夫十余万，当盛暑，挥钽如云，下锸如雨"（《平江路新筑郡城记》)。除了修城墙外，此次还要挖河，让城墙的防备功能更加完善，当然工程量也更大了。不过挖出的泥，可以充填在城墙里，还是可以再作利用。

苏州的城墙复建工程，在那个完全靠人工作业的时代，这么短时间完成这么巨大的工作量，确实是一个奇迹。郑元祐《平江路新筑郡城记》介绍说：

> 城四向，一仍子胥之旧。若水门，则仍宋之旧。独启胥门，上建忠孝王庙。馀五门之上，亦皆祠神。盖役兴时，虑暑雨郁为民害，乃祷于神以祈佑。城既完，故列祠以答神贶。城之高，以尺计凡三十有三；城之趾，则三十有五。垒石三层以为固，城之面，则广丈六尺，皆甃以甓，仍甃大瓦作水沟。每门建戍楼，以谨斥堠、严烽燧。当人马陟降处，皆列置蛾眉甬道。门内外构屋，设官居之，以察非常。城于是备矣！

这是说，重建设的苏州城墙，还是和以前伍子胥规划的那样，是个四面城，也就是说，基本上是从春秋吴国阖闾大城一脉相承而来。水门，则是按宋代的旧基。宋初还有的胥门，后来在宋代被废，到元末的此次工程恢复了，但因没有宋代水城门，故胥门这次也没有重建水城门。

恢复的苏州新城墙，高三十三尺，下宽三十五尺。城基垒石三层。城墙上面，宽一丈六尺，铺瓦作排水沟，每门都上建神祠，还有敌楼。人马、防城战具等上下城墙建有石板坡道，叫蛾眉甬道，也叫漫道。

当时人陈基说苏州城墙周长有四十里，郑元祐没有说城墙周长，《姑苏志》则说："张士诚入据，增置月城。国朝平吴，更加修筑，高广坚致，度越畴昔，今城为亚字形，周三十四里五十三步九分，高二丈三尺，女墙高六尺，基广三丈五尺……各门上为画楼。"总之，这次元末修城，为后来的苏州城墙打下了基础，经过多次在这基础上的修缮,城墙一直保留到 1958 年。

修的是苏州城还是太仓城

当时昆山著名文人、豪富顾瑛,为配合此次苏州的筑城工程,在玉山草堂搞过一次雅集,他自己先作修城诗为范本,让大家唱和,但今只留下崇明文人秦约的《修城口号》诗。

《四库全书》版的《玉山胜集外集》作《修城口号似玉山》,国图藏二十六卷清钞本作《修城口号似玉山主人》,可见此次雅集,别人作诗要似主人就是风格和主人相似。另,"口号"是指当场出口成诗的一种诗歌创作方法,又作口占。秦约的诗联是这样的:

> 春城连海亘虹霓,雉堞桓桓补甑泥。
> 纵谓军储仰吴下,岂怜边衅起淮西?
> 千旗影逐流云动,万杵声高落日低。
> 安得韩彭为上将,载光大业抚黔黎。

这是此次修城墙工程目前唯一见诸于文人创作的诗,但也有人认为这是一首关于修筑太仓城的诗(太仓日报 2009 年 5 月 18 日《从元人诗中看太仓建城的历史背景》)。

太仓城墙是至正十七年(1357)拆常熟支塘镇的城墙而建的,弘治《太仓州志》载:"至正十七年,张士诚遣伪将高智广始筑城,以备海寇。"笔者认为此诗应该是为苏州修城墙而作,理由如下:

1. 顾瑛和张士诚持坚决不合作态度,不会为张士诚部将修筑太仓城专门举行雅集征诗,自己也不会为张士诚集团的事作诗;

2. 至正十一年苏州建城墙,太仓是至正十七年。诗中有"岂怜边衅起淮西",至正十一年韩山童、刘福通在颍上(今属安徽)即淮西发动起义,故苏州有筑城墙之举;

3. 至正十二年后，玉山雅集举行即不正常，至正十六年春玉山草堂更是被张士诚部军士占据，顾奉母亲出避吴兴，虽说后来还有过至正十七年冬季的雅集，但顾母已死，园已荒芜，不可能顾瑛还会有心情专为张士诚修太仓城征诗；

4. 太仓的代称是娄东而不是吴下。诗中"军储仰吴下"，"仰"是依赖的意思，"吴下"是指苏州而不是太仓。从诗意看，"军储仰吴下"，这句话说的是大都的元朝廷，军储需仰靠苏州。苏州建造城墙，是为了替大都储粮。郑元祐说苏州建城墙的目的是"郛郭之内，官粮贮于廪庾者，岁数百万。（假）设城郭不完，寇攘逼近，将何以为国计乎？"因此，"军储仰吴下"指的不是本已占据苏州"吴下"的张士诚；

5. 诗首句提到"春城连海"，确实苏州城不连海，而事实上太仓城也不连海。这里所说的连海其实还是指水道连海，不是指城墙连海。郑元祐《平江路新筑郡城记》说到苏州建城墙意义就说："况吴（这吴指苏州城）东北濒大海，西南枕震泽（指太湖），於泽国四通五达之衢也"，就是指苏州水道连海。

当然，此《修城口号》诗是讲太仓还是苏州的修建城墙之事，还可以进一步研究，笔者这里说的是个人看法，不是定论。

此诗中有一句话挺让人费解，就是"雉堞桓桓补甑泥"，甑是一种陶器的蒸锅，"甑泥"，是不是指蒸泥呢？公元407年，匈奴首领赫连勃勃在毛乌素沙漠建统万城，就采用"蒸土筑城"法。通过蒸泥土，可以杀死土中的微生物和植物种子、根茎，让泥土在夯筑时更结实。是不是这次苏州城建设城墙，也采用了蒸土呢？还是"甑泥"是指建城像当年建统万城一样认真呢？这就需要进一步考证研究了。

从会稽郡、吴郡到苏州
——秦汉至隋唐时期吴城所辖行政区域及政治地位的变迁

孙中旺

在苏州地方史的研究中,秦汉至隋唐时期相对比较薄弱,但深入考察相关史料就会发现,在这长达1100多年的时间中,今苏州地区在政治、经济和文化方面均有令人瞩目的发展,为宋元以后的繁荣奠定了坚实的基础。本文拟通过梳理以吴城为治所的行政区辖区及政治地位的变迁过程,对这一阶段苏州地方史中的相关问题进行简单探讨。

行政区域的变迁

秦汉至隋唐时期,以吴城为治所的行政区先后为会稽郡、吴郡和苏州,其辖区和政治地位也在不断变迁中,分述如下:

(一) 会稽郡时期

秦王政二十六年(前221),秦国统一六国后,全面推行郡县制。在原来楚国的江南吴越故地,设立了会稽郡,辖二十四县,管辖范围大致相当于今江苏省长江以南、安徽省东南、上海西部以及浙江省北部。在原吴国的故都设吴县,作为会稽郡治,吴县因此成为江南地区的行政中心。当时的吴县辖区广大,除包括今苏州市区外,还管辖今常熟、吴江等地。另外在今昆山、太仓一带,秦政府还设置了娄县,因境内有娄水而得名,一名瞜县,据《汉书》卷二十八上《地理志上》记载,娄县"有南武城,阖闾所以候越",可见该地在先秦时期已有所开发。

西汉时期的会稽郡先后属于韩信的楚国、刘贾的荆国、黥布的淮南国、刘濞的吴国及刘非的江都国等，其中刘贾的荆国即建都于吴城，而在汉文帝前元九年（公元前171），会稽并故鄣郡，太守曾由吴县迁治故鄣，都尉迁治山阴。但在前元十六年（公元前164），会稽太守就归治吴县，都尉迁治钱唐。

西汉时期会稽郡的地理位置非常重要，"东接于海，南近诸越，北枕大江"，有户二十二万三千三十八，口百三万二千六百四，始辖二十四县，即吴、曲阿、乌伤、毗陵、馀暨、阳羡、诸暨、无锡、山阴、丹徒、馀姚、娄、上虞、海盐、剡、由拳、大末、乌程、句章、馀杭、鄞、钱唐、鄮、富春，后相继于闽越故都东冶之地置冶县（在今福州市），于东瓯故地置回浦县，这样会稽郡就辖二十六县，地域广大，为当时郡国之冠。因会稽郡位置重要，汉政府除在钱唐设西部都尉外，还在回浦设立了南部都尉。

东汉顺帝永建四年（129），"以县远赴会至难"，阳羡令周喜和山阴令殷重上书东汉政府，"求得分置"，东汉政府接受了建议，以浙江（今钱塘江）为界分会稽郡为二郡，以东为会稽，移治山阴，以西为吴郡，仍治吴县，吴城为会稽郡治的时代至此结束。

在此时期，吴城的经济也有较快发展，据西汉司马迁在《史记?货殖列传》中载："夫吴，自阖闾、春申、王濞三人招致天下之喜游子弟，东有海盐之饶，章山之铜，三江五湖之利，亦江东一都会也。"可见当时的吴城已经是全国重要的商业城市之一。司马迁曾经亲身到今苏州一带进行游历考察，"上姑苏，望五湖"，他对于吴城经济文化地位的分析，应当是基本可信的。

（二）吴郡时期

吴郡分立后，辖吴、娄、由拳、海盐、余杭、钱唐、富春、乌程、阳羡、无锡、毗陵、曲阿、丹徒十三县，历东汉一代而未改。大体相当于今长江以南，镇江以东，钱塘江以西的江浙沪广大地区。当时的吴城人口众多，据东汉应劭在其所著《汉官仪》卷上记载，当时长江中下游广大地区只有吴、临湘及南昌三县户数超过万户。

六朝时期，伴随着江东政治经济形势的变化，在东汉时原吴郡辖区内，新的郡县不断分立，吴郡辖区也越来越小。

孙吴时期，对吴郡的辖区先后进行了大规模的调整。首先是新县的设立，先后分余杭县新设立临水县，分乌程和余杭新置永安县，从富春县分出了建德、桐庐、新昌及新城四县，但不久新城县就并于桐庐县，还在海盐县设立了海昌屯田都尉，后为盐官县。在新县设立的同时，孙吴政权在原吴郡辖区内还新设立了郡级的行政区。据《晋书》及《宋书》等资料记载，东吴时期分吴郡无锡以西为屯田，置毗陵典农校尉，辖原属吴郡的无锡（后省）、毗陵、曲阿、丹徒四县地，为郡级屯田区。宝鼎元年（266），孙皓分吴、丹阳二郡之九县为吴兴郡，治乌程。吴兴郡的建立，划去了原属吴郡的乌程、阳羡、永安、余杭、临水五县，太湖南岸的东、西苕溪流域自此从吴郡分离了出来。另外黄武五年（226）秋七月，因山越攻没属县，孙吴政权还曾分吴、丹杨、会稽三郡的"恶地"共十县置东安郡，郡治富春，以全综为太守，平讨山越。吴郡的富春、桐庐、建德等县属东安郡。黄武七年（228），罢东安郡，以上诸县复归吴郡。至孙吴后期，吴郡辖吴、娄、嘉兴、海盐、富春、钱唐、建德、桐庐、新昌及海昌屯田都尉等十个县级行政区，和郡级的毗陵典农校尉。

西晋太康二年（281），原属吴郡所辖的毗陵典农校尉省置为毗陵郡，吴郡辖区从此退到无锡以东。吴郡所辖的海昌屯田都尉也被改为盐官县。太康四年（283），分吴县之虞乡立海虞县，隶属吴郡，此为常熟建县之始。另外在太康元年（280），吴郡下辖的新昌县改为寿昌县。太康十年（289），封皇子司马晏为吴王，"食丹阳、吴兴并吴三郡"，吴郡为吴王晏奉郡之一，惠帝末年司马晏遇害国除。东晋咸和元年（326），司马岳被封为吴王，吴郡改为吴国，置内史，行太守事，历东晋一代未变。咸和二年（327）十月，司马岳徙封琅琊，但"犹食吴郡为邑"。孝武帝时期，因简文帝的郑太后讳"春",吴国(郡)所辖的富春县改为富阳县。东晋末年,吴国(郡)辖吴、娄、嘉兴、海盐、盐官、钱唐、富阳、桐庐、建德、寿昌及海虞十一县,户二万五千。在当今的苏州辖区内,有吴、娄、海虞三县。今苏州的张家港市域,在两晋时属南徐州的晋陵郡,为当时的暨阳县和南沙县辖区。据《宋书》卷三十五《州郡志一》载,暨阳县为晋武帝太康二年(281)分无锡、毗陵所立,并割原吴县司盐都尉署(吴时名沙中。)属之,"建治杨舍镇"。东晋成帝咸康七年(341),罢盐署,立以为南沙县。

值得注意的是,东晋初年,吴郡境内还短暂设置过侨郡县。据《宋书》卷三十五《州郡志》记载,晋元帝初年,"割吴郡海虞县之北境为东海郡,立郯、朐、利城三县",除了这三县外,南东海郡还管辖寄治曲阿的祝其、襄贲等县,隶属于南徐州。但到穆帝永和年间(345—356),南东海郡就移出京口,而侨治于海虞县北境的郯、朐、利城三县也"寄治于京",从而结束了吴郡境内的侨州县历史。

南朝宋永初二年(421),废除吴国,复称吴郡。刘宋大明七年(463),因孝武帝所宠爱的第八子新安王刘子鸾为南徐州刺史,孝武帝特意割富庶的吴郡隶属于南徐州,次年重新隶属于扬州。刘宋时期吴郡辖吴、娄、嘉兴、海虞、海盐、盐官、钱唐、富阳、新城、建德、桐庐及寿昌十二县,户五万四百八十八,口四十二万四千八百一十二,户数比晋代的二万五千增了一倍多。而今张家港市域仍为南徐州晋陵郡的暨阳县和南沙县辖区,刘宋一代没有任何变化。

南齐虽然国祚只有短短的23年,但在今苏州区域内也进行了行政区划的调整。据宋人史能之纂修的(咸淳)《毗陵志·地理二》记载,齐武帝永明二年(484)甲子,"析南沙置海阳县",则此时今张家港区域为暨阳、南沙及海阳三县所辖。

梁代吴郡辖区时分时合,变动频繁。在州一级上,梁太清三年(549)秋七月,以吴郡置吴州,与扬州平级。但次年就省吴州,复为吴郡,继续隶于扬州。郡一级上,梁天监六年(507),在吴郡北境增置了信义郡,原属晋陵郡的南沙、海阳,原属吴郡的海虞,均划归信义郡管辖,另外还辖有前京、信义、兴国三县,信义郡治南沙,隶属于南徐州。梁太清三年(549)六月,已大权在握的侯景分吴郡的海盐、胥浦二县置武原郡,但该郡在侯景之乱平定后很快就被撤销。县一级上,梁代天监六年(507),分娄县置信义县,属信义郡。大同初,"又分信义置昆山县,仍隶吴郡,以县有昆山故名。"梁代在原吴郡的辖区内还析海盐县的西北境置胥浦县,属吴郡,分娄县地置前京县,属信义郡,后属吴郡。另外据史料记载,梁大同六年(540)以南沙之地置常熟县,县治之地设南沙城(即福山),是为常熟县名之始。常熟之名取"土壤膏沃、岁无水旱","原隰异壤,虽大水大旱,不能概之为灾,则岁得常稔"之意。

陈代在今苏州行政区域内没有新的县设立,但对当时的吴郡也进行了区划调整。永定二年(558)十二月,割吴郡之盐官、海盐、前京三县置海宁郡,属扬州,后废。祯明元年(587)冬十一月,"割扬州吴郡置吴州,割钱塘县为郡,属焉。"当时的吴郡城,为吴州、吴郡、吴县三级政府治所。根据胡阿祥教授的研究,截止祯明二年(588)底,吴州辖吴郡、钱塘郡和吴兴郡,其中吴郡辖吴、娄、嘉兴、昆山、盐官、桐庐六县,而辖区基本在今苏州东北部的信义郡辖南沙、信义、海阳、前京、海虞、兴国及常熟七县,仍属南徐州。

(三)苏州时期

开皇九年(589),隋王朝平定江南后,对行政区进行了大刀阔斧的重新划分,废郡级行政区,改为州、县两级制,并对县级行政区进行了大规模的撤并。改吴州为苏州,因姑苏山而得名,这是历史上首次出现苏州之名。废信义郡,所领海阳、前京、信义、海虞、兴国、南沙并为常熟县,以南沙城为县治,并废昆山县。废吴兴郡,并废长城县,设乌程县,并东迁县入乌程。当时的苏州仅辖吴、常熟和乌程三县。开皇十八年（598）复昆山县，仁寿二年（602）复长城县。虽然仁寿年间曾短暂于乌程县置湖州，但隋炀帝即位后的大业初年即废还县，并改苏州复为吴州。大业三年（607），吴州又改称吴郡。至此吴郡辖吴、昆山、常熟、乌程（今浙江湖州）、长城（今浙江长兴）五县，终隋世未改。

唐武德四年（621），改吴郡复为苏州。武德六年（623），改苏州总管为都督，督苏州、湖州、杭州和暨州，武德九年（626）罢都督。贞观元年（627），唐太宗分天下为关内道、河南道、河东道、河北道、山南道、陇右道、淮南道、江南道、剑南道和岭南道十道。苏州属于江南道。开元二十一年（733），唐玄宗重新调整全国的行政区划。将江南道分为江南东道、江南西道和黔中道。又增设了京畿道和都畿道，天下为十五道。于各道置采访黜置使，以监督地方州县的官员，并考察地方官吏的吏治。江南东道辖今江苏省苏南、上海、浙江全境、福建全境及安徽徽州等地，仍以苏州为治所，在此设有江南东道采访使（简称江东采访使）。

安史之乱后，乾元元年（758），唐政府分江南东道为浙江西道、浙江东道和福建道，浙江西道领长江以南，至新安江以北的原江南东道地，包括今天的苏南、上海、浙北和徽州等地，设节度使。苏州曾在乾元元年至二年（758—759）、永泰元年至建中二年（765—781）两度为浙江西道治所，在此期间的大历十四年（779），唐政府合并原浙江西道、浙江东道，设浙江东西道观察使，仍治于苏州。但建中元年（780），就复分浙江东西为二道，次年复合浙江东西二道观察使，设节度使，赐号"镇海军节度使"，治所也由苏州迁至润州，自此苏州失去了江南地区行政中心的地位。

唐代苏州的辖区也在不断变动中。武德四年（621），唐政府以乌程县置湖州，并置雉州，领长城、原乡二县，乌程、长城二县自此脱离苏州，苏州仅辖吴、昆山、常熟三县。武德七年（624），常熟县治从南沙城移至海虞城，自此常熟县城延续至今。同年分吴县置嘉兴县,但次年就重新省入吴县。贞观八年(634),重置嘉兴县,至此,苏州辖吴、昆山、嘉兴、常熟四县。万岁通天元年(696),分吴县置长洲县,以长洲苑得名。景云二年(711),分嘉兴县复置海盐县,次年废,开元五年(717)复置,天宝间苏州领苏州辖吴、昆山、嘉兴、常熟、长洲、海盐六县。

开元四年(716)升吴县为望县。天宝元年(742),苏州有户七万六千四百余。天宝十载(751),吴郡太守赵居贞奏割昆山、嘉兴、海盐三县置华亭县。乾元二年(759),长洲改为军。大历十二年(777)长洲复为县。次年苏州升为雄州,领县吴、长洲、嘉兴、海盐、常熟、昆山、华亭七县,一直延续到唐末。

另外唐代苏州的管辖范围还有一些小范围的调整。如开元以前,苏州的南界在今吴江的平望以北,据《(正德)姑苏志》卷二十六《仓场》记载,平望当时为水马驿站,为湖州的乌程县所辖,"西至南浔五十余里,与乌程县分界"。开元二十八年(740),"苏州耆民请于刺史吴从众,割太湖洞庭三乡与吴兴易焉"。而平望驿北的官河在元和五年(810)由湖州刺史范传正奉敕厘开,"又拨入苏州吴县"。由上述记载可知,平望官河以西及以南之地,分别是在开元及元和年间由湖州乌程县归于苏州吴县,奠定了今天苏州南境的基础。

政治地位的变迁

在秦汉至隋唐的1100余年的历史中,吴城先后为会稽郡郡治、吴郡郡治及苏州州治,其政治地位在不同的时期有升降反复,但在相当长的时间内仍为江南的政治中心。

吴城为会稽郡郡治的时间为秦至东汉中期,这350年间,因江南地区仅设有会稽一郡,吴城成为江南地区唯一的行政中心。

吴城为吴郡郡治的时间为东汉后期至南朝灭亡,即公元129年至589年,历时470年。在此期间,其政治地位大体可以分为三个阶段。第一阶段是公元129年至198年,在江南地区只有两个郡,即吴郡和会稽郡,二者以钱塘江为界,郡治分别在山阴和吴县,并为江南两大都市。第二阶段是公元199年至209年,这十年间,东吴政权的孙策及孙权驻扎于吴城经略四方,在这里渐渐从弱小走向强大,最终奠定了三分天下的基础,著名的赤壁之战就是发生在孙氏屯吴时期。吴城作为孙吴政权实际的首都,其政治地位在江南城市中首屈一指的。第三阶段是公元209年至589年,吴城所在的吴郡虽然也是当时的大郡、名郡,并在陈代短期设立了吴州,但江南地区的政治中心是六朝的首都建康(今南京),这也是秦汉至隋唐时期,今苏州城的政治地位几乎唯一落后于南京城的时期。

吴城为苏州州治的时间为隋唐时期,即公元589年至907年,历时318年。隋唐时期吴城的政治地位也可以分为三个阶段,第一阶段是公元589年至733年,即隋朝统一至江南东道设立。在这144年间,由于六朝的都城建康在隋代平定江南后被彻底摧毁,"城邑宫室,并平荡犁垦",变成了耕地,仅在其地设蒋州,作为丹阳郡的治所。唐代前期,蒋州又被并入润州,六朝故都建康仅成为润州的一个县,政治地位一落千丈,吴城在此阶段的政治地位相应得以提高。第二阶段是公元733年至781年,即吴城先后作为江南东道、浙江西道及浙江东道治所时期,在这40多年的时间内,吴城又重新成为江南地区首要的行政中心。第三阶段是781年至907年,即镇海军节度使由苏州迁往润州后至唐代灭亡,这120余年间,苏州失去了江南地区行政中心的地位。但几乎与此同时,苏州升为江南地区唯一的雄州,实现了从江南政治中心到江南经济中心的转变。

从会稽郡、吴郡到苏州的过程,是以吴城为治所的行政区辖区不断变动的过程,也是其政治地位不断变迁的过程,通过以上简单梳理,我们可以看出,在这1100余年的时间中,苏州并非默默无闻,其为江南地区政治中心的时间远早于同区域的南京、杭州等城市。宋元以后,伴随着经济的发展和形势的变化,苏州的政治地位渐趋下降,在建置上已成为普通州府,清代苏州虽然属于省府,但和同属于江南地区的南京、杭州等城市相比,在政治地位上已不占任何优势,再未重现作为整个江南地区首要政治中心的辉煌。但后世的苏州,却以发达的经济和昌盛的文化著称于世,其影响力远超江南区域,在全国范围内来说也占据着至关重要的地位。

姑苏诗太守白居易笔下的东方水城

——诗意栖居的人间天堂

徐 静

当下苏州的广告语是"东方水城、天堂苏州"。殊不知,早在唐朝,姑苏诗太守白居易笔下的苏州已然是诗意栖居的东方水城、天堂苏州。

白居易与苏州很有缘。他在《吴郡诗石记》中写道:"贞元初,韦应物为苏州牧,房孺复为杭州牧,皆豪人也。韦嗜诗,每与宾友一醉一咏,其风流雅韵,多播于吴中,或目韦、房为诗酒仙。时予始年十四五,旅二郡,以幼贱不得与游宴,尤觉其才调高而郡守尊。以当时心言,异日苏、杭,苟获一郡,足矣。"早在贞元初期,少年白居易因避战乱逃至江南,投奔在杭州作县尉的堂兄,在苏、杭一带逗留五年左右。当时的苏州刺史韦应物、杭州刺史房孺复都是豪爽之人,喜欢作诗饮酒,风流儒雅。白居易因为年少高攀不上两位"诗酒仙",愈发觉得韦、房二人的才华格调之高和郡守的地位之尊,不禁产生"异日苏、杭苟获一郡足矣"的人生梦想。人生际遇竟如此奇妙,步入官场后的白居易竟有机会先后出任杭州刺史和苏州刺史,不仅美梦成真,而且超出他当年的愿想。

白居易《送刘郎中赴任苏州》诗曰:"何似姑苏诗太守,吟咏相继有三人。"除了他所羡慕的韦应物是第一位姑苏诗太守,白居易之后,刘禹锡也曾担任苏州刺史。中唐三位著名诗人先后来到苏州担任行政长官,成为苏州史上佳话。唐敬宗宝历元年(公元825年),年过半百的白居易被任命为苏州刺史。第二年十月,因病辞职。虽然在苏州为官只有17个月,但诗太守白居易与苏州结下了深厚的情缘,写下许多描绘苏州的好诗。

绿浪东西南北水,红栏三百九十桥

春节期间,诗太守在苏州街巷闲行漫步。虽然才是正月初三,不过,敏感的诗人已经感觉到些许春意,但见河中鸳鸯戏水,河岸杨柳飘拂,于是诗兴大发,写下了《正月三日闲行》,诗曰:

> 绿浪东西南北水,红栏三百九十桥。
> 黄鹂巷口莺欲语,乌鹊河头冰欲销。
> 绿浪东西南北水,红栏三百九十桥。
> 鸳鸯荡漾双双翅,杨柳交加万万条。
> 借问春风来早晚,只从前日到今朝。

此诗生动描绘了唐代苏州的水城风光胜景。姑苏美,美就美在姑苏水。苏州是水做的城,城外四面环水,城内水网纵横。不同于大江大海的惊涛骇浪气势磅礴,苏州的水是波澜不惊的,具有娴静、灵秀、温柔的气质,也因此,苏州人具有与水为邻的亲和儒雅,这是一个恬静平和、人情融洽的环境。走进苏州的诗太守白居易,远离了朝廷是非争斗地,心情也变得闲适起来,可谓安详从容而身心俱适。诗人在公务之余、案牍之劳后,走出衙门,走向苏州的大街小巷漫步闲行。他从黄鹂巷口穿过黄鹂坊桥,向东过锦帆路再到乌鹊桥。诗中提到的乌鹊河名很古老,乌鹊河因春秋吴国著名的古馆乌鹊馆而得名,河上有乌鹊桥,建于吴国阖闾时,是苏州城内最古老的桥。诗太守一边闲行一边赏景,不禁为早春时节苏州水城的美丽景色所陶醉。"绿浪东西南北水,红栏三百九十桥"——此乃描述苏州水城的经典名句,具体形象地描绘出苏州古城多水复多桥的独特魅力。

苏州地处长江下游,太湖之滨,四周河流成网,湖塘连片,雨量充沛。早在公元前514年伍子胥建筑阖闾大城时即根据水乡泽国的地理特征，因地制宜，引水入城，建造了水陆并行、河街相邻的交通系统，开创了我国历史上第一座规划周密的水城模式。因此，苏州的城市建设自古以来一如既往地以水系为脉络，河道为骨架，道路相依附，构成水陆两套相辅相成的双棋盘格局。苏州城水陆双棋盘骨架到了唐朝基本定型。古城内，河道纵横交错，东南西北曲折蜿蜒，绿水清澈波光潋滟，东方水城名不虚传。又由于河道多而桥梁栉比，风景愈加美丽。唐代时苏州的桥大多是木桥，漆上红颜色，故曰"红栏三百九十桥"。"三百九十"未必写实，这样一个概数也并非毫无依据，因为在宋代展示苏州城市风貌的《平江图》中，我们可以细数出苏州古城有三百五十九座桥梁。白居易在诗中概言"三百九十桥"，是在桥梁众多的基础上，用诗笔进一步艺术地表现苏州水城的桥梁之盛，可谓星罗棋布。不难想见，在东南西北各个方向众多的河道上，一座又一座姿态各异、色彩鲜明的桥梁连通了街巷，即方便人们的生活，更增添了诗情画意。从中越发感觉到苏州就像是一个用桥搭起来的水上城市。多水多桥是苏州水城自然风光的特色，对此，白居易在诗中也屡有表现。《九日宴集醉题郡楼兼呈周殷二判官》诗曰："远近高低寺间出，东西南北桥相望。水道脉分棹鳞次，里闾棋布城册方。"

《正月三日闲行》把春到苏州水城的景色描绘得美丽动人、风情万种。城市托付在水上，像一个浪漫的梦漂浮在碧波上，诗情久久，画意长长，令人陶醉不已。透过诗太守的这支彩笔，我们看到苏州在唐代就是个适合人诗意居住的人间天堂。自然而然地，我们从诗中也能够感受到走进人间天堂的诗太守白居易心情大好，很享受这样的诗意居住，精神状态愈来愈闲适安详，进入了享受生命的人生境界。

处处楼前飘管吹，家家门外泊舟航

在白居易写苏州的众多诗篇中，《登阊门闲望》十分著名，诗曰：

> 阊门四望郁苍苍，始觉州雄土俗强。
> 十万夫家供课税，五千子弟守封疆。
> 阊闾城碧铺秋草，乌鹊桥红带夕阳。
> 处处楼前飘管吹，家家门外泊舟航。
> 云埋虎寺山藏色，月耀娃宫水放光。
> 曾赏钱塘嫌茂苑，今来未敢苦夸张。

吟咏这样的诗句，我们的脑海中不难浮现出唐代苏州整个城市的立体图像。苏州雄州着实壮观，地繁民富、实力雄厚，而且满城青草碧绿生机盎然。全诗高度概括并形象地描绘了苏州水城的富庶繁华。确实，唐朝中期，苏州因物产丰富、人口众多、经济繁荣而成为江南地区唯一的雄州。而经济的繁荣则与苏州四通八达的河道密切相关。苏州城水网纵横，因为河道，便有了各种水榭，便有了无数船只，要知道，船是当时苏州水城最主要的交通工具。不难想象，东西南北的河道中画舫穿梭，商船如织，商业繁忙，带给苏州的是经济繁荣。有了经济实力，文化艺术也丰富昌盛起来。"阊闾城碧铺秋草，乌鹊桥红带夕阳。处处楼前飘管吹，家家门外泊舟航"——这几句诗表现出苏州水城的美是流动的美，艺术的美。整个城市郁郁葱葱，夕阳映照下的乌鹊桥红光灿烂，处处楼台盛宴常设，管箫声声悠扬动听。在水城，临河而居的人家很多，居民住宅前临街后枕河，家家后门外都有一个水码头，都可以靠岸停船。船到屋前，搭起一张跳板，就可以从后门走进家里。楼前飘乐，门外泊舟，这真是一个温柔富贵之乡，这更是一个诗意栖居的人间天堂。这首诗不仅高度概括了苏州作为江南雄州繁花似锦的特色，而且形象地描绘出东方水城如诗如画的迷人风情。简而言之，在诗太守的笔下，整个水城很美很繁华很艺术很有情调。

为了体验小桥流水，枕河人家的生活，白居易也经常坐船游览。他的《小舫》记录了他驾舟水上行的情景："小舫一艘新造了，轻装梁柱库安篷。深坊静岸游应遍，浅水低桥去尽通。黄柳影笼随棹月,白蘋香起打头风。慢牵欲傍樱桃泊,借问谁家花最红?"可见诗太守的水城游览充满闲情逸致。白居易在离开苏州12年后依然念念不忘水城的美景风情,《和梦得夏至忆苏州呈卢宾客》诗曰:"水国多台榭,吴风尚管弦。每家皆有酒,无处不过船。"离开苏州回到洛阳的诗人十分怀念苏州水城天堂般的生活,他在《忆旧游》中写道:"江南旧游凡几处?就中最忆吴江隈。长洲苑绿柳万树,齐云楼春酒一杯。阊门晓严旗鼓出,皋桥夕闹船舫回。"

自开山寺路,水陆往来频,七里山塘到虎丘

"上有天堂,下有苏杭。杭州有西湖,苏州有山塘。两处好地方,无限好风光。"有一首歌是这么唱的。而苏州山塘的好风光与诗太守白居易密切相关。白居易担任苏州太守虽然时间不长,也是励精图治,为地方做了一些实事、好事,其中最杰出的实事工程是主持疏浚开凿从阊门到虎丘的七里山塘,可谓功在当时,利在千秋,政绩卓越。七里山塘是一条河,也是一条街,更是一首诗,此乃诗太守白居易留给苏州的经典诗歌,至今美丽鲜活。

白居易在苏州任上经常去虎丘。虎丘山有名寺,有春秋吴王阖闾墓,自古便是吴中第一名胜,一向是游人荟萃之地。经过细致调研考察,白太守发现虎丘在苏州城西北郊,游客往来交通十分不便,又因山塘河道不畅,经常导致水灾,影响民生。作为地方长官,白居易决定按照苏州水城的地理优势来兴修水利、发展交通,因此,组织民工在山塘河开凿水道,清淤排涝,使河道畅通。这条山塘河道从阊门开始,长七里,直达虎丘山下,并与运河贯通。山塘开河挖出来的泥土,顺势拓展河堤,垒石加固,堆成了堤岸,这条长长的堤岸逐渐形成山塘街。诗太守开河筑堤形成了山塘街"水陆并行,河街相邻"交通形态,因此,民间俗称的七里山塘,既指山塘街,又指山塘河。古街与长河相依相偎,并肩而行,不离不弃。如此看来,千百年前的诗太守白居易不仅精通文学艺术,而

且还很懂得水利交通,还是一位好领导,关心民生,体察民意,发展旅游,造福于民。当然,白太守毕竟是位大诗人,更懂得美化环境营造风景,比如在堤上栽种桃李,在河中栽植荷莲。于是,七里山塘诗意盎然。苏州人把这条诗太守所筑的长堤称为"白公堤"以志纪念。显然,白居易本人也对自己的这一杰作甚感欣喜,特意作诗《武丘寺路》(因避李渊祖父虎讳,虎丘寺改为"武丘寺",武丘寺路即指山塘街)记载此事,诗曰:

> 自开山寺路,水陆往来频。
> 银勒牵骄马,花船载丽人。
> 芰荷生欲遍,桃李种仍新。
> 好住湖堤上,长留一道春。

诗太守开河筑堤,不仅兴修水利,解除了这一带的水患,而且发展交通,开发旅游。从此,七里山塘成为连接阊门与虎丘的游览通道,东面连接红尘中最繁华的阊门,西面连接吴中第一名胜虎丘,如此大大方便了人们游览吴中名胜。而且无论从水路还是从陆路,无论是骑马坐车还是坐船行舟,人们去虎丘游览都十分便捷。民间俗语说:七里山塘到虎丘。尤其是春秋两季,男女老少,游人如织,正如诗人所描绘的"银勒牵骄马,花船载丽人",山塘街上帅哥美男骑着骏马,山塘河中佳丽美人坐着花船——这真是一道吸引眼球的风景。而且,白太守的这一工程也顺应了苏州人的"亲水情结"——水是苏州的灵魂,有水则灵,苏州人喜欢依水而居,枕河而卧。悠悠七里山塘河边聚集了一户又一户的山塘人家,"好住湖堤上,长留一道春"。粉墙黛瓦的山塘水居,映照着河边的柳树桃花,春意盎然,诗情画意——这就是人间天堂的诗意栖居,特色鲜明,魅力无穷。

作为一任地方长官,白居易的开河筑堤是一个精彩的大手笔,赢得苏州人民的拥戴。当他准备辞去太守官职时,苏州人得知后殷勤挽留:"州民劝使君,且莫抛官去";而当白太守真的辞去官职离苏北上时,苏州人倾城而出,依依不舍地为他送行。刘禹锡在《白太守行》诗中描述道:"苏州十万户,尽作婴儿啼。"

　　苏州人为纪念诗太守白居易的功绩,在山塘街街口处建有白居易纪念馆——唐少傅白公祠。因白居易曾任太子少傅,故称。祠内,白居易铜像立在门厅正中。大厅内有一幅大型的工艺画题为"白居易为民修山塘",吸引了不少游客驻足观赏。梁上高挂的牌匾"济世善身"是苏州人对白太守的崇高评价。白居易给予苏州的是诗意盎然的美丽,而苏州回报给白居易的也是永恒的纪念。

　　"人诗意地栖居在大地上。"这是20世纪西方哲学家海德格尔十分欣赏并推崇的诗句,也是人们渴望美好生活的美好愿景。而我们从1100多年前姑苏诗太守白居易的笔下,可以感受到什么是"诗意地栖居"。诗太守白居易以其高超的审美趣味与艺术才华,形象地展示了苏州水城迷人的风采。在诗太守白居易的彩笔下,苏州这座东方水城,充满着诗情画意,具有独特的魅力,无愧于人间天堂的美誉。虽然时隔一千多年,而白诗所塑造的天堂般的美丽至今可以滋润我们的心田,美化我们的生活。吟咏白诗,可以领悟到苏州水城的独特个性和丰富内涵,可以分享到东方水城如画美景中的盎然诗意,从而诗化我们平淡的人生,得到美的享受,享受人间天堂之乐。

吴中好风景，风景无朝暮

——白居易笔下的苏州诗咏

施伟萍

> 江南好，风景旧曾谙。日出江花红胜火，春来江水绿如蓝。能不忆江南？
> 江南忆，最忆是杭州。山寺月中寻桂子，郡亭枕上看潮头。何日更重游？
> 江南忆，其次忆吴宫。吴酒一杯春竹叶，吴娃双舞醉芙蓉。早晚复相逢。

唐代大诗人白居易的一首《江南好》，让历朝历代的多少文人墨客对江南是如此的向往，令多少人魂牵梦萦。

这三首《江南好》我们最熟悉的是第一首，总的写诗人对江南的美好回忆。此时白居易身在洛阳，却神驰江南，抚今追昔，无限深情地追忆最难忘的江南往事，让自己得到精神满足。江南的风景多么美好，如画的风景那样熟悉。太阳从江面升起时，晨光映照的岸边红花，比熊熊的火焰还要红。春天到来，春风吹拂的满江绿水，就像青青的蓝草一样绿。怎能叫人不怀念江南？第二首回忆杭州：游玩山寺寻找皎洁的月中桂子，登上郡亭枕卧其上，玩赏那起落的潮头。什么时候能够再次去重新玩游？第三首回忆苏州：喝一杯吴宫的醇厚美酒春竹叶，看一眼吴宫的歌女双双起舞，像朵朵迷人的芙蓉，诗人不禁叹息地说：何时能再与苏州相逢？结尾诉说了诗人对苏州的深深热爱，也激发着读者对那美丽风光的深深向往。

俗语说："上有天堂，下有苏杭。"白居易恰恰任了杭州和苏州的刺史，他对苏杭两地的感情在他的诗文中毫不掩饰地流露出来，如描写苏州的《武丘寺路》："自开山寺路，水陆往来频。银勒牵骄马，花船载丽人。芰荷生欲遍，桃李种仍新。好住湖堤上，长留一道春。"白居易在苏州刺史任上，疏浚开凿了从阊门到虎丘的七里山塘，解除了这一带的水患，这也正顺应了苏州的水域优势。苏州城以水系为脉络、河道为骨架，道路相依附，水陆两套相辅相成的交通系统，构成"水陆相邻，河街并行"的双棋盘格局。苏州著名的山塘街亦称白公堤。由此白居易与苏州结下了不解之缘，让我们一起走进白居易笔下的诗情画意的苏州。

　　白居易（772—846），字乐天，号香山居士，祖籍太原，到其曾祖父时迁居下邽，生于河南新郑。公元780年白居易的父亲白季庚先由宋州司户参军授徐州彭城县县令，第二年白居易和母亲也跟随到徐州，后来由于安史之乱，徐州一带战乱频繁，父亲让白居易和母亲到苏杭一带投靠亲戚，使他少年时就结缘苏杭，最后他和母亲在宿州符离安居。白居易在宿州符离度过了童年时光。他聪颖过人，读书刻苦。贞元进士，官至校书郎、赞善大夫，后因宰相武元衡事贬江州。长庆时，终于圆了少年梦想，迁杭、苏二州刺史，后任太子少傅，因不缘附党人，乃移病分司东都。武宗会昌二年（842），以刑部尚书致仕。武宗会昌六年（846）八月，白居易卒于洛阳，葬于洛阳香山，享年七十五岁。

　　唐穆宗长庆二年（822）十月至四年五月白居易任杭州刺史，他在杭州筑长堤防旱涝，大规模浚湖，使得西湖的面貌焕然一新，少了几许壮阔和粗放，多了几分婉约和妩媚，西湖变得更加风姿绰约了，造就了如今西湖之主要形貌和特点，留下了大量赞美西湖山水的好诗，使西湖声名远扬。唐敬宗宝历元年（825）五月至二年九月白居易任苏州刺史。虽然在苏州任上不过十七个月，但他为苏州百姓办了许多实事。上任不久，他坐轿子到虎丘去，看到附近的河道淤塞，水路不通，回衙后，立即找来有关官吏商量，决定在虎丘山环山开河筑路，并着手开凿一条山塘河。东起阊门渡僧桥附近，西至虎丘望山桥，长约 3600 米，故俗称"七里山塘到虎丘"。这条河使阊门与运河相接。在河塘旁筑堤，即山塘街。山塘河的开凿和山塘街的修建，大大便利了灌溉和交通，使这一带成了热闹繁华的市井。由于白居易以民为本，以人为本，政省刑宽，使得苏州百姓获得了轻徭薄赋、休养生息的实惠，以致他离开苏州北上时，苏州百姓也是少有的热情相送，"一时临水拜，十里随舟行"。纷纷悲啼惜别。刘禹锡有诗云："苏州十万户，尽作婴儿啼。太守驻行舟，阊门草萋萋。挥袂谢啼者，依然两眉低。"苏州百姓非常感激白居易，他离任后，百姓即把山塘街称之为白公堤，还修建了白公祠，以作纪念。

白居易为苏州百姓留下许多善政的同时，他利用公暇之际，走遍苏州的大街小巷，也留下了许多吟诵苏州风物的美丽诗篇，他的不朽诗篇为苏州的自然山水增添了更有意义的人文色彩。下面撷取几首苏州诗咏进行赏读：

苏州的山水美景

白居易在苏州刺史任上，有每逢十天一次的旬假，他就放下案牍，乘着画舫去苏州的山山水水游赏，也借此消除九天的劳顿。他最爱去的，而且去的最多的地方就是太湖和虎丘。

宿湖中

水天向晚碧沉沉，树影霞光重叠深。
浸月冷波千顷练，苞霜新橘万株金。
幸无案牍何妨醉，纵有笙歌不废吟。
十只画船何处宿，洞庭山脚太湖心。

这首诗就是白居易夜宿太湖所见到的美景，也感受到美景带给他的乐趣。诗的前四句描绘了从傍晚到黄昏湖中的和山上的奇丽的景色，"水天"两字表现出太湖混沌苍茫的气势，如果改成"湖水"二字就黯然失色了。霞光映照,树影的颜色更加丰富,给人山谷幽深的感觉。后四句写诗人的感受,先写游湖的乐趣,一是终于远离府第,没有案牍劳神,也可以一醉方休;二是有笙歌伴酒,还可吟诗抒怀。最后诗人用问答结束全诗,夜晚画舫就宿在太湖西洞庭山,就是太湖中的西山岛,表现出诗人的轻松自得的情态。全诗平易如口语,措辞自然又高雅,顿挫有致,音律和谐。

题东武丘寺六韵

香刹看非远,祇园入始深。
龙蟠松矫矫,玉立竹森森。
怪石千僧坐,灵池一剑沉。
海当亭两面,山在寺中心。
酒熟凭花劝,诗成倩鸟吟。
寄言轩冕客,此地好抽簪。

据传春秋末期吴王阖闾葬此,后有虎踞其上,故称虎丘。一说丘如蹲虎而得名。东晋咸和二年(327)司徒王珣、司空王珉兄弟舍宅为寺,名"虎丘寺"。当时寺建于剑池山下东西两处,本是两个寺。唐时为避李虎(唐高祖李渊祖父)之讳,便改名为"武丘报恩寺"。会昌年间(841—847)佛寺废毁。后来重建时,合两寺为一寺。五代末,增建虎丘塔。北宋至道年间(995—997)重建时又改名为"云岩禅寺",塔名也改为"云岩寺塔"。清康熙年间更名为"虎阜禅寺",但人们仍习惯俗称"虎丘寺"。白居易在苏州最爱游的地方就是虎丘,这首诗描绘了东武丘寺的迷人景色,表达了诗人内心的愿望。开头两句由远而近,由外而内地写了东武丘寺的概貌。首句是从远处看,东武丘寺好像并不远。虎丘在阊门外七里,古时一出阊门就能望见虎丘,所以诗人写到"看非远",二句写东武丘寺给人一种"曲径通幽处,禅房花木深"的感觉。从第三句到第十句写寺内的景色,三、四两句写寺院的松和竹:松如龙蟠矫健苍劲；修竹玉立，茂盛多姿。五、六句写东武丘寺内的建筑，高亭耸立，大有远观沧海之势。虎丘山下为东西两武丘寺，山被包在寺中，故谓"山在寺中心"，这也是虎丘的特色——"寺藏山"。九、十句不仅写了东武丘寺内鸟语花香的美景，也表现了诗人乐此不疲的心境。白居易在苏州刺史任上，去的最多的是虎丘，诗人喜欢虎丘，在寺院内的花间林下饮酒赋诗，一幅怡然自得的情景。最后两句表达了诗人愿意弃官归隐的愿望，他在虎丘流连忘返，也是向往悠闲安静的生活，这首诗全面展现了武丘寺的景色和诗人游寺的情趣，层次井然，错落有致，动静相协，声色俱佳。

白云泉

> 天平山上白云泉，云本无心水自闲。
> 何必奔冲下山去，更添波浪向人间。

这首诗描写苏州西郊天平山上的泉水。是托物言志之作，天平山在苏州西南诸峰中是最为高峻的一座山，因山顶平整，故称天平山，因天平山高接云天，常有白云缭绕，故也名白云山，风景以石、泉、枫取胜，是"天平三绝"。宋代著名的范仲淹的祖祠、祖坟都于此，此山还称"范坟山"。白云泉号称"吴中第一水"，泉水清冽，水味甘甜，所以名山胜水，相得益彰。据说白居易喜欢到天平山读书，常常下榻天平山，下榻的楼后人命名为"乐天楼"，当他看到山间一股清泉明澈洁净，随手书"白云泉"刻于山石之上，并题诗一首，现在我们到白云泉下，依然可以嗅到穿越千年而来的墨香！

诗的开头两句写天平山的白云泉是那样的悠闲自在，"云无心以出岫"，悠悠地在山林中飘逸，泉水击石，泠泠作响，无拘无束地在石隙间流淌。这里我们看到的不仅仅是一股淙淙的清泉，也是诗人自我形象的写照，诗人从元和十年贬江州司马后，就向往退居林泉的生活，这样才能做一个襟怀淡薄、情趣闲逸之人。所以三四句表面写白云泉"何必奔冲山下去，更添波浪在人间"，似乎责怪泉水急急匆匆向山下去到了江湖中推波助澜，给人增添烦恼，实际上是对自己的内心说：既然自己那么向往闲适的隐逸生活，何必还留恋官场，不如摆脱"心为形役"的官场生活吧！

这首诗将山水人格化，采用了象征的手法，作者在白云泉这股人格化的山泉上寄托了诗人的理想和愿望，也象征了诗人自己的品性和胸怀，可以说是言近旨远、寄寓深刻，不仔细品味是不可得其深邃的。

苏州的风俗画面

苏州河道水网纵横交织，构成了城市空间艺术的基座，古塔、深巷、园林、寺观、粉墙黛瓦的民居、各献其巧的桥梁、自由散漫的碧水，把这些城市元素统一在一起，密切结合，相互渗透，创造出水与城市浑然一体的苏州水城艺术风貌，凝成特色鲜明的吴文化的风俗画。

正月三日闲行

　　黄鹂巷口莺欲语，乌鹊河头冰欲销。
　　绿浪东西南北水，红栏三百九十桥。
　　鸳鸯荡漾双双翅，杨柳交加万万条。
　　借问春风来早晚，只从前日到今朝。

诗人抓住苏州山水的特点采用了"风俗画"的构图和用色。开头二句两个"欲"紧扣题目"正月三日"早春时节，诗人穿行写苏州的街巷小桥，黄鹂为坊名，乌鹊是河名和桥名。乌鹊桥，是苏州城中最古的石拱桥，距今已有两千多年，春秋时吴王在此建乌鹊馆而得名。这是一座集政治、经济、文学和建筑艺术于一身的名桥。据记载，此桥原为周武康石建造，整体彤红，端正耸峙，如琼雕玉凿，乌鹊桥拱之顶，与玄妙观内三清殿屋脊对峙，甚是壮观。此桥与城中其他桥梁相较，大有鹤立鸡群之势。乌鹊桥一直成为历代诗人墨客竞相吟咏的对象。诗中"红栏三百九十桥"之"红栏",就是指称乌雀桥,诗以乌雀桥之个别而代"三百九十桥"之全部。白居易在任苏州刺史时,对此桥真可谓情有独钟。黄鹂、乌鹊语意双关,三、四句的"东西南北"的方位词对"三百九十"的数词,妙不可言,以暗写绿水与河道,东西南北,纵横交织。一池春水,又由于水道的东南西北、曲折蜿蜒,波光粼粼。苏州的小桥姿态各异,又因为"东西南北"的方位,桥栏色彩鲜艳夺目,便愈加风情万种了。水用"绿",可谓清澈之极;桥用"红",可谓绚烂之甚,结合首联的"黄鹂"之黄、"乌鹊"之黛,黄、乌、绿、红,色彩鲜艳而明丽,画面层次丰富而跳跃,形成生动的形象,足以给人以美感强烈的视觉冲击。五、六句一组特写:"鸳鸯荡漾双双翅,杨柳交加万万条",显示出春天急不可耐的情绪和状态。诗人在最后两句用问答形式:"借问春风来早晚,只从前日到今朝?"作者在早春时节,欣赏美景之时更是向往姹紫嫣红的大好春光,自然自问自答,问得漫不经心,问得随意天真。江南春风一吹,就会很快出现一派生机盎然的春意。这首诗写得通俗晓畅,风格平淡,表现了苏州早春的美景,也表达了诗人对春天的向往。

登阊门闲望

阊门四望郁苍苍,始觉州雄土俗强。
十万夫家供课税,五千子弟守封疆。
阛阓城碧铺秋草,乌雀桥红带夕阳。
处处楼前飘管吹,家家门外泊舟航。
云埋虎寺山藏色,月耀娃宫水放光。
曾赏钱塘嫌茂苑,今来未敢苦夸张。

阊门不愧是"红尘中一二等富贵风流之地",是苏州自古以来的一张光亮华丽永不褪色的名片。开篇四句描绘了水城苏州的繁华胜景,白居易在《齐云楼晚望偶题十韵兼呈冯侍御,周、殷二协律》诗中也咏道:"人稠过杨府,坊闹半长安。"意思是说,苏州人口之众多,民生之繁华,已超过了江淮重镇扬州,已经抵得上半个长安城了。唐代时的苏州是繁荣朝代的一个生动的缩影。这几句诗中可看出盛唐时期,物阜民熙的苏州,财税和军事力量已相当雄厚。城里城外黑压压的一片房屋和从横交错的街道。"郁苍苍"不仅写出了人烟的稠密,还蕴含了大城市的繁华、热闹的气氛。

接下来六句写苏州城内外的景色,秋天傍晚时分,诗人用"碧"与"红"都给苏城染上了绚丽的色彩。苏城到处楼前飘乐,门外泊舟,生动地画出了江南水乡的特有景致。"云埋"两句写城外的虎丘山和灵岩山两处胜景:围绕虎丘山建筑的佛寺,隐入白云之中,山间云雾缭绕,青翠的山峰朦朦胧胧,颜色显得暗淡;灵岩山上的馆娃宫在月光映照下,轮廓可见,月光映在水面泛出清光,点缀出一派迷人的景色。山寺幽深,娃宫清冷。娃宫是吴王夫差为讨西施的欢心,特凿玩月池供西施在水中玩月采莲而用。最后两句感叹自己被苏州杭州的景色所倾倒。月下观景,体察细微,既曰"闲望",也反映出诗人的闲适心境。闲适,也使白居易消解了内心愤世嫉俗、消解了精神负荷和生活的压力,其精神绝对放松,意志也高度自由,安详从容而身心俱适,进入了享受生命的人生境界。

吴中好风景二首

吴中好风景,八月如三月。
水荇叶仍香,木莲花未歇。
海天微雨散,江郭纤埃灭。
暑退衣服干,潮生船舫活。
两衙渐多暇,亭午初无热。
骑吏语使君,正是游时节。

吴中好风景,风景无朝暮。
晓色万家烟,秋声八月树。

> 舟移管弦动,桥拥旌旗驻。
> 改号齐云楼,重开武丘路。
> 况当丰熟岁,好是欢游处。
> 州民劝使君,且莫抛官去。

白居易在即将离别苏州的时候,他是那样的依依不舍,这两首诗第一首写吴中八月的秋天景色与三月的春天景色一样,河面上水荇叶含香,木莲花还未衰败。小雨霏霏过后,天空澄清,暑气已退,潮涨潮生,船舫揽活,正是游湖好时节。第二首更是赞美吴中的风景早早晚晚都是美妙无比,想起早上万家升起袅袅的炊烟,八月桂花香。游船传来动听的管弦之声,桥上挂满飘舞的旌旗。自己在苏州开凿山塘河,修筑堤坝,吴地呈现一派年岁丰熟,连苏州热情地百姓见了面都一再挽留刺史,表达诗人对苏州的热爱之情。

白居易因病卸任苏州刺史,但是他苏州依依不舍,眷恋无比,临别时写下《别苏州》"怅望武丘路,沈吟浒水亭",欲行且止。江南的风土民情一直在他的脑海中挥之不去,他用大量的诗篇来表达他的情怀。白居易为苏州留下了吟诵苏州风物景致的美丽诗篇,今天读来依然是那么亲切,白居易的苏州诗咏给苏州留下了永恒的美丽。

参考文献:

[1] 高树森:《诗篇遗爱留吴中——白居易与苏州》,苏州大学学报(哲学社会科学版)1988 年第 3 期。
[2] 杜学霞:《白居易在杭、苏时的"吏隐"心态及思想渊源》,《韶关学院学报》2009 年第 4 期。
[3] 徐静:《姑苏诗太守白居易笔下的东方水城——诗意栖居的人间天堂》,《文艺争鸣》2015 年第 1 期。
[4] 曹瑞娟:《从白居易苏杭诗看文学与地域的互动》,《文艺评论》2015 年第 2 期。

余怀晚隐吴门考

简 雄

明清易代,结束了一个浮世,曾经张扬喧闹的士林,随着天崩地坼坠入枯寂。他们中的极少部分人,拒绝了新朝的橄榄枝,选择在归隐和流寓中了此余生,史称"遗民"。[①]余怀便是其中的一位。

余怀其人

余怀(1616—1696)[②],字澹心,一字无怀,又字广霞,号曼翁,又号寒铁道人[③]、无怀道人、老树道人,别号壶山外史、天衣道者、衲香居士、广霞山人、雁亭居士、海棠颠、晚号鬘持老人。

据李金堂先生整理《余怀年谱》[④]载,余怀生于福建莆田黄石,六岁时(天启元年,1621)随父母移居南都金陵,再也没有回过家乡。(按:因李先生这份《余怀年谱》多有商榷处,检影印本《余怀集》方宝川、陈旭东先生《余怀及其著述》一文[⑤],内有余怀同里康爵(字修其,1894—1943)引《雪鸿堂诗话》言:"苏门余澹心曰:'余闽人,而生长金陵。生平以未游武夷、未食荔枝为恨'。"即认为,余怀生于南京、长于南京,福建莆田只是祖籍而已。家道则是"书藏万卷儿能读,酒泛千钟家不贫"。又检康爵《现存莆人著作书目提要》称:"余怀,莆黄石人,生于吴门,后寓金陵,晚仍居吴门,殁葬桃花坞。"[⑥]则说生于苏州。今知余怀出生地说已有三处,聊备一格,俟考。)

《清史稿》不收余怀传略,《清史列传》则有余怀小传一篇:

余怀,字澹心,福建莆田人,侨居江宁。才情艳逸,工诗。生明季乱离之际,词多凄丽。尝赋《金陵怀古诗》,王士禛[7]以为不减刘禹锡。与杜濬、白梦鼐齐名,时号"余杜白",金陵市语转为"鱼肚白"。词藻艳轻俊,为吴伟业、龚鼎孳所赏。晚隐居吴门,徜徉支硎、灵岩间,征歌选曲,有如少年,年八十余矣,尝撰《板桥杂记》三卷,记狭邪事,哀感顽艳,亦唐人《北里志》之类。又有砚癖,蓄砚最多,既老,分与内外诸孙,著《砚林》一卷。后竟以客死。著有《味外轩文稿》《研山堂集》《秋雪词》一卷,《宫闱小名后录》一卷。(卷七十文苑传一)

阮亭对余怀诗的评价见《渔洋诗话》:"余澹心居建康,常赋金陵怀古诗,不减刘宾客。"《渔洋集》收录《余澹心金陵怀古迹诗却寄二首》,时间是顺治己亥,即顺治十六年(1659),一为"千古秦淮水,东流绕旧京。江南戎马后,愁杀庾兰成";一为"钟阜蒋侯祠,青溪江令宅。传得石城诗,肠断芜城客"。

杜濬,字于皇,号茶村,湖广黄冈人,明副贡生。《清史列传·杜濬传》载,易代后于皇避居金陵鸡鸣山,刻意为诗,却又谢绝求诗者。晚年贫困,却苦中作乐,绝粮不绝茶,把喝过的茶叶堆成"茶丘",还自嘲说:"往日之穷以不举火为奇,近日之穷以举火为奇。"七十七岁客死扬州。

白梦鼐,字仲调,号蝶庵,江南江宁人。明末卷入党争,被马士英、阮大铖投入监狱。易代后仕清。检《明清进士题名碑录索引》:白梦鼐,康熙九年(1670)中三甲第八十名进士。[8]

"鱼肚白"是市井语,至今仍在使用。清陈康祺《郎潜纪闻·初笔》载道:

国初,莆田余怀流寓金陵,文词悽丽,撰《板桥杂记》三卷,感均顽艳。与杜濬、白仲调齐名,时号"余杜白"。卒

后,长洲尤侗吊之曰:"赢得人呼鱼肚白,夜台同哭党人碑。"鱼肚白,金陵市语,染名也。(卷三)

与四方宾客交游,登临山水,品题花月,诗酒唱酬,织就了晚明江南士林的浮世绘。青年余怀既没能谱写"复社四公子"一般的壮怀激烈,也没有留下众多名士一样的千古恋歌。可能是受《板桥杂记》的影响,余怀给后人的印象基本是个家境富裕、纵情欢场的纨绔子弟。但他的诗词才华还是颇得文坛认可的。检《定山堂诗集》,收录龚鼎孳(字孝升,号芝麓)与余怀的唱和有二十多首,并留下了易代余怀流寓的重要线索,下面再辨。吴伟业(字骏公,号梅村)更有一首《满江红·赠南中余澹心》,赞这位金陵风流少俊,全词如下:

满江红·赠南中余澹心

绿草郊原,此少俊风流如画。尽行乐,溪山佳处,舞亭歌榭。石子冈头闻奏伎,瓦官阁外看盘马。问后生领袖复谁人,如卿者?鸡笼馆,青溪社;西园饮,东堂射。捉松枝麈尾,做些声价。赌墅好寻王武子,论书不减萧思话。听清谭亹亹逼人来,从天下。⑨

应该说,余怀与当时的众多青年才俊一样,满怀着变革现状、建功立业的理想,积极参与政治活动。他晚年自己回忆说:"往,余年少不羁,喜为豪华之事,爱读奇僻之书,究竟豪华奇僻为害颇深。"(《东山谈苑》卷一)但他算是晚辈,又无功名,只是位同复社名士们走得比较近些的"进步青年"。兹举一例:余怀为贵池名士刘城(字伯宗)著述《峄桐集》作序,忆及伯宗同里复社名士吴应箕(字次尾),仰望之意溢于言表:"怀与王孝廉潢、钱茂才汇二三同人,进退揖让于其间,莫不推两先生为祭酒云。"

另一个显证是冒襄[⑩]的《同人集》，易代之际与余怀并无任何唱酬，倒是与"鱼肚白"之一的杜濬往来不断。与余怀的密切交往是在他晚年隐居吴门、冒襄也举家来苏州居住期间。《同人集》这一卷因而成为考订余怀苏州形迹的重要史料。

康熙十九年（1680），冒襄七十寿辰，一众士子纷纷著文祝贺。《同人集》收录了余怀的《冒巢民先生七十寿序》。澹心自己回忆说，他与辟疆相识在崇祯十二年（1639）、十三年（1640）之际。并写了一段"口述历史"：

> 余时年少气盛，顾盼自雄，与诸名士厉东汉之气节，挹六朝之才藻，操持清议，矫激抗俗。布衣之权，重于将相。

如果把梅村赠词和这段自述相关联，自然会觉得余怀当年是个"角色"。但为什么包括冒襄在内的众多名士诗文集中几乎不提这位"顾盼自雄"的"少年英雄"呢？而且对梅村的这首《满江红》，晚清词评价，陈廷焯[⑪]揶揄说："此词足长澹心声价矣。"更重要的是，这首词的写作年代学界尚有争论，后面再辨。

崇祯庚辛年间，即崇祯十三年（1640）、十四年（1641），余怀入范景文府为幕宾。这时的范景文[⑫]因上书营救黄道周、弹劾杨嗣昌而被削职为民，寓居南京。从《明史·范景文传》对范景文治国理政理念的评价，或可见余怀的政治倾向与立场，与奋身卷入党争的士子确实有所不同。

在党争频仍的明末，范景文的治国理政理念显得相当特别，《明史》本传记述道：景文与魏忠贤是河北老乡，但他"不一诣其门，亦不附东林，孤立行意而已"。他说："天地人才，当为天地惜之。朝廷名器，当为朝廷守之。天下万世是非公论，当与天下万世共之。"不过，谢国桢先生在《明清之际党社运动考》中，仍将范景文归入东林。[⑬]

明清易代那年，余怀二十九岁。他的生命历程被暴力从此分为两段。在江南战乱中,他带着一家老小到处逃难,饱受离乱亡国之痛,他的母亲、妻子和朋友先后在动荡中撒手人寰。余怀在长洲(今江苏苏州)吟出代表作《效杜甫七歌在长洲县作》,记述了甲申之变的悲情,这里选录其中两首:[14]

其三
小人有母生我晚,幼多疾病长屯蹇。
生不成名老何益,蚩尤夜扫兵满眼。
吁嗟亡国甲申年,二竖沉沉婴圣善。
呜呼三歌兮歌思绝,鹡鸰昼叫泪成血。

其四
有妻有妻珮璃玖,十年为我闺中友。
两男一女未成长,索梨觅栗堂前走。
汝病数载事姑嫜,伶仃憔悴供箕帚。
岂知豺狼入我户,使汝惊悸遂不寿。
呜呼四歌兮歌转悲,饥乌夜夜啼孤儿。

江南成了余怀抒发情怀、思念故土的诗意想象。他四处游历,结交士子,既有吴伟业、龚鼎孳这样的名流,也有流寓苏州的山东莱阳姜氏兄弟这样的昔日同道,更有尤侗这样受新朝恩宠的"老名士",后面再考。

随着《余怀全集》等史料的点校出版,有学者认为,余怀是借游走山水之间,以"风月"为名,交通江南士林的复明运动。[15]陈寅恪先生更是断言:"澹心之为复明运动中之一人,自不待言。"[16]这当然需要更多的史料来证实,但当时江南公开的和地下的抗清活动确实规模相当惊人。(按:支硎、灵岩都是苏州城西丘陵地区名山,灵岩为净土宗丛林,至今香火不绝。)

"晚隐吴门"的时间地点

尽管学界对《清史列传》的稿本来源一直争论不休,但其史料价值毋庸置疑。上节引余怀本传关于"晚隐居吴门"的记述实在过于简略,并延续了通常对待文苑遗民的叙事逻辑。因此有必要做进一步的梳理。

先考时间。

1982年,黄裳先生出版《金陵五记》,写有长篇后记,专门记述他收藏余怀著作刻本的经过,还附录了余怀所著《咏怀古迹》《味外轩集》两种,并对余怀生平做了简略考订,认为余家由闽迁南都可能已不止澹心父辈一代了,而且余怀父亲也是布衣,但家有藏书且较为富裕。并认为余家在南京、苏州都有住宅。[17]

余怀"晚隐居吴门"的事实无须再辨,余怀另几种传略[18]和余怀诗文均可实证,但是在什么时间则说法不一。《金陵五记》引余怀朋友方文[19]诗句"别去凤台三岁客,忘归虾菜五湖人",认为无论诗意和作诗时间"丙戌"(即顺治三年,1646),都表明余怀已经离开南京卜居苏州。而李金堂先生点校《板桥杂记》、王稼句先生点校《三吴游览志》却都说是在"康熙八年己酉(1669)",但又都没有注明出典。[20]时间差异这么大,到底哪位今贤靠谱些呢?

从诗句的表意上看,"别去凤台三岁客"确可理解为离开南京三年了。(按:南京有凤凰台,清陈文述《秣陵集》卷三记,凤凰台"今在南门内新桥西上"。诗咏:"元康曾纪凤皇至,元嘉又见凤皇来。白门已改凤皇里,青山更起凤皇台。六朝江声走浩荡,双阙云气森崔巍。搔首青天唤鸑鷟,谪仙长啸真奇才。")但此处"五湖人"之意虽指向"江东"(苏州),却并不一定"卜居"。余怀《三吴游览志》答谢吴伟业诗中有类似的诗句:"静寄莺花三亩宅,忘归虾菜五湖舟。"显然取自唐王维《送丘为落第归江东》"五湖三亩宅,万里一归人。"又有《五湖游稿》记述在吴江、嘉兴、苏州、松江等地游走的经历,从写作时间看都在方文诗后。这期间余怀居无定所,所谓"泛宅浮家",一会儿数次去云间(松江),一会儿"独居虎丘"(苏州),一会儿在嘉兴朋友家留宿,一会儿又病卧"海云边"。故所谓"五湖人"应是泛指到处游走的意思。

《余怀年谱》也提到方文这首《寄怀余澹心》的诗,但李金堂先生的解读是"余怀三年不知音讯",故而引起朋友"寄怀",至于去处,"似为江北"。今检《定山堂诗集》,为李先生的猜测做一释证。卷十九,龚鼎孳有一首题目很长的七律《余澹心往客海陵先余至一日行今来自白门余复以是日买舟如淮喜晚相见而恨别之遽也二诗垂赠见乎辞舟中赋答如数兼识惆怅》。检《龚鼎孳年谱》知,顺治三年(1646),芝麓丁父忧,于六月从京城出发回合肥老家奔丧。抵海陵(今江苏泰州)时,余怀却先一日离开了。而当龚鼎孳正准备雇船去淮阴(今江苏淮安)的当日,澹心又从金陵来了。两人在海陵城西的小西湖匆匆别过,惆怅都写在了唱和诗中。

其实,方文"三岁客"的"寄怀",也见于余怀另一位朋友函可法师《留别余澹心(怀)二首次韵》"春风犹滞秣陵关""三年不见云中信"。关于函可法师,陈寅恪先生《柳如是别传》第五章作了较为详细的考订,兹不展开。陈先生认为:"'三年'之语,乃指甲申、乙酉、丙戌三岁而言,盖'留别余澹心'诗,赋于丙戌春暮也。"澹心也留有《送别剩人还罗浮》七律一首,内有"罗浮此去非吾土,须把蓬茅手自删"之句(《味外轩诗辑》)。就此而言,"三年"之隐喻并不像朋友诗句表意那么简单,或可为余怀参与江南抗清斗争做注脚耶?(按:函可法师,字祖心,别号剩人。俗姓韩,系明礼部尚书韩日缵公子。顺治三年(1646)来金陵,留下大量朋友"留别"唱酬,其中就有余怀。这说明,余怀当年在南京。联系上引芝麓诗,澹心在海陵与金陵之间来回奔波,似就是为了与三年不通音信的朋友相见。顺治四年(1647),剩人和尚涉嫌反清而被捕。检《余怀全集》,易代诗作《枫江酒船诗》残卷有《留别》(八首),或正是这一段金陵离别的唱和。)

能够确定推翻黄裳先生说法的证据,其实是余怀的一部日记体作品《三吴游览志》。这一年,余怀"家居不乐,驾言出游",四月初一从南京出发,一路南下。最后一首长诗《折杨柳歌辞》写于大风雨中的六月十九日,地点在苏州城北陆墓。李金堂先生点校时说此书"作于清顺治七年庚寅(1650)",但仍未注出处。如果李先生的说法成立,则黄裳先生的说法便站不住脚,因为顺治七年(1650)余怀还在南京,只是南下一游而已。而据澹心自述,从顺治八年(1651)上溯五年,他一直到处流浪,所谓"五年四处见中秋矣"。(《鸳湖中秋诗》)来新夏先生则相当谨慎,竟来了这么一句"惜未著其为何年也"。[21]

《三吴游览志》明确记着去太仓拜访吴伟业的事情。冯其庸、叶君远先生《吴梅村年谱》载,顺治七年(1650)六月,吴伟业在家五亩园梅花庵宴请余怀,这是他们初次见面,梅村为澹心《三吴游览志》作序。[22]这不仅确定了李金堂先生的说法无误,而且证实至少在顺治七年(1650),余怀依旧还住在南京。(按:李金堂先生编校《余怀全集》殊为不易,其长篇前言称,吴伟业任南都国子监司业时十分欣赏余怀,"特地写了一阕《沁园春·赠南中余澹心》,期许他以'后生领袖',寄托厚望。"则不仅词牌弄错,更想当然耳。)

《余怀全集》李金堂先生前言,影印本《余怀集》方宝川、陈旭东先生《余怀及其著述》,均引侯方域(字朝宗)《曼翁诗序》称:"(余怀)少而十五岁能诗。"张冠李戴耳!检《侯方域全集校笺》:"'曼翁':侯方镇,号曼翁。侯方域叔父侯恪长子。"[23]另,方、陈两先生还将杜登春撰《社事始末》误为吴伟业著。可见,梅村《满江红》词出何时也有必要一辨。

梅村出任南国子监司业是在崇祯十二年(1639),但很快于第二年丁嗣父忧,与当时那一群搅动天地的复社士子交往不多。这当然不能作为梅村并不认识余怀的主要理由。今翻检李学颖点校《吴梅村全集》,梅村寄余怀诗文仅有三篇,一为这首《满江红》,一为《三吴游览志》序,一为《玉琴斋词》题词,后两文时间分别为顺治七年（1650）和康熙十年（1671）。前为余怀专程去太仓求得，后为澹心隐居苏州之后。如果这依旧不能作为梅村与澹心之前并无交集的关键理由，那么，还是再到余怀诗文中去寻找答案。

顺治七年（1650）六月初一，余怀游览三吴抵达娄东（太仓），"访吴骏公宫尹于五亩之园，披襟长谈"。澹心赠梅村长诗一首，共四十二句，多有赞颂之辞，诗意清楚表明，由老友姜垓（字如须）介绍，澹心与梅村系初次见面。内云："山东姜生饮我酒，袖出一卷风惊癗。纸上分明宫尹辞，淋漓墨汁倾两肘。"诗末又借姜垓言："寥寥海内竟谁雄？山东姜生称吴公！"尤其值得关注的是这两句："图书风流二十年，今日相逢槐树下。"离开太仓时，梅村除了家宴，又手录诗作《琵琶行》赠余怀，余怀又作诗二首《谢骏公》，互相礼数客气而周到。另，澹心《五湖游稿·石湖》有《吴郡五君咏》，皆为颂辞，第一人便是吴伟业。

此处"图书风流二十年"应是指二十年前即崇祯四年（1631）吴伟业进士及第，高中榜眼，从此风流士林。后一句基本表达了两人见面系初次的意思。从上面客气的礼数来看，梅村这时赠《满江红》当在情理之中。检《吴梅村年谱》，冯、叶两先生也表达了相同观点："本年伟业初见余怀，似当有作，此词或即本年作耶？"（按：考辨梅村词作时间，意在观察易代之际，澹心在士林中究竟据何地位，有何影响，从而对历史人物有一较为客观的评判视野。）

那么"康熙八年己酉（1669）"正式移居苏州到底出于何典呢？或与余怀在康熙七年（1668）回南京所作《戊申看花诗》有关。

康熙戊申（即康熙七年，1668），离开金陵已有三年的余怀，从苏州返回，留下《戊申看花诗》一百首，"徘徊不忍去"，充分抒发了对故土的深情……澹心想干什么呢？康熙十年（1671）刊刻的余怀《玉琴斋词》有一首《水龙吟》并序，自述了从康熙四年至七年（1665—1668）的行踪：游杭州、去吴兴（今浙江湖州)、"休夏灵岩"（苏州）、回南京住在老宅里，"叹逋逃之无所，作一词以写怀""去留之际，岂易言乎！"

"流寓江湖"的余怀，在金陵日日与二三老友满城看花。而此刻，环顾或将与之永诀的故庐，去还是留，真是百感交集，"寄愁天上，埋忧地下，消魂何处！"《余怀年谱》载，康熙八年己酉（1669），余怀移居吴门。但更可能是戊申当年，余怀在老宅度完五十三岁生日，即告别金陵正式移居苏州。而在这之前数年，余怀已经陆续将家中一应什物搬到了苏州的居所。

不妨来梳理一下余怀四十九岁至五十四岁这五年间（1664—1669）的自寿诗文及唱和诗文。

康熙三年（1664）是个重要节点。顾诚先生认为，由于有组织的抗清斗争最后失败，南明史至此结束。㉔据《小腆纪年附考》记："秋七月，明兵部尚书张煌言被执，至杭州，谕降不屈，死之。"（卷第二十）张煌言之死，标志着江南长达二十年的抗清战火被扑灭。余怀吟下《四十九岁感遇词六首并序》，序中云："余今年四十九，身既老矣，穷犹未死。追思生平，六朝如梦。"词意则更为苍凉，几乎万念俱灰："明年五十，江南游子，九分憔悴。""叹年将半百，鬓髯如戟，运逢百六，心事成灰""从今后，及时行乐，逍遥而已。"最后一首《摸鱼儿·和辛幼安》下阕说"茂苑"（苏州旧称）、说"吴宫花草"、说"苏台春"，只是尚不能确认澹心必定就住在苏州。这一年，他还去扬州初次见到了王士禛。

康熙四年（1665），余怀五十岁，作《五十进酒词四首并序》。但最要关注的是龚鼎孳的唱和诗。为答谢余怀寄赠《沁园春》三首，芝麓回赠《和答澹心兼寿其五十初度》一首，长达一百二十句。㉕在回忆与澹心在南都余家"道归堂"，醉吟唱和的情景后，云："闻君草堂改，遂理东吴航。"诗意清楚表明，澹心已在打点行装把家搬到苏州。流寓在苏州哪里呢？"逸妻理铅椠，佳儿负巾箱。隐居伯鸾亚，任侠要离傍。"（按：上节引余怀《七歌》知余怀妻子已在离乱中去世，留下两儿一女未成年。此处所谓"逸妻"或指继配。伯鸾，东汉梁鸿的字；要离，春秋吴国刺客。遗迹都在苏州阊门皋桥附近。这两位苏州历史人物在余怀或余怀朋友唱和诗文中被反复提及，可见其中千丝万缕的关联，下面考地点时再展开。）

从康熙四年到六年（1665—1667），余怀主要居住在苏州，不必考辨，有《戊申看花诗》自序和第一首诗为证："予以戊申二月，从吴郡返金陵。"百诗其一开首就是两句："三年不见白门花，今日重过处士家。"

康熙五年（1666），余怀五十一岁，作《沁园春·五十一岁自寿》，有"奈吴霜点鬓，形容易改"，表明确实住在苏州。《玉琴斋词》紧接着前调收录《题悠然阁新种木芍药》一首，可能是苏州居所的楼阁名。

康熙六年（1667）在苏州，已有上引"从吴郡返金陵"和"休夏灵岩"证实。

康熙七年（1668），余怀五十三岁，作《念奴娇·自寿》，有"白发飘零，朱颜憔悴，愁对金城柳"，表明余怀这时在金陵。赋完《戊申看花诗》，一直在金陵住到七月十四日生日之后。

康熙八年（1669）七月十四日，余怀在吴江垂虹亭下度过了五十四岁生日。作《念奴娇·垂虹亭下度生朝自寿》："垂虹亭下，看平湖秋水，连天浮碧。恰是四更山吐月，重见今宵七夕。钓得鲈鱼，沽来村酒，鸥鹭为宾客。狂歌痛饮，柳桥风露如昔。久已泛宅浮家，英雄老矣，五十头空白。万斛闲愁堆满面，那有推愁计策。天在阑干，人归图画，高处星堪摘。汀花岸草，松陵无限萧瑟。"词意极其苍凉，甚至有万念俱灰之感。（按：移居苏州，为什么第一个生日要到吴江松陵去度过？最让人疑惑。另，余怀还有《寄家书三句诗仿谢皋羽》，分别为吴郡（苏州）、白门（南京）和广陵（扬州），以此可认为余家在这三个城市均有住宅。其中"吴郡"诗云："沧浪亭下花正开，女雏烂漫睡无猜。安得西风吹我回！"（《平原吟稿》）难道余家沧浪亭旁还有住宅？）

尽管康熙八年（1669）后，余怀依然有不断游历的行迹，但离开旧京伤心地而以苏州为活动中心确实就在此时。如康熙九年（1670），为给苏州徐生《南曲谱》作序，余怀专门赴无锡听曲，作《寄畅园闻歌记》；康熙十年（1671），李渔（号笠翁）带戏班来苏，余怀不仅赋诗填词，还为《闲情偶寄》作序；当年，吴伟业、尤侗为余怀《玉琴斋词》卷首题词。不过，此时他在苏州的居所并没有固定。

来考地点。

从余怀留世的诗文可以梳理出，易代后直到最后在苏州定居，他在苏州流寓有多处，可确定的有：顺治早年间在虎丘山塘的半塘；顺治中后叶或康熙早年间则在阊门皋桥附近曹家巷文氏停云馆隔壁的金氏净绿轩；最后正式归隐的住宅在"尚书巷"，即今苏州怡园、过云楼一带，时间已是康熙十六年末（应为公历1678年初）。

先说虎丘。这处居所可能是余家之前在苏州的住宅，甲申之变不久，余怀流寓苏州就住在这里，这有《甲申集·茂苑诗》开首为证："予至吴门，与云岩一片石朝夕对语，或泛轻舫上下胥、阊间，击舷咏诗自乐。"与老友姜垓重逢吴门也是在虎丘居所，因为两人住得很近。

余怀《吴门重逢姜如须有赠二首》，写作时间在甲申之变不久。第一首云："虎丘石上重相见，别有伤心拭泪听。东海波涛趋铁马，南山烟雨濯冬青。孤舟憔悴玩芳草，一代风流老客星。犹记当年桃叶渡，几回沉醉李家亭。"诗中这段桃叶渡名姬李十娘家的风流故事，见余怀《板桥杂记》，这里不述。诗收入《枫江酒船诗》集，姜垓作的序中，清楚表达了余怀将归隐以诗文自娱的态度。（按：清初徐崧、张大纯《百城烟水》记："枫桥，明崇祯末，僧法华募修，方上龙门，大兵即过。其下名枫江。"（卷二））

顺治十年（1653），姜垓去世，余怀作《三哀诗》。在《五湖游稿·石湖》自序中，余怀写道："往与山东姜垓望衡对宇，朝夕唱酬，以为娱乐。呜呼！今垓死矣，余独居虎丘。"在《五湖游稿·泖湖》中又有《寄儿》诗一首，余怀显然是在"海云边"的外地,并自注"时霸儿寓居虎丘",则又说明虎丘或只是他儿子的住处,但更可能是余家之前在苏州的住宅,而且这处住宅与姜垓隐居苏州的地方很近,可以"望衡对宇"。(按:霸儿即余怀长子,字鸿客,初名玄霸,后改名宾硕。陈维崧有《余鸿客金陵咏古诗序》。石湖、虎丘都是苏州风景绝佳处。泖湖在松江,今已不存。)

姜垓的住宅在山塘街半塘,余怀《三吴游览志》记得明明白白:"(四月)初十,晴。摇棹至半塘,过姜如须旧宅,作诗寄之。"所谓"七里山塘",半塘距虎丘不过二三里地,所以说"居虎丘"没有问题。而且余怀的住所比姜垓更靠近虎丘。如今人明明在苏州,但对外交往皆说上海边上,盖方便交流耳。

《过姜如须旧宅二首》第二首诗意更佳,有"秃鬓单衫只苦吟,天涯芳草故人心"佳句传世。但就释证言,第一首更值得关注。先看诗:"隔岁相思吴县客,春风犹恋百花洲。一莺啼送山中雨,双桨空摇塘上楼。老去诗篇悲更壮,半生踪迹病兼愁。停云若为传消息,爱尔真轻万户侯。"如果把诗中的"吴县""百花洲""塘上""停云"都看作真实的苏州地名而非用典,则可解读为既然姜垓半塘已是"旧宅",则必另有新居,或在百花洲;二是这时的余怀到苏州或已流寓在停云馆旁,俟考。

仍据《三吴游览志》,五月二十七日,从太仓、松江云游回苏的余怀,终于见到了姜垓,地点在姜宅思美草堂,应为姜垓新居。余怀作《坐如须思美草堂话旧分赋二首》,第一首开首两句便是:"别后相思寄酒狂,一蓑冲雨到山塘。"则说明姜垓新居仍然在虎丘山塘附近。(按:清钱思元《吴门补乘》记:"山塘小隐,明行人姜垓寓舍。《元和志》有姜垺《山塘旅寓》五律二首。"姜垺(字如农)系姜垓的兄长,隐寓在原文氏老宅皋桥艺圃。可知山塘小隐即为旧宅,思美草堂为新居,均在山塘一带。)

上引《吴梅村年谱》记述顺治七年(1650)吴伟业在太仓宴请余怀,同时还提到,梅村可能就是在此时写下了著名的《满江红·赠南中余澹心》作为见面礼。后来,苏州名士尤侗祝贺余怀

生日,仿梅村词,也送了一首《满江红》给余怀。吴词说的是南京的风流少俊,尤词说的则是苏州的遗民余怀了。尤侗全词如下:

满江红·余澹心初度和梅村韵

> 对酒当歌,君休说麒麟图画。行乐耳,柳枝竹叶,风亭月榭。满目凄凉汾水雁,半头霜雪燕台马。问何如变姓隐吴门,吹箫者?兰亭禊,香山社;桐江钓,华林射。更平章花案,秤量诗价。作史漫嗤牛马走,咏怀却喜渔樵话。看孟光把盏与眉齐,皋桥下。㉖

尤侗(1618—1704),字展成,一字同人,号悔庵,晚号艮斋、西堂老人,长洲人(今江苏苏州)。尤侗此词见《百末词》卷四,据刊刻时曹尔堪的序可知时间是康熙乙巳,即康熙四年(1665),这时,五十岁的余怀还在四处漂泊,但已确定把苏州作为归隐之地并打点行装了。

皋桥又名伯通桥,在苏州阊门中市大街,因汉皋伯通而得名。唐以来地方文献多有记载,如宋龚明之《中吴纪闻》载:

> 皋桥者,汉皋伯通所居之地。梁鸿娶孟光,同至吴,居伯通庑下,为人舂役。后伯通察而异之,乃舍之于家。(卷第一·皋桥诗)

梁孟因缘及奔吴事略《后汉书》有记,皋桥旁因此诞生了一个著名成语"举案齐眉"。后来也成为遗民流寓吴门的代名词。

"皋桥下"也可能只是西堂用典,不一定实指。但上引龚鼎孳和答长诗已明确系实地。(按:《百城烟水》记:"要离冢,在专诸巷西城上。"(卷一)专诸巷今仍在阊门内城墙边,系后人为纪念春秋时吴国刺客专诸而设,西行即是山塘。"伯鸾亚""要离傍",都说明余怀隐居在皋桥附近。)

余怀在《东山谈苑》中自述:"余读书金氏净绿轩,与停云馆比邻。"(卷四)

"停云馆"又名"玉磬山房",为文氏老宅。《百城烟水》记:"停云馆,在三条桥西北曹家巷。文温州林所构,子待诏徵明亦居之。嘉靖间所勒帖谱十二卷盛行,其名益著。今五世孙揆,亦以工诗能书称。"(卷二)清姚承绪《吴趋访古录》记:"(停云馆)在德庆桥西北。明温州守文琳宅。子徵明勒《停云馆帖》十二卷。"(卷二)民国《吴县志》记:"文温州林宅在三条桥西北曹家巷中,有停云馆,子待诏徵明亦居此,所勒《停云馆帖》十二种甚珍之。"(卷三十九)王謇《宋平江城坊考》有一段康熙四十九年(1710)乡绅重修德庆桥的记录:"康熙庚寅,桥石中断,职方司章豫独力营造,加以崇栏广砌,坚緻完厚。侍讲彭定求为撰碑记。"(卷二)(按:德庆桥、三条桥因填河今均已不存,过皋桥沿中市大街(今东中市)往东,再从河沿下塘往南,仍可见东西向连接曹家巷与砂皮巷的桥形通道,检乾隆十年(1745)《姑苏城图》,虽字迹漫漶,但东西向的德庆桥和南北向的三条桥位置都还清楚;再检同治三年(1864)与十二年(1873)间所绘《苏城地理图》,德庆桥没有标出,但三条桥字迹清晰。尤其重要的是,曹家巷西北停云馆的位置十分清晰,南向正门在曹家巷,后北门约对着崇真宫桥(今仍存)。[27]今人编《苏州园林风景志》称"文徵明居高师巷停云馆",误。)

余怀所说的"金氏"系他的老友金俊明[28]。余怀不仅和他在秦淮就有唱和,到苏州后,还一起校订刊刻了唐苏州刺史韦应物的诗集并作序(《重刻韦苏州集序》)。

康熙十年(1671),金俊明七十寿辰,余怀作《满江红》一首,全词如下:

满江红·祝金孝章七十

金粟如来,对皓月长吟抱膝。在陋巷,蓬蒿三径,嗜书成癖。文成十赉华阳隐，花生五色江淹笔。指墙东避世是何年，山中历。拖竹杖，烟岚赤；舣画舫，鸥波碧。问先生初度，今年七十。湖海元龙常啸傲，江关庾信终萧瑟。坐闲房春草向人青，堪浮白。

"坐闲房春草"指孝章名叫"春草闲房"的书斋。所说"陋巷"是指哪条巷呢？

《百城烟水》记："春草闲房，在卧龙街西双林里。金孝章所构宅后书斋也。"（卷二）《宋平江城坊考》"双林巷"条，引宣统《吴县志稿》："春草闲房，在卧龙街西双林巷，金俊明孝章所构书斋也。孝章高蹈不仕，日与四方名流歌咏其中，以终其身。"（卷二）卧龙街即今苏州古城主干道人民路，双林里（巷）亦今双林巷，位于曹家巷东南，与砂皮巷平行。那时，金宅与停云馆隔河相望，余怀所居净绿轩应在今砂皮巷西与曹家巷接壤的位置。《百城烟水》刊刻时间在康熙庚午（即康熙二十九年，1690），尤侗作序，这时，余怀尚在人世。

但以上两处都不是余怀最后在苏州定居的地方。

康熙十六年（1677）腊月，在常熟老友邓林梓（一名琳梓，号肯堂）安排下，六十七岁的冒襄举家移住苏州。吴门中医世家郑氏后人郑兼山让出祖宅一部分请冒辟疆居住。余怀首倡，一众士子频繁雅集，《同人集》收录了这段珍贵的士林交游诗文，也一举解决了余怀"晚隐居吴门"的最后归宿地问题。

余怀《题高澹游写赠巢民移家江南图二首》有一段自注云：

> 郑子兼山割宅留住，乃祖三山翁，余两人之老友。余与巢民四十年文章义气之交，今亦移家吴郡，望衡对宇，素心晨夕，追思甲乙之际，昔梦惘然。澹游高子写移家图，遂题诗其上。喜寓公之势不孤，而吴中贤者不止一皋伯通也。时丁巳腊月十九日。（卷之八）

余怀诗中尚有"我作梁鸿已十年"句,也可为上辨余怀移居苏州时间做一旁证。从余怀的感叹看,来苏流寓多靠朋友帮助,金氏净绿轩不必说,尚书巷这个新宅也应是郑氏所让。

同卷邓林梓《写赠巢民先生移家江南图并题二首》也有一段自注云:

> 巢民先生移家渡江,寓吴门郑氏松岩小隐,小集,秦中谢汉襄、楚中胡省游、金陵余澹心、吴门宋既庭、阳羡陈其年、纬云、次公及余,剪灯剧话,夜分而散。独余留宿松岩,倚醉率成二律。

清顾震涛《吴门表隐》记:"吉由巷内古石甚峻,明名医郑钦谕字三山所筑,世有医名,谓之假山郑。子青山至元孙开山尚居之。"(卷一)吉由巷今天仍留在苏州闹市区,巷口有一处读书人的净土苏州古旧书店。

检《吴中名医录》,郑钦谕(1586—1662),字三山,吴县人(今江苏苏州)。先祖随宋室南渡移居苏州。至七世祖郑海,由亲家李垣"带下医,遂世其业"。三山"行医五十余年,活人无算,名闻三吴"。㉒梅村有《保御郑三山墓表》留世,可供参阅。三山晚年纳婓名姬卞玉京,可谓与士林交游的一段佳话,这里不述。㉓郑兼山(1640—1690),名柟,系三山之孙,有尤侗为这位亲家翁作的《郑兼山墓表》存世。

冒辟疆的到来,显然让余怀万分高兴,尤其是与自己"望衡对宇",喜悦之情溢于诗表,终于来了个"直截了当"。康熙丁巳除夕,即康熙十六年大年夜,对应为公历1678年了,一众士子唱和守岁。余怀留下唱和一首,开首两句便是:"尚书巷里老夫家,梅蕊先开萼绿华。"

苏州叫"尚书巷(里)"的地方有两处,能与吉由巷"望衡对宇"的只能是对面的明尚书吴宽故里。

康熙十七年（1678）元旦，一众士子继续除夕的唱和，诗作更多，其中邓林梓唱和诗二首，其第二首有诗句"陶令东篱犹未插，罗含兰径已初平"。诗后肯堂自注云："澹心流寓吴门，时卜宅甫就。"（《同人集》卷之八）按肯堂的描述，这时，余怀新居篱笆还没围好，而小道则刚刚铺平。

那天，余怀也有《戊午元旦墨禅庵试笔题诗二首呈辟翁盟长》，可证，余怀晚隐吴门居所取名为"墨禅庵"。但检余怀《跋冒巢民寒食哀怃诗》文末署"曼翁余怀又题并书于吴郡流寓之秋雪斋中"，则又可证晚隐居所之书斋名也。至于，康熙十三年（1674）作《甲寅诗略序》末署"题于吴郡流寓七松五柳之庐"，俟考。（按：《宋平江城坊考》"吉油巷"条记："康熙《志》作'吉由巷'，云：'尚书巷对'。"检《苏州园林风景志》，清同治十三年（1874），浙江宁绍台道顾文彬在尚书里（明代尚书吴宽故里）宅北陆续购废地筑义庄，置义庄田。"义庄东侧余地尽构为园，即怡园。"㉛所谓"宅北"是指顾氏著名的过云楼北面。今怡园已是省级文物保护单位，与之一巷之隔的过云楼也在陆续修复中。这些建筑的出现，距明季遗民余怀隐居此地已相隔近二百年了。）

结语

余怀流寓苏州，初在虎丘山塘居所（或为余家旧宅），后移居皋桥附近曹家巷停云馆隔壁金氏净绿轩（应在今砂皮巷、双林巷一带），最后定居在尚书巷（今怡园、过云楼一带）。至此，余怀晚隐吴门之时间地点基本梳理清楚。但细检余怀诗文，在苏州流寓处似还有吴江松陵、沧浪亭及灵岩、洞庭东山等地，是否另有别业，因资料匮乏，俟考。

从甲申之变到康熙十六年腊月（已是公历1678年），余怀最后在苏州定居。这期间，一个心怀故国、甚至著述经常不书清朝年号的遗民布衣士子，到处游历，在交游和归隐中了此余生，这是易代留下的大悲剧。康熙三十五年（1696）六月二十四日，余怀客

死苏州，年八十一，葬桃花坞。㉒

关注一个布衣士子的人生经历，乃试图通过对一些被忽视的细节的爬梳，展开了一个政权更迭、急剧转型的社会，是如何影响普通人生命历程的。

注释：

① 据陈永明先生考证，所谓"遗民"至今可知者不过两千余人，仅占当时知识人群的百分之零点五。见陈永明《清代前期政治认同与历史书写》，上海古籍出版社2011年12月第1版第117页。
② 关于余怀的生卒年，目前学界已无争议，谓生于明万历四十四年丙辰（1616）七月十四日，卒于清康熙三十五年（1696）六月廿四日。此处不赘述，可参见来新夏《清人笔记随录》，中华书局2005年1月第1版，第25～26页。
③ 关于寒铁道人是否为余怀号，学界有争议。陈寅恪《柳如是别传》、李金堂《余怀全集·前言》都认为是。余怀《五湖游稿》自序亦署"寒铁余怀澹心氏识"。但周法高《读＜柳如是别传＞》则认为系陈寅恪之误，寒铁道人实系余怀古的号。见《柳如是事辑》，中国美术学院出版社2002年3月第1版，第514～516页。
④《余怀全集》，上海古籍出版社2011年6月第1版第717～737页。本文引余怀诗文均见该集。
⑤ 影印本《余怀集》，广陵书社2005年12月第1版，第2页。
⑥ 朱志远：《余怀研究》，南京师范大学2008年硕士论文，第14页。
⑦ 王士禛（1634—1711），即王士禛，字阮亭，号渔洋山人，因避讳雍正帝名胤禛，才改名"士正"，后乾隆认为"正""禛"相差太远，遂赐名"士禛"。
⑧《明清进士题名碑录索引》，上海古籍出版社1979年10月新1版，第2656页。
⑨《吴梅村全集》，上海古籍出版社1990年12月第1版第567页。
⑩ 冒襄（1611—1693），字辟疆，号巢民，如皋人。
⑪ 陈廷焯（1853—1892），原名世焜，字耀先，一字亦峰，丹徒人（今江苏镇江）。光绪十四年（1888）举人。今有《白雨斋词话》点校本出版。
⑫ 范景文（1587—1644），字梦章，号质公，别号思仁，河北吴桥人。万历四十一年（1613）进士。崇祯末年官至东阁大学士、工部尚书，并入阁参事。明亡，投井自尽。
⑬ 谢国桢《明清之际党社运动考》，上海书店出版社2006年7月第1版第72页。
⑭ 全诗见《余怀全集》第231页。
⑮ 李金堂先生的这一观点可参见《余怀全集·前言》。王稼句《三吴游览志》

点校说明,《苏州文献丛钞初编》(下),古吴轩出版社 2005 年 1 月第 1 版第 848 页。
⑯ 陈寅恪《柳如是别传》第五章"复明运动",北京三联书店 2001 年 1 月第 1 版第 1105 页。
⑰ 黄裳《金陵五记》,江苏人民出版社 1982 年 6 月第 1 版第 252 页。
⑱ 所见余怀另两种传略有:陈寿祺《东越文苑传》、沈瑜庆《福建通志·文苑传》,见来新夏《清人笔记随录》,2005 年 1 月第 1 版第 26~27 页。
⑲ 方文,字尔止,桐城人。有《嵞山集》。《明诗综》卷八十一收其诗作十五首。《静志居诗话》评价说:"尔止间作可笑诗句,颇为时论揶揄。然如嘉谷登场,或舂或揉,秕糠终少于粒米。"(卷二十二)其《吴门行》古风云:"一年一度过吴阊,腰下百金千金装。今年行李独萧索,布衣白帢秋风凉。邻舟新到惠泉酒,青钱一缗沽一斗。顾我囊空无百钱,仰视秋天但搔首。可怜书剑老风尘,客路栖迟多苦辛。明朝况是重阳节,风雨飘摇愁杀人。"
⑳ 黄裳《金陵五记》后记抄录了方文《寄怀余澹心》全诗;李金堂《板桥杂记》《三吴游览志》点校本前言,上海古籍出版社 2000 年 12 月第 1 版第 3 页;王稼句《三吴游览志》点校说明,《苏州文献丛钞初编》(下)。
㉑ 来新夏《清人笔记随录》之"《板桥杂记》三卷"。
㉒ 冯其庸、叶君远《吴梅村年谱》,文化艺术出版社 2007 年 1 月第 1 版第 172~178 页。
㉓ 《侯方域全集校笺》,王树林校笺,人民文学出版社 2013 年 1 月第 1 版第 67~68 页。
㉔ 顾诚:《南明史》,光明日报出版社 2011 年 8 月第 1 版,第 796 页。
㉕ 《龚鼎孳全集》,人民文学出版社 2014 年 11 月第 1 版,第 84~85 页。
㉖ 《尤侗集》,上海古籍出版社 2015 年 5 月第 1 版,第 937 页。
㉗ 《苏州古城地图集》,古吴轩出版社 2004 年 6 月第 1 版。
㉘ 金俊明(1602—1675),原名衮,字孝章,吴县人(今江苏苏州)。明诸生。据《清史列传·金俊明传》,孝章"以任侠自喜""自经史子传,以至天文、水利诸书,靡不研究,著名复社中"。易代后,孝章弃诸生,闭门著述自娱。"四方士大夫以诗文及书来请者,相次不绝。晚益自名一家。"
㉙ 俞志高:《吴中名医录》,江苏科学技术出版社 1993 年 9 月第 1 版,第 123~124 页。
㉚ 这段故事可参阅简雄:《浮世的晚风》,古吴轩出版社 2015 年 1 月第 1 版,第 81~82 页。
㉛ 苏州市园林局编:《苏州风景园林志》(上),文汇出版社 2014 年 10 月第 1 版,第 82 页。
㉜ 黄祖绪:《莆人余怀著述录》,莆田文化网·莆田文史 2012 年 6 月 13 日。

徐俟斋情归吴中

吴眉眉

青芝山位于光福镇西南三里许,旧时有小赤壁之称,东依玄墓山,西接弹(潭)山,南逾长岐岭为竹山,突入太湖。山间苍松万余,楼阁台榭,宛然图画,柏屏萝幄,在在有之。碧栏红亭,与白波青山相映发,兼得山水园池之胜,苍松与春梅秋桂,各擅胜景,实在是美不胜收。

青芝山西北麓,有一个称为天井的村落,据说居民多植制红梅盆景,担之以卖,文人笔下称之百花庄。民国时,李根源访古到此,见了光福种植的花木,在《吴郡西山访古记》卷一中说,"以天井、窑上为盛,珍珠坞次之"。珍珠坞就在青芝山东北麓,群山环抱,一隅稍豁,最为胜处。据《光福志》记载,明人汪起凤的真如小筑就在这里,文震孟题额,据称风景绝胜。清初,叶绍袁"道经真如小筑,有桃花二三十株,本小而色艳,如亭亭袅袅,十三初余,即妖颜冶笑,婀娜媫人"(《甲行日注》卷五)。清人顾沔也于此筑室,名为青芝山房,顾沔有《青芝山房喜周东来褚柳刚过访》诗:"连朝阴霾合,有客带晴来。赌奕巡檐笑,探梅度岭开。他年曾驿寄,此日待诗催。明月山头出,登临更洗罍。"

袁宏道在《光福》中感叹道:"嗟夫,此山若得林和靖、倪云林一二辈妆点其中,岂不人与山俱胜哉,奈何层峦叠嶂,不以宅人而以宅鬼,悲夫。"袁宏道提及的园墅,是乌程人董份的丙舍白云堂,故有"不以宅人而以宅鬼"之说。董份,是嘉靖二十年(1541)进士,因善青词得宠,官至礼部尚书兼翰林学士,名动朝野,权倾一时。然未久便夺职为民,卒于家中。他的墓规模宏丽,曾有桂花数百本，横枝交错，夹道相覆二三十年，但至清初仅存数棵而已。珍珠坞一带的确冢墓很多，据不完全统计，明代有端孝先生杨大溁墓、湖广提学佥事王志坚墓、胡节愍公甲桂衣冠墓、仁和县知县严觊墓，清代有刑部员外郎褚寅亮墓、贵州巡抚朱存理墓、娄县知县屈泰清墓、安塞县知县张鸥侣墓等。

说到珍珠坞，有一个人是不能不说的，那就是对吴中郡西情有独钟、与邓尉山水颇有情缘的徐枋，他的墓也在这里，现为苏州市文物保护单位，墓碑于1986年3月25日由吴县人民政府重立。

徐枋，苏州府长洲县人，字昭法，号俟斋、涧叟、秦余山人、雪林庵主、孤哀子等，为徐汧之子，也是汪琬的表哥。徐枋父亲徐汧，是明末复社著名领袖，崇祯元年（1628）进士，授检讨中允、少詹事，素以忠直砥行闻名。徐枋出生于这样一个簪缨世家，"美风度，喜谈笑，善属文"，一意向学，热衷于科场。十四岁入学弟子员时，徐父携子见兵部尚书申用懋，被大赞为"非常人"。

明崇祯十年（1637），十六岁的徐枋师从朱集璜学经，长达五年；次年与朱集璜长子、小徐枋五岁的朱用纯同塾，两人在朝夕相处中培养出了极好的感情，成为一生往来的至友。第六年，举崇祯十五年（1642）乡试。徐枋二十三岁时，徐父携其入光福万峰山（即玄墓山），谒剖石上人，命执弟子礼，这或许就是日后徐枋首先选择光福作隐居之地的主要原因。

然而明清易帜的残酷现实彻底粉碎了徐枋的仕途梦想，也改变了他的生活方式。南都失守，徐汧将赴水以殉，徐枋号泣，欲从父同死，父亲对他说："吾不可以不死，若长为农夫以没世可也。"父亲殉节后，徐枋出城隐居达四十年，守约固穷，鬻画为生，终身不入城市。清初名臣汤斌抚吴，曾两次屏去从骑登门拜访，都没有见上一面。他所往来的惟有吴祖锡（徐枋姐夫）、沈寿民、姜垓、朱用纯、杨无咎、戴易、魏禧和门生潘耒及释宏储等，多为名著史册的明朝遗民。

四十年的隐居生活，使徐枋在艺术上取得了非凡成绩。他工草书，书法孙过庭；画宗巨然，兼法倪瓒、黄公望。曾寄灵芝一帧于王士祯，王士祯与金孝章画梅、王玠草书作斋中三咏以记之。徐枋为穹窿山积翠寺扩南宏禅师塔撰写塔铭，全文见《居易堂集》，又为位于小狮林寺楞严坛左的广运智大师塔撰写塔铭。其诗词长于述事，文辞健拔，与他的身世相同，多悲壮苍凉之音，一唱三叹，意味深长，感人肺腑。著有《居易堂集》、《俟斋集》等。徐枋卒于康熙三十三年（1694），享年七十三岁。

徐枋以不降清、不事清被称高节，朱彝尊《静志居诗话》卷十九记道："孝廉高蹈者，吴越居多，始终裹足不入城府者，吾郡李潜夫、巢端明及吴中徐昭法，此外不概见。昭法没最晚，故名尤重，江左得其诗画，不啻珊瑚钩也。"《国朝先正事略》卷四十五于徐枋则称"先生与宣城沈寿民、嘉兴巢鸣盛称海内三遗民"，可见当时徐枋在遗民中极高的地位。王峻《艮斋文集》有《徐先生枋传》，叶燮《已畦文集》有《徐俟斋先生墓志铭》，可见其一生事迹。

隐居生活常常衣食不继，病痛缠身，徐枋的四个子女相继于饥寒交迫中先他而去，自己也在三十七岁那年大病一场，医者郑钦谕前往视疾，见病中的徐枋"约絮于背，荐薪而寝"，不禁心酸流涕，解衣相赠。次年，身体稍安，又遭"逋赋"案牵累，四处躲藏，居无定所，辗转于吴中郡西穹窿积翠庵、邓尉青芝山房和天池、东渚等地，幸得布衣张隽仗义相助，为其倾资偿还所欠债务，祸乃解除。家贫绝粮，也只接受灵岩寺僧洪储所给，谓之世外清净食。平日"躬效老圃蔬韭外，多艺南瓜，夏秋间往往籍以晨炊"。他在《俟斋文集》自序中写道："崩天之敌，稽天之波，弥天之网，靡所不加，靡所不遭，而再益之以饥寒之凛栗，风雨之飘摇，世事之诖误，骨肉之崎岖，靡所不更，靡所不极。"

尽管生活如此艰难，徐枋也绝不卖画给行节有亏之人，曾是明朝将领、当时的川湖总督蔡毓荣，慕其高节，不敢以金馈赠，托冯羽赠药，价值千金，欲求其画，徐枋退书返药，严辞谢绝。据说徐枋有一种非常特别的卖画方式,他养的驴子极通人性,如需日用品时,只要将画和清单放入驴背上的篓子里,它便独行至城边,和主人一样决不踏入城市一步,人们见了都说"高士驴至矣",然后各取字画,再按字条上所注换成物品放进篓子,驴即背回山中,时人以为趣事、奇事谈之。

徐枋重名节,笃友情,秉性豪宕,弟子潘耒举鸿博授官归来,跪在门外三日,应许入见,并责怪道:"吾不图子之至于斯也。"徐枋与杨无咎交情甚好,常以名节相互激励。徐枋长子孟然、三子文止皆师从无咎,临终时,他将幼孙、已故文止五岁之子放心地托孤于无咎。

就在徐枋临终时,预感江苏巡抚宋荦会出面负责葬事,特地告诫家人,千万不要接受。果不出所料,徐枋卒后,宋荦派人送来棺具,寡媳孤孙以遗命谢辞。家贫如洗,葬事迟迟未办,族人又不准葬于祖茔,老友戴易只能另觅墓地,徒步跋涉深山穷谷,最后觅得珍珠坞,然而地价就得三十金,到处筹措不得,最后潘耒出十金,戴易卖字凑齐另外二十金,徐枋才得以入土为安。潘耒和戴易又为之培土植松,伐石立表,墓碑刻篆文"明孝廉俟斋徐公之墓"。沈德潜有《咏徐枋墓》诗写道:"山间处处起高坟,百尺丰碑勒旧勋。独有真珠坞中墓,峨嵋晴雪泰山云。"戴易七十多岁寓居苏州,闭门不交一人,而独与徐枋友善,以卖字为生,虽贫穷却不肯多作,只求自给,求者虽出多金却不可得。

至于涧上草堂,据清人徐傅《光福志》记载,徐枋初居惊鱼涧,后移居上沙,两处均称涧上草堂,风景也各有佳妙。惊鱼涧位于光福下崦湖之西、铜坑口南滨,这里景色优美,"曲涧引遥步,旷望平湖白。出林铜井僧,归棹洞庭客。宿雨冒春洲,川光黯将夕"(周永铨《涧上至湖边游瞩》)。故而住在仙境中的徐枋,每每被眼前的景致打动,笔底便生出行行妙句,并《题邓尉十景记》,为虎山桥、司徒庙、铜坑、铜井、石壁、楂山(查山)、七十二峰阁、西湾、磡上(坎上)、玄墓。

两处涧上草堂同样山环水绕，上沙涧上草堂，是康熙二年（1663）徐枋四十二岁时，僧人洪储为他建造的涧上之屋，有二十余间，灵岩峙前，天平倚后，鸡笼、羊肠拥其右，笏林、峉崿峙其左，连峰叠翠，迤逦相属，环拱草堂。一涧度重岭而来，绕衡门而东注，平时则涧水潺潺，幽鸣不绝，若是雨天，则迂回奔放，奇绝万状。坐于草堂，轩窗四开，而山水之奇已尽得之，平田缭左，溪流带右，山清水秀，风物宜人。康熙十三年（1674）重阳节，冯羽载酒相邀登高，自居涧上，十多年闭门不出的徐枋，长期被病痛折磨，已是支离委顿，形同废人，他也想一尽登临之乐，以抒心中忧闷，"于是少长数人联袂而出，度小桥，越涧而南，出乔松之下，松皆数百年物。复度涧而陟山麓，循石磴曲折而登焉。此山固灵岩之支山也，山皆巨石层磊，石皆作翡翠丹砂色，山顶平衍，可坐千人。于是相携而陟其巅，览云物之苍茫，来林峦之紫翠。余与鹤仙卓立云际，引声长啸，山鸣谷应，风起云涌，而天籁吹我衣裾，松涛起于足下矣，见者以为神仙中人也"（《甲寅重九登高记》）。如此看来，大自然的美景才是最好的良药，能够令废人般的徐枋变身为神仙中人。

徐枋移居上沙后，惟春秋两季扫先父墓时出门。然而独以酷爱邓尉山水之胜，所以不得不破土室之戒，尤其是虎山桥，每每徘徊桥上不忍离去。用他自己的话说，"余于人世寡所嗜好，而独负山水之癖。沧桑以后，绝迹城市，而遐搜幽讨山巅水澨，惟恐不及。自居草堂，则息影杜门，足不窥户十余年矣。盖诸山之胜，无时无日不在吾前，其烟鬟岚翠，朝霏夕霭，若故出奇争胜，以慰避世之人之岑寂者"（《甲寅重九登高记》）。徐枋一生坎坷，贫病交加，好在有老友的激励和山水的抚慰，物质生活虽然清贫甚至残酷，而精神世界是充实愉悦的，无论是在惊鱼涧还是在上沙，闭门读书，开门迎友，出门赏景，对于徐枋或那些明朝遗老遗少来说，还有什么比这更让他们欣慰的事呢。

徐枋殁后，上沙的涧上草堂辟为祠堂，主祀徐枋，附祀杨无咎、吴祖锡、戴易、潘耒,徐达源《涧上草堂纪略序》记道:"吾吴徐俟斋先生所居涧上草堂,在上沙村,先生殁后为豪家所得,将毁以为葬地,赖门人潘稼堂太史之力,得赎归。又别以田与其孤孙,易此屋为先生祠,其事具详《遂初堂文集》中。"《涧上草堂纪略》刊刻于嘉庆十四年(1809),次第载徐枋本传、遗像、遗嘱、祠堂地址图、祠堂图,以及潘耒、袁枚、洪亮吉、孙晋灏等所撰祠堂记;再次为题辞与赠诗,乾嘉年间的著名文人,有王昶、阮元、潘奕隽、梁同书、蒋业晋、徐云路、冯培、孙原湘、赵怀玉、戴敦元等三十余人;附卷则为禁示、契约、承揽等有关祠堂的文献。

乾隆四十七年(1782)重阳节,沈复偕友人顾鸿干来游涧上草堂,园依山而无石,老树多极纡回盘郁之势,亭榭窗栏,尽从朴素,竹篱茆舍,不愧隐者之居。中有皂荚亭,树大可两抱。沈复说,这样的园亭是他所见过的最喜欢的。园左有山,俗称鸡笼山,山峰直竖,上加大石,如杭州城中的瑞石古洞,而不及其玲珑。旁一青石如榻。鸿干卧其上说,此处仰观峰岭,俯视园亭,既旷且幽,可以在此饮酒了。于是拉舟子同饮,或歌或啸,大畅胸怀。这就是沈复在《浮生六记》中描述的大致情况,由此可略得涧上草堂那时的情况。

一百多年后,林则徐到涧上草堂凭吊,仰慕其高风亮节,作《题涧上草堂俟斋先生遗像》诗,以示怀念。民国七年(1918),里人发现碑碣,以吴荫培为会长的保墓会,筑石亭于墓前,立石坊于道侧,由张郁文修墓。涧上草堂在抗战前尚存,李根源见过二块碑,一块道光二十七年(1847)文柱撰、钱德承书《重修徐俟斋先生祠堂记》;另一块民国四年(1915)姜文蔚、严良灿记,包光宗书《重修俟斋先生祠碑》。道光二十五年(1845)张邦瑜所书门额"苦节承先"和《全榭山集》,其中有祠堂记一首,文美事赅,不过草堂并无此石,难道未经付刻,或毁于战火?李先生作如此猜想,打算他日补书刊立。

如今,光福的涧上草堂已无迹可寻,上沙的涧上草堂也全然不见旧时模样,曾经被称之"不以宅人而以宅鬼"的珍珠坞,如今仅见徐枋等数座墓而已。然而这却足以告慰他的在天之灵,他身上所表现出的那种宁死也要保全气节的文人高尚情操,那份情归吴中山水几十年如一日的执着,尽存这方山水之中。

昆剧究竟几百年？
——昆剧产生的前前后后

陆　咸

昆剧有多长的历史？现在流行的说法是：六百年，中央电视台就播放过一部叫《昆剧六百年》的电视片。

但是，说它只有六百年历史，实在是贬低了它。昆剧是一个集中国传统戏剧艺术之大成的剧种，它根植于历史悠久的中国传统文化的基础之中，也是各个地方剧种的导师，所以被称为中国"百戏之师"。以这样的视角研究昆剧的发展史，当然不能说昆剧历史只有六百年。

研究昆剧的诞生和发展史，是研究中国传统美学思想如何进入戏剧领域，形成中国特色的戏剧艺术的历史。也是研究中国戏剧艺术如何丰富了中国传统美学理论的历史。

昆山腔是如何形成的

中国的传统戏剧，是先有"曲"然后演变为戏剧，因此，也常称为"戏曲"。昆剧也就通称为"昆曲"。曲的前身是"腔"。也称"声腔"。研究昆剧史，要先研究昆山腔形成的历史。

"昆曲历史六百年"这种说法，是认为明代音乐家魏良辅革新昆曲，是昆曲的始祖，但这是不正确的，魏良辅对革新昆曲是起了很大作用，但从昆曲发展史来说，他的革新还只是"流"而不是"源"。

魏良辅本人就认为昆曲的出现自有源头，他在《南词引正》一文中这样说：

腔有数样，纷纭不类，各方风气所限，有昆山、海盐、余姚、杭州、弋阳。……惟昆山为正声，乃唐玄宗时黄幡绰所传。元朝有顾坚者，离昆山三十里，居千墩，精于南辞，善作古赋，廓帖木儿闻其善歌，屡招不屈。与杨铁笛、倪元镇为友，自号风月散人。其著有《陶真野集》十卷，《风月散人乐府》八卷，善发南曲之奥，故国初有昆山腔之称。

这段话文字不多，但信息量极大。首先，是指出唐玄宗时发生安史之乱时，宫廷艺术家黄幡绰曾流落到昆山，他对流行于昆山民间声腔进行了整理和提高。他是第一位对昆山腔的形成作了贡献的大音乐家。他逝世后，墓就在昆山。到了元代，昆山千墩人顾坚是一位南曲家，名声很大，元代著名将领廓帖木儿请他唱曲，他都不理睬，他和当时著名的散曲家、诗人杨维桢、画家倪云林和曲家顾阿瑛等人，对昆山民间声腔作了进一步的提炼、加工。从此，昆山民间声腔开始以"昆山腔"的名称流传。顾坚等人对昆山腔的形成，同样有历史性的贡献。到明代中期，魏良辅对昆腔作了重要的革新。虽然他的贡献特别为后人所推崇。但要讲昆曲的起源，还是要从黄幡绰和顾坚说起。

昆山地处江南地区，昆山地区的民歌是江南民歌的一种，这一地区的方言属于吴语区，江南民歌又称为"吴歌"。"吴人善呕"，很早在国内就有影响，历来为世人所称颂，有"吴歌刺绣，艳糜淫霏，大俗中雅"的评语。昆山地区的民歌既是吴歌的一部分，当然也有这种"大俗中雅"的优点。早在汉唐时期，就和楚舞并称为"吴歌楚舞"，唐代大诗人李白写的诗中就有"吴歌楚舞欢未必，青山犹衔半边日"之句。

但是，正如一切民间声腔一样，源于民间的吴歌质朴、生动、自然、有强烈的生活气息，也常有旋律简单、重复太多等缺陷，需要音乐专家加以加工丰富。唐玄宗时期，宫殿中充满音乐气氛，人才众多，安史之乱后，这些人大多流落江南。黄幡绰是其中之一。

他流落到昆山,喜欢上了昆山腔,并进行了加工整理。到了元代,以顾坚为中心的一批昆山曲家进一步加工,使其典雅化,形成声名远扬的昆山腔,这就是昆曲的起源。魏良辅革新昆曲,是站在黄幡绰、顾坚等人的肩上达到高峰的。因此,他对昆腔的革新虽然贡献很大,还是只能说是"流"而不是"源"。

魏良辅的贡献

魏良辅(1489—1566)的革新对昆山腔的水平的提高起了极大作用。根据一些文献记载:他的贡献主要表现在以下几方面:一是极大地丰富了昆曲旋律,扩大了它的艺术感染力,明末清初人余怀写的《寄畅园歌记》中这样评论:"南曲率直无意致。良辅转喉押调,度为新声,疾徐高下清浊之数,一依本宫;取字唇齿间,跌换巧掇,恒以深邈助其凄唳。"因而有"水磨腔"之称。二是对昆山腔的唱法进行了总结,提出唱曲要"三绝",即:字清、腔圆、板正。三是丰富了昆曲的乐器伴奏。明代成、历年间的曲学家沈宠绥在《弦索辩讹》中说:"南曲则大备于明,初时虽有南曲,只用弦索官司腔。到嘉、隆间,有昆山魏良辅者,乃渐改旧习,始备众乐器。而剧场大成。"说明魏良辅的革新,无论是在声腔、唱法还是乐器方面,对昆曲的流行都有极大贡献。

魏良辅是江西新建人(今南昌市)。流寓太仓。据清余怀说:他"初习北音",流寓太仓后,对昆山腔等南音很有兴趣。"退而镂心南曲,不下楼数年。"他团结了一批音乐能手,形成了一个集体,共同对革新昆腔。其中有善唱北曲的张野塘,洞箫手张梅谷,笛师谢林泉。还有曲家张小泉、季敬坡、戴梅川等人。

中国传统的诗歌和音乐,主要来源都是民间,分为北曲和南曲,这不仅是由于北方和南方人民风俗和语言习惯有差别,而且由于在宋金对立以后,南北隔阂,没有了交流。北曲豪迈粗犷,多用北方口语,韵脚平仄通押,句式灵活多变;南曲则温柔婉转。典雅纤丽,讲究字面的雅正和含蓄,唱曲随腔运气。魏良辅和他的助手以北曲的特长丰富了当时昆山腔,"度为新声"。同时,他也吸收了流行于江南地区的海盐、余姚、弋阳等各腔的长处;也就是说:他们是以昆山腔为基础,既吸收了北曲的长处,也吸收了江南地区其他各腔的长处,成为新的昆腔。当时江南的四大声腔中,原本昆山腔的流行是处于海盐、余姚、弋阳的最后,经过魏良辅的革新,成为最受欢迎的南方声腔。

这一段历史告诉我们:今天我们听到的昆曲,起始于昆山地区的民间,又经过几代人、无数的音乐专家,融合北方地区和江南各地民间音乐的长处,呕心沥血精心加工而成,可以说是在声腔上做了"集大成"的工作。所以如此丰富,如此动人。仍称为"昆曲",是因为它是以"昆山腔(水磨调)"为底色。

这一时期对昆腔进行改进和革新的人很多,除了魏良辅等人以外,还有江南地区不少曲家对昆腔进行革新。其中有:无锡的陈奉萱、潘少泾、潘荆南等人,称"锡派";吴郡的邓全拙等人,称为"吴派",而魏良辅这一派则称"昆派"。三派各有所长,互相补充。由于三派都是以昆山腔为基调,保持了昆山民间歌谣的乡土气,所以都称为"昆曲",明代著名音乐评论家潘之恒,在他写的《鸾啸小品》中说:当时流行的昆曲是"锡头昆尾吴为腹,缓急抑扬断复续"。这些情况表明:流行到今天的昆曲,不仅魏良辅等人作了重大贡献,也是当时江南地区许多音乐人的共同努力的成果,是这一地区曲家的集体智慧。

从昆曲到昆剧

现在人们常把昆曲和昆剧混为一谈,其实这是两个不同的概念。昆曲是音乐,而昆剧是戏剧。虽然中国戏剧常是由"曲"发展为"剧"的,因而人们习惯把"昆曲"和"昆剧"混称。但毕竟是两种不同的艺术范畴。早在明代万历年间的周之标编的《吴歈萃雅》一书中就作了这样的分析:"时曲者,无是事有是情;戏曲者,有是情且有是事,而词人肖之者也。"就是说:时曲(散曲）主要是要有情，却没有故事（无是事）。戏曲则既有情又有故事（有是事）。散曲是表达唱曲者个人情感的歌唱艺术。戏剧是以表演故事为中心的综合艺术，表现的主要不仅是唱曲者个人的情感，而是要仿肖构成故事的多种人的情感，及多种情感的矛盾冲突及其结局。

戏剧中有多种人物，各类人在故事中的地位和作用不同，便有"生、旦、净、末、丑"的角色分工。为了表现不同的人的喜怒哀乐，以及纯真、奸诈、忠诚、虚伪等多种多样的不同情感在故事发展中的作用，便有各种表演程式和面谱产生。戏剧要表现故事冲突从起因、高潮到消解，这样，就产生了独白、对白、独唱、对唱，以及说和唱相结合等许多戏曲独有的种种手法，和单纯的唱曲不同。

昆剧中的这些表现方法，不是自发产生的，而是借助了中国二千多年来戏剧发展的成果。戏剧是一种综合艺术，中国戏剧的特点，是以歌舞表演故事，因为唱曲有重要地位，因而常被为"戏曲"。但它毕竟不是单纯的唱曲，而是综合性的表演艺术。昆腔发展成为昆剧，继承了有两千多年历史的中国戏剧发展的积累。是中国戏剧发展的一个阶段。虽然这个阶段极重要，但讲昆剧的历史，还是要从中国戏剧史整体来说。

中国的戏剧，萌芽于先秦时期，正如近代著名学者刘师培所说："戏曲者，导源于古代乐舞者也。"先秦时期的《诗经》所载的作品，便是诗歌舞一体。汉唐时期有百戏、踏谣娘、参军戏等表演形式，都是歌舞结合表现一些情节简单的故事。唐代更引进了少数民族的歌舞，唐玄宗在宫廷中热心倡导歌舞表演，对中国戏剧的发展有很大影响。

宋代，市场经济有了发展，艺人开始在市场上进行多种技艺表演进行营业。据《东京梦华录》《都城记胜》《武林旧事》等书的记载：艺人在瓦舍、勾栏中作商业演出，有说话、鼓子词、唱赚、诸宫调等表演活动，还有杂技、魔术表演。这一时期，艺人开始组成会社等团体，彼此之间互相学习、交流经验，同时也保护艺人本身的权益。后来，出现了把这种种伎艺综合起来表演比较完整的故事，称为"杂剧"。据王国维的研究，当时的表演，除了以歌舞表现故事外，还吸收了其他伎艺的变种，所以称为"杂剧"。据宋代末年《武林旧事》记载：当时杂剧演出已有二百八十多出。

金、宋分立时期，金有院本，南宋有南戏，都是宋代杂剧的继承和发展。元代有大批文人参加了戏剧创作和演出活动，出现了关汉卿、王实甫、马致远、白朴等著名剧作家，以及《西厢记》《窦娥冤》等著名剧本。在江南地区，南戏也有大发展，出现了《琵琶记》《白兔记》《张协状元》等重要作品。当时繁荣的戏剧演出，推动了伟大的剧作家和优秀的剧本出现，因此戏剧文学成了前所未有地登上了中国文学史的宝座。高明作的《琵琶记》，是南戏中有作者署名的第一部作品，演出时间最长，影响最大。

在宋、金、元时期，无论是北方的杂剧还是江南的南戏，都已具备了中国特色的戏剧的基本要素。中国戏剧的特色是演员表演为主体，并没有布景之类的实物。无论是北方杂剧还是南戏，都是以歌舞表演故事，因而通称为"戏曲"。在"歌"的方面，既继承了中国诗词曲赋的文学成果，也继承了从民歌到曲家创作的音乐成果；在"舞"的方面，为了表现故事中不同角色的个性，实现了从群舞到个性化舞蹈的转变，出现了"身段"这一名称；在语言方面，实现了歌唱和说话的结合，以及中州韵和各地方言的交替使用。在整个表演中，强化了演员的主体地位，当时的舞台美术，主要是指演员的面谱、服饰，简单的道具和布景，因为都服务于演员的表演，所以称为"砌末"，并没有今天意义上的实体布景和装饰。中国戏剧的"虚拟化"和"程式化"这样的观念已经出现。这些都是在中国艺人长期的戏剧实践中积累起来的，是几代中国艺术家的创造。具有中国特色的戏剧艺术的体系，是无数代中国艺术家的创造，为明代中后期昆曲（传奇）的登场作了充分的准备。

明代昆曲以"传奇"形式出现，达到中国戏曲艺术的最高峰

到了明代，中国的戏剧不仅以昆山腔演唱成为时尚，并以"传奇"形式出现，创造了中国传统戏剧的最高峰。

明代中期以后，江南地区经济发达，农业和手工业的大发展，促使商品经济高度发展，市场空前繁荣，不仅出现了大批以商品交易为主的小城镇，一些大中城市也都从政治中心转化为商品交易中心城市。市民阶层进一步壮大，成为整个社会不可轻视的力量。在文化领域中，为适应市民阶层"个性解放"的要求，王阳明的"心学"风行一时，李贽的童心说和袁宏道的性灵说影响极大，一批艺术家把"情至"提高到文艺创作的中心地位，便又重视小说、戏曲、民歌等通俗文学。在这种思潮的影响下，许多文人都参加了戏曲活动。革新以后的昆曲新腔受到特别的青睐，而以昆曲演唱南戏成演唱戏剧的主流。这种以昆腔编写的南戏称为"传奇"，中国的戏曲由此进入了一个新的历史阶段。

"传奇"这个称谓，源于唐代。是当时文人写作的有曲折的情节和充沛情感故事的散文，是中国小说发展史上的一个重要阶段。鲁迅在《中国小说史略》一书中指出：这种文字，由于"叙述宛转，文辞华丽，而尤显者乃在有意为小说。"此类文章称为"传奇"，既有别流行于六朝时期的志怪文章，也有别于《世说新语》中一些简短的记事散文。"传奇"文的出现，表现了唐代文人的浪漫情怀，虽没有被列入文章正道，却受到了社会的广泛欢迎。明代中期以后的文人，呼应了唐代文人这种浪漫情怀，接过了"传奇"这个称谓，用在戏曲表演上，要求戏曲要做到"无奇不传，无传不奇"，要求通过曲折宛转的情节，表现人的命运在跌宕起伏中产生的喜怒哀乐的情感；着力于以情动人，调度观众的情感的张力。明代"传奇"的出现，从思想内容上说，是抨击宋明理学以封建道德对人性的压抑，批判各种违背人性的丑恶现象，追求人性的复

归;从文字上说,表现了当时文人对盛行一时的八股文(时文)的不满。要求文字不仅要情节丰富,还要文辞华丽。

在倡导"传奇"写作的社会风尚中,产生了一大批杰出的戏曲作家和伟大的作品,使中国特色的戏曲表演模式更加成熟和丰富。明代的"传奇"创作不论是数量还是质量,都是中国文学史上的高峰。不仅是前无古人,一直到今天,在戏曲方面,也没有能超过。("五四"以后的优秀剧本主要是在话剧方面)。从数量上说,据庄一佛在《古典戏曲存目汇考》一书中的统计:有名有姓的传奇作家共343人,作品1895部,无名氏的作品也在100部以上。这样的数量说明代文人对创作"传奇"剧本的极大的热情。从质量上说:出现了一大批在中国文学史上有显著地位的作品,创造出了无数典型人物。如以汤显祖作的《临川四梦》,以梦幻形式表达了对人生的种种困惑和不满。其中《牡丹亭》一剧,塑造了一个为了爱情死又复生的少女的形象,表达了对封建理教的反抗精神,歌颂了纯真的男女之情,震撼了几代青年的灵魂;梁辰渔的《浣纱记》借古喻今,通过吴越争战的故事,赞颂西施和范蠡的爱情,批判了朝政中的黑暗现象。王世贞作的《鸣凤记》,表彰了正忠臣义士在反奸权斗争中的大义凛然的精神,受到热烈的欢迎。李开先的《宝剑记》,塑造出了一个不畏权奸,坚贞不屈的英雄形象。戏中林冲形象的鲜明更超过小说《水浒》中的描写。不少戏还成功地塑造了不少反面人物的形象,这些戏对中国人精神生活都产生了极大的影响。

由于"传奇"要求有曲折的情节,往往人物众多,罗织宏富,场景复杂,还要突出表现人物的内心世界,情节就有极大的扩展。不仅北方杂剧形制格式不敷应用,而且南戏的形制格式也要需要有极大地延伸。北方杂剧一般是四套曲子,四折戏,只有一个角色歌唱,严重限制了剧情的发展。南戏则不限折数,多个角色都可歌唱。表演的自由度显然超过杂剧。但剧情比较单一,也只需用二十折左右。"传奇"则如戏剧家李渔所说:要做到"离合悲欢,皆为人情之所必至；能使人哭，能使人笑，能使人怒发冲冠，能使人惊魂欲绝"。要详尽地表达人生的曲折经历过程中情感起伏，重视描绘人物的内心活动。"传奇"继承了南戏的形制，又有所发展和创新。故事的内容丰富了，各种类型人物增加，又要详细表现其内心活动，戏的篇幅也会拉长，一般有四十折左右。表现剧情的手段也必然会增加。中国的戏剧表演由此而开拓出新的局面，主要表现在：一是在音乐方面，改变了元代杂剧一人唱到底的单调唱法，继承了南戏中上场角色都可以唱的传统。同时综合了南北曲的成果，兼有五声音阶和九声音阶，使散曲发展成为曲牌，极大地扩展了中国的传统音乐。据成书于 1746 年的《九宫大成》记载，当时曲牌就有 2049 曲。还出现了一大批如《曲律》《音韵需知》这样的音乐理论著作。二是在表演的程式化方面，从"生、旦、净、丑、末"发展江湖十二色，相应地形成了面谱系列，能更多样化地反映社会上的各类人物形象和性格。三是在舞蹈方面，转化为能表现各类人物个性的身段。有利于呈现人物有个性特点的内心活动，同时出现了身段谱，是中国戏曲对世界舞蹈艺术的重要贡献。四是作为综合艺术，在综合和协调处理了各类艺术表演上作了努力。如：音乐与表演的关系，歌唱与说白的关系，以及在表演中各类角色的相互关系等。既有各种曲牌之间的相互协调，又有不同身段的相互配合；重视处理各类不同人物在表演中的刺激与反应的关系，以及程式表演和真实体现生活的关系。使单纯的歌唱艺术完全走向了综合性的戏剧表演艺术。

由上，中国的传统戏剧以"传奇"形式出现，是从昆曲到昆剧的发展过程，在这个过程中，吸收了中国历史上戏剧实践的全部成果，奠定了中国特色的戏剧美学的基本框架。对中国戏剧特色的形成，起了决定性的作用。

明代中、后期，是昆曲的全盛时期。尤其是在江南地区，演出昆剧、观看昆剧、评论昆剧几乎成为全社会生活的重要内容。大批文人参与昆剧活动的，如著名文人徐渭、王世贞、王骥德、屠龙、祝允明，小说作家冯梦龙、凌濛初，散文作家张岱等。演出团体既有游走江湖的戏班子，也有大户人家培养的演员。演出的场所，可以在舞台上，也可以在客厅的地毯（氍）演出，一部好戏上演总会轰动全城。一部好戏上演，常能轰动全城，无论男女老少，文人雅士，还是贩夫走卒，都奔走相告。争相传唱。

昆剧在清代的命运

明代后期，各种社会矛盾突出，在反阉党的斗争中，发生了多起市民运动，文人已经没有心思在浪漫主义中生活。更多地关注现实生活中的种种问题，南曲仍然叫"传奇"，但风尚转向现实主义，出现了以李玉、朱素臣为代表的"苏州派"作家群，主要从现实生活中寻找题材，突出了现实主义风采，李玉的作品歌颂了市民阶层的高尚品德。《清忠谱》以赞美反阉党斗争中五义士为主题。《万民安》一剧塑造了领导丝织工人进行反税监斗争中的工人领袖葛成的英雄形象，朱素臣的《十五贯》赞颂了清官况钟的高度对人民负责又能深入调查研究的精神，完全不同于以往那种依靠鬼神破案的所谓"清官"。

在明清易代以后，社会发生翻天覆地的大变化。特别是在康熙当政以后，清皇朝统治已经巩固。一些文人做了清朝的官，仍不能忘记故明，写了一批以"借离合之情，写兴亡之感"的优秀的作品，出现了洪昇的《长生殿》和孔尚任的《桃花扇》这两部在中国文学史上有重要地位的作品，史称"南洪北孔"。却不料受到清政府的严苛打击，看过戏的官员被罢职，洪昇被革除太学生籍，孔尚任也被罢官。这些事传递的信息就是：清皇朝不许再讲"情至"，更不许"借离合之情，写兴亡之感"了，《长生殿》和《桃花扇》也就成为昆剧优秀作品的绝响。

康熙和乾隆这两个清朝皇帝都有较高的文化素养，他们下江南后都喜欢昆剧，回京后从苏州和扬州带了昆剧戏班子回到北京宫中。故宫里宏大的舞台就是在清代建立起来的。但是，清皇朝统治者为了巩固他们对汉人的统治,在意识形态领域方面大力提倡南宋理学,昆剧所内含的人文主义精神被扼杀了。在康熙、雍正和乾隆时期,连续制造多次文字狱,包括以禁止"淫词艳曲"为名,许多传奇剧本被禁被毁。从明代中期到清代初期,虽然清皇宫中经常演戏,但正如梁启超在《中国近代一百年学术史》中所说:在皇宫中"伶人唱戏,无论何种剧本都会触犯忌讳,只能演些《封神》、《西游》之类,和现在社会无关,才不会出乱子"。剧本是一剧之本,优秀的剧本可以使演出光芒四射。如果没有代表时代精神的好剧本,好的演出虽然仍可以受到赞赏,但难以激动人心。

从整体上看,在清代中后期,昆剧走了下坡路。

可是,无论是在江南地区还是北方,民间始终有一批文人,痴情于昆曲,不为名利,只为爱好。他们在演出中有继承,也有发展,不断改进。据许多小说和笔记所记,清代在民间仍有昆剧演出,有江湖的戏班,有堂会演出和茶楼演出。社会上曲会活动仍繁荣,贵族中也有家班,如《红楼梦》中所描写。还出现了不少梨园世家。昆曲发展到今天,它的生命力始终在民间,使历史上无数戏曲艺术家创造出来的表演艺术得以传承到今。

清代中期以后,各种地方演唱前后发展成为戏剧,最早是徽班进京,以徽调结合汉调,创造了京腔,形成了京剧。京剧是在借鉴昆剧体制基础的基础上,实现了从唱曲艺术到演剧艺术的过渡。因为作为戏剧,昆剧是中国唯一有成熟经验的剧种,也是典型的中国戏曲艺术体制。除此之外,别无他途。梅兰芳在他讲述的《舞台生活四十年》一书中多次说到这一点。以后,在民国时期和新中国成立以后,各地方歌唱艺术先后向戏剧发展,也都是在学习昆剧的基础上形成的。如川剧、越剧、黄梅戏等。昆剧于是有"百剧之师"之称。这是中国特色戏剧发展的又一新阶段。

1956年,由于昆剧《十五贯》的演出轰动全国,人们再一次认识了昆剧的价值,既包括了它的艺术价值,也包括了它的思想价值。集中到一点就是它的民族文化价值。当时,周恩来总理提出了

"一出戏救活了一个剧种",不仅要求戏曲界学习昆剧,也要求话剧界学习昆剧。话剧是从西方引进的,有西方色彩。话剧必须学习昆剧,才能建立强烈的中国民族风格,成为中国人民自己的艺术。

  中国传统文化是世界上唯一没有中断的文化,在戏剧领域也是如此。研究和论述昆剧历史,要从这个高度来阐述。这是历史主义的态度,实事求是的态度。说"昆剧只有六百年历史",不符合历史事实,极为不妥。

苏州评弹与苏州方言保护

徐志强

众所周知,具有 400 余年历史的苏州评弹是以苏州方言为语言依托的一种以说噱弹唱演为主要表演手段的地方曲艺品种。苏州评弹和苏州方言是苏州地域文化孕育出的两根美丽枝条,而被列为首批国家级非物质文化遗产项目的苏州评弹又是地道的苏州方言的艺术。评弹与苏州方言唇齿相依、互为表里。同样是"非遗"的苏州方言则是地域文化的符号系统,吴侬软语的许多文化内涵和特色淋漓尽致地表现在评弹艺术中,而苏州方言也因评弹艺术的魅力在江浙沪一带得到了广泛传扬。如果苏州方言的普及度和流行度弱化,必然会影响到评弹艺术的普及与发展;反之,如果评弹艺术的生存发展举步维艰,苏州方言的存在和传播同样遭遇困难。评弹艺术在文化传播和影响力上的群众性、普及性、娱乐性对苏州方言的保护和弘扬有着重要作用。

苏州方言保护和传承遇到的问题

苏州方言保护和传承中遇到的问题在全国其他区域方言保护传承中同样存在,只不过苏州作为国内的移民大市,这方面的问题更加突出而已。

国家政策和舆论导向要求推广普通话。几十年来,国家在政策和舆论导向层面上要求普及推广普通话,并做了大量工作。随着九年制义务教育的普及和高等教育的普及度以及社会文化程度的普遍提高,全社会对普通话的接受度大为提高,电视节目和有声媒体介质更是以普通话为基本语言,大大提升了普通话社会普及度。

人口大流动推动了普通话普及。特别是像苏州这样的城市，经济发达、制造业发达，吸引了大量的外来务工者和各地的商务人士，苏州已成为中国第二大移民城市，外来人口已与本地人口持平，极大地改变了苏州的语言环境。普通话为来自各个方言区的人交流提供了便利，同时也压缩了本地方言的使用概率和空间，苏州方言几乎变成了本地人的小众语言。

校园和家庭的语言环境影响着方言的传承。学校教育提倡普通话教学，老师讲课和学生交流、同学间交流也基本都使用普通话，外来学生增多后，更不可能用苏州方言交流。孩子从幼儿园起就习惯讲普通话，家长与孩子在交流中也受影响，习惯以普通话来与孩子沟通。对孩子掌握方言的能力，家长和学校都无强制要求。而且在实际生活中，外地人与本地人结合的家庭逐渐增多，普通话成了家庭必选的交流语言。如此，苏州方言传承的学习、生活、文化基础遭到根本性削弱。

官方和社会组织对方言保护基本无措施无对策。面对苏州方言大大弱化的困境，苏州市语委、市教育局连续举办了六届"普通话、苏州方言、英语口语"比赛，苏州广电总台等举办了"苏州话童谣大赛"，总台还有意识在相关频道中开办了讲苏州方言的节目，营造了保护苏州方言的气氛，有些社会组织举办了多届苏州话培训班，但总体上官方对苏州方言文化保护重视远远不够，更没有制订规划和严格措施实施保护和推广，某些社会组织在保护上力量有限。

苏州评弹对于苏州方言保护传播的作用与意义

苏州方言保护和传承的困境，实际上也影响了苏州评弹的生存和传播环境，降低了两者的互为依存性。因此，从苏州评弹的角度来谈保护苏州方言，其实也是在研究方言保护对两者相互依存性和苏州评弹的意义。

评弹的艺术魅力有利于苏州方言传播。评弹艺术以苏州方言为基本语言,"以'说、噱、弹、唱'构成独特的综合艺术,音乐、文学与说表三者互相烘托、融合,形成独特的艺术魅力"(朱栋霖《江南文采出评弹》)。从诞生的第一天起,评弹就与苏州的市民社会和普通百姓的生活、审美情趣密不可分,是植根于市井社会的一种通俗艺术。评弹中评话多演绎金戈铁马的历史演义和叱咤风云的侠义豪杰,弹词多说唱儿女情长的传奇小说和民间故事。"评话和弹词均以说唱细腻见长,吴侬软语娓娓动听;演出中常穿插一些笑料,妙趣横生。弹词用吴音演唱,抑扬顿挫,轻清柔缓,弦琶琮铮,十分悦耳。"(金丽生语)评弹所具有的说唱娱乐性、故事性、音乐性、趣味性、文学性、通俗性、地域文化个性和思想性是构成评弹艺术魅力的内在基础。评弹从诞生的那一刻起,就为普通百姓所喜闻乐见,在普通市民阶层和农村地区拥有广阔的市场与人数众多的听众观众群。如此,评弹的艺术魅力、传播力有效提升了苏州方言的辐射力,增强了苏州文化的影响力,形成了评弹艺术与苏州方言、苏州文化三位一体的传播模式。这种情形就如80、90年代香港影视和粤语歌曲广泛在大陆流行,从而带动了粤语在全国的传播,全国出现了一股以学说粤语为时髦的浪潮。也正是因为评弹和昆曲,苏州方言在两省一市范围内保持了一定的存在感和影响力,在全国范围内,也并非籍籍无名。

评弹具有的跨区域影响力有利于苏州方言传播。苏州周边城市和上海、南京、浙江省及该省的一些市都建有专业评弹团。这些艺术团队的演出,以及电视、电台播出的评弹书场节目推动了评弹的传播。苏州评弹在吴语区和吴语辐射区的江浙沪两省一市,特别在苏州和附近地区拥有一定的听众、观众群,具有相当的传播力和影响力。这就使苏州评弹如同越剧、沪剧、黄梅戏等地方戏剧品种一样,具备了跨区域传播的特征。苏州现有180个遍布城乡的评弹书场,江浙沪评弹演出单位年均在苏演出2万余场,而苏州以外的江浙沪广大城乡地区,也有不少书场有经常性演出。在苏州城乡,评弹成为市民、村民和游客喜闻乐见的文艺项目,在江浙沪的不少地区，也有不少苏州评弹的粉丝，苏州评弹影响着他们的整体文化素养和审美情趣，同时，缘于艺术魅力，评弹的曲调常常被他们想起哼起，苏州方言也理所当然地浮现在他们的脑海中，流芳于他们的唇齿间。这种艺术性夹带式、附着式传播跨区域提升了苏州方言的存在感和影响力。

评弹作为曲艺品牌引人注目有利于苏州方言传播。苏州评弹以其品牌性在中国曲艺界和文化界引人注目。一曲为毛泽东诗词谱曲的弹词《蝶恋花·答李淑一》从二十世纪五十年代末开始红遍大江南北。苏州评弹流派纷呈、名家辈出，演员和新作在国家级比赛中争金夺银，一向卓有影响。进入新世纪以来，苏州联合中国曲艺家协会、江苏省文联等每三年举办一届"中国苏州评弹艺术节"，迄今已办六届，大大拓展了苏州评弹的影响力。苏州评弹自强不息、推陈出新，一些传统品牌节目和新创重点节目跨地区演出交流。在台湾演出时，评弹被台湾观众和媒体赞誉为"中国最美的声音"。2010年，在北京"纪念曹禺100周年诞辰"系列活动上，由苏州评弹团改编演出的中篇弹词《雷雨》，作为唯一一个应邀参演的地方文艺院团节目赴京演出，获得轰动性的演出效应，媒体、学者和观众好评如潮，之前在京津地区和沪深港澳一些著名高校的演出也大获成功，之后，又赴台湾演出。同年，弹词《雷雨》在第六届中国曲艺牡丹奖评选中荣获牡丹奖。"水乡雅韵"苏州评弹将苏州方言清丽温雅、柔美婉转、韵悠细腻、幽默传神的特性展现得淋漓尽致，"说书人吸收了大量鲜活的生活语言，小街细巷、深深庭院、茶馆酒楼、闹市码头，各种人物口头说着鲜活独特的吴语方言。吴方言所特具的幽默、轻松、微妙、传情，各种比喻、俏皮话、歇后语、双关语，都被评弹艺人运用得出神入化"（朱栋霖《江南文采出评弹》）。无疑，评弹的品牌性效应，使苏州方言的美跨越地域文化的障碍而深入人心。

苏州评弹在保护传承苏州方言中的策略和方法

不管苏州评弹在跨地区、跨文化传播中如何提升苏州方言的存在感，如何弘扬了苏州方言的美，归根结底，保护传承同样是"非遗"的苏州方言，重中之重还是要激发苏州市民在日常生活中更多地"流通"苏州方言，引导新苏州人学说并运用苏州方言交流。这是要讲究策略和方法的。

利用评弹演出机会和场合多宣传苏州方言。必须培养、强化在评弹演出中主动宣传、弘扬苏州方言的自觉意识。在中国评弹艺术节演出和其他一些重要演出场合，特别是在由苏州文明办组织发起的"道德评谈"演出前后，可以尝试举办一些普及、推广苏州方言的附属活动，在演出中，应该有意识地宣传弘扬苏州方言俗中见雅的精妙和文化、文学魅力，很多苏州方言词汇是有文化渊源、大有来头的，演员可以有机结合人物性格的塑造和故事的演绎，将这些词汇、歇后语、双关语的来龙去脉、细微精妙处的阐发融入其中，激发观众听众学说和运用这些词汇的兴趣。甚至还可以组织一些旨在推广普及苏州方言的专题性评弹演出，引导观赏者学说、多用苏州方言，提升市民运用保护苏州方言的意识。

强化苏州评弹进校园工程。多年来，昆曲进校园活动得到上下重视，常规性活动多，工作深入扎实，实效明显。几年来，苏州一直在组织开展"传统文化进校园"活动，但评弹进校园在其中所占比重很小，活动也极少，为有意识保护弘扬苏州方言和苏州评弹，评弹进校园活动必须提升到昆曲进校园活动同样的级别，从进幼儿园到进中小学大学一并抓，在校园文化活动中，引导学生们自己创作演出评弹节目。尤其要面向民工子弟学校去演出，让孩子和家长在领略评弹艺术之美的同时，培养说用苏州方言的兴趣与自觉性。这是苏州方言保护传承的基础性工程，必须做好做扎实。

充分发挥评弹在群众性文化活动中的作用。充分重视本地群众文化活动中，苏州方言类节目的重要意义。组织引导群众学唱评弹，演出评弹节目。鉴于评弹歌曲、苏州市歌《姑苏好风光》的巨大成功，继续创作一批优秀评弹歌曲以供传唱；继续办好电视书场、广播书场之类的大众化节目，创新节目形式，引导观众特别是新苏州人参与。评弹演出要多下社区和农村，特别要发挥"道德评谈"活动的作用，用评弹讲好"身边好人"真人真事的道德故事，组织一些面向新苏州人的评弹演出，在业余文化活动中，引导新苏州人创作演出评弹节目，在一些苏州方言培训班上组织观看评弹演出。

隐现无穷之态，招摇不尽之春
——经典《园冶》的文学品赏（下）

金学智

铺排事类，众美辐辏

骈文的一个重要特点是使事、用典，即征引经史子集、诗词歌赋等，使作品具体生动，不单薄，不抽象，从而以少总多，深化、拓展作品的文化含量，促使人们展开联想和想象，取得丰富的美感。古代把这种引事引言称作"事类"、"典事"或"用事"，《文心雕龙·事类》云："事类者……据事以类义，援古以证今者也……众美辐辏，表里发挥。"

就典故本身来说，可分为事典和语典；就用法来说，有明用、暗用、正用、反用等，这里从《园冶》中概括出一些用法，以见其与众不同的创造性：

（一）正事正用。如《相地·傍宅地》："宅遗谢朓之高风，岭划孙登之长啸。"谢朓，字玄晖，南朝齐著名诗人，南朝梁钟嵘《诗品》赞其"奇章秀句，往往警遒"。宋代葛立方《韵语阳秋》卷一则云："陶潜、谢朓诗皆平淡有思致，非后来诗人怵心刿目雕琢者所为也。"这都是极高的评价。孙登，三国魏人，善长啸以舒怀，"声若鸾凤之音，响乎岩谷"。《傍宅地》两句融入了谢朓、孙登的雅人深致，是要求提升宅第园林的品位，做到超脱拔俗，雅逸而有韵致，这二例都是援古证今，正事正用。

（二）正事反用。如《掇山》："独立端严，次相辅弼，势如排列，状若趋承。"这是对俗匠掇山的批评。第一句谓中竖的主峰，将其比作端严的君主，但这并非具体的用典。第二句是指宰相、丞相。《孟子·公孙丑上》："又有微子、微仲、王子比干、箕子、膠鬲，皆贤人也，相与辅相之。"辅弼，语见《国语·吴语》："昔吾先王，世有辅弼之臣"。《尚书大传·皋陶谟》："古者天子……左曰辅，右曰弼。"先秦古籍中这些辅、弼大臣，均为正面形象，计成的"势如排列，状若趋承"，却用来批评机械地对称的笔架式假山，这是正事反用。

（三）反事贬用。如《掇山》："列似刀山剑树……大若酆都之境。"这也是批评俗匠掇山的形态可憎。刀山剑树为传说中地狱里的酷刑，引以状其机械呆板的排列；酆都之境，为传说中的地府鬼都，它集阴森可怖刑戮景象之大成，计成引以否定俗匠所掇丑恶假山的景象，这都是反事作为贬义而用。

（四）正引选用。如《立基·亭榭基》："或借濠濮之上，入想观鱼；倘支沧浪之中，非歌濯足。"上句连用了两个典故：《庄子·秋水》中庄子与惠子"知鱼之乐"的哲理性讨论；《世说新语·言语》中简文帝入华林园"会心处不必在远"，"便自有濠濮间想"的著名言论，并用"入想观鱼"以示肯定，这是正用全用。下句则不然，《楚辞·渔父》中的《沧浪之歌》："沧浪之水清兮，可以濯吾缨；沧浪之水浊兮，可以濯吾足。"此歌让人思索：究竟应取清水濯缨还是浊水濯足？答案是没有的，但计成却有所选择，它肯定了只取前者，故用"非歌濯足"来扬弃后者——浊水濯足，这是选用其一半。这种选择性用典，一反历史上对其不加可否的接受和引用，颇富创新性。

（五）比较选用。《相地·山林地》："欲藉陶舆，何缘谢屐。"由于所论为山林地，涉及爬山，于是同时引出两位诗人的事典：东晋隐逸诗人陶渊明的篮舆——"陶舆"，南朝宋山水诗人谢灵运的木屐——"谢屐"。计成虽将其相提并论，但又通过比较，以"欲藉……何缘……"的句式巧妙地肯定"陶舆"，但又不否定"谢屐"，同时也把山区园林诗化了。

（六）死典活用。清施补华《岘佣说诗》云；"死典活用，古人所贵。"这在《铺地》中有适例。如"莲生袜底，步出箇中来"，典源一为《杂宝藏经》中离奇故事，谓鹿女每步迹有莲花，后为梵豫国王第二夫人，生千叶莲花，一叶有一小儿，得千子，为贤劫千佛。这是没有多少价值的死典；二为南朝齐东昏侯为所宠潘妃造金莲贴地，令步其上曰"步步生莲华"，这更消极颓靡，只有否定价值。但计成却死典活用，通过点化，用于园林的莲花纹样铺地，让人产生脚下步步生出莲花的审美意象，可谓异想天开，"化腐朽为神奇"。

（七）旧典新用。是说原典的价值不大，但通过引用，可赋予以现在乃至未来的新意。如《相地·郊野地》："任看主人何必问，还要姓字不须题。"上、下句均出于《世说新语·简傲》，这里用以概括王徽之好竹不问主人和王献之闯游顾辟疆园。两则故事虽生动风趣，脍炙人口，计成亦颇赞赏，但其意义只不过是让人认识简傲狂放的东晋名士风度。但计成通过集中引用，隐示出关于造园赏景的新意向，即应热情留客，任人探美，主人不必过问，客人不必通名。两句实际上是主张园林（包括私家园林）向公众开放，与人共享，这表达了通向未来的超前意识。但文中并未明言，而是意留言外，让人思而得之。

（八）还原引用。如《借景》："芳草应怜。"这是用五代牛希济《生查子》词中的"记得绿罗裙，处处怜芳草"。是写一对情人离别，女方穿了绿色的罗裙，以后，男方用看到绿色的芳草，就记起绿罗裙，处处就爱怜起芳草来。但计成引此语典，却撇除了其爱情意味，将其还原为一般的芳草，从而让微观的"芳草应怜"融入于计成"休犯山林罪过"（《掇山》）的宏观生态哲学思想，这样，其意义就非同一般了。

（九）数典连用。如《园说》："凡结林园……地偏为胜……径缘三益。"前两句出自陶渊明《饮酒》："结庐在人境"，"心远地自偏"；《辛丑岁七月赴假还江陵，夜行涂口》："林园无俗情"。这是语典的暗用、虚用，所谓"事在语中而人不知"（清周紫芝《竹坡诗话》）。其中"结"、"林园"用法虽较特殊，但人们不一定体味是用了陶诗，"地偏为胜"亦如此，人们也不易发现其为典。至"径缘三益"，除"缘"字遥接陶渊明《桃花源记》"缘溪行"外，人们开始感到用了陶典，因为陶渊明《归去来分辞》有"三径就荒"之语。《园说》是《园冶》讹开篇之一，其行文落笔断断续续连用陶典，显示了全书的主导倾向。

（十）聚焦叠用：如《借景》："眺远高台，搔首青天那可问；凭虚敞阁，举杯明月自相邀。"两句用了辐集的艺术方法，聚焦了中秋登高借景望月的意境，叠用了唐宋两大浪漫主义诗人李白、苏轼有关的诗词等[①]。如：

青天有月来几时，我今停杯一问之。（唐·李白《把酒问月》）

花间一壶酒，独酌无相亲。举杯邀明月，对影成三人。（唐·李白《月下独酌》）

李白登华山落雁峰曰："此山最高，呼吸之气，想通天帝座矣。恨不携谢朓惊人诗来搔首问青天耳。"（唐·冯贽《云仙杂记》卷一）

明月几时有，把酒问青天，不知天上宫阙，今夕是何年。（宋·苏轼《水调歌头·丙辰中秋，欢饮达旦，大醉，作此篇兼怀子由》）

凭高眺远，见长空万里，云无留迹。桂魄飞来光射处，冷浸一天秋碧……我醉拍手狂歌，举杯邀月，对影成三客……便欲乘风，翻然归去，何用骑鹏翼。（宋·苏轼《念奴娇·中秋》）

这些诗词散文都围绕一个"月"字,展开了巨大的想象,高扬了浪漫主义精神,计成则不厌其多,复叠用之。袁枚《随园诗话》云:"用事如用兵,愈多愈难……部勒驱使,谈何容易!"而计成则不然,凭其高度的驱使力和概括力,将其冶铸为复联 [四七—四七] 句,着重表达了自己借景中秋的豪情壮采,还体现了所谓"熟语贵用之使新,语如己出,无斧凿痕,斯不受古人束缚"(清沈德潜《说诗晬语》)。

《园冶》里各种事类的用法和效应极多,不可能一一加以列出,这里只以《文心雕龙·事类》"众美辐辏,表里发挥"之语来加以概括。

还应补充一点,《园冶》中神话传说的事类,也富于奇丽变幻的想象美,如"夜雨芭蕉,似杂鲛人之泣泪"(《园说》);"何如缑岭,堪偕子晋吹箫;欲拟瑶池,若待穆王侍宴"(《相地·村庄地》);"境仿瀛壶"(《屋宇》);"翠拾林深"(《铺地》);"嫣红艳紫,欣逢花里神仙","恍来林月美人"(《借景》)……都能让人神思飞越,想落天外。

诗情渗注,画意灵动

白居易在《与元九书》中写道:"感人心者,莫先乎情,莫始乎言,莫切乎声,莫深乎义。诗者,根情,苗言,华声,实义。"骈文创作同样如此,它的语言声音,只是苗和花,其果实是深刻的义理,而其最重要的根则是情,所以优秀的骈文必然会体现"感人心者,莫先乎情"的艺术原理,或者说,总蕴含着浓郁的诗情,而骈文不过是特殊地表达的形式载体而已。如王勃的《滕王阁序》,可谓极尽文采描绘之能事,言美而声华,但下半篇"嗟乎……"前后的一大段,却以直捣的方式吐露内心深处的孤独感,既暗含其父被贬之痛,又极写个人宦途失意之悲,令人感慨不已。故而孙梅的《四六丛话·骚·叙论》说:"大要立言之旨,不越情与文而已","有文无情,则土木形骸"。这是精要的概括。

对照计成《园冶》来看，它不只是情文双至，甚至其笔下无生命的"土""木""形"等，也都渗漉着深永的情愫，跃动着灵敏的诗心。如：

片山多致，寸石生情。(《相地·城市地》)
莳花笑以春风。(《相地·城市地》)
似多幽趣，更入深情。(《相地·郊野地》)
触景生奇，含情多致。(《门窗》)
山林意见味深求，花木情缘易逗。(《掇山》)
举头自有深情。(《掇山》)
触情俱是。(《借景》)

文中的"片石"、"山林"、"花木"、所借景物等等，其形其相，均被注入活泼泼的生命，体现了无情事物的有情化，这用马克思的哲学话语来解释，"植物、动物、石头、空气、光等等……作为艺术的对象，都是人的意识的一部分，都是人的精神的无机自然界"，"而且通过活动，在实际上把自己化分为二，并且在他所创造的世界中直观自身"。②有情的造园家也是这样地通过自身的活动，看到了对象化了的自己。总而言之，这里的一切，无不是触景的表现，诗情的发越，能"使味之者无极，闻之者动心，是诗之至也"(锺嵘《诗品序》)。

再换一个视角看，诗又应寓有画意。钱锺书先生指出："诗和画号称姊妹艺术……自宋以后，评论家就仿佛强调诗和画异体而同貌。"③事实正是如此。苏轼评王维云："味摩诘之诗，诗中有画；观摩诘之画，画中有诗。"(《书摩诘蓝田烟雨图》)以后，诗往往被称为"无形画"，而画则被称为"有形诗"、"不语诗"，这都是强调诗、画异名而同体，应相互渗透。至于骈俪之文，虽有其特殊性，但同样应有画意，所以刘熙载《艺概·赋概》说，"当以色相寄精神"。孙梅《四六丛话·制敕诏册·叙论》更说："文不厌华，篇宜设色。"这实际上也要求骈文应有画意,色相如雕似绘,形象活脱灵动。

这一要求,对于曾长期学画而又有颇深文学功底的计成来说,做到文中有画并不难。其《自序》就说"最喜关仝、荆浩笔意",每宗之。而《园冶》书稿又被第一读者曹元甫又惊异地称为"荆关之绘"。再看计成自己在《园冶》某些章节中,也一再以绘画作类比,要求造园应具有鲜明的画意。例如:

刹宇隐环窗,仿佛片图小李;岩峦堆劈石,参差半壁大痴。(《园说》)
桃李成蹊,楼台入画。(《相地·村庄地》)
境仿瀛壶,天然图画。(《屋宇》)
深意画图,馀情丘壑。(《掇山》)
峭壁山者,靠壁理也。藉以粉壁为纸,以石为绘也。理者相石皴纹,仿古人笔意……(《掇山·峭壁山》)
时遵图画,匪人焉识黄山?小仿云林,大宗子久。(《选石》)
顿开尘外想,拟入画中行。(《借景》)

从园林美学的视角看,园林不但是凝固的诗,而且是立体的画,或者说,它除了流动的时间元素外,还是存在于三维空间、以物质来造型的实体艺术。上引数则就突出地体现了这一点,例如,或把"天然图画"悬为园林最高的美学境界,要求园林如同天然自成的立体山水画;或要求以墙为纸,以石为绘,如雕似画地塑造既叠于平面、又极富立体感的峭壁山;或要求把深永的诗情画意渗透到园林的一丘一壑之中,真正做到"深意画图,馀情丘壑";或要求能让人们在园景中看到李昭道的设色青绿、黄公望的峰峦浑厚、倪云林的山水平远;或要求造园家能让品赏者们"涉门成趣,得景随形"(《相地》),处处进入"画中游"……在计成之前,将园和画进行比况的也不乏其人,但其言论往往是只言片语,是零散的、弱形式的,但到了《园冶》里则不然,其中层见叠出地不断闪耀出这种类比思维的智慧火花,或者说,书中通过不同方式、从不同视角以浓笔重墨反复渲染了园中应有的画意,因此可以说,计成是中国古典园林史上倡导"园、画同构"论的第一人,其生动而又深刻的"园、画同构"论,是计成园林美学思想的重要组成部分,它不只是体现在上引名言警句中,而且还散见于全书很多章节中,其文学语言既洋溢着诗情,又充盈着画意,让人品味不尽。

《园冶》的《借景》专章,是全书的压卷之作。在这一章里,计成以俪辞偶句为画笔,生动地描绘了四时的良辰美景:

> 高原极望,远岫环屏。堂开淑气侵人,门引春流到泽。嫣红艳紫,欣逢花里神仙……扫径护兰芽,分香幽室;卷帘邀燕子,闲剪轻风。片片飞花,丝丝眠柳。寒生料峭,高架秋千……林阴初出莺歌,山曲忽闻樵唱……幽人即韵于松寮;逸士弹琴于篁里。红衣新浴,碧玉轻敲。看竹溪湾,观鱼濠上。山容蔼蔼,行云故落凭栏;水面鳞鳞,爽气觉来欹枕。南轩寄傲,北牖虚阴。半窗碧隐蕉桐,环堵翠延萝薜。俯流玩月,坐石品泉……梧叶忽惊秋落,虫草鸣幽。湖平无际之浮光,山媚可餐之秀色。寓目一行白鹭,醉颜几阵丹枫……书窗梦醒,孤影遥吟……

对于山水画的构图章法,郭熙《林泉高致》提出了"三远"法——高远、深远、平远;韩拙《山水纯全集》又补充了"三远"——阔远、迷远、幽远。上引美文中,"高原极望,远岫环屏"、"山容蔼蔼"、"水面鳞鳞"、"湖平无际之浮光,山媚可餐之秀色"……其中既有突兀之势的高远,又有重叠之意的深远,还有湖平无际的平远,且不乏冲融缥缈的阔远……准确地说,上引片断是这种种章法的错综交融,令人如睹一幅幅秀色可餐的天然图画。

再如"山曲忽闻樵唱","幽人即韵于松寮,逸士弹琴于篁里","南轩寄傲,北牖虚阴","俯流玩月,坐石品泉","书窗梦醒,孤影遥吟"……诗情浓浓,画意融融,真是"画人物以得其性情为妙"(《式古堂书画汇考》录赵孟頫语)。这种种人物,有些可看作是中国山水画中寥寥数笔而异常传神的各式点景人物,有些又可看作是山水楼阁中悠闲萧散的主题人物,而"高架秋千",则是"界画楼台"中常见的景象,它和"片片飞花,丝丝眠柳"一起,令人联想起被誉为"张三影"的宋代词人张先的名句:"隔墙送过秋千影"(《青门引》);"柳径无人,堕风絮无影"(《剪牡丹》)……

"门引春流到泽","半窗碧隐蕉桐"……是一幅幅近景,一个个框景,这里,门和窗成了绘画的取景框,所谓"尺幅窗,无心画"(李渔《闲情偶寄·居室部·窗栏·取景在借》)。

至于嫣红艳紫,幽兰紫燕,红衣碧玉,白鹭丹枫……则可看作是一幅幅设色雅丽、天趣盎然的花鸟画,活色生香,入细通灵。

《借景》章富于文采的描绘,不但鲜明如画,诉诸人的视觉,而且还导人开放五官,例如"堂开淑气侵人","分香幽室","寒生料峭","林阴初出莺歌","爽气觉来欹枕"……还诉诸人的听觉、肤觉、嗅觉和诗情所逗发的意觉,让人展开多方面的感觉联想。

立象尽理,传神寓形

《掇山》云:"欲知堆土之奥妙,还拟理石之精微。"这一骈语极有哲理深度,有的注释家、研究家就事论事,未探深理,而有的则作了较深的发掘。其实,计成所说的"奥妙—精微",还不只是堆土理石,它还覆盖到造园的其他方面。如《屋宇》也写道:"长廊一带回旋,在竖柱之初,妙於变幻;小屋数椽委曲,究安门之当,理及精微。"可见所谓"奥妙—精微",是计成在长期造园实践中所升华了的哲理。

以哲学角度来解读，所谓"奥妙"，就是高远的奥旨、深蕴的妙理；所谓"精微"，即精粹、隐微。从思想史上看，《礼记·中庸》早就有"致广大而尽精微"的名言，而晋代成公绥的《啸赋》说得更精彩："玄妙足以通灵悟神，精微足以穷幽测深。"这里应探究，作为文学作品的《啸赋》，为何竟出现了具有如此思想高度的语句。从比较艺术论的视角思考，可悟出作为语言艺术的文学，"比其他艺术具有远为巨大的理性力量……使人们由感受体验迅速直接趋向于认知、思考，便于对现实进行理性的深入把握……这门艺术主要以内容的理性深度取胜"。[④]以此来读《园冶》，也往往能感觉其升华到《啸赋》所说的境地，所谓"奥妙—精微"，就含孕着以少总多、味之不尽的巨大的理性内容。《易·繫辞下》还进一步指出："精义入神，以致用也。"这"精义入神"的"致用"，联系《园冶》一书来说，就体现为更高一级的渗透了奥妙精微之理的造园实践。

再看计成《园冶》是如何显现"奥妙—精微"之理的，这说到底还是上承易学传统。《易·繫辞上》云："立象以尽意。"计成为了把造园精微的"理"、"意"见诸形象，在一些主要章节创造性地运用了立象显意的思维方法，其中除逻辑思维外，更包括形象思维、直觉思维乃至灵感随机思维等。以下拟进一步赏析数例。

《掇山》一章，在"多方景胜，咫尺山林"后，有一段"理及精微"之语：

> 未山先麓，自然地势之嶙嶒；构土成冈，不在石形之巧拙。宜台宜榭，邀月招云；成径成蹊，寻花问柳。临池驳以石块，粗夯用之有方；结岭挑之土堆，高低观之多致。欲知堆土之奥妙，还拟理石之精微。山林意味深求，花木情缘易逗。有真为假，做假成真。稍动天机，全叨人力……

一系列描述，既有情，又有景；既有象，又有意；既有形，又有理;既清晰,又模糊,综而述之,是出色地营构了一连串非实指、非概念、非思辨的美妙意象,其特殊的作用,借用明代王廷相的话来说,是"言征实则寡余味也,情直致而难动物也,故示之意象"(《与郭介夫学士论诗书》)。《园冶》中这类描述,其特点就是具有较大的宽泛性和自我超越性,如台、榭、月、云、径、蹊、花、柳、土、石,它们既是自己,又不是自己,其中还隐含着其他令人浮想联翩的形象义理……艾定增先生曾写下自己的品悟:"计氏诗性天成,梦笔生花,故《园冶》言丘壑泉石,似实而虚,似是而非,羚羊挂角,无迹可寻,若空山无人,水流花开,与道俱往,着手成春。"⑤至于《园冶》中与意象俱存的"道",主要体现为逻辑思维和形象思维交织的一系列艺术美学原理,如"欲知堆土之奥妙,还拟理石之精微";"山林意味深求,花木情缘易逗";"有真为假,做假成真","稍动天机,全叼人力"等,但由于其自身有的是就是意象,有的前后簇拥着意象,故而人们极易接受,易于领悟其精微妙理,如其中"有真为假,做假成真"之句,甚至可让人联想起《庄子·渔父》"法天贵真"的道家哲学。

再如《园说》:

> 凡结林园,无分村郭。地偏为胜,开林择剪蓬蒿;景到机随,在涧共修兰芷。……围墙隐约于萝间,架屋蜿蜒于木末。山楼凭远,纵目皆然;竹坞寻幽,醉心即是。轩楹高爽,窗户虚邻,纳千顷之汪洋,收四时之烂熳……虽由人作,宛自天开……

这也体现了思维方法的交织。上引文字,在简要而形象地点出了"地偏为胜"的选址论和"景到机随"的创造论之后,铺采摛文,把园林中包括个体建筑在内的景观——涧、墙、屋、楼、坞、轩等放在优美如画的环境里来展示。接着,描绘凭高临虚后所拓展的广阔邈远的空间美——"千顷之汪洋",以及周而复始的时间美——"四时之烂熳",这就更在人们眼前开启了想象和感悟之窗。德国古典哲学家费尔巴哈有一句著名的话:"空间和时间是实际的无限者的显现形式。"⑥《园说》也这样把人有限的情思引向无限的时空,可谓寓不尽之意于"象",立象以尽不尽之"意"。接着,在丽辞铺陈的背景上,进而提出了"虽由人作,宛自天开"的造园理论纲领和批评标准。这一纲领,又令人联想起《老子》"道法自然"的高深哲理。

再复读《借景》部分,计成也力求将"构园无格,借景有因"的理论藏匿于形相铺陈之中,写春则"堂开淑气侵入",写夏则"半窗碧隐蕉桐",写秋则"寓目一行白鹭",写冬则"应探岭暖梅先"。在借景的境域里,有绚丽的色彩、静垂的线条、飞动的态势、间关的鸣声、淡远的芳香、清新的淑气、凉暖的温度、水面的涟漪,以及幽人的孤影、逸士的琴音、山曲的樵唱……真是百态千状,"极声貌以穷文"(《文心雕龙·诠赋》)。这样,就多层次、多维度地诉诸人们的种种感官直觉和审美联想,同时还形象地显现了一条园林美学原理:"夫借景,林园之最要者也。如远借,邻借,仰借,俯借,应时而借。"于是,理性就牢固地建立在感性的基础之上。计成又进而概括道:"然物情所逗,目寄心期,似意在笔先,庶几描写之尽哉!"心目中形成的园林意境,要在下笔之先妥然设想和规划,这才能充分地转化为优美的园林实境。这一理论,也可谓探得了造园的骊珠。总之,计成从不空发议论,而是让枯索的造园学理论融入于动人的景色,转化为鲜活的形象,使读者易于接受和领会。

另换绘画美学的视角来看,东晋的顾恺之就提出"以形写神"的理论,后人又提出"传神者必以形"([明]莫是龙《画说》)来加以强调和补充,也就是强调寓神于形。以此来看《借景》章:"幽人即韵于松寮,逸士弹琴于篁里";"南轩寄傲,北牖虚阴";"眺远高台,搔首青天那可问,凭虚敞阁,举杯明月自相邀";"书窗梦醒,孤影遥吟"……都是既有人,又有景;既突出了神——

人物的雅兴、傲气、幽趣、逸韵,又不脱离形——人物的环境、姿态、行为、动作,写得栩栩如生,活灵活现,可谓深得传神之趣。

宋邓椿《画继·杂说》指出:"世徒知人之有神,而不知物之有神。"《园冶》则不然,它还善写"物之有神",先看《借景》章中两句:"风鸦几树夕阳,寒雁数声残月",上句的"夕阳",点出了傍晚时分,鸟啼归树,然而由于天凉风劲,鸦群聚而还散,集而仍乱,"风鸦几树夕阳"的"几"字亦颇传神,令人依稀如见它们在夕阳鸦阵中若远若近,这是一幅无声的有声画,发人远思遐想;下句的"残月",也有着如诗似画的背景,"残"字用得极佳,与"寒"字互为补充,于是,"寒"增"残"意,"残"添"寒"情,并与"声"三者让人视觉、肤觉与听觉相与沟通。这种通感联觉,还以"寒雁数声"来倍添寂静、凄凉之意,可谓有声而胜于无声。

再如《相地·城市地》中的"素入镜中飞练,青来郭外环屏",亦为写景状物之秀句。令人想起杜甫《奉酬李都督表丈早春作》中的"红入桃花嫩,青归柳叶新"。对于这一名句,宋人范晞文《对床夜语》卷三评道:"老杜多欲以颜色字置第一字,却引实字来。如'红入桃花嫩,青归柳叶新'是也。不如此,则语既弱而气亦馁。"此评颇有眼识。杜甫此二句,首先亮出红、青对比色,给人以视觉的冲击,予人以鲜明突出的印象,然后再引出具体生动的实体物象来,为春天桃嫩柳新的景象传神,因而博得后人击节赞赏。计成所冶铸的"素入镜中飞练,青来郭外环屏"同样如此,它以"素"、"青"两种颜色字置于句首,又用"入"、"来"二字强调其动势,使色彩活将起来,从而把水中瀑布的倒影、郭外屏障般的青山写得极富生机,可谓语健而气盛。两句以骈偶蓄气势,以形色寓神韵,让人体会到城市地的园林也有其借景的优势。

唐代选学家殷璠在《河岳英灵集·陶翰》中写道:"历代词人,诗笔双美者鲜矣!"但计成却不只是诗笔双美,在《园冶》中,诗、画、情、意、象、理、形、神,数者交相为用,互映互补,可谓"巧思浚发,妙义环生"(清曹振镛《宋四六话序》),它们极大地深化了《园冶》的哲理内涵,有效地提升了《园冶》的艺术品位。这是作为艺术之冠冕的文学,多方渗透于《园冶》的结果,从而不但使其成为文学史上令人品味不尽的精品杰构,成为美学史上让人广泛征引的经典之作,而且对尔后我国文人写意园的历史发展,也产生深远的文化影响。

注释:

① 此外,还隐含着屈原的"天问"的浪漫主义精神。屈原—李白—苏轼—计成,其问天、问月的精神是一线延续的。
② [德]马克思:《1844年经济学—哲学手稿》,何丕坤译,人民出版社1983年版,第49、51页。
③ 钱锺书:《旧文四篇》,上海古籍出版社1979年版,第5页。
④ 李泽厚:《美学论集》,上海文艺出版社1980年版,第408页。
⑤ 艾定增:《读〈园冶全释〉有感》,见张家骥《园冶全释》,山西人民出版社1993年版,第343页。
⑥ 费尔巴赫:《关于哲学改造的临时提纲》,载《十八世纪末——十九世纪初德国哲学》,商务印书馆1975年版,第594页。

在文学与历史之间的游弋
——顾颉刚的红楼梦研究

朱洪涛

顾颉刚涉足红楼梦，起因是胡适研究红楼梦作者的身世，感到证据不足，嘱咐顾收集一些材料，进一步考索红楼梦作者的来历。顾颉刚之所以同意搜集资料且往复讨论乐此不疲，原因在于，一是二者有师生之谊，胡适对此时陷入经济困境的顾颉刚有很大的帮助，而且大背景是北京教育界正在闹索薪风潮，正常学习工作秩序被打乱，恰好有时间上图书馆翻查资料，也是借学问以解颐。二是，胡适研究红楼梦的方法与目的与顾颉刚的治学路数契合。顾在致胡适信中谈阅读胡的《红楼梦考证》感受，"荡涤瑕秽，为之一快"。这句话的具体意思顾颉刚在《古史辨第一册自序》中是这样解释的："适之先生第一个从曹家的事实上断定这书是作者的自述，使人把秘奇的观念变成了平凡；又从版本上考定这书是未完之作而经后人补缀的，使人把向来看做一贯的东西忽地打成了两橛。我读完之后，又深切地领受研究历史的方法。"胡适把实证的方法用到"地位卑下"的白话小说上面，且运用圆熟自如，让顾再一次觉得只要方法掌握得当，案例不仅仅局限于纯历史领域。1921年顾颉刚与胡适、俞平伯讨论红楼梦，学术界普遍认为顾颉刚是胡适开创新红学的重要补充，这一论断大体也符合事实。

顾颉刚觉得《红楼梦》虽然一纸风行，往往是看的人多，能谈的人少，大家不觉得这可以成为一门学问。因此顾颉刚研讨《红楼梦》的目的是"练习研究书籍的方法"，让人得到一点学问的气息与历史的观念。练习的方式是考证作者身份家世。所以采取此种研究方法,第一是因为索隐派的盲目比附已经到了可笑的地步,确实需要清理。第二,考证作者家世问题按照顾颉刚的说法是从小说外部着手,关涉小说实质处少,这是进入历史层面的一个相当好的突破口。第三,顾颉刚、胡适对作者身份考订的重视。顾认为:"《红楼梦》这部书虽是近代的作品,只因读者不明悉曹家的事实,兼以书中描写得太侈丽了,常有过分的揣测,仿佛这书真是叙述帝王家的秘闻似的。但也因各说各的,考索出来的本事终至互相抵牾。"① 这段话有两点值得注意。一,顾颉刚认为前人对《红楼梦》的过分猜测主要原因是对曹家事实不清。这是他们考证曹家身世的意义所在。二,前人虽有考索,但没有科学的方法,考证结果顾头不顾尾,破绽百出,让人难以信服。顾颉刚、胡适掌握了科学的方法,具备历史的意识,有清晰的思路,有资格重新考证曹雪芹身世之谜。这是顾颉刚在表达他们新派人士的自信与价值。

  顾在红楼梦研究中,出力最深之处是搜集资料。从资料方面讲,顾颉刚从版本目录入手,"从我的设计之下检得了许多材料"。顾颉刚查阅的资料从其日记记载有《船山诗草》《经学名儒记》《诗人徵略》《楝亭书目》《有怀堂集》《八旗氏族通谱》《同治上元江宁县志》《嘉庆江宁志》《雍正扬州志》《国朝诗别裁》《江南通志》《乾隆江南通志》《持静斋书目》《苏州府志》《八旗通志》《陈鹏年诗抄》《雪桥诗话》《楝亭集》《已畦集》等。从时段来讲,顾颉刚主要查康雍乾嘉四朝;从范围看,有文人别集、诗抄、词集、家谱、地方志、图书目录。顾相当于织了一张网,在网络的经纬交织中再辅以小说里的零星证据来定位曹家生卒行藏。

  顾在与胡适反复讨论中确实弄清楚了不少细节问题,但讨论的前提是胡适提出《红楼梦》乃曹雪芹之自叙传,顾颉刚对家世、生平的考证一直也没有脱离这个前提。顾经过多次考证认为终于可以定案的一个观点是宝玉即为曹雪芹,其论述过程可以窥见顾颉刚的叙述逻辑:

上回覆了一封信，便后悔起来，因为爱热闹与喜孤冷的性情，不一定是相反的品格；往往有经过挫折之后，从极热跌到极冷的。所以从来失志的人，都好"逃禅"。况且从《雪桥诗话》看来，曹雪芹与宝玉相类的已有两件：（一）第三回宝玉一赞，说"贫穷难耐凄凉"，这也说"竟坎坷以终"，合之书首自叙"半生潦倒"的话，更是三方面一致。（二）第二十六回，宝玉说起要送薛蟠的话，道，"惟有写一张纸，或画一张画，这算是我的"，可见宝玉会画，《雪桥诗话》所载懋斋赠雪芹诗，也说"卖画钱来付酒家"。《诗话》上寥寥数语，类似之点已很多，雪芹之为宝玉，自是可信。前天接到先生的信，把周敦颐辈相比拟，更坚固我的信心。②

至于顾颉刚信尾所言更增添其信心的，是胡适从人之常情的角度来解释顾颉刚的疑惑，"至于你疑心《红楼梦》里的宝玉与《雪桥诗话》里的雪芹不像，我觉得并不难解释。凡是孤冷的人很少是生来孤冷的，往往多是热闹的生活的余波，周敦颐、程颢、张载多是做过一番英伟少爷的人，都转到主静主敬的生活里去。阮籍、刘伶大概也是如此的"。顾、胡二人在交流中越发相信贾宝玉就是曹雪芹，顾对日本学者盐谷温断定宝玉为雪芹的观念，评价其为"善读书者"，大有引为同道之感。在这段论证中，顾颉刚取诗话与小说文本直接对证，二者衔接丝毫无违和感，行文逻辑显得自然而然。顾这种有点断章取义、为符合自己的历史考据气味而为之比附的看法，在他的论证里还有不少。如"第二回上说，'次子贾政，自幼酷爱读书，为人端方正直，祖父钟爱，原要他以科甲出身的，不料代善临终时，遗本一上，皇上因恤先臣，即时令长子袭官外，……又额外赐了这政老爷一个主事之衔，……如今已升了员外郎。'这一段话，除了'长子袭官'数语为有意错乱外，其余便写实了曹寅。至于贾政性情的方严，原是在宝玉眼光里看出来的：那时年纪大了，又是父亲，又是对着痴憨的儿子，自然不能和少年时朋友赠诗中所说的性情一样"。这似乎已成为顾颉刚的行文思路。顾颉刚屡屡强调研读红楼梦是为了培养一点学问气息，因此明明知道《红楼梦》是一部"荒唐言"，还是要"实实的考辨"。顾的论证思路是推想与假设兼而有之。为了寻出作者身世，顾对各种志书、县志等用力研寻，实打实进行他的考证工作，因此不免犯了刘崶藜批评顾在古史考证领域所犯"呆看"文字的毛病。例如俞平伯与顾颉刚通信讨论竹子到底生长南方还是北方的问题上，表达了他们过度阐释的疑惑，感觉他们的历史眼光太浓厚了，显得拘儒，"要知雪芹此书虽记实事，却也不全是信史。他明明说'真事隐去'，'假语村言''荒唐言'，可见添饰点缀处亦是有的。从前人都是凌空猜谜，我们却反其道而行之，或者矫枉竟有些过正也未可知。你意如何？"俞平伯的困惑是小说毕竟是小说，如果完全从考据家的角度出发去寻求证据，对一部小说处处坐实求证很难得出一致的结果，所得终归有限。

其实，顾颉刚知道自己把《红楼梦》当成历史进行实证研究。从两件事可以看出。第一件事是1922年4月7日顾颉刚写信给俞平伯谈胡适的《红楼梦考证》，认为这本书"只是从外表说，而未详细考他内部的实质，原不是完满的工作"。顾说胡适的考证只是曹雪芹的家世，"不过使看《红楼》的人对于这部书得一个新观念，而兄所考的乃是《红楼梦》内部的抵牾，可以使得看《红楼》的人对于书中的人也得换一番新感情，新想象，从高鹗的意思回到曹雪芹的意思。你真是《红楼梦》的功臣了！"顾颉刚本是为胡适搜集资料而涉足这一领域，他自己相当清楚他们的工作是外部考证，并不是深入小说内部从文学的角度来探讨。他显然认为俞平伯开展审查高鹗续作的工作要比胡适的考证家世更有价值些，并勉力俞"做《红楼梦》的郑樵、阎若璩"。宋朝人郑樵的学术方法是顾颉刚极为佩服的，顾明显是期许俞平伯，才给予他如此之高的评价。第二件证明是顾颉刚为俞平伯《红楼梦辨》所写序言，顾拿给叶圣陶看，叶圣陶认为"说国故太多而《红楼梦》太少，首尾不能相称。初拟加以修改，使之相称，后以无法使之相称，蓄志将原头删去，即于明日改做"③。从顾颉刚写的《红楼梦辨序初稿》（未写完）看，顾用很大篇幅在讲前人研究学问的弊端，没有清晰的意识，"他们看得各种东西都成了片段而没有统系没有比较"，"他们对于各不相同的东西欢喜打得它们相同"，随心所欲，不受事实的限制。《红楼梦》就是这样一个例子，不明来源，不思个性。顾认为研究分为两种，一种是用文学的眼光去批评，一种是用历史的方法做考证。顾在文章中没有谈第一种方法而提倡历史考证，换句话说，顾颉刚谈《红楼梦》是表面的，借《红楼梦》谈如何科学地治国学是真。顾颉刚将他们讨论《红楼梦》的意义无形之中放大了许多。

顾经常用历史的眼光看《红楼梦》，免不了有死看文字的毛病。他用证古史的方法看《红楼梦》，从对曹家的考证中，他理解的意义是"深感到史实与传说的变迁情状的复杂"。这与他之后考证孟姜女故事的目的一样，他借孟姜女故事之研究，说明"古史之创造、演变、成立等情状，使人确知古史与故事无殊，故研究之目的并不专在故事"④。顾研究《红楼梦》与研究孟姜女故事的目的其实无丝毫区别，只是《红楼梦》不是世代累积型的小说，他有作者意识在里面，借《红楼梦》来讲历史方法显然是一个很夹生的案例，在考证过程中会遇到很多内在限制。如果说索隐派牵强附会得可笑，顾的某些论证所犯毛病与前者一样，区别只是五十步与百步。

仔细对顾谈红文字进行揣摩，发现顾虽然以讲历史的方式言《红楼梦》，但他又有明确的自省意识。就顾、胡比较而言，二人是同中有异，同者是考证气息浓烈，无关文学性，不同之处是自省意识。还有是顾胡二人文学修养各有不同，平心而论，顾颉刚对文学作品更能体悟些。简言之，顾颉刚仍然有顾颉刚的特质。

前文说明顾颉刚认定曹雪芹是贾宝玉的观念，他曾与对《红楼梦》相当熟悉的潘介泉讨论过这一问题。潘介泉认为，曹雪芹是用贾宝玉来写自己，但曹寅绝不是贾政。因为曹寅潇洒豪爽，而贾政却迂拘方严，二者绝不相类。"我对于此说很表同情。我以为《红楼梦》固是写曹家；却不是死写曹家，多少有些别家的成分。"顾颉刚疑心《红楼梦》有意将曹家世系打乱，又发现证据不足，理不清思路，顾感觉"小说上事究不能如此死看，最好觅到曹頫的事实来比较看着"。《红楼梦》毕竟不是历史资料书，自证或旁证的功效并不是万能，顾毕竟知道自己是死看文字，或者说顾颉刚的研究方法与思路不根本改变，他总会出现死看文字的情况。不过有时候又会出现例外，在看待高鹗续书问题上，顾颉刚不但没有死看问题，还能从文学创作角度出发谈高鹗为什么没写贾宝玉的贫穷：

  高鹗没写宝玉贫穷，固是不周到，但假使实写他下半世的贫穷样子，也觉得情事太支蔓，不易见长。而且高鹗非雪芹，如何悬揣他的贫穷样子；若是勉强虚拟了，反不见佳，若照甄士隐的状况写了，也觉得重复。所以只把书中屡屡预言的"金陵十二钗"的结果照样做了，就此煞住，倒是精炼。[⑤]

  像这种贴合文本而论之语，可惜被顾的考证文字所掩，不为人注意。顾颉刚还对同治年间江顺怡在《读〈红楼梦〉杂记》中提出《红楼梦》乃作者自道生平表示同意，"或谓《红楼梦》为明珠相国作，宝玉对明珠而言，即容若也。窃案……苟以宝玉代明珠，是以子代父矣，况《饮水词》中，欢语少而愁语多，与宝玉性情不类。盖《红楼梦》所记之事，皆作者自道生平，非有所指，如《金瓶》等书，意在报仇泄愤也。"顾显然对"《饮水词》中，欢语少而愁语多，与宝玉性情不类"这一论断是肯定的。三十年之后，顾颉刚还将《饮水词》与《红楼梦》进行比较：

  曹雪芹生于容若之后，两人幼年所享之繁华相同，少壮所经之坎坷（即爱情方面之不能满足）又相同，加以同隶旗下，其生活方式又相同，自然读《饮水》《侧帽》之词甚熟，且能发生极大之同情心，故"红楼"也，"葬花"也，"衡芜"也，此等词藻皆吸收于其小说。后人以其词藻之同，情性之同，遂以为容若即《红楼梦》之主角，不知其为后之袭前；且亦不知其同一类型正多，如顺治帝为董鄂妃而死即其一人，奈何以顺治为宝玉乎！又《红楼梦》笔法脱胎于《金瓶梅》，其缠绵凄丽之神韵脱胎于《纳兰词》，此亦论文学史者所当知也。[6]

此话的背景是有一老者名刘厚生与顾颉刚谈《纳兰词》，顾记下刘厚生谈纳兰词的文字。顾从身世经历、语言特色着手认为二者存有关联。尤其最后一句"此亦论文学史者所当知"值得重视。顾颉刚表明他当年研究《红楼梦》是从历史出发，顾是用研究文学史而不是文学的角度来看问题，研究文学史可以成为一门学问，他们认为自然可以讲方法与历史观念了[7]。因此顾的校勘、比对、验证、归纳自然就有了意义。可以这样认为，顾颉刚是有良好的文学感知力的，只是他关注的焦点不在此，因而看问题的角度自然就不一样。

重新考察顾颉刚的《红楼梦》讨论文字，好像可以从学理上分清这是历史的，那是文学的，貌似泾渭分明，一看就懂。不过事情没有这样简单。从大的方面讲，顾颉刚搞红楼梦也是无心插柳，想练一练研究方法，如果还有其他目的，可能希望更多的人参与讨论，激起读书人讲学问的风气，这是顾颉刚一直就有的看法。因此，顾颉刚用"硬"方法来考证一本小说，内证外证兼有，比较综合并具，大体考证清楚了曹家世系问题。从个人角度而言，顾颉刚的文学修养很好，只是对他的纯考证工作助力不大。他在日记中对诸多小说都有精当的评点，比如《聊斋志异》《阿Q正传》《子夜》《雷雨》《幻灭》《动摇》《追求》等，还写旧体诗、小说。他曾写信给俞平伯支持俞不要出国留学，并比较文学家与学问家的区别,说文学家弄学问会为学问所限,让自己天机堵塞,"我以为你只要率性而行,做文学家的生活,不必做学问工夫。文学家不懂得学问,原无可羞;文学家因为弄学问而思想受了学问的限制,不能一任天机,乃大可悲"。文学的味道在于那一点似有还无的味道,不能坐实,不必锱铢必较,"文学的好处,原在不知有厉害,不知有是非,做心中要做的事,说心中要说的话,没有审度和计较"⑧。《红楼梦》其实既是他的研究也是他的消遣。顾颉刚日记里记载他坐火车会把《红楼梦》拿出来读一读,当看到书中情真悲切处也忍不住会落泪。1921年5月7日日记,"看《红楼梦》至黛玉临死前后,下了好几回的泪,心也酸软了好久,头也箍紧了"⑨。这可能与他早年在北大听哀情戏听多了有关,说明他对这部小说的某些情节还是很欣赏的。

  今天的学者通常会称顾颉刚是一位没有《红楼梦》研究著作的红学家,所指是1921年顾颉刚与胡适、俞平伯三人讨论红楼梦的作者、续书问题,催生了新红学。这个观念当然无可訾议,但说顾颉刚是红学家,却值得商榷。仔细阅读顾颉刚日记发现顾颉刚与胡、俞讨论红楼梦的时候,顾颉刚连《红楼梦》一遍都没有读完过。日记中显示顾曾多次读《红楼梦》,而且他的读法还很特别,有时顺着章节读,有时跳着读,并且有重读的习惯。他真正读完《红楼梦》日记中记载是1923年4月12日,"看《红楼梦》完毕"。这离他们考证红楼梦已经过去两年时间了。其实三人之中,对《红楼梦》最熟的是俞平伯,其次胡适,最陌生是顾颉刚,这也许是顾颉刚用其考证之长,弃其对文本不熟之短的一个原因。当然这不是贬低顾颉刚对新红学的贡献,况且顾也知晓自己对《红楼梦》本文不熟,所以顾在通信中多次提到俞平伯对文本最熟,可以进行精深研究,这未尝不是自知之明,文化自觉。

  本文只是想说明今天的人喜欢贴标签,那还是先看全资料再说吧。但顾颉刚研究《红楼梦》的方法却是游弋在文学与历史之间,这正是一种对《红楼梦》的科学研究方法。

注释：

① 顾颉刚：《古史辨第一册自序》，《顾颉刚全集　顾颉刚古史论文集卷一》，中华书局 2011 年版，第 40 页。
② 顾颉刚 1921 年 6 月 6 日致胡适信。《顾颉刚全集·顾颉刚书信集卷一》，中华书局 2011 年版，第 352 页。
③ 顾颉刚 1923 年 3 月 5 日日记。《顾颉刚日记》第一卷，联经出版事业股份有限公司 2007 年版，第 333 页。
④ 顾颉刚 1925 年 9 月 18 日致钱玄同信。《顾颉刚全集·顾颉刚书信集卷一》，中华书局 2011 年版，第 558 页。
⑤ 顾颉刚 1921 年 6 月 6 日致胡适信。《顾颉刚全集·顾颉刚书信集卷一》，中华书局 2011 年版，第 355 页。
⑥ 《顾颉刚全集·顾颉刚读书笔记卷六》，中华书局 2011 年版，第 184 页。
⑦ 胡适 1943 年 5 月 25 日致王重民信："我和马隅卿、孙子书诸人在文学史上的贡献，只是用校勘考证的方法去读小说书""读小说要考证校勘，然后感觉古本精本的需要"。(《胡适全集》第 24 卷书信（1929—1943），安徽教育出版社 2003 年版，第 626 页）傅斯年甚至认为研究文学史、哲学史才是"有组织的知识"，才算知识，文学、哲学是不算的。
⑧ 顾颉刚 1922 年 3 月 23 日致俞平伯信。《顾颉刚全集·顾颉刚书信集卷二》，中华书局 2011 年版，第 71 页。
⑨ 《顾颉刚日记》第一卷，联经出版事业股份有限公司 2007 年版，第 121 页。

邓云乡与《红楼梦》

祝兆平

邓云乡生于一九二四年,卒于一九九九年,时年七十五岁。这对于一个学术收获期的学者来说,是一个遗憾;而对中国的学术界来说,是一个重大的损失。

邓云乡1947年毕业于北京大学,是个学识渊博而笔耕勤奋的学者。他在北大读书的前两年属于敌伪时期的北大,当抗日战争胜利后,又经全国解放,其中写作机会较少,直到"文革"后"拨乱反正"和改革开放的几十年中,他写了不少文章。八十年代后,国家进入了正常轨道,邓云乡先生也迅速进入了写作的高峰期,同时整理旧文,他的个人著作的出版也逐渐进入高潮。

从2004年河北教育出版社出版的《邓云乡集》,到2015年中华书局出版的《邓云乡集》的17种18册书中看,内容从北京风土、民俗、花木虫鱼,到历史文化、书话、食话,博大广泛,而其中关于《红楼梦》的专著就有四种:《红楼识小》《红楼风俗谭》《红楼梦导读》和《红楼梦忆》。另外,在《宣南秉烛谭》中有《红楼琐话》《红楼联语》《曹雪芹故事》等篇,《云乡丛稿》中有《"红令"与"金令"》《红楼茶事》《"八旗"武事盛衰在〈红楼梦〉中的反映》等文章;《云乡漫录》中有《曹雪芹与惠红豆》《抄家情节》《抄家清单》《清代各种查抄》等;在《云乡书话》中与《红楼梦》有关的就更多:《〈红楼梦〉与中国传统文化》《"红"趣胜谈禅》《"红楼"茶事两则》《〈红楼梦〉·〈阴骘文〉·惠红豆》《〈红楼梦〉与〈寱言〉》《〈红楼梦〉上海话"促狭"》《乾隆与"傻大姐"》《吴梅村〈红楼梦〉锦靴》《湖畔谈"红"三则》《两本"红楼"小书》《"石头渡海"和胡适》《石头的祝愿》《信里"红楼"》等;在《云乡食话》中也有《持螯餐菊说"红楼"》《红楼茶话》《湘云烧鹿肉》《〈红楼梦〉与中国烹饪》等篇章。由此,完全可以说,《红楼梦》红学的内容在他的全部著作中占有数量和质量上的极大分量。

从他的诸多书中,都有专门文章写他在北大读书时的几位老师:周作人、俞平伯、谢国桢、沈从文,内容有讲学校教学中事,但更多记的是新中国成立后和他们的交往,特别是记和俞平伯、谢国桢两师在"十年浩劫"结束后的交往,不仅频繁密切,而且内容丰富,如平伯师给他的书函信札就超过一百通之多。二十世纪八十年代初,邓云乡先生将多年前为一些报刊写的"《红楼梦》时代的社会生活"的稿子集中起来,加上"浩劫"结束后又能写点《红楼梦》的短文,准备出一本《红楼识小录》。俞平伯不仅是他的老师,更是新红学后鉴赏一派的代表人物,是海内外研究《红楼梦》的老前辈。邓云乡在学校时,未曾向老师讨教过《红楼梦》的问题,而离校后的几十年间,也未能与先生有过联系,直到七十年代末,才与老师接续,重趋绛帐,面聆教益,并和先生有了频繁的书信文字往来。因此邓云乡作为学生,想请先生为此书题个字并写序。但先生"属题签当如命","小序以愚自六六年后,迄未写作关于此书文字,其发表者皆仅存之旧稿或小诗词,未便破例,希谅察,是幸"。结果,邓云乡的这部关于《红楼梦》的第一本专著是请端木蕻良、周世昌和冯其庸三位老人作的序。

作为红学家的邓云乡的一生中,大约有两个写作关于《红楼梦》阶段,第一个阶段是五十年代中晚期到六十年代初的几年时间;还有一个阶段就是七十年代后期至八九十年代,这个阶段可谓是邓云乡关于《红楼梦》研究写作的高峰期。

这两个时期的"红楼梦现象"可以说是时代使然。前一个阶段是由当时最高发声称赞两位敢于批判"资产阶级红学"的年轻作者而引发的,可谓阶级斗争论的一次理论实践。第二次则是结束了"文革"浩劫，由思想解放，改革开放带来的对优秀传统文化的反正和弘扬。这两次其性质是完全不同的。邓云乡虽然同是两个阶段的《红楼梦》研究写作者，也不是说一点不受时代和主流思潮的影响。但总体而言，他的研究和写作不是建立在对过去老一辈红学家的批判基础之上的，也不是主要建立在阶级斗争理论的基础之上的。基本上无论是立场观点还是文章的语言风格是一以贯之的，是用事实和可靠的历史资料说话。

邓云乡在后来写的《红楼梦导读》第一章中专门提到的他在北大时的老师，我国著名的版本目录学专家，明史专家谢国桢先生生前曾经对他转述另一位老师的话："搞《红楼梦》的没有好下场。"当年的邓云乡只是一个躲在书斋里，扎扎实实围绕着《红楼梦》时代的社会生活和当时的艺术成就，为一些有兴趣的报纸副刊写点"豆腐干"文章，挣点小稿费。即使如此，他从五十年代末到六十年代初的几年中在《光明日报》副刊《东风》和《新民晚报》副刊《繁花》等一些报纸上刊登了几篇文章后，报纸编辑部就来信说：意义不大，不能发了。虽然不能发了，但他对《红楼梦》研究的兴趣并未因此消失，反而积累下了不少文字成果。不料没有几年，履霜而坚冰至，什么书籍、文稿、资料、笔记、书信、剪报等等，一股脑儿没有了……

"文革"结束后，《红楼梦》的研究工作逐渐走上正常的轨道，"红学"也得到了新的发展。有了学会，又有了大型的刊物和报刊的发表园地，被抄走的资料诸如笔记本、旧文稿、手抄书箱等，均不在发还之列，发还的一部分书箱，也都残缺不全，然而邓先生又拿起了笔，写起了一篇篇的"红楼识小"。

其中，如《银锭与夹剪》《制钱》《当票》《死号》诸篇，如不读此书，今天的年轻人可能就无法看懂《红楼梦》中的许多内容。因为这些东西在人们的现实生活中早已失传。再如原来发表于一九六二年三月间的《光明日报》副刊《东风》上的，短短两千字的小文章《风筝》，从《红楼梦》中放风筝说起，讲到了一些关于风筝的制作工艺和民间放风筝的习俗,并讲到了《红楼梦》中风筝暗喻的意义,以及风筝这种民族工艺的艺术和历史的价值。结果这篇文章竟然受到了一位日本红学家伊藤漱平的注意和重视,在他一篇讨论《废艺斋集稿》真伪问题的论文中加以引用。邓云乡写《风筝》时,著名的《废艺斋集稿》这部书稿尚未被发现,所以其中的《南鹞北鸢考工志》他还根本不知道(关于《废艺斋集稿》包括《南鹞北鸢考工志》文字和图式残稿的正式发现,是吴恩裕先生在1973年2月份《文物》上发表《曹雪芹的佚著和传记材料的发现》一文后才得以公开),连日本红学家的事也是邓先生在二十年后的八十年代才知道的。

他在后记中还专门写到这本书中的文章大都承他在苏州的老友兼兄长的学者王西野先生审阅过,并得到了京中著名红学家胡文彬先生的推荐出版。

《红楼识小录》出版后不久,一九八四年四月间,邓云乡先生被中央电视台《红楼梦》电视剧组请去北京圆明园残址畔给演员培训班的学员讲民俗知识,因此写了些备课材料,接着忙于参与《红楼梦》的拍摄工作直到拍摄结束。期间,他抽空在备课材料的基础上,开始写作《红楼风俗谭》一书,到一九八六年的二月间,按照原拟内容篇目大体写完。还是按《红楼识小录》的体例写,用的也还是随笔的形式。陈从周为此书所写的序中说:"他的新著《红楼风俗谭》,叙岁时,记年事,说礼仪,谈服饰,讲骨董,言官制,道园林,论工艺,兼及顽童课读,学究讲章,'太上感应'、'八股'陈腔,道士弄鬼、红袖熏香、茄鲞鹿肉、荷包槟榔,至琐至细,无不包藏。而他都能说得头头是道,洋洋大观,谈来娓娓,听之忘倦,诚不愧为名家了。"比如《花灯种种》一文,先从《红楼梦》书中一段关于正月十五闹元宵,描写贾母夜宴的花厅上的灯的文字引首,然后将文字中提到的"三聚五玻璃彩穗灯""倒垂荷叶灯""宫灯"及"羊角""戳纱""丝料"等各种灯,一一分别从历史演化来历,当时(明清)社会的风俗民俗,以及各种灯的工艺制作等方面娓娓道来,从书本记载到生活现实,说古道今,讲得绘声绘色,人物故事,非常细致到位。令一般读者读来,不仅有滋有味,而且增长了知识,同时就加深了阅读《红楼梦》的兴趣和理解。

再如《工艺制品》一文,对《红楼梦》中提到的许多工艺品:木器、红木、漆器、描金、雕漆、铜器、银器等等,从古至今,从北到南、围绕《红楼梦》,从《书·禹贡》到《后汉书》再到《紫桃轩杂缀》《金鳌退食笔记》《陔余丛考》《养吉斋丛录》《桐桥倚棹录》《骨董琐记》,引经据典,信手拿来,左右逢源,材料丰富而翔实,语言生动而细腻,一件件、一桩桩无不讲得娓娓动听。

《红楼梦风俗谭》一书于 1987 年 10 月由中华书局正式出版发行。此书与《红楼识小录》中的文章虽然不是从严格意义上的研究《红楼梦》的学术论文,但正是因为随笔散文的文笔和格调,令读者读来一点不觉得枯燥单调,对《红楼梦》的解读、导读和推广普及起到了积极作用。

假如说,《红楼识小录》和《红楼风俗谭》这两部书是对《红楼梦》书中名物考为主的话,那么,《红楼梦导读》可以说是一部对《红楼梦》文本及内容意义进行解读的释证之书,也是一部试图用自己从小到老读红的体会经验,来和广大读者进行交流从而起到导读作用的书。

比较值得注意的是导言部分中第二章关于《红楼梦》历史演变、现实距离写道:早在"清代乾隆、嘉庆时期,有一位著名经学家郝懿行,他在笔记《晒书堂笔录》中记载说:'余以乾隆、嘉庆年间入都,见人家案头,必有一本《红楼梦》……'又引竹枝词'开口不谈《红楼梦》,此公缺典定糊涂'",以此说明《红楼梦》在当时社会上是非常流行的。自乾隆中叶风行以来,直到清末,历久不衰,并因此形成了一门学问,谓之"红学"。近人孙雄在《道咸同光四朝诗史》中写道:"都人士喜谈《石头记》,谓之

'红学'。新政风行，谈红学者改谈经济：康、梁事败，谈经济者又改谈红学。戊戌报章述之，以为笑噱。"这段文字的意义何在呢？我想作者主要是想说明，尽管《红楼梦》问世于文字狱盛行的封建专制的清代，但自问世以来的一百多年间，不仅在文化界和民间十分流行，而且"红学"是一门十分安全的学问，是否有点像如今谈论美食和花草的话题和学问，用鲁迅的话，就是准风月谈，谈《红楼梦》就如谈谈风花雪月一般。

无论是"旧红学"，还是"新红学"无论是"索隐派"、"考辨派"，还是"鉴赏派"，争论来，争论去直到"文革"结束，改革开放后才得到了彻底的改变，使红学重新回归到正常的文化学术轨道上来。这大约是邓云乡先生亲历的切肤之感，所以他会在导读文中能委婉地加以表达。

《红楼梦忆》可称这为一部《红楼梦》电视连续剧创作拍摄的全记录。书中分为三个部分：一是"红楼梦忆"；二是"红楼诗草"；三是"红楼零简"。其中第一部分分量最重，从电视剧《红楼梦》在苏州甪直的开机典礼，写到邓云乡进北京给演员开讲江南风俗课，一直写到在全国各地拍摄过程中发生的各种各样值得记下来的人物故事和趣闻轶事，真可谓一部关于电视剧《红楼梦》创作拍摄过程的百科全书。此书的价值并不在于本身的学术性，而在于对于《红楼梦》的传播和普及有着重要的意义，不仅是工作记录，具有一定的历史资料意义，又是一部颇具美学价值的文学作品。

最后，我想还是摘录邓云乡先生的几句诗来作结："红楼有梦迷离入，青史无边汗漫寻。二百余年谁会得，愁窗掩卷一沉吟"；"京华旧梦吾能说，一入红楼便欲迷。世事过来真亦假，繁华回首是全非。荣宁寂寞回王谢，宝黛排场似弈棋"。

曹寅昆仲游千尺雪及邓尉探梅轶事

臧寿源

清康熙三十九年（1700）春，曹寅（1658—1712）、曹宣（1662—1708）昆仲公暇之余，专程来苏偕友人游览千尺雪及邓尉探梅，且有诗词吟咏。不过曹寅昆仲与友人们来苏雅集赏春逸事，却未见载入周汝昌先生《红楼梦新证》"史事稽年"中"康熙三十九年"条。

曹宣，亦名曹荃（字子猷，号筠石、芷园），曹宣亦有文才，精于绘画，其《洗桐图》为人称道，甚至有"桐君"之称，曹寅曾言"子猷画梅，家藏无一幅"；传世有曹荃序注《四言史征》，《四库全书总目》："《四言史证》十二卷（历代帝王各以四言韵括其始末，起于盘古，终于有明），内府藏本，国朝葛震撰。即葛氏《诗史》，曹荃为之注释，改题此名也。"曹宣能诗，惜无诗集流传。

曹宣也是康熙皇帝的近随亲信，康熙帝于康熙二十八年正月至三月第二次南巡期间，曹宣奉命随行。康熙二十九年，诏天下名工绘制《康熙南巡图》，曹宣被指派为南巡图监画。曹宣多次随康熙帝出行或出征，如康熙二十八年八月至九月，康熙巡视塞外，曹宣充随行；康熙三十五年，曹宣还随从康熙帝出征噶尔丹，可见皇帝对他的信赖程度。

康熙三十八年四月，康熙帝第三次南巡，抵金陵驻跸江宁织造署行宫，曹寅接驾，当他奉母孙氏朝谒，康熙帝见了喜称："此吾家老人也！"因孙氏曾入宫为幼年康熙保母，故康熙帝才有此言。当时庭前萱草花正盛，康熙便手书"萱瑞堂"赐曹家。此次南巡，曹宣有没有随行？未见著录。但同年八月，康熙帝令曹宣钦差两淮，友人阎若璩有《赠子猷》诗：

> 骨肉谁兼笔墨欢，[令兄子清织造有"恭惟骨肉爱，永奉笔墨欢"之句]羡君兄弟信才难。南临淮海熬波远，北觐云霄补衮宽。坐啸应知胜公幹，暮归还见服邯郸。请挥一匹好东绢[善画]，怪石枯枝即饱看。

阎若璩（1636—1704，字百诗，号潜丘）山西太原人，清初学者。早年随祖父、父亲客居江苏淮安，康熙二十九年，受徐乾学之聘，赴苏州洞庭山参与修纂《大清一统志》。康熙三十三年后隐居淮安，专意著述，常常"访友数百里内，往来苏杭，轻舟载书册酒茗，徜徉湖山烟水之间"。阎若璩《潜邱劄记》卷六《赠子猷》，周汝昌先生《红楼梦新证》"史事稽年"将其列在康熙三十五年条，近来学者认为阎若璩《赠子猷》作于康熙三十八年秋。①

曹宣持节南下在扬州仪征两淮盐署，曾与兄长曹寅相会。"深秋，曹宣居于仪征使院，与曹寅相见，并在庭院手植杜仲一株。"（朱彝尊《题曹通政寅思仲轩诗卷》）仪征，古称真州，有"风物淮南第一州"之称，清代两淮盐署驻地。后来曹寅奉旨轮值两淮巡盐，就在盐署曹宣手植杜仲之处，立"思仲轩"。康熙四十八年曹寅作《思仲轩诗》怀念亡弟（曹宣于康熙四十七年病逝），有"举眼历十稔，拱木已成栋"；"因风寄哀弦，中夜有余恫"②。

康熙三十八年秋，曹寅与弟曹宣在扬州仪征相聚。康熙三十九年春，曹寅昆仲结伴吴中游览，从时间上来讲是接榫的。曹寅自康熙二十九年四月，以广储司郎中兼佐领出任苏州织造，至康熙三十一年十一月赴任江宁织造，初时兼任苏州织造，直至康熙三十二年三月，李煦（1655—1729）正式接任苏州织造。在苏履任仅三年，曹寅与苏州结下了不解之缘，出任江宁织造后，仍时常或公或私来苏，每每与友人流连吴中山水间，他的《楝亭诗钞》收录许多苏州纪游诗篇。而这次偕弟曹宣专程来苏春游，对于一南一北、离多聚少的曹氏兄弟俩来说，可称为难得的雅兴共趣。然而曹寅却没有将此行咏诗收入《楝亭诗钞》，这也恐怕就是周汝昌先生没有将此轶事载入《红楼梦新证》"史事稽年"的缘故。近年来随着与曹寅昆仲同游的友人诗集陆续披露，从同游诗友唱和诗篇中可窥此行游踪。

曹寅、曹宣昆仲与友人一起游支硎山、访"千尺雪"。友人姚后陶《后陶遗稿》有《吴门同曹荔轩通政昆仲游千尺雪限深字》：

不陟支硎岁已深，山光树色感重寻。游来尚健跻攀履，望去空增今古心。石涧流泉横匹练，松风过酒散清音。诗成恐惹山灵笑，垂老追随畏苦吟。③

姚后陶（1624—1709，名潜，字后陶，原名景明，字仲潜），祖籍徽州，迁居江苏江都。曹寅出任苏州织造，姚后陶应邀入苏州织署做幕僚，就居住在织造府旁边的红板桥附近。曹寅改任江宁织造后，他又跟随去了金陵，曾作曹寅幕宾20年。姚后陶自称"不陟支硎岁已深，山光树色感重寻"，显然他在抒发故地重游之慨，说明他此前在苏州织造署时，已经游览过这一带，也可印证曹寅亦是故地重游。正因为曹寅熟稔"千尺雪"之胜，才会邀其弟曹宣专程造访。

同游友人王焴《忆雪楼诗集》也有和诗《千尺雪和荔轩、芷园两使君》：

韶光九十半晴阴，胜地名流得共寻。谡谡松涛听逝远，萧萧竹院坐来深。日移瀑影悬珠箔，风激泉声奏玉琴。对此便成濠濮想，悠然遥会古人心。④

王煐（1650—1723，字子千，号紫诠、南村），顺天府宝坻县人。康熙十九年例贡，授光禄寺丞，后升刑部郎中。康熙二十八年任广东惠州知府，康熙三十四年升任川南道，曾将家室移江宁。入川途中闻父病逝返回，康熙三十六年四月至江宁，长期侨居江南。据王煐自称，其祖上曾得到曹寅祖上相助才得复汉人原籍，与曹寅相识较早，寓居金陵又得到过曹寅资助。

曹寅昆仲与友人游览的支硎山、千尺雪诸胜，如《百城烟水》（康熙二十九年付梓）介绍：

> 支硎山，以晋支遁尝居此，有石盘薄平广，泉流其上，如磨刀石，故名。[泉上刻紫岩居士虞廷臣书"寒泉"二字，径丈] 亦名楞伽山，亦名临硎。[《吴都赋》云：古号临硎] 有石室 [支遁诗：石室可蔽身，寒泉濯温手]、石门 [山半]、马迹石 [石文如蹄涔]、牛头峰、天峰，傍有待月岭，下有碧琳泉。东麓有观音寺 [亦名楞伽院。近掘得古碣，唐景龙间赐额"报恩"，又名报恩山，有刘长卿《游支硎山寺》，皮（日休）、陆（龟蒙）《宿报恩寺水阁》、《题支硎山南峰》，白居易、刘禹锡《报恩寺》诗。石室亦在楞伽，亦名支遁庵] 唐大中十二年，僧清贽募刺史卢简求重建，宋乾元二年文谦修。[俗称观音山，三春香市最盛]⑤

支硎观音山香市，即农历二月十九日观音诞日庙会。清顾禄《清嘉录》载："观音诞日，有至支硎山朝拜者，望前后已联缀于途，马铺桥迤西，乃到山路也"；"支硎山，士女连袂进香。"

"千尺雪"，在明代高士赵宧光（字凡夫）隐居"寒山别业"：

> 寒山别业，在支硎山南。万历时，云间高士赵凡夫葬父玄公于此，遂偕元配陆卿子家焉。自辟丘壑，如洞天仙源。前为小宛堂，茗碗几榻，超然尘表。盘陀、空空、化城、法螺诸

庵,皆其别墅也。而千尺雪,尤为诸景之最。子灵均,一传无后,改为精蓝……化城庵,左有石壁峭立,飞瀑下溅,望如白练,昼夜不绝声,因名千尺雪。⑥

曹氏昆仲一行又去光福探梅。王煐有《挽曹荔轩使君十二首》(之三)追忆当日情景:

支硎载酒观新瀑,邓尉联吟惜落红。十二年来成昨梦,等闲残醉醒东风。

前有自注:"以下三首追忆庚辰、辛巳、壬午间与公同游之乐。"⑦庚辰、辛巳、壬午,即康熙三十九年、四十年、四十一年。

光福探梅,友人姚后陶有《程耻夫、叶桐初、朱朴仙集饮吴门官署,兼怀栋亭通政游光福未返,即用光、福二字》诗:

春气何萧瑟,云树暝晴光。薄游成汗漫,官舍如柴桑。感兹万里客,风雪生壶觞。俯仰无一事,且自乐清狂。
吴山广且宽,吾生何局促。抱此揽胜心,蹉跎鬓毛秃。举杯不极欢,恐负清贫福。遥念山中人,应伴梅花宿。⑧

姚后陶提到吴门同游的几位友人:程耻夫,即前明遗民程正路,生卒欠详,原名义,号耻夫,安徽歙县人,工诗善画,并能手搏击剑,明末曾因武功授黄陂县丞,明亡耿耿于"无君之痛",自号"耻夫"。弃武从文,精于制墨,其墨肆称"悟雪斋",为康熙年间徽帮名墨坊之一。

叶桐初,即叶藩(1643—1702),字桐初,又字南屏,祖上本吴江同里叶氏(属宋叶梦得后裔一支,与叶燮同宗),后移居昆山,明代迁居太仓沙溪,亦称太仓人。明亡,其祖父殉节死,父亲死于兵祸。叶桐初自幼苦读,但立志不仕。为前明遗民湖北黄冈杜潘（1611—1687）女婿，杜濬寓居金陵鸡鸣山旁，叶桐初曾侨居金陵杜家。康熙二十六年杜濬殁后，叶桐初举家移居苏州。叶桐初早年就与曹寅结为诗友，康熙二十九年曹寅出任苏州织造，他应邀入苏州织造府作幕宾。后曹寅改任江宁，叶桐初却没有随往，甘为江湖处士，云游四方。

朱朴仙，生卒不详。据《滁州志》记载，"隐君朱朴仙，名灿，运昌公裔孙也"。朱朴仙也是隐士，曾经在滁州开化观"设教"，一次曹寅赴滁州，"泊舟河下，闻其吟诵之声，慕而见之"，会晤后，相谈甚洽，于是聘请他为西宾（即西席，家庭教师）。后朱朴仙回故里，倡议修建"浮桥"，得到曹寅及诸僚友募捐支持，"浮桥"于康熙三十四年落成，事迹载嘉庆年间《重修浮桥碑记》。有学者认为，朱朴仙即《楝亭集》提到的"朱赤霞"（《红楼梦学刊》2010年第1辑第38页），此说尚待证。朱赤霞工诗善画，"随画随题，笔不停辍，得三十三首"。

姚后陶等友人"集饮吴门官署"，吴门官署当指苏州织造府，曹寅的友人自然受到苏州织造李煦盛情款待，举觞吟咏，"且自乐清狂"。不过曹寅昆仲没有参加宴席，却在光福乐而忘返"应伴梅花宿"。

邓尉探梅，亦为苏州民间时俗。《百城烟水》："邓尉山，在光福里锦峰山西南，去城七十里，汉有邓尉者隐此，故名。又因后晋青州刺史郁泰玄葬此，一名玄墓。"玄墓与邓尉实为一山南北两岭，《吴县志》："今俗通称元墓，间呼邓尉。山人以圃为业，尤多树梅"；"梅花以惊蛰为候，最盛者以元墓、铜坑为极……邓尉山前，香花桥上，坐而玩之，日暖风来，梅花万树，真香国也！"《苏州府志》载："康熙中，巡抚宋荦题'香雪海'三字于崖壁，其名遂著。"

清顾禄《清嘉录》"二月"："元墓看梅花。暖风入林，元墓梅花吐蕊，迤逦至香雪海，红英绿萼，相间万重。郡人舣舟虎山桥畔，襆被遨游，夜以继日。"光福泛舟赏梅，向有"二日游"《元墓探梅路径》：

　　由光福至三官堂前，至费家河头，抵涧里乌山头、铜坑，寻吟香阁遗址；过巉山头及草庵、金鱼涧，登官山岭，取董份墓，至元墓山；从蔡家坞一直至柴庄岭、老虎洞，姚家河头宿。

　　越日，从姚家河头经光福、凤鸣岗，上峙崦岭、司徒庙，看"清""奇""古""怪"四大树，上香雪海；由倪家巷、铜井山下，至潭东；上弹山，登石楼，转天井上，看红梅绿萼之和丰庵；登六浮阁，看太湖；至潭西，访五侯公墓；过蟠螭山，上大石壁，归绣毯山；由潭东上长旗岭，过钱家磡，一直仍上柴庄岭。归舟，梅花数十里，历历在目。若误趋他途，往往有不能遍历者。⑨

　　曹寅昆仲一行光福看梅花，"应伴梅花宿"，当天没有回来，看来也是按《元墓探梅路径》作"二日游"。

　　值得一提的是，曹宣的生日为二月十二日，巧与花朝节（百花生日）同。曹寅《楝亭诗钞》有《到俸金铸酒枪一枚寄二弟生辰》："三品全家啬旧禄，百花同日著新绯。"自注云："生辰同花生日。"那么曹宣的生日会不会在苏州度过？查万年历，康熙三十九年二月十六日清明，二月十九日观音诞日在清明节后。

　　曹寅《楝亭诗钞》没有收录他此次偕弟曹宣苏州游览的吟咏诗作，从姚后陶《吴门同曹荔轩通政昆仲游千尺雪限深字》、王瑛《千尺雪和荔轩、芷园两使君》来看，都属于用韵一致的唱和诗作，显而易见曹寅、曹宣昆仲都有即兴赋诗，而且"限深字"韵，属《佩文诗韵》下平声"十二侵"。

　　曹寅《楝亭诗钞》卷四载有康熙三十九年初涉及其弟曹宣的二首诗作：《西轩大雪，瓶中红梅盛开，忆去年寄子猷诗感而有作》（注：康熙三十八年初有《厅前红梅初开，折一枝寄子猷索诗》)、《闻孙冷斋有琴来阁看雪诗,率和代柬兼念子猷》,从中可看出曹宣似乎也是喜爱梅花的,否则作为兄长的曹寅不会看到家里红梅开放,就自然而然怀念起他并要与之同赏,可见曹寅、曹宣昆仲专程邓尉探梅也在情理之中了。

《楝亭诗钞》卷四在上述二首诗之后,有《宿华阳》诗:

> 多年懒慢水曹郎,辄为寒梅办急装。诗思灞桥驴背上,春风画舻虎山傍。[光福桥名] 大茅晴雪临初舍,泽国重裘类朔方。最是衰脾慵早起,不堪蓐食遍津梁。[10]

华阳,即茅山华阳馆,位常州府金坛县茅山前,茅山为道教发祥地之一,南北朝陶弘景在此创立道教茅山派,华阳馆属茅山道馆。曹寅此诗作于康熙三十九年春,"辄为寒梅办急装",明言探梅之行,"春风画舻虎山傍",自注"光福桥名",点明探梅地点。显而易见,这首诗正是曹寅在苏州与弟曹宣春游探梅之后,返回途中借宿茅山"华阳馆",即兴所赋。"诗思灞桥驴背上"一句,用"灞桥"折柳赠别的典故,暗示他与其弟曹宣已经作别,曹宣有可能直接从苏州去扬州(北上回京复命),与曹寅返回江宁分道而行。

曹寅、曹宣昆仲本着对梅花的偏爱,饶有兴致特地到苏州光福邓尉(玄墓)探梅,不由让人联想到他们的孙辈曹雪芹《红楼梦》中梅花情愫,大观园内栊翠庵不仅有如焰梅花,而且刻意写了姑苏"玄墓蟠香寺"的"梅花上的雪",耐人寻味。

曹寅、曹宣究竟谁是曹雪芹的亲爷爷,至今仍属红学难解之谜,到底谁是曹雪芹的父亲?都没有令人信服的铁证。有认为是曹颙的遗腹子,即曹寅的亲孙子;有认为是曹𫖯的儿子,曹𫖯本是曹宣第四子,出嗣曹寅名下,这样说来曹宣倒是曹雪芹的亲爷爷了。

注释：

①④⑦ 白溪：《论王南村与曹寅家族的交往》，北京曹雪芹学会：《曹雪芹研究》2011 年第 1 辑，第 143 页。

②⑩ 胡绍棠：《楝亭集笺注》，北京图书馆出版社 2007 年 11 月版，第 274 页、第 155 页。

③⑧ 兰良永：《新发现〈后陶遗稿〉考察报告》，中国艺术研究院：《红楼梦学刊》2013 年第 1 辑，第 62 页。

⑤⑥ 徐崧、张大纯：《百城烟水》，江苏古籍出版社 1986 年 11 月版，第 136～137 页、114～117 页。

⑨ 顾禄：《清嘉录》，江苏古籍出版社 1986 年 9 月版，第 44～46 页。

读书学习　成才兴邦
——以范仲淹为例

沈建洪

河北清河人刘郎先生说过，苏州人以读书为地方风俗。苏州市曾经的副市长朱永新先生去北京多年了，凡新作发表，以讨论阅读居多。"书香苏州"活动开展以来，参加人数一年比一年多。在阅读即将成为一股社会洪流之际，把苏州历史上爱读书、善读书、读出成果和经验的人们加以总结，向青少年推荐，作为楷模，将是有意义的。为此目的，笔者以范仲淹为例，讨论读书问题，不揣冒昧，不避浅陋，抛砖引玉。

《划粥断齑》新解："与民同苦"

苏州天平山咒钵庵内有范仲淹划粥断齑处。说少年范仲淹在庵内读书，经常通宵不眠，困倦的时候，就用凉水洗洗脸，清醒以后继续读书，直到黎明时分寺中僧人起身的时刻，才和衣而睡，稍事休息。范仲淹如此勤奋读书，膳食却非常节俭，每天的粮食是两升小米。他把小米熬成粥，等到冷凝后划成四块，早晚各吃两块。弄些蔬菜切碎，加些醋和咸盐，烧熟之后当菜。这样苦读书生涯有两三年之久。

但是，可靠的资料告诉我们，宋真宗大中祥符二年（1009），21岁的范仲淹在淄州长白山澧泉寺读书。划粥断齑故事真真实实地发生在那里。天平山的故事是移植过来的，故事有意保留了原创记录的核心信息，每天的主粮是两升小米。有两点重要含义：第一，故事不是发生在苏州。因为苏州主产大米，不产小米；第二，每天2升小米，主食的量充足，生活清苦，但没有饥饿的威胁。

划粥断齑的故事还说明，虽然范仲淹两岁失怙，但继父山东淄博长山朱文翰做过几任县官，知书达礼，耕读传家，家人不至于衣食不周，温饱难求。青年学子背后有人照应，并不处于孤苦伶仃的境地。在划粥断齑中，范仲淹的性格特征很鲜明，一个"与民同苦"的青年学子。"与民同苦"？有出典吗？汉语中有一种语法现象，叫作复义词（词组）偏用。例如"同甘共苦"，词面上"甘"与"苦"都有了，但是，使用这个词组的时候，表达的意思偏重于"共苦"。"同甘"只是作陪，并不表达与"共苦"相平衡的"同甘"。"与民同苦"，了解并体验底层人民生活，是青年范仲淹选择的成长道路，长期坚持，可以养成吃得"苦中苦"的精神，磨炼"人上人"的意志。干部"能上能下"偏重于"能下"；"男女平等"并无为男性争地位争权利的含义。"尊老爱幼"偏重于"尊老"；"能屈能伸"，重点在于能屈。所以，青年范仲淹"与民同苦"思路的表述新颖，是对儒家经典有关思想内容的发挥和补充。孟子说过，天之将降大任于斯人也，必先苦其心志，劳其筋骨，饿其体肤……青年范仲淹"与民同苦"，与孟子的这一思想接上了轨。这个接轨，非同一般。因为孟子讲的是天意，范仲淹说的是人心。天意人心如此和谐协调，让人似乎听到了某种福音。

范仲淹的苦读书精神，"与民同苦"精神，来源于他的崇高抱负。就在醴泉寺读书期间，他已经有志于天下，立志"读天下书，穷天下事，以为天下之用"。他在醴泉寺曾经对神灵表示，将来他希望当宰相，把国家治理好，让老百姓过上太平、富裕的日子；如果当不上宰相，他就当一名医生，为天下老百姓治疗疾病。良相、良医，是范仲淹青少年时期的人生期许。

在山东淄博民间，范仲淹划粥断齑故事的结尾很有意思：一天，范仲淹正在读书，忽然，一只老鼠从面前窜过，钻进一堆瓦砾。他不无好奇地走过去，扒开瓦砾，下面竟是一坛白花花的银子。范仲淹平静地用瓦砾把坛子重新掩盖起来。过了许多年，醴泉寺遭遇经济困难，主持想到已经当了大官的范仲淹，写了一封求助信，差小和尚送去。范仲淹看了来信，随即回信，告诉主持，寺内某处有一坛银子。主持果然挖出了数十斤白银，醴泉寺走出困境。这是真实、完整、原生态的《划粥断齑》的故事！

《划粥断齑》的故事，刻画了青少年范仲淹仿效颜回的志趣和情操。颜回，孔子为青年弟子树立的一个榜样；颜回快乐一生，快乐学习、乐在吃苦、乐在求得新知。外地人到山东，怀着高山仰止的朝圣心情，去拜谒孔子、孟子。有齐鲁人郑重介绍，孔子是"至圣"，颜回为"复圣"，第二个孔子。而孟子是"亚圣"，要排在颜回之后。孔子讲颜回的优点，也讲了颜回的缺点，颜回在儒学方面，对老师亦步亦趋，以为老师讲得完美，欠独立思考，缺独立创新。颜回是笃信儒学、笃行儒学的典型。范公《睢阳学舍书怀》诗中有"瓢思颜子心还乐"一句，认为古代读书人有了"与民同苦"的精神和开朗乐观的性格，才有资格谈论"修身齐家治国平天下"。

苏州乡亲以移植《划粥断齑》，在天平山咒钵庵设置划粥断齑处，永久褒扬范仲淹的"与民同苦"精神。

无独有偶。湖南澧州（今湖南省澧县）民间传说当地的东溪书院是范仲淹随继父寓居安乡时读书的地方，并把东溪书院改名为文正公读书堂。安徽贵池、青阳一带民间传说范仲淹曾随继父寓居青阳，青阳县东面的长山是他幼年读书的地方。这一带的人干脆把长山改名为读山，还在山上建造了文正祠堂。

青年学子范仲淹自强不息，顺利完成了《六经》课程，通过考试获得学究功名。《六经》最难学的是《易》，范仲淹的《易经》学得特别好，达到很高的造诣。他在阐述改革的建言或文章中，一再引证《易经》名言："穷则变，变则通，通则久"，每次都用得妥妥帖帖，把改革的可行性、迫切性、时宜性揭示出来，引导人们响应改革，投身改革，壮大改革声威。

排除干扰求精进

范仲淹的青年时代，地方上基本没有学校，私人讲学的风气也还没有盛行。当时的读书人大多到离家比较近的寺庙或道观里去读书。

宋代初期，学子们想要深造是很困难的，官办的高等学府只有国子监，也叫国子学，到这里来读书是要讲资格的，七品以上官员的子弟才能来这里读书，而且，既然是一所贵族学校，就缺乏好的学风，里面的学生大多虚有其名。因此，国子监或国子学对于基础比较好的学子来讲，并不是一个真正能达到深造目的的好去处。

范仲淹要去南都，目标南都书院。23岁那年，由于一个偶发事件，范仲淹得知自己"本是姑苏范氏子弟"。这个血性男儿受到很大刺激，他背上琴剑，径往南都而去。

在书院，范仲淹得到名师教导，可以和众多的学子切磋砥砺，丰富的藏书犹如海洋任其遨游。范仲淹更加刻苦地攻读，并更加严格地磨砺自己的志向。在这里，他曾有一首题为《睢阳学舍书怀》诗："白云无赖帝乡遥，汉苑谁人奏洞箫？多难未应歌凤鸟，薄才犹可赋鹪鹩。瓢思颜子心还乐，琴遇钟君恨即销。但使斯文天未丧，涧松何必怨山苗。"诗中的"凤鸟"典出《论语》，南方的隐士对孔子说，千万不要那样栖皇，那样热心于用世。隐士唱道："凤兮凤兮，何德之衰！往者不可谏，来者犹可追。"范仲淹对天下大事和国家兴亡充满着责任感，他不愿唱凤鸟，不愿做隐士，而要做一番治国平天下的大事。"鹪鹩"是一种形体很小的鸟，筑成的巢挂在树枝梢头，《庄子》云："巢于深林，不过一枝"，西晋张华成名之前作《鹪鹩赋》，受到阮籍赏识，预言他将成为国家栋梁。颜子是孔子得意学生颜回，孔子说他"一箪食，一瓢饮，在陋巷，人不堪其忧，回也不改其乐。"范仲淹借用颜回的典故表明自己的心迹，同时盼望早日得到赏识重用。"斯文"句又用《论语》中的典故，孔子在匡（今河南省长垣县）遭到围困，非常镇静地说:"天之未丧斯文也,匡人其如予何?"最后一句"涧松"、"山苗"典出晋代诗人左思《咏史》"郁郁涧底松,离离山上苗",作者用以抨击当时"上品无寒门,下品无世族"的不平等现象。范仲淹把这些典故用在自己的诗作里,表示坚信自己有朝一日会担当重任,治国安邦。在求学期间,他经常鞭策自己:"士当先天下之忧而忧,后天下之乐而乐。"他为自己设计的成长道路,就是孟子所讲的必先苦其心志,劳其筋骨,饿其体肤,空乏其身……以迎接天降大任。

范仲淹在应天府书院读书的第四年,宋真宗大中祥符七年(1014年),宋真宗大事巡游祭祀。巡游祭祀的队伍先到亳州(今安徽省亳州市)参拜太清宫,然后来到应天府。在应天府,宋真宗虚构了一个降天书神话,大臣们都附和说看到"天书"降临的盛况,他们煞有介事地说,当时在皇帝的车驾上空先有五色缤纷的祥云,然后又有黄云下降。宋真宗编造这个闹剧,目的是要想天下老百姓以及辽国、西夏都相信他是真命天子,好让他稳稳当当地坐他的龙庭。宋真宗得到文武大臣默契配合,自命不凡,情绪高涨。这个闹剧发生后的第二天,宋真宗下诏,把应天府升格为南京。宋真宗对应天府以及此次出巡以来所经过的各县颁发特赦令,在"重熙颁庆楼"观酺三天。酺,这里指国家大庆,皇帝赐给官员和平民百姓酒食,聚会痛饮,与民同乐。

"重熙颁庆楼"观酺三天的活动热闹非凡,应天府万人空巷,书院的学子们纷纷前往,他们最大的愿望是一睹皇帝的龙颜。范仲淹没有去赶这个热闹,依然在书院里静心读书。同学们都感到不可思议,不免问范仲淹,为什么放弃见见皇帝的好机会?范仲淹非常平静地回答说:"他日见之未晚。"范仲淹将来一定要见皇帝;不仅要见到皇帝,而且要辅佐皇帝治理好国家。但今天的任务是读书;只有今天把书读好,日后才能够辅佐皇帝。

还有重要一点,范仲淹对于"降天书"实在不敢苟同。孔夫子有"四不语"即不语怪、不语力、不语乱、不语神的信条,这

"降天书"有违孔夫子的信条。当然,"降天书"一事系皇帝重臣们所为,热衷此举的人物有澶渊之仗有功之臣宰相寇准、参知政事丁谓(苏州人)。范仲淹作为一名学生,对于虚假闹剧报之以沉默,了不起!

南都留守的儿子也在书院读书,看到范仲淹平时的艰苦和勤奋,早就有了几分敬意,听了范仲淹"他日见之未晚"这句平静而有深意的话语,心里对范仲淹顿时钦佩起来。于是,把范仲淹的情况告诉了父亲,他的父亲听了,感到范仲淹和其他的学子不一样,派人送去一些官府的食品。过了一些日子,留守的儿子看到范仲淹并没有把他父亲送去的食物吃掉,连动也没动,而且已经变质了,不解地问:"你不会以为我父亲给你送些吃的东西会玷污你的人格吧?"范仲淹急忙解释说:"对于令尊大人的关爱,我心存感激。但是,我习惯了清淡的膳食,担心丰盛的菜肴消化不了;再说,如果吃了这么好的饭菜,也许日后难以坚持粗茶淡饭了。"青年范仲淹照旧吃自己的饭,读自己的书,在"与民同苦"的路上继续攀登。

青年范仲淹排除干扰的决心和意志非同小可,因为这种干扰来自高层,甚至最高层。这种干扰用鲜花、虚荣、利益做包装,像范仲淹这种态度,很可能被讥讽为愚蠢、固执、离群、不识时务等等。但是,在范仲淹看来,是守住自己一片干净的精神家园,并非为了博得旁人的喝彩。在这里,我们鲜明地看到,青年范仲淹拒绝与那些官员同吃同乐。范仲淹的"与民同苦"与不食官员赠送的食物,两个事件中的范仲淹是同一个人!留守赠食,本无恶意;但范仲淹就是不吃他送的食物,宁可任其变质。范仲淹毕生衣着朴素,食不重味,都是"与民同苦"精神的体现。

《劝学篇》有了北宋版

天圣五年(1027)正月,晏殊改知应天府。晏殊,抚州临川(今江西临川)人,生于淳化二年(991年),十四岁那年,张知白发现了这名神童,把他推荐到朝廷。宋真宗亲自召见,非常赏识。晏殊四十岁不到就担任了枢密副使,后来官至宰相兼枢密使。

晏殊来到应天府不久,认识了丁忧在家的范仲淹。谈起办学,两人非常投机,晏殊就请范仲淹主持应天府书院。丁忧期间不可做官,主持书院的工作主要是教育生徒,于孝道无违。范仲淹高兴地接受了邀请。

北宋的南都是一个特殊重要的地方。当时的南都就是现在的商丘,春秋时期是宋国的都城。唐朝的时候叫睢阳,唐朝名将张巡、许远为了抵抗安禄山,就是在这里殉国的。宋太祖赵匡胤在后周的官职是宋州节度使,其政府就设在睢阳。宋太祖赵匡胤陈桥兵变之后,做了皇帝,国号就因他的旧藩宋州而称为宋朝,定都开封。宋真宗景德三年(1006)睢阳被升格为应天府,作为陪都,所以当时也把睢阳叫作南京或南都。

当范仲淹奔南都而来的时候,睢阳学舍已经得到扩建。大符祥中二年,应天府人曹城出资,在戚同文旧居造了一百多间校舍,聚集了数千卷图书,来这里深造的学子也更多了。经过应天府向朝廷报告,经过批准,睢阳学舍由宋真宗赐名为应天府书院,并亲笔题写了匾额;应天府书院是当时四大书院之一,北宋很多政治家从这里走向政坛。范仲淹本人也是在这里学习四年,通过科举考试进入仕途的。

范仲淹主持应天府书院,经常住在书院,对学生进行训导。书院的教学和作息都订有严格的制度,晚上熄灯时间有明确规定。

范仲淹教写作,从命题到谋篇布局、遣词造句、修辞立诚,都要亲自示范。给学生出了题目,必须亲自做一篇文章,才能确切地知道题目的深浅;而自己亲自做一篇文章念给学生们听,可以启发学生们的思路;同时,把自己的文章念出来,又不能限制学生的思路,而要进一步启发学生或向深度、广度开掘,或向不同的方向思考,使文章具有鲜明的观点、深刻的寓意和新颖的表述。晏殊经常到书院看望范仲淹,同时也对学生进行督导。晏殊为一名姓朱的学生取名从道，字复之。范仲淹为此写了一篇文章，题目叫《南京府学生朱从道名述》。朱从道是来自沛国（今徐州一带）的学生，出身大户人家，但其幼年家庭变故，在晏殊的关心下来到应天府书院读书。在应天府书院的表现得到晏殊的嘉许，于是，为他取名。范仲淹对晏殊的用意作了阐发："然则道者何？率性之谓也；从者何？由道之谓也。臣则由乎忠，子则由乎孝，行已由乎礼，制事由乎义，保民由乎信，待物由乎仁，此道之端也。子将从之乎！然后可以言国，可以言家，可以言民，可以言物。"文章还讲到，作者看到有的人耕作于田亩，同时刻苦读书，但是，在做官的人们当中，看不到也听不到他们的名字，为什么呢？因为他们怀才不遇！作者提醒书院的学生们，要懂得在这里学习就是极大的幸运。这篇文章是范仲淹为书院师生撰写的北宋版《劝学篇》。荀子《劝学篇》面世以来，历代有大儒发表文章或谈话，劝导人们读书学习，成才兴邦。天圣八年（1030），范仲淹《上时相议制举书》有这样一段话："夫善国者，莫先育材；育才之方，莫先劝学；劝学之道，莫尚宗经；宗经则道大，道大则才大，才大则功大。盖圣人法度之言，存乎原文欣赏。"

　　由于范仲淹管理严格，训导有方，尤其是他本人高尚思想品质和学问厚实功底，传统学风得到了弘扬。晏殊、范仲淹和应天府书院的名气都传播得很快很远，外地很多学子来到应天府书院求学，应天府本地的学子当中有不少人通过科举考试进入了仕途。

　　教育是为人打基础的事业，打好基础，终身受益，对社会有贡献；优秀人物、良好的教育，可以把一代人引上正道。因此，具有远见卓识才会积极办学。晏殊和范仲淹都以兴学著称于历史，这与他们两人在应天府的合作有着十分密切的关系。晏殊少年得志，官至宰相兼枢密使，在办学、用人方面独树一帜。范仲淹也在与晏殊的合作中向这位年纪比自己小两岁的上司身上得到教益和激励。优秀人物的交往，轻私利而重公义，砥砺道德，增益能力，畅想未来。两个人的品质、智慧、才华、理性，都得到很好的发挥。

历史担当

范仲淹光辉一生，多次担当历史重任。

"穷则变，变则通，通则久"，范仲淹大胆提出，出路在于改革，喊出了那个时代的最强音，体现了广大人民群众的利益和愿望。

天圣三年（1025），范仲淹上书皇帝和皇太后，向掌握最高权力的人宣传改革，推动改革。天圣五年（1027）上《上执政书》。天圣八年（1030）上《上时相议制举书》。庆历三年（1043）四月，范仲淹韩琦同日任枢密副使。六月范仲淹任参知政事（副宰相），此前，已罢免吕夷简宰相职务，新任宰相晏殊，兼任枢密使。九月，宋仁宗开天章阁，赐范仲淹和另一位新任枢密副使富弼以纸笔、桌椅，命条对当世急务。范仲淹退而作《答手诏条陈十事》（简称《十事疏》）和《再进前所陈十事疏》。此外，他还写了《帝王好尚论》《选任贤能论》《近名论》和《推诿臣下论》等等文章，推动改革。范公《十事疏》问世后，仁宗皇帝当年秋天开始一一颁令施行，仅第七条修武备没有实行。但是，终因积弊太多，阻力太大，在实施了两年不到一点之后，宣布改革失败。庆历新政虽然没有成功，但是，为以后王安石熙宁变法动员了力量，提供了教训，进行了预演，做了多方面准备，主张改革的人们对北宋社会承受改革的能力做了一次实地检测。

庆历新政失败了。东西战线却分别传来好消息，西夏和契丹均有重修边境和好要求，曾经陈兵对抗的地方将变为和平对话的场所。"安边以实关中"。范仲淹经略陕甘，遵照朝廷训令：首先稳住边防。在稳住边防的前提下，壮大关中的实力，具体办法是实行屯田。范仲淹研究了历代的屯田制度和经验，认为西北边境城寨可以招募弓箭手和士兵一起把守，同时在城寨四周耕种官田，且耕且战。他还提倡屯田士兵把家眷带到边城来，让他们世世代代在这里既成边又耕作又在这里繁衍后代。范仲淹的建议是对当时实行的兵制做了一次小心翼翼的修补,朝廷高度重视。范仲淹用智慧、经验,把问题处理得非常好。

范公根据朝廷议决"以和好为权宜,以战守为实事",谋划因应西夏、契丹对策。孙子兵法说:"上兵伐谋,其次伐交,其下攻城。攻城之法为不得已。"范仲淹在记载春秋吴国伍子胥的经典著述中读到子胥为吴王阖闾献"三分疲楚"之策:"楚执政众而乖,莫适任患。若为三师以肆焉,一师至,彼比皆出。彼出则归,彼归则出,楚必道蔽。极肆以罢(疲)之,多方以误之。既罢(疲)而后以三军继之,必大克之。"范仲淹以他熟读经史的深厚积累,历代战争史话的启迪,在事关京都保卫的十年思考中,悟出抗辽十六字诀:"锐则避之、困则扰之、夜则惊之、退则蹑之"。"十六字诀"使宋军立刻生威,使西夏、契丹军队看到了入侵大宋必然惨败的下场。范仲淹"十六字诀"既回答了当时急务,又是北宋东北、西北两大战场官兵的学习材料,也是西夏、契丹研究北宋情报的重要依据。范公《乞修京城劄子》(一、二)《论西京事宜劄子》、《奏陕西河北和守攻备四策》等等著作,对于西夏和契丹也是好教材。他们中的一些人,原以为骑兵冲入北宋关隘之后可以轻而易举攻进东京,殊不知打进国门之后,敌我攻守之势立刻根本变化。一介书生范仲淹成为北宋英明将领之一,能打仗,打胜仗,深谋远虑,为边境注入经济活力,着眼于长远,致力于民族融合。即使在一千年之后的今天,到陕甘宁做田野调查,仍然可以感到范仲淹与韩琦在边陲少数民族中享有崇高威望。西夏、契丹"知我有谋有备,不敢轻举妄动",北宋达成"上兵伐谋",昔日"京师无备,胡尘俯逼"局面改观,辽夏贵族也希望和平。和平的曙光终于来临了!

苏州传世名著解读两种

——《吴郡志》与《宋平江城坊考》

张维明

苏州自古以来人文荟萃，传世的文献典籍不胜枚举。为了传承和弘扬优秀民族文化，从 2015 年 7 月中旬起，市有关部门组织开展了"苏州传世名著"推选活动，经过读者推选和专家评选，于 2016 年 4 月下旬的第十一届苏州阅读节启动日仪式上公布了评选结果，《孙子兵法》等五十部著作入选，《吴郡志》与《宋平江城坊考》便是其中的两种。

范成大纂《吴郡志》五十卷，是南宋时期的一部苏州府志。此前这类地情著述，或称地记，如旧题唐陆广微的《吴地记》（一卷），或称"图经"，如北宋李宗谔的《苏州图经》（六卷，已佚），一般来说都比较简略。而《吴郡志》则无论是体例、纲目、规模，乃至编纂方法，与旧志相比已不可同日而语，在许多方面都有所创新。可以说它的问世标志着吴中地区"地记"、"图经"时代的结束，新方志时代的开始，直接推动了方志学的发展。

保存在府学中的石刻《平江图》，是一幅南宋时期精详的苏州城市地图，与《吴郡志》可以图文对照，相得益彰。而王謇先生的《宋平江城坊考》则是考察《平江图》和苏州城坊街巷桥梁变迁的专著，也是研究苏州城市历史的重要文献。

所以，这两种图书入选"苏州传世名著"，可谓实至名归。

说来也算是有缘，这两种图书正是 1986 年由苏州市地方志编纂委员会办公室牵头整理出版的"苏州建城两千五百年纪念"特辑中的典籍。《吴郡志》由苏州大学陆振岳先生点校，《宋平江城坊考》则由笔者整理。当时笔者在市志办工作，除了日常修志工作以外，还参与特辑的编印、校对等具体事宜，往返于苏、宁（出版社在南京）扬（印刷厂在扬州）之间，断断续续近一年时间，因此对于这套图书怀有一种特殊的感情。

这次应约为这两种图书撰写解读，其实只是交流自己的学习心得而已，其中有些还属于待讨论的问题。

例如，关于范成大的表字，历来就有不同的记述。《宋史》卷三百八十六本传作"字致能"，但是范成大却自称"至能"。他在《桂海虞衡志序》中写道："淳熙二年乙未（1175年）长至日，吴郡范成大至能书。"清谢启昆《粤西金石略》卷八载《章潭范成大题名》："乾道癸巳（1173）重九，吴人章潭邃道、范成大至能，携家同登七星山，遂游栖霞、水月诸洞。"同书卷九还有淳熙元年《郑少融题名》两通、淳熙二年《范至能题名》，这些石刻题字都作"至能"。

其实，清人倪涛（字昆渠）早就勘正过史传的这处错误。他在《六艺之一录续编》卷五引录《龙华寺题名》："至能、季思、寿翁、虞卿、子宣、正甫、渭师、子馀、无咎，淳熙戊戌季春丁巳同游。子师不至。"后面特作考证："孝宗淳熙五年岁在戊戌，至能范石湖字。石湖之字'至能'，史传及今诗集皆作'致'。惟《诚斋集》宋本原作'至'，而《石湖集》中有《寄兄至先》诗，验之此刻，可知作'致'者之误矣。"

倪文中提到的《诚斋集》是范氏好友杨万里的集子，书中卷十一《和范至能参政寄二绝句》、《寄题石湖先生范至能参政石湖精舍》，卷五十二《贺范至能参政启》等诗文，均作"至能"。

《寄兄至先》诗，当是指《石湖诗集》卷四《次时叙韵送至先兄赴调》："梅柳欲动风作难，行人意在飞鸿间。一官远游门户弱，百岁上策身心闲。胸次饶渠有廊庙，梦魂讵使无江山。栽桃种杏须付我，已办铁锁迟公攀。"至先系范成大的堂兄范成象，绍兴五年（1135）进士，官工部郎中、浙东福建两路提刑。由范成象字至先，可以判定范成大字至能，而不是"致"能。

周必大《文忠集》卷六十一《资政殿大学士赠银青光禄大夫范公成大神道碑》，是应亡者亲族之请，参考主管吏部架阁文字（管理吏部文书档案的官员）龚颐正所撰的行状而作的范公传记，碑文中谓"公讳成大，字至能"，可证"至"正、"致"误。这也是本篇《解读》介绍范成大简历时的依据。当然见仁见智，相关的问题还可以进一步探讨。

1.《吴郡志》（作者：范成大，年代：南宋）

《吴郡志》习称《范志》，是我国古代方志中的名作，也是苏州地方文献中的巨典。

范成大（1126—1193），字至能，号石湖居士，吴县（今苏州市）人，绍兴二十四年（1154年）进士，官至参知政事，卒谥文穆。一生宦游四方，多所著述。北使金廷，作《揽辔录》；南下粤桂，撰《骖鸾录》、《桂林虞衡志》；出蜀东归，记《吴船录》。而他留给家乡的，则是一部皇皇巨著《吴郡志》。

此书系范成大晚年之作。志书纂成后的次年，作者病逝。不料此后志稿的刊印却一波三折。赵汝谈在《吴郡志序》中讲述了事件的来龙去脉："初，石湖范公为《吴郡志》成，守具木欲刻矣。时有求附某事于籍而弗得者，因哗曰：'是书非石湖笔也。'守惮莫敢辨，亦弗敢刻，遂以书藏学宫。……余闻石湖在时，与郡士龚颐〔正〕、滕宬、周南厚。三人者博雅善道古，皆州之隽民也，故公数咨焉，而龚荐所闻于公尤多，异论由是作。"

直到绍定元年（1228年），范氏友人李嘉言之子李寿鹏出任平江知府，从其家访得遗着《吴郡志》稿本，经校对与学宫藏本相同，可证志书确为范氏所著。其实，当初周必大所撰《范公成大神道碑》记其著作，就有"《吴门志》五十卷"。所谓"吴门"，与"吴郡"一样为苏州的别称，指的就是《吴郡志》。于是水落石出，清者自清。

但是因志稿记事止于绍熙三年（1192年），其后吴郡建置已有变化，如嘉定十年（1217年），析昆山东境置嘉定县，依法当补。于是李寿鹏命府学教授汪泰亨与文学士对志稿作了增补，并标明"补注"，以免与原文相杂。这样《吴郡志》在延宕了三十多年后，终于在绍定二年（1129年）刊印行世，所以又称《绍定志》。此后又有人在《牧守》门补缀自绍定三年至宝佑三年（1244年）间21任知府。由此推测，当初可能还有宝祐续刻本。

《吴郡志》共有五十卷，分三十九门：沿革，分野，户口、税租，土贡，风俗，城郭，学校，营寨，官宇，仓库场务（市楼附），坊市，官宇，古迹，封爵，牧守，题名，官吏，祠庙，园亭，山，虎丘，桥梁，川，水利，人物（烈女附），进士题名（武举附），土物，宫观，府郭寺，县记，冢墓，仙事，浮屠，方技，奇事，异闻，考证，杂咏，杂志。全书纲目明晰，体例井然，详细记载了苏州的历史和现状，其中不但保存了大量珍贵史料，也体现出作者的真知灼见。

苏州原为吴都阖闾城，周四十七里，辟水陆八门。《城郭》概述阊、娄、齐、盘、蓟诸门，还选辑了张继、白居易、皮日休、陆龟蒙等名家的相关诗歌，读来情趣盎然。但其中匠、蛇、胥三门，"为其多途，艰于守卫"，已先后废塞。于是在篇末特载时人胡舜申《开胥蛇门议》长文，指出长期堵塞城门致使"城市萧条，人物衰歇"，给百姓生活带来许多不便，提出应该学习当年范仲淹力排众议，勇于开通蓟门的精神，尽早复开城门。对于当时曾两次决定重开蛇门而功亏一篑，范成大"慨然惋惜"。以往一般的地记图经，对于本邑尽颂其"古、大、雄、丽"，而敢于自揭症结，进治疗之策者，古今实不多见。于此可见作者秉笔直书、存史资治的心志，而在修志的方法上也体现出"纂辑原著"的功效和作用。

苏州地处水乡泽国，又是天下粮仓、财赋重地，所以历来重视兴修水利。本志《水利》扼要记述北宋以来的水利事宜，还收录邱与权、郏亶、郏侨、单子发、单谔、赵霖等人的著述和事迹，累累近三万言，成为研究吴中水利史的宝贵资料。

苏州山明水秀，人文荟萃，本志《人物》八卷，共采集自春秋以来270余人，其中不乏汉唐之间朱、张、顾、陆，五代以来丁、陈、范、谢诸名门望族。《进士题名》则收录自北宋端拱元年（988）至南宋绍定二年（1229）之间进士共450余人，足见宋代吴郡文风之盛。此外《浮屠》记高僧大德，《方技》记张僧繇的丹青、颜协的书法、颜规的琢玉、朱景环的算术、周广的医术、杨惠之的雕塑，以人系事，丰富多彩。值得一提的是，唐代诗人韦应物，新旧《唐书》无传。本志于《牧守》、《考证》载其为人和诗风，可补正史之缺。

苏州素称文物之邦，园林、祠庙、寺观、桥梁及山川胜迹遍布府城内外，志书所记沧浪亭、至德庙、天庆观（即玄妙观）、瑞光禅寺、报恩寺、普明禅院（即寒山寺）、枫桥、行春桥、灵岩山、天平山、穹窿山与太湖，至今仍是游览胜地。虎丘相传有吴王阖闾墓，虽为小丘，但泉石奇诡，能与天下名山争胜。本志因地制宜，将其单立一门，与《山》并列，以突出它的独特地位。

吴中物产丰饶，风物清嘉。唐宋贡品中有丝绸、柑橘、白石脂（又名白磏，即高岭土，本地称阳山白泥）诸物，可见其历史的悠久。出产的鲈鱼、莼菜、太湖白鱼、红莲稻、伤荷藕、馄饨菱，堪称人间美食。所记各种农具、渔具和牛栏，都与生产活动密切相关。记载的岁时节令，异彩纷呈。吴音清浅，读"来"为"厘"。这些内容都饶有地方特色。

志尾设《考证》一门，讨论"勾吴"、"泰伯三让"、"三江"、"五湖"等专题，系方志创体，可视为北宋司马光《资治通鉴考异》对于地学专着的影响，体现出范成大求真考实的史家风范。而《杂咏》一门，分"纪咏"、"游览"、"书事"、"怀古"、"题赠"等八类，选辑唐宋名家咏及苏州的诗篇，誉为后世艺文志的滥觞，也可见石湖老人作为田园歌者的诗人本色。

《吴郡志》是宋代由图经演进为定型方志的标志性著作，对后世方志学的发展产生了重大影响，因而倍受推崇。《四库全书总目提要》称其:"征引浩博,而叙述简核,为地志中之善本。"可谓中肯之论。

《吴郡志》经历代刊印,大致有八种版本:宋刊本、毛晋汲古阁刊本、《四库全书》本、《墨海金壶》本、《守山阁丛书》本、择是居影宋本、《丛书集成》本、1986 年江苏古籍出版社点校本(该书曾被该社编入《江苏地方文献丛书》中的"苏州建城二千五百年纪念"特辑)。

2.《宋平江城坊考》(作者:王謇,年代:当代)

《宋平江城坊考》是研究《平江图》和苏州城坊的名著。

作者王謇(1888—1969),原名鼎,字佩诤,号瓠庐,晚署瓠叟,吴县(今苏州市)人。1915 年毕业于东吴大学,获文学学士学位。先后从师沈修、黄人、金天翮、吴梅、章炳麟诸先生,学问博洽,善治诸子,长于版本、金石之学,熟谙吴中文献掌故。家有海粟楼,藏书甚富。长期从事文化教育事业,曾执教于东吴大学附中、苏州女中、振华女中诸校,被特聘为苏州图书馆主任,推举为《吴县志》纂修委员会委员、协纂,兼任国学会史学干事、章氏国学讲习会讲师。1937 年移居上海,历任东吴、大同、震旦、华东师范大学教授。一生勤于著述,撰有《先秦汉魏两晋南北朝群书校释》,其中《盐铁论札记》已刊印行世。出版的还有《续补〈藏书纪事诗〉》、《民国〈吴县志〉校补》,整理古籍《龚自珍全集》等。而《宋平江城坊考》则是他的传世之作,突出反映了他在研究苏州史志方面所取得的成就。

《平江图》是保存在苏州府学(今碑刻博物馆)内的南宋石刻城市地图。北宋政和三年(1113 年),升苏州为平江府。南宋建炎年间,金兵南侵,古城惨遭浩劫。后经百余年的不断修治,城市才逐渐恢复了昔日的雄丽风貌,并且精绘细刻成《平江图》,勒石竖碑,以传久远。

图碑高 2.84 米,宽 1.46 米,图上刻有平江城内外两层城垣及水陆五门,坊表六十五座,桥梁三百一十余座,还有山川、建筑等,真实展现出街河并行的双棋盘城市格局和小桥、流水、人家的江南风情。图上标出题榜如"盘门"、"府学"、"干将坊"、"乐桥"、"沧浪亭"、"韩园"、"报恩寺"、"至德庙"、"虎丘山"、"运河"、"太湖"、"洞庭西山"等共六百一十余处,其中许多名称一直沿用至今。

但是,这块图碑除了留有"平江图"和"吕梃、张允成、张允迪"三位刻工的姓名之外,没有任何明确的纪年标记。清代以来的研究者如瞿中溶、程祖庆、叶德辉等,根据留有相同刻工姓名的宋代碑石,推测图碑的年代大概在南宋宁宗、理宗(1195—1264)之间。

这幅城图也同样引起了外国研究者的注意。英国学者亨利·玉尔(Henry Yule,1820—1889),是英国地理学家和东方学家,也是世界著名的"马可·波罗"研究专家。他在1871年编译的《马可·波罗游记》注文中,摹写了图碑的大略,说明刻于1247年,即南宋理宗淳祐七年。那显然是将《平江图》与府学中另外三块宋碑《帝王绍运图》《天文图》《地理图》误认为一时所刻。玉尔书中对图碑年代的介绍虽有失误,但随着《马可·波罗游记》英文译注插图本的广泛流传,使更多外国人了解到这幅石刻古代地图的存在。《平江图》也因此蜚声海外。

王謇先生则根据历代史志记载,结合实地勘察,对图碑上的题榜及数百条街巷,就其名称、方位、沿革等各个方面,一一加以考订,"务使语不离宗,证据确凿,无一语无来历,无一字之杜撰而后安",历时七载,终于完成了五卷近十万字的专著——《〈平江图〉考》,后改作《宋平江城坊考》于1925年自费刊印行世,为中外学界所重视。此后,他又广征博引,续为补订,还增添了许多人文掌故,至1958年才录成清稿二十余万字。他在这本书初刊本的自序中,介绍了自己的发现:"余因读赵汝谈《吴郡志序》及《吴郡志·官宇门》所载绍定二年郡守李寿朋重建坊市故实,始悟《平江图》碑亦必刻于是年。"于是,"《平江图》碑刻于南宋绍定二年（1229年）"的观点被人们广泛接受。《辞海》上的条目说明，就采用他在本书中的说法。

《宋平江城坊考》包括序、卷首、正文五卷及附录。

卷首为《叙目》，将《平江图》的主要内容分作：坊市，桥梁（堰闸附）、寺观，祠庙，官宇、仓库、驿递，学校，营寨，禁军，第宅，古迹，山水，城郭，乡都，冢墓，共十四目，采撷历代旧志的同目小序及相关记载，提纲挈领，兼总条贯，以见古今变迁。

正文五卷：卷一、西南隅，卷二、西北隅，卷三、东南隅，卷四、东北隅，卷五、城外。

宋代府城之内，两县同城而治，中以乐桥、大街（今人民路中段）为界，西为吴县，东为长洲县。本书以卷一、卷二记吴县，卷三、卷四记长洲县，卷五先记城池（附子城），再记郊外，可谓条理清晰，考虑周详。

书中记"富郎中巷"——卢熊《志》着录。《姑苏志》："太平桥南。"康熙《志》："花家巷对。"道光《志》："秘书监富严宅，今称富郎中巷。"同治《志》："宋富严所居，故名。"北禅寺门左，绍兴三十年宝积教院井栏题记云："吴县永定乡太平桥南，富郎中巷口，街东面西居住尚氏八娘"。案：是刻尚未见于着录。我友朱君锡梁始访得之。案：宝积教院，当作实相教院，考见"宝积寺"条下。卢《志》："潘家院子、唐家院子、林家院子，在富郎中巷内。"冯《志》："明盐政馆，在富郎中巷。"

《平江图》上虽然未标明该巷，经引录绍兴井栏题记及历代方志所记，不但说明了巷名的来历、具体方位，还进而介绍巷内的院子和公署。就此一例，即可见作者的研讨门径与致力之深。对亡友朱锡梁的搜访所得，特注明表彰，朋友情深，令人感动。

全书以"通衢为经，支巷为纬，逐一补榜，亦为考证"，卓然成为独具一格的《苏州城坊志》。陈从周先生在《序》中感叹道："其于此书之作可谓笃且诚也。对于中国建筑史、城市史之研究提供极科学之依据，与志乘无二致，巨著也。"

《宋平江城坊考》有两种版本。

其一,1925年初刊五卷仿聚珍版巾箱本,附录为《乡都 坊市 桥梁 里巷 官宇》《〈宋平江城坊考〉补遗》《〈宋平江城坊考〉再补遗》《〈吴中氏族志〉考补》《吴中氏族志》《吴中故市考》(附《物产小识》)。2003年广陵书社将其编入《中国风土志丛刊》(第38册)。

其二,1986年江苏古籍出版社五卷增订点校本,附录为《乡都 坊市 桥梁 里巷 官宇 营寨》《〈吴中氏族志〉考补》(附《〈吴中氏族志考补〉拾遗》《吴中氏族志》)《吴中故市考》(附《物产小识》),末置《条目索引》和苏州市建委的精绘墨线《平江图》。本书曾被该社编入《江苏地方文献丛书》中的"苏州建城两千五百年纪念"特辑。

璀璨的教育遗产
——略论苏州校园历史建筑的保护和利用

何大明

苏州历来重视教育,为崇文重教之地。自宋代正式办学以来,其重教风尚一直传承至今,并且引领全国,培养了无数杰出的人才。在这些学校中,有不少是资深的百年老校。其中,既有高等教育的大学,又有数量可观的中小学校和幼儿园。令人值得重视和骄傲的是:在不少老校尤其是百年老校的校园内,至今保存着一批珍贵的明清和民国建筑。其种类丰富多彩,不但有体量可观的单体建筑,还有环境幽雅、具备古典园林要素的庭园。这些积淀时代风云的历史建筑,是不可多得的教育遗产,是苏州历史文化名城的一张靓丽名片。这笔丰厚的教育文化遗产,值得我们后人永久继承、好好保护并妥善利用。

基本情况

对于校园内的历史建筑,苏州市委、市政府、市人大和市政协相当重视,倾听有关抢救和保护建议。2014年7月,省委副书记、市委书记石泰峰在苏州民进、民盟递交的《关注百年老校、保护教育遗产》的课题报告中,作重要批示。在苏州市百年老校协会的主持下,教育局所属的中小学校,开展了《百年老校保护与文化传承战略性课题研究》系列活动。从2014年10月起,调查小组和专家组,制定有关调查内容,编制成《苏州百年老校历史建筑调查表》。市教育局发文,全市中小学校进行填报。在此基础上,专家组进行审核、实地调研。至2015年7月,完成第一轮普查。

笔者受"苏州世界遗产办公室"主任周苏宁邀请，有幸参与其间，撰写了有关校园历史建筑的调查报告。

所谓"历史建筑"，是指建于1949年之前、并且保存至今的建筑。据笔者不完全的统计，保存历史建筑的学校，仅苏州市区（不包括常熟、昆山、太仓和张家港四个县级市）范围内，就有35所，其中16所为百年老校。以"学校旧址"名称列入保护单位的学校（原来的校名），就多达7处。即：东吴大学旧址、景海女子师范学校旧址、振华女子中学旧址、省立第二农业学校旧址、桃坞中学旧址、萃英中学旧址、桃坞小学旧址。

历史建筑的数量统计，可分为"处"和"个"（座）两种表达方式。一处文物保护单位或控制保护建筑范围内，可拥有多个建筑点。以苏州第十中学为例：其列入文物保护单位的历史建筑共有3处：织造署旧址（国保）、瑞云峰（省保）、振华女子中学旧址（市保）。而振华女子中学旧址所属的历史建筑数量，就有"振华堂"、"来今雨斋"等8个。据不完全统计，苏州市区校园内的历史建筑，有47处共80余个（座）。从整体上分析，这些历史建筑大部分保存完好或较好。少数历史建筑由于一定的主客观原因，保存一般或较差，值得引起有关方面高度重视。

这些弥足珍贵的历史建筑，除了一部分为明清遗构（如巡抚衙门旧址），还有相当一部分为近代建筑，即建于1912年至1949年的民国建筑。从建筑风格分析，主要分为两类：苏式建筑和西式建筑。苏式建筑主要是建于明清时期、传承香山帮建筑技艺的传统建筑。建筑结构为砖木结构，以立帖木构架承重，一些建筑还附有典雅的庭园。如今，精湛的香山帮建筑技艺，已列入国家非物质文化遗产名录。西式建筑是西风东渐传入中国，建于清末和民国时期，具有欧式风格的西式建筑，俗称"民国建筑"。它们以混凝土墙承重，以平瓦屋檐和石库门为显著标志。

一些老校尤其是百年老校，当初建校时，常常利用原来的现成建筑。这些建筑的原始身份，各不相同：有府署（元和县署旧址）

行宫（万寿宫），有佛寺（海宏寺）道观（清微道院），有衙门（江苏巡抚衙门旧址）会馆（安徽会馆），有祠堂（李鸿章祠）义庄（范义庄），有名人故居（许乃钊故居）等。学校当初利用这些历史建筑办学，不但解决了建校经费问题，在客观上也起到了一定的保护作用。

校园内的不少历史建筑，因为具有相当的价值，已被文物局列入各级保护名录。（详见《苏州城区学校历史建筑统计表》）。其保护等级分为全国重点文物保护单位（国保）、江苏省文物保护单位（省保）、苏州市文物保护单位（市保）、苏州市控制保护建筑（控保）四类。控制保护建筑为苏州文物局根据实际情况独创，开全国历史建筑保护先河。目前，苏州市区校园共有国家级、省级和市级文物保护单位26处。其中，东吴大学旧址和织造署旧址，被列入全国重点文物保护单位。此外，第三次文物普查中新发现的一些历史建筑，暂时列入"三普文物点"名录。具备条件的，将纳入文物保护单位或控制保护建筑名录。

价值和作用

建筑是凝固的音乐，而历史建筑则是这凝固的音乐中的一曲妙音。保存至今的校园历史建筑，如同一座座历史丰碑，熠熠生辉。挖掘其文化底蕴，传承其历史风范，其价值和作用体现在多个方面。

（一）积淀文化底蕴的历史价值

1. 记录风云变幻的时代价值

校园内的历史建筑，年代久远。从明代至民国时期，佳构迭出。在这些教育遗产中，不少历史建筑并非学校当初所建，而是采取"拿来主义"的方法，巧妙借用现成的建筑，如府署行宫、祠堂义庄、佛寺道观等。它们是时代的缩影，历史的积淀池。作为历史的实物见证，它们记载了风云变幻的时代风貌，演绎了丰富多彩的社会活动。一部历史建筑兴衰史，无疑是苏州历史沿革的有力佐证。

2. 凝聚先人智慧的形制价值

单体建筑是构成历史建筑的重要组成部分，其形制丰富多彩洋洋大观。单体建筑主要指各类独立的建筑类型，包括庭园内的多种建筑。它们所处位置不一，形制和功能也各不相同。其形制类型一般可分为：牌坊、厅、堂、馆、斋、楼、阁、榭、轩、亭、廊等。每种建筑类型，又可细分为各个小类。比如厅堂，按不同标准又可细分为：门厅、轿厅、大厅、四面厅、鸳鸯厅、荷花厅、花篮厅、花厅等。

3. 演绎精湛技艺的文物价值

雕饰技艺是历史建筑的重要装饰手段和符号，博大精深，传承了中华民族建筑文化的丰富内涵。苏州传统历史建筑雕饰，以源远流长的香山帮建筑技艺享誉全国。其建筑雕饰技艺内容，涉及用材、工具、技法等诸方面。主要分为木雕、砖雕、石雕、堆塑、彩绘，以及金属饰件等。木雕、砖雕、石雕俗称"三雕"。木雕主要施于梁柱、门窗等处。石雕主要施于石础、抱鼓石等处。砖雕主要施于门楼、影壁等处。苏州第一初级中学校，曾经为安徽会馆。其多座精美的砖雕门楼保存至今，一些"三雕"俱全的精美佳构，已被列入各级文物保护单位名录。

（二）传承教育遗产的教育作用

校园内的历史建筑，是不可多得的"教育遗产"，堪称所在学校的"镇馆之宝"。它们是一块块凝固的"活化石"，一本本立体的"教科书"。利用这些教科书，不但可以对广大学生，也应该对全体教职员工进行"读书、修身、治国"教育。其活生生的启迪和教化作用，不可小视。

1. 是对师生进行爱国主义教育的标杆

名园建名校、名人办名校、名校育名人。一些百年老校，与社会各界精英紧密相连。这些出自名校的名人，不但有早期中共领导人，还有声誉卓著的教育家、科学家、企业家、艺术家、作家等。

他们在民主革命时期和社会主义建设时期，为国家做出了杰出的贡献。他们的爱国主义事迹和精神，可歌可泣感人至深，值得后人好好学习。

2. 是对师生进行廉政文化教育的样本

在习近平同志为核心的党中央领导下，全国各地的廉政文化教育正在如火如荼开展。学校利用现有的教育遗产，也适合对广大师生进行廉政教育。北宋宰相范仲淹创办的"苏州府学"，即苏州中学的前身；设置的范义庄，在苏州景范中学内。范仲淹是著名的"济世良相"，其"先忧后乐"的廉政思想，脍炙人口、流芳百世。苏州金阊培智学校所在的海宏寺，原为纪念清官海瑞而设。这些廉吏留下的教育遗产，是进行廉政文化教育的生动样本。

3. 是对师生进行慈善义举教育的课本

一些校园内的历史建筑，原来系会馆或公所。这些产生于明清时期的会馆公所，是外地或本地商人设立的经商行会组织。会馆和公所内保留的一些碑刻（有的移至苏州碑刻博物馆），不但记载了其设立经过，还记载了其举办慈善义举（如捐资助学、施粥施棺）的事迹。利用碑刻这一载体，可以对师生进行慈善文化教育。

4. 是对师生进行文物保护教育的载体

校园内的一些历史建筑，因为具有相当的历史价值，已作为文物列入各级保护名录。利用这些珍贵的教育遗产，应该对师生进行文物保护教育。在普及建筑文化知识的基础上，激发他们自觉保护文物的意识。校园历史建筑的第二课堂教育作用，不可低估。

存在的主要问题

校园历史建筑，主要保存在全市的中小学校，尤其是百年老校内。由于学校移建等原因，少数历史建筑尽管仍属于原校，但已不在校园内。对于这些珍贵的教育文化遗产，由于种种主客观原因，有关方面在传承和保护方面，还存在着一些不足。主要问题是：

1. 保护意识责任不强

目前，广大市民对"四古"（古城、古镇、古村和古街区）的保护，已经有了相当的认识。但对校园历史建筑的保护，尚未得到全社会的普遍认同。其显现和潜在的历史、人文、文物等多方面价值，在某种程度上被低估。有人仅仅将这些建筑看成可以使用的"房子"，而没有把它们看成"文物"，当作不可或缺的教育载体和教学资源。有人甚至片面认为保护古建筑是文管部门的事，与其无关，他只管使用。

2. 基本建设造成影响

由于城市建设、教育资源拓展等方面的需求，部分老校必须改建、扩建甚至异地新建，也有的"撤校"合并。在基建过程中，拆除老建筑造新房子的现象时有发生。校园产权的变更，也给古建保护带来一定负面影响。据有关资料统计，在原址办学的 37 所老校中，保留历史建筑和古树名木的，仅有 18 所。言子祠所在的干将中心小学撤销后，它的大殿虽然保存下来，但其它建筑却已消失，造成遗珠之憾。

3. 法规制度不够完善

苏州古城保护之所以成绩斐然，成为全国历史文化名城，与一系列完善的保护法规和制度密不可分。多年来。苏州古城的系统保护，体现在古城古区（历史街区）、古镇古村等各个层面。但就老校而言、特别是百年老校而言，还缺乏专门的法规对其实施全面的、整体的保护。如今，全市多处老厂房已列入"工业遗产"名录。但是，专门的"教育遗产"尚未列入。

4. 保护力度相对薄弱

主要体现在以下四方面：其一，周边环境影响。一些老校位于繁华的商业区，周边不但有不少餐饮店，还有一些随意摆放的小吃摊位。油污、废气、废水形成的恶劣环境，对历史建筑造成一定影响。其二，保护人才缺乏。在教育管理和教学方面，许多学校不乏专业过硬的名师。但在保护历史建筑方面，却缺少懂行的人才。日常保护和管理工作，面广量大，不能单靠文物部门，还得"自有自便当"。其三,保护经费缺乏。历史建筑年代久远,由于日常维修成本高,经费难免捉襟见肘。一些没有列入保护名录的历史建筑,更缺少专项维修基金。其四,责任主体不明。因为没有专门的法规政策依据,校园历史建筑的保护机制,还不够完善,有的处于自发状态。因为产权等问题,少数"踢皮球"现象的产生,更损坏了校园历史建筑的有效保护。

保护的具体措施

以历史建筑为主的遗构,是学校教育遗产的重要组成部分。苏州的中小学校,特别是百年老校的教育遗产,是承载着近代以来苏州教育文化的精华。我们有必要像保护古城一样,保护珍贵的校园历史建筑遗产,为全国乃至世界提供划时代的"苏州经验和样本"。为此,提出以下几方面具体的保护措施。

1. 提高思想认识,树立保护观念

习近平总书记有关保护中华文明、传承优秀文化传统的讲话精神,是从战略高度保护历史建筑的指南。市委石泰峰书记及相关市委、市政府领导关于保护百年老校、促进名校名城协同发展的批示,则是因地制宜保护的具体化。对此,学校要组织全体师生员工,以多种形式认真学习,贯彻落实中央和地方政府的讲话精神。学校可以聘请文物局有关专家,担任校外古建保护辅导员,来校讲解有关古建保护知识。学校还可以开设第二课堂,利用校刊、橱窗、黑板报等载体,开展各类宣传活动。宣传主题是:《人人参与,保护校园古建》。

2. 完善法规政策,落实责任主体

在原有基础上,把保护传承校园历史建筑,上升到政府层面,提升到法律保护高度。市人大通过调研后,可以出台《学校教育遗产保护条例》。有关学校大门口,设置"校园历史建筑示范点"标志牌。校园内的有关历史建筑、古树名木等,都挂牌保护。落实主体责任,学校为历史建筑的管理和保护方。

3. 增强保护机制，健全保护机构

在教育局的统一领导下，选择一个合适的日子，建立"中小学校园历史建筑保护日"。在学校总务部门，设置兼职的"古建保护组"。落实长效管理机制，设立校园历史建筑保护联合巡查组。一名副校长挂帅担任组长，成员由总务处、校团委、学生会三方面组成。巡查组配合文物局、园林局和消防部门，定期对历史建筑和古树名木进行巡查，发现问题及时整改。对破坏历史建筑的不法行为，上报职能部门严肃查处，追究其法律责任。

4. 开展专题研究，完善遗产档案

在苏州教育局的统一规划下，不妨开展战略性课题研究：《苏州校园历史建筑的保护和利用》。在充分研究和论证的基础上，整理编写有关书籍（公开出版或内部资料）。比如，《苏州百年老校风云录》、《苏州校园历史建筑保护读本》（学生普及本）、《苏州校园历史建筑大全》、《苏州校园历史建筑图录》等。条件成熟后，再拍摄有关影像专题片。

5. 加大资金投入，及时维修古建

对于校园历史建筑的维修，应该设立专项维修基金，完善经费保障机制。资金的来源分以下三块：第一，财政专项拨款，编入年度预算；第二，学校自筹，多渠道筹集资金；第三，社会捐助。借鉴修复寺庙的捐助方式，对于愿意捐资的社会热心人士，可采用"刻碑留名"的方式。历届事业有成的校友，对此可以做出较大的贡献。

6. 扩大保护范围，提升保护等级

校园内的历史建筑遗构，种类不少。除了体量较大的单体建筑，还有散置的构筑物。一些老树虽不属于古树名木，但也有可观的树龄。对这些校园历史遗存，应该扩大范围，全部纳入保护体系。提升校园历史建筑的保护等级，学校也可以向文物局反映，提出可行性建议。比如，三普文物点升格为控制保护建筑，控制保护建筑升格为苏州市文物保护单位。如今，第六中学的"许乃钊故居"，已经由"控保"升格为"市保"，就是一个典型的例子。其实，苏州中学内的科学楼等民国建筑，以及遗存的若干青石柱础，完全可以作为一个整体，有条件升格为苏州市文物保护单位。根据"属地"原则，苏州中学应该向文物局打报告申请。

7. 合理利用遗构，辟建开放景点

对校园历史建筑的保护，不应该束之高阁。只有充分而合理利用，才能更有效地保护。如今，一些老校（如农校）利用"老房子"辟建校史馆，就是一个明智的选择。凡是老校、尤其是百年老校，都不妨利用不可多得的历史建筑，辟建校史馆或有关陈列馆。如此，保护古建与宣传校史相得益彰。

如何进一步合理利用历史建筑？苏州有关部门也应该转变观念。对于历史遗构丰富的学校，我们完全可以借鉴清华大学的做法，辟建为对外开放的景点。先行一步，不妨以苏州第十中学为试点。作为百年老校的第十中学，教育遗产丰富，拥有织造署旧址（国保）、瑞云峰（省保）、振华女子中学旧址（市保）。而振华女子中学旧址所属的历史建筑数量，就有"振华堂"、"来今雨斋"等8个。利用这些响当当的名片，完全有条件和资质辟为对外开放的景点。当然，为了不影响平时的正常教学工作，开放日可利用双休日、节假日和寒暑假。景点开放的门票收入，专款专用，纳入校园历史建筑专项维修基金。对此，财政、税收、工商、物价等部门，在可行性研究的基础上，应该大力支持给予优惠政策。

保护和合理利用校园历史建筑，任重道远，我们责无旁贷。

苏州丝绸的沿革和展望

刘立人　姚怡袭

苏州丝绸是苏州的瑰宝

苏州丝绸历史悠久,蜚声海内外。早在春秋时期,吴国的丝绸业已达到一定规模,唐代以后苏州即被称为"丝绸之府"。著名的意大利旅行家马可波罗在游记中写道:"苏州城漂亮得惊人,方圆有三十二公里,居民生产大量的生丝制成的绸缎,不仅供给自己消费,使人人都穿上绸缎,而且还行销其他市场。"[①]民间流传的"东北半城,万户机声"生动地描绘了苏州丝绸业历史上的盛况。

苏州丝绸和苏州园林一样是宝贵的文化遗产,不仅如此,苏州丝绸在继承前人文化艺术的基础上不断推陈出新,品种日新月异,花色瑰丽万端。"有薄如蝉翼的纱类、富丽飘逸的绡类、细腻华贵的锦类,以及纺、绸、绉、绢、缎、绉缎、锦、绰等十多个大类、二百多个品种、上千只花色的各类绸缎。"[②]据不完全统计,二十世纪八九十年代苏州丝绸先后获国家金质奖12个,部省优奖100多项。苏州丝绸是苏州极其珍贵的绚丽瑰宝。

苏州的丝绸之路

早在4700多年前,苏州的先民们开始驯化家蚕和制作丝绸;2000多年前春秋战国时期,吴国古都已经普及丝绸生产,生、熟、花、素、胰炼、染印,工艺齐全,绫罗绮锦、缟纱缎帛,产品众多。《史记》中记载:周敬王元年(前519年)吴楚两国为争夺边界的桑田发生了"争桑之战",蚕桑丝织生产已经成为当时主要的经济产业。到三国吴时,吴国开辟了一条海上丝绸之路,与辽东、大秦(罗马)、亶州(日本)、夷州(中国台湾)等进行贸易往来,重头戏首推丝绸[③]。

唐宋时期,苏州已有十万多户人家,商业繁茂仅次国都长安,吴地丝绸成为苏州"赡军足国"的重要物资。丝和绸的贸易经过大运河,往返全国各地,后经水陆丝绸之路销往世界各地。吴地亦被称为锦绣之地、"江东一大都会"。

苏州丝绸品质优异,品种繁多,高贵典雅,自宋以来被历代宫廷御用,元、明、清三朝都在苏州设有官府织造局,朝廷派员,驻苏督管。"郡城之东。皆习机业。"鼎盛时期,官办民搭,织机多达一万五千余台。"日出万绸,衣被天下。"国内外客户,商家云集,苏州城西,护城河畔,码头林立,货船连片。苏州丝绸不仅成为王公贵族达官贵人首选的家居衣料,更是海上丝绸之路的重要物资,被源源不断送往世界各地。

苏州丝绸业的沿革

清朝晚期,外忧内患,苏州丝绸由盛转衰,民国初,手工织机仅存四千余台,丝绸实业界仁人志士,挣扎图存,弃手工、上机电,逐步走上近代丝织工业之路。

新中国成立后,古老的苏州丝绸犹如枯木逢春,蓬勃发展,到二十世纪八十年代又达到行业的顶峰,苏州丝绸无论是花色品种、技术水平和生产规模,还是经济效益、上缴利税和创汇能力等各个方面均在全国名列前茅。尤其在高档丝绸传统面料的传承开发上,更是行业当之无愧的领头羊。塔夫绸、修花绡、大富贵织锦被面、宋锦、漳绒、缂丝等均供不应求,印花设计和精度,行业领先,丝绸行业从业人员仅古城区一块就曾超过四万。

然而潮起潮落,随着丝绸业由计划管理向市场经济的转变,以劳动力密集型为特征的国有丝绸加工企业的冗员多,负担重,效率低,效益差等弊病逐步凸现,生产经营严重下滑,举步维艰,直至上世纪末苏州丝绸全行业亏损。世纪交替之际，在政府指导下，丝绸行业服从大局，采取了一系列改革措施：生产企业实施了关、停、并、转，退城进郊，退"二"进"三"，企业改制等等，苏州丝绸在经过十多年的痛苦历练之后，自身结构发生了深刻的变化，大规模的丝绸生产已经基本退出，得以生存的丝绸工商企业基本处于无人问津、自生自灭的状态，以至于有一段时间人们在问，苏州丝绸怎么啦？苏州还有没有丝绸？

凤凰涅槃，浴火重生。回答是肯定的。在苏州丝绸人负重坚守，苦心经营之下，苏州丝绸适应了市场的需求顽强地生存下来，并且艰难地完成了以加工为主向贸易为主的华丽转身，继而向都市丝绸的梦景前行。

苏州丝绸的现状分析

1. 贸易现状：作为主体的各类丝绸贸易始终存在并有发展的趋势；星罗棋布的品牌连锁店、旅游专业商场、外贸加工企业、景点丝绸小店、刺绣专业街、商场卖场丝绸专柜等每年接待着数以百万计的中外商家游客，不计其数的丝绸服饰、面料、家居床品以及织绣工艺品被销往世界各国和祖国各地。

2. 产业链现状：苏州丝绸业的缫丝、织造、炼染、印花产业加工链基本完整，电子提花、数码印花装备和技术水平不断提高，手绘手绣、缝纫定制、订珠卷边等辅助工序配套齐全，丝绸最终产品的开发加工基础良好。

3. 产品现状：苏州丝绸有一大批精良的产品，其魅力犹如"法国的香水"、"瑞士的手表"那样依旧灿烂。北京 2014 年 APEC 会议领导人"新中装"就突出展现了苏州宋锦、苏绣与漳缎的华丽风采。苏州不仅有传统的面料珍品，如宋锦、缂丝、纹罗、漳缎和经锦，以及手工刺绣精品，而且还有大量充满水乡风情和艺术魅力的丝巾、服装、饰品和工艺品等，这些充满着浓厚中国元素的丝绸产品成为苏州名片文化的支撑。

4. 科研状况：苏州拥有国家级的丝绸工程实验室、国家级纤维服装检测所、丝绸博物馆、丝绸研究所以及正在筹建中的中国丝绸档案馆等一批科研文化事业单位，能为苏州丝绸的科学研究、创新驱动、文化研究、产品质量和历史传承提供保障。

难能可贵的是苏州拥有一大批丝绸专业人才和热心丝绸的人，他们中间有科研前沿的教授、有熟悉人文历史的文化学者，丝绸工商的实业家，非物质文化遗产的传承人，工艺技术专家高手，还有正在迅速成长的"绸二代"。正是这些丝绸人的卓越努力，苏州丝绸业才能生生不息持续发展至今天。

提升文化内涵，创建丝绸都市

2011年11月商务部组织制定了《茧丝绸行业"十二五"发展纲要》，明确提出"集中打造杭州、苏州等具有深厚丝绸文化底蕴的国际化丝绸都市，提升中国丝绸整体形象"。2012年6月，《苏州市丝绸产业发展纲要》正式出台，提出要"传承发展苏州丝绸产业，提高苏州丝绸品牌和形象，重振苏州丝绸文化的影响力"。虽说苏州丝绸基本上已完成了自己的转型，但是，要想朝着国家"十二五"规划对苏州丝绸发展所提出的国际化"都市丝绸"的格局和方向迈进，苏州丝绸升级的步伐可以说还远远没有跨开。

苏州丝绸要以文化创意产业的大战略眼光、大战略思维方式去规划、整合、提升。

苏州丝绸独一无二的优势在于丰富的历史遗存和厚重的丝绸文化。在苏州的古城区，有很多如"桑叶巷"、"养蚕里"、"锦帆路"等与丝绸直接有关的名称；像"太监弄"、"北局"、"接驾桥"等与官府织造有关的地路名称，有重要的丝绸建筑遗存，清代的苏州织造府旧址，原汁原味地保留着部分织造府南局的门厅楼阁、古木奇石和石刻碑文，这里曾是康熙、乾隆二帝十一次南巡下榻的行宫。苏州丝绸与"红楼梦"及其作者曹雪芹的渊源更是意味深长。苏州丝绸的先人们为我们留下了太多的有关品种的、技艺的、图纹的、诗文碑刻实物的文化遗产和非物质文化遗产,这些都是苏州丝绸赖以生存和发展的宝贵财富,也是我们必须加以传承和发展的责任所在。

　　文化是品牌的根,对于企业的具体品牌而言,品牌文化是与品牌核心价值紧密结合的。对于"苏州丝绸"这一大品牌而言,"苏州丝绸"必须进一步提高文化含量,要通过文化之根,深植于顾客心中,引起顾客的文化共鸣。例如,苏州丝绸的文化可以与"水天堂"结合起来,要大力宣传"水乡绸韵",使顾客进入"水天堂",来到"绸人间";苏州丝绸可以与历史文化名城结合起来:从出土的文物可知在西汉就有"韩仁绣汉丝锦",在东汉有"长乐明光锦"等,可以制作一些精美的仿古产品配以必要的文字说明,以弘扬历史文化的精髓,提升苏州丝绸的历史感召力;再如,苏州丝绸可与苏州的历史文化遗产相结合,制作一些丝绸艺术精品,展现苏州的园林景色,宣扬历史文化遗产;吴门画派的杰作也可以与丝绸产品结合,宣传苏州的绘画文化等等。此外,织绣一体化的绚丽瑰宝——苏绣,应该作为艺术精品,展现其独具异彩的风格,双面绣、仿真绣、美术绣等产品可以展现出苏州绣娘的创新文化……总之,在文化和艺术的舞台上,苏州丝绸有许多可绘可写的篇章。

　　苏州丝绸应该充分地利用自身的非遗技艺以及传统品种资源丰富等文化方面的优势,突出创意为先,强化创新驱动,通过建设丝绸产业化应用和贸易平台,来延伸丝绸终端产品的研发营销,加强丝绸创新创意产品的市场化步伐,最终形成国际化"都市丝绸"的战略格局。

苏州丝绸的前景展望

　　2013年4月,经中国丝绸协会批准,"中国丝绸品种传承与保护基地"落户苏州,国内首家丝绸品种基地在苏州诞生。

　　2013年7月,国家档案局批复同意,在苏州设立中国丝绸档案馆,这是国内首家也是唯一的一家专业的丝绸档案馆。档案馆的功能是在博物馆的收藏、展示、研究三者基础上再加上传承、服务和利用。丝绸品种基地和丝绸档案馆的建成必将对苏州丝绸在保护性传承、汇集丝绸珍品、研究工艺技术、开发创新产品等方面发挥有力的推动作用。

2015年4月，第四届苏州创博会在国际博览中心举办。在丝绸产品创意展馆，29家具有行业代表性的丝绸企业参加，展示了丝绸在各个应用领域的创意创新的发展成果。这次展示让我们看到了企业与高校"产学研"合作开发的纳米技术的应用；3D快速成衣技术的应用；宋锦织造技艺传承和发展；国家新型专利负离子真丝纱罗面料；充满浓郁艺术气息的缂丝手包；立体三层绣的苏绣创新产品；国内首创的《姑苏繁华八景图》丝绸册页；真丝漳缎"翁同龢书法系列"等等，这些产品展现了苏州丝绸的发展前景。

今年4月，第五届创博会的"2016丝绸苏州"展览馆，在去年的基础上又有了很大的提升：展馆面积由500平方米扩大到10000平方米；参展单位由30家扩大到200家；并由单一苏州地区参与扩大为无锡、苏北、浙江、山东、四川等全国丝绸企事业均有参加，同时还有意大利、日本、泰国国外同行设摊参与，首次在苏州实现了全国性和国际化的丝绸展销盛会，展会还特邀了3000多位专业观众，促进了交流和交易，本次展销会不仅提升了苏州丝绸的形象，对行业的转型升级起到了积极的推动作用。

在国家茧丝绸发展规划的引领下，建立具有国际扩影响力的丝绸都市的战略定位，给苏州丝绸人极大地梦想空间，这不仅仅是一个目标，而且是一个非常接地气、符合苏州丝绸实际发展情况的战略构想。苏州丝绸要实现复兴的梦想，必须把自身打造成一个适应城市经济发展规律的、以都市消费需求为导向、以贸易为主体、以文化为内涵、以产业链为基础，以创新（包括创意设计、产品创新、技术创新和营销模式、服务创新等）为动力、传承与发展并举的、能与相关行业互动共赢的充满竞争活力的行业。这就需要建立苏州大丝绸概念，把一切与丝绸传承发展有关的业态、活动和企事业单位逐步整合起来,打造大平台,通过资源共享,抱团作业,同舟共济,图谋丝绸大业。

可喜的是苏州丝绸已经起航,"採来天上云,织成人间锦",在丝绸人的笔下,苏州的天会更蓝,名片会更亮。苏州复兴都市丝绸的梦想一定会实现!

注释:

① 引自王卫平、王建华著:《苏州文化丛书·苏州史记(古代)》苏州大学出版社1999年8月版,第107页。
② 刘立人:《创名牌、兴产业》,《江苏丝绸》2000年第1期。
③《丝绸都市——苏州新丝路》,《现代苏州》2015年第11期。

开相宜从"阿堵"起?
——父亲费新我画像若干事

费之雄

在各类画种中,大家都认为:"人物"要比"山水"、"花鸟"、"界画"难些,而人物画中画"肖像"尤为最难。因为人的脸面上各有眼耳口鼻,由于形状、大小、位置的差异,形成古今中外少有雷同的现象。同一个人,从少到老,即或一天之内也喜怒哀乐,变化无常。因此可以说,人的脸面是世界上变化最大、最多,也最难画的了!

现代人可以面对写生或按照相片画像,古代人无从对证,需根据文字记载描述。比如画屈原和李白,同样是中国文学史上屈指可数的浪漫主义爱国诗人,愤世嫉俗的屈原,终是饱含着为国忧心如焚的悲壮心态;飘飘欲仙的李白,处处表现出蔑视权贵,追求自由和理想的积极精神。各人画得尽管面型不同,但必须体现人物的性格特征和品位气质。

我父费新我"而立之年"离职学西画,素描、水彩、油画,用块面明暗表现物象,他曾在上海万叶书店当美术编辑,编绘各类美术技法书籍。解放后自习国画,临摹《八十七神仙卷》等传统名作,汲取中国绘画以线条勾勒形象的特性。又一度专攻人物肖像,写实功力糅和写意情趣,中西兼施,为他取得一定的成果。《人像编》即其中之一,领袖形象、英雄人物、知名人士、劳动模范皆以单线为主,数以百计,汇集成册,供读者参考应用。

万叶书店业主钱君匋拜丰子恺为师,丰子恺师从弘一法师李叔同,由于出生均在湖嘉地域,加上师生、工作关系交往尤多。癸巳年冬我父曾为缘缘堂主人丰子恺先生造像，身着浅色长衫，手执拐杖，短发青须，流露着思维深沉、文化底蕴深厚的神韵。谈起此画，他说，若不是当年与丰先生在沪上多年交往，无论如何也画不得这般真切的。他认为，画人像画，贵在画出人物的神态气质、胸襟风度，否则再貌似也是枉然。同年，费老也为李叔同先生绘过一幅五尺整张"弘一法师全身像"，具"宁静高洁，达观三世"的神情，钱君匋用篆书题于癸巳冬月，现今存藏杭州虎跑"弘一法师纪念馆"，两画距今正好一甲子六十年了！十年后出自"新我左笔"，又画一幅弘一法师僧装半身像，丰先生见画甚为得意，并题词"弘一大师遗像乃苏州名画家费新我所造，曾展出于江南国画展览会，神韵毕肖，允称佳制。展览会闭幕后，余向画家请得此象寄星洲广洽法师供养。癸卯活佛节丰子恺记。"

父亲创作了不少以人物画为主的作品，身居苏州，尤其对一枝独秀的苏绣艺术特具感情，多次深入刺绣工场，创作了表现"绣"的主题，出版了大幅年画

《丰子恺画像》

《弘一法师全身像》

《弘一法师像》

《刺绣工场》,《丝绣莫斯科》还参加了十月社会主义革命四十周年大展。他还采用唐代吴道子"吴带当风"的画法,将"上绷钩稿、劈线配色、切磋技艺、成品检验"等刺绣流程,用白描笔法,敷以淡彩,画成长卷《刺绣图》。二十多绣娘各具江南风情,从中还能找到顾文霞、任彗娴、李娥英等刺绣大师的身影,参加全国二届国画展,被认为是反映现实生活清新明快的作品之一。得到名家赏识,在美术杂志上推介。可谓其代表作的《刺绣图》,近年经顾文霞等绣成单色刺绣作品,"画绣自有绣中人,绣画本是画中人",传为佳话。

"江苏省国画院"于1956年首批成立,我父以画人物见长应聘为画师,从此进入国家级艺术殿堂,生活有保障,与傅抱石、钱松岩、亚明、宋文治、魏紫熙、林散之等书画名家成为终生同事。

为庆祝内蒙古自治区成立十周年,中国文联、中国美协组织艾青、萧乾、周令钊、费新我等九人到锡林浩特草原体验生活。结束

《刺绣图》

前他心中自有计较,由人陪同一起深入海拉尔林区一睹原始森林。返家后连续半年多日夜赶制了一幅画分六段,十七米长的《草原图卷》,其中牧区一段人物百余。画成,我随父携《草原图卷》赴上海拜会丰老,丰老神清气爽,当年画中人果然"神气活现"。只见他在卷末题上:"天苍苍,野茫茫,风吹草低见牛羊",并在人民日报撰文。誉其为内蒙古的《清明上河图》。这幅代表性的巨作,当年捐赠内蒙古,可惜至今下落不明,在此再次呼吁——可有回世之日耶!

内蒙古之行也留下不少单幅作品,我们从一幅神态安稳自若的《琴手》中可以看到:寥寥几笔,袍袖用笔特富厚毡质感,蒙古族人面上饱经草原风霜。

我从故纸堆里找到一页先父遗留的草稿,上面写着:"右(印方位)缶翁以钉剪为泾县朱砚涛先生所

《琴手》

治之印。翁与先生为沪上淞社诗友,过从甚密。一日,先生出寿山石求刻,翁未携铁笔,援汉人急就例,随索一长钉代之运腕直下,一气呵成,苍劲古朴,神采奕然。复取小剪镊以款识亦浑脱有致。盖翁兼擅众艺,尤擅篆刻,居恒椎凿断砖残甓以为研习,故能不受工具之限而游刃自如,洵神乎其技矣!时先生哲嗣博渊兄年才弱冠,目击其事,印象至深,距今五十余年犹津津道之。原印珍藏箧中,承许借以钤拓,因记颠末转赠安吉县吴昌硕先生纪念馆。一九六四年冬日,费新我时寓吴下。"后附白文"安吴朱砚涛收藏金石书画章"及边款印。我才想起父曾画过一幅《吴昌硕磨穿石砚》图,想必亦由"印"而引发此画的吧!后均赠藏于吴昌硕纪念馆。在他笔下还有《杜工部诗意图》《赵孟頫使笔图》《俞曲园画像》

等，均藏于当地博物馆。

画家崔护对我说：他家中曾藏画两大卷，"文革"中放在哪处都不得安宁，若存放他家，岂非嫁祸于人？最后付之一炬，才呼呼大睡。其中就有两帧是费老为之画像，一扇面，一速写，他边说边摇头边叹气，并伸出两个手指头！原来，当初同在苏州政协学习，讨论之时，费老每期画一学友，笔下书画同行画像不少，所见陈墨移、柳君然、陈旧村等皆是也！

上世纪末，线订盒装精美的《君子书》由华夏出版社陆续出版，为李叔同、丰子恺、马一浮、叶圣陶四位先贤大师文章、书法、绘画遗作集，由赵朴初先生任顾问，题写书名并作序。主编夏宗禹到江浙一带多次奔走搜集资料。大师形象，不用照片显示，而以中国画像突出，足可见其品位不同凡响了！

丰子恺卷首画像，便取父亲早年之作。李叔同卷的画像，现为范曾先生的大作。当广洽法师读到李叔同卷后，即将珍藏多年的先师画像摄成照片寄至北京，赵朴老欣赏后感觉实属难得。夏先生以为范曾与费新我的人物画各具千秋，意欲再版时也将费先生画的李叔同像一并收入。

为了马一浮先生画像，夏宗禹还专程到苏州拜访年近九十高龄的费老。费老已是数十年不提画笔，更不说画像了！为了成全《君子书》，仍然勉为其力。只见他连日埋头伏案，凝神不已！创作此画之艰难，诚如他自己致夏宗禹函所云："文几承顾，委造马公遗像，本已告难应，岂之至又允承下来，限期又促，苦了我也。我说恐你不信，废稿竟五十余。着手两眼即废廿余，脸成而不肖者，又十余。顾了肖，失却神与气度或离国画笔意亦不好，后来只顾仪态，不管肖度如何，勉以一页以缴卷，能否采用，其唯尊裁。其所以难产与不称意实因此调不弹已廿余载，生疏之外，目力亦差，手且要震颤，亦想过不缴了，免献丑了。免交不免失信乎。这次太烦苦，决不再画了。"事后，夏宗禹回函称，赵朴老见费新我画马一浮先生画像后，大加赞赏画得好。

时恰有一幅叶圣陶绣像,足以表现叶先生为人师表之高风亮节,夏宗禹决意采用之。既不失《君子书》之中国气派,又可免费新我再受其苦也!

父曾得数页传统画像课徒稿,淡朱浅粉着色,可见其层层加厚之过程,父自揣摩一番,又教我好好临习,专侍画像,再要我临习《天王送子图》,甚至把我名字也改为"之容"。在父诞生百周年之际,我请人为父作画,人从父处知我亦学过画像,反"将"我一军,我只得重提画笔,勉力为父造像一帧。我也从画眼入手,觉得比较顺当合理。画成示众,画各有风格笔路,画友们一时辨不清何人所作!

《费新我像》

传说古人画龙不点睛,最后点睛飞上天的故事。晋朝顾恺之善画人像,有时画好的人形,间隔数年还不点上眼睛。他认为人物的神情意态,就在这对眼睛上。语出自南朝宋·刘义庆《世说新语·巧艺》:四体妍蚩,本无关于妙处,传神写照正在阿堵中。(四肢的美丑,是无关紧要的,画像要能传神,关键就在这个里头,阿堵,六朝及唐人常用的指称词,相当于这、这个,指眼睛也)!

眼睛是心灵的窗户,画像贵在阿堵传神,这是毫无疑问的,但究属应该先画,还是后点,不一而足,就我所见皆先画眼,画头部,再画全身,如若"万事齐备,只欠东风",万一点得欠如意,岂非前功尽弃!

敲锣打鼓奏编钟　剑胆琴韵众乐乐
——记苏州市非物质文化保护基地带头人金海鸥

郑凤鸣

金海鸥长期在民间一线工作，发掘创作（或主创）了"中华和钟"等大量艺术精品，先后被授予"苏州市首届民间工艺美术家""苏州工艺美术大师""江苏省工艺美术名人"等称号；获中国科技学院特别嘉奖、两次荣获国家文化部科技进步奖、苏州市"江南十大创意策划大师奖"等许多奖项；现为中国工艺美术学会设计分会理事、中国民族管弦乐会荣誉理事、陕西省打击乐会名誉会长、湖北随州文物局顾问、苏州市金海鸥创作设计研究所所长。在继承非物质文化遗产方面，金海鸥被评为"苏州市非物质文化保护基地带头人"。

当代干将　百兵之君

相门真正的名称应该是"匠门"，这几乎已为历史学家们的共同说法。其依据是唐朝成书的《吴地记》记载了"匠门……阖闾使干将于此铸剑"。因为干将是中国历史上著名的铸剑工匠，所以这个门就叫匠门了。"匠门"的背后，有着一个凄美悲壮的故事。吴王阖闾爱剑，命当时的著名炼剑工匠干将铸剑。干将和妻子莫邪"采五山之铁精、六合之金英"开始炼剑。但炼了三个月，金铁之精还是没有融化，两人一筹莫展。后来莫邪投身熔炉（一说向冶炉内投入头发、指甲），干将又派三百童男童女拉风箱、加烧炭，终于金铁融化，铸成两把著名的宝剑，阳曰干将而作龟文；阴曰莫邪而漫理。干将匿其阳，出其阴，而献之阖闾。

在我国古代，剑是兵器之一，素有"百兵之君"的美称。东汉时，宝剑开始只用于仪仗佩带或习武强身自卫。汉代后，铜剑渐渐被铁剑、钢剑替代，并趋于定型，即剑身中有脊，两侧有刃，前有剑尖，中有剑身，后有茎（把手），茎端设环，整把剑长约50～60厘米。此外还有剑鞘、剑穗等附属饰物。到隋唐以后，剑被文人墨客视为饰物，引为尚武英姿，表达凌云壮志。

民间传说，虎丘山上的试剑石，就是阖闾在试干将剑（也称"吴王剑"）时一剑劈开的。传说归传说，但是有史书记载春秋时期，锋利的宝剑属于高精尖武器，受到各国君王和武将的追捧。那时候，有人甚至用2个"万户之都市"、300个集镇、1000匹骏马来交换"纯钧"或"湛卢"这种著名宝剑。

"干将"和"莫邪"炼剑的遗址据说就是相门外的干将墩。工业园区启动前，当地村民在干将墩上造了房子。1995年干将墩被挖除，现在干将墩原址上面已建起了欧尚超市。

金海鸥成功还原的越王勾践剑，在2009年在苏州重元寺文殊殿展出时，有50万人参观，引起了社会轰动。当年《姑苏晚报》开辟了为期2个月的专题报道《"重铸干将剑"大型活动》。2013年6月30日，中央电视台CCTV10频道，播出了金海鸥制造越王勾践剑的工艺全过程。

越王勾践剑看似一把不起眼的剑，但制造工艺非同一般。这把剑的奇特之处在于它的成分，剑的成分是铜、锡、铬合金，剑的纹饰是铜、锡、硫合金，而剑的刃口又是铜、锡合金。这四种金属怎么能合在一起铸成剑，是千年之谜。刚开始的时候，金海鸥也百思不得其解，直到后来有一次专门去了越王勾践剑始造地浙江莫干山，专程去研究了那里的水质，所有疑问才迎刃而解。

干将莫邪剑的制作工艺主要有两个难点，首先是要表现出剑身"银光闪闪"的光感，这是越王勾践剑所不具备的特点，体现了古代铸剑术的最高技艺；其次是要在干将剑和莫邪剑上分别反映出龟纹和漫理纹。

重铸干将莫邪剑的报废率是很高的，资金全部自筹，成本投入很大。金海鸥重铸干将莫邪剑用的是最古老的铸剑法。首先，在开炉前，要用蜡做好剑模，将蜡模安装在一个柱形的金属仪器上，每根金属柱配两支蜡模。让蜡做成的剑变成泛有光泽的青铜剑坯，然后将整支金属柱放到炉中煅烧，获得坚硬的剑壳。接着，将煅烧而成的铜水缓缓倒入剑壳。仅仅这道工序，就需要1天的时间。复制干将莫邪剑至少要2个月，因为还有很多更为复杂的工艺在后头。譬如，干将剑的龟纹、莫邪剑的漫理纹，是整个铸剑过程中最耗时间的。剑坯出炉后需要打磨，接着要将纹饰锻铸出来。干将剑的剑身有上百个龟纹，必须黑灰相间，纹路清晰。这个纹饰的颜色是由不同元素的金属在锻铸的过程中自然形成的，稍有不慎，两种颜色一旦交融，就报废了。

最难的一点还在于如何让三种合金共融于一体，重现"干将莫邪剑"的寒光。寒光再现，取决于炉温。古法铸剑是没有先进的温度控制仪器的，全靠经验，根据火焰的颜色和炉水的流动情况来判断炉温；并且需要在原先的青铜材料里按一定比例配比添加其他金属元素。经过反复研究，金海鸥终于掌握了核心技术，于2010年成功复制了"干将、莫邪剑"，并且同先前复制的越王勾践剑一起，在上海世博会国际城市馆苏州馆（2010年6月28日）向全世界"亮剑"。

锣鼓听音　余音回荡

悬挂在相门两侧城墙的小响锣共有24面，直径各为60厘米。还有一面大锣，直径3.18米，被称为"世界第一大锣"，轻轻敲打一下，便会有一股超强的震撼力旋绕耳边，余音回荡久远。这些都是金海鸥2005年研究成功的，期间经过了三年的前期准备和一年的实践，经历了6次失败。

大家都知道，锣在中国已有一定的历史，制造技术已经很成熟，但这成熟是相对面积较小的锣来说的。做大的锣，最重要的是铜的配比，如果配比低于20%的临界点，加工性能就最好，否则就是一堆废铜。

俗语"说话听声，锣鼓听音"，锣和鼓是一对孪生兄弟。铜鼓也是一种打击乐器，用于演奏音乐或伴奏舞蹈；铜鼓还作为礼器，用于祭祀、仪典等活动。铜鼓文化在中国南方已经流传了2700多年，著名的诸葛鼓就是以三国时"诸葛亮"名字命名的。

从音乐上来讲，最困难的是"定音"，即"矫正音"，使乐队的每一种乐器保持一个调（即一种频率）。特别是打击乐器，是若干个独立体的组合，必须确定其各自的音准，然后达到统一的音色、音量和分辨率，是一个非常困难的工作。定音铜鼓调音简便、调音速度快。管乐队或交响乐队使用定音铜鼓时，能够很快为乐队确定一个音高，因此可以说定音铜鼓是乐队中的基石。

1988年，金海鸥成功研制了"系列定音铜鼓"，一套共计18件，音域为F2—#A3半音阶齐全，可以任意旋宫转调。这是我国第一套"系列定音铜鼓"，获"国家科学技术进步三等奖"、广西省科技进步一等奖。周恩来总理曾充满期待地说："一定要解决中国人自己的乐器低声部问题！"直到2005年底，金海鸥研制成功的18只可演奏旋律的"大型低声部定音铜鼓"，使乐音稳定下来后，才解决了中国民族乐器的低声部问题，弥补了一部分中国民族乐器低声部的空白！真正达到了我们所需要的古朴浑厚的效果。

2007年，金海鸥又制成了直径2.19米的"铜腔皮革鼓"，成为当时的世界之最，现安放在苏州重元寺。

宫廷雅乐　绕梁三匝

宫廷雅乐，是典雅纯正的音乐，是一种古代的汉族宫廷音乐，指帝王朝贺、祭祀天地等大典时所用的音乐。中国素以礼仪之邦自豪，尊礼，能够规范人的行为，尚乐，能够陶冶人的情操。雅乐在传统礼乐文化中长期占有举足轻重的地位。春秋后期，日益严重的礼坏乐崩，导致了周朝的消亡。随着非物质文化遗产保护工作的开展，雅乐作为一项重要的非物质文化遗产，受到国家重视。

古琴真正的名称是瑶琴、玉琴、丝桐，19世纪20年代起，统称古琴。古琴演奏的乐曲在大多是古代宫廷雅乐，是能够在宽敞的宫殿中起到"余音绕梁"效果的。

有人认为，琴、棋、书、画四者的排列顺序，是以产生的时间先后为序的。而金海鸥认为，因为琴最能体现中华民族的传统文化，所以排在了第一。古琴是中国最古老的弹拨乐器之一，《诗经》中就多次出现有关琴瑟的歌咏，在孔子时期更是盛行。

2008年金海鸥在北京，偶遇中国广播民族乐团指挥张列。张列要写个大型乐曲，但是因为中国古琴音量过小，只能近距离倾听，后排的人几乎听不见，因此中国古琴不能在宽敞的音乐大厅里演奏，不适合音乐会演奏，也难以与其他乐器合奏。张列希望金海鸥想办法改进古琴，使中国的大雅之音也能响彻世界的音乐舞台。

在复制改良古琴时，金海鸥首先选中了被誉为古琴之首的"松石间意"琴。松石间意琴是北宋宣和二年（1120）东京（今开封）官琴局特制的古琴，上板梧桐、下板梓木。外涂掺有鹿角粉、朱砂、金、银细粒的大漆。琴身长大，项与腰都有凹入半月形，相交处还有凸出半月形，池、沼皆为长方形。松石间意琴最初归北宋文豪苏东坡所有，明代时，该琴被唐伯虎收藏。如果松石间意琴复制改良成功，可以让消失近两千年的中国大雅之音响彻全球，弘扬中国文化。

要再现松石间意琴的神韵，必须对现今徒有形式的古琴的材质、结构进行细致改进。但是古琴不同于一般的机器，无法用精细的数值来衡量调校效果，全凭听觉的直观感受。为此，金海鸥查阅了大量的文献资料，其中包括故宫珍藏的历代名琴的CAD扫描图。在前前后后试验了五张古琴模具后，金海鸥终于摸到了"门道"，复制改良的松石间意琴，不但穿透力强，而且音色更加优美，高、中、低音都很通透，完全具备了再现"太古之声"的魅力。

后来金海鸥又复制改良了10张故宫传世藏琴，其中复制改良成功的"九霄环佩琴",形制浑厚古朴,声音温劲松透,纯粹完美,成为举国知名的琴宝。

金海鸥对古琴最大的改进是"宽频共振"问题。宽频和共振是两个物理概念。宽频指让自然生成的物理声频特性宽松地发挥得淋漓尽致,比用传统分频器多出许许多多的您难以相信的音乐信息,谐音细节令您越听越爱留恋不舍。整体声场宽大无比,声像饱满凸出;低音层次清晰到底,然后再一浪一浪轻拂开来,直至自然消失;高音细腻柔润,亮丽漫延,使人感受到丰富谐音的韵味。共振指一物理系统在特定频率下,比其他频率以更大的振幅振动,这些特定频率称之为共振频率。在共振频率下,很小的周期振动便可产生很大的振幅。乐器的音响共振就是这样的原理。宽频共振能够使人听到古琴更多的泛音,进而达到增大音量的目的。

编钟是中国古代汉族大型打击乐器,起于西周,盛于春秋战国,直至秦汉。原先音乐界人士都认为一个编钟只能打击出一种声音;但金海鸥认为,一个编钟能打击出两种不同的音调。

为了证明自己的见解,金海鸥专门到陕西去考察出土的一套春秋战国时期的编钟。结果发现,这套编钟有很奇特的地方,就是每个编钟身上有两只小鸟,敲击不同的小鸟,发出的声音也不同。金海鸥被自己的发现震惊了。

早在1984年,金海鸥就仿制了曾侯乙编钟。曾侯乙编钟是1978年在湖北随县(今随州市)擂鼓墩出土的。它由六十五件青铜编钟组成,它的发音相当于现在国际通用的C大调音阶,音域跨五个半八度,十二个半音,被中外专家、学者称之为稀世珍宝。

金海鸥仿制的曾侯乙编钟能发出两个不同的乐音,经陕西歌舞团的"仿唐乐舞"试用,实际效果极佳。拿到中央民族乐团请专家鉴定,获得了肯定,经文化部文学艺术研究院音乐研究所、上海博物馆古铜器研究所、复旦大学物理系和哈尔滨科技大学先后三次测量,人们惊奇地发现,其振动频率、音阶结构与现代国际标准极其相近。全套编钟音质优美,音域宽广,音色统一,每件钟可发出呈三度音程的两个乐音。这引起了社会轰动，震动了音乐界的专家。著名词曲作家乔羽亲自赶到中央民族乐团，要求正在排练的一场国礼歌舞采用金海鸥做的编钟。

后来金海鸥又做过很多编钟。1999年，由中共中央办公厅督办、中国科学院等7家单位组成的华夏编钟创制工作领导小组，直接监制108枚"中华和钟"，其中金海鸥承制了90枚，音域达六个多八度，比曾侯乙编钟的音域还宽，当年12月27日安装在太庙大殿。2000年又参加了世纪之交的伟大庆典。作品被故宫博物院、南京博物院、大钟寺博物馆、清华大学等收藏。

"永不安分"　　后继有人

金海鸥天资聪明，更是一个善于思考的人，每做一件事情，他都要查阅大量的资料、钻研难懂的古籍、观察出土的文物、请教名家教授……其中，思考占据了金海鸥大部分时间，金海鸥把所有不成功的因素在脑子里排除，然后再动手。

1961年7月，金海鸥小学毕业，那时才15岁，进了苏州响器社（就是后来的苏州民乐三厂）当学徒工，每天做铜锣、唢呐等。虽说日子过得很苦，但很开心，因为能学到好多东西，做的是自己想做的事情。兴趣是最好的动力，凭着自己的小聪明，金海鸥帮人家做汽车模型、商标设计，一段时间下来居然还有了点小名气。

金海鸥自我评价自己骨子里流淌的血液，注定是那种永不安分的人。金海鸥的思想总是跃跃欲试，总是在想着一些别人无法理喻的事。单位领导看金海鸥有发明创造潜力，引导金海鸥改良民族乐器。几十年来，金海鸥看了大量的书籍，常常是吃饭和走路时还在思索着怎样仿制和改良民族乐器，每当金海鸥完成了一件乐器的仿制或改良，对下一件乐器又有了仿制或改良的兴趣。金海鸥先后在苏州民乐三厂、苏州同源古乐社、苏州华声乐器厂从事编钟制作、青铜乐器制作，积累了工作经验，取得了工作成果。

为了传承仿制和改良民族乐器技艺，金海鸥走上了大学讲台。

在中国科技大学"魅力人文·兴业讲坛",做过题为《高山流水觅知音》、《双音编钟的振动原理》的报告,在中央音乐学院主楼209教室,做过题为《古琴的艺术与科学》的讲座;其他在台南艺术大学、广西艺术学院等大专院校也讲过课。

2008年3月,金海鸥创办了"苏州金海鸥创作设计研究所",致力于青铜乐器的研发,用以传播传统文化,专业设计制作经典礼器、乐器,以及文化含量很高的艺术作品等,先后与山东曲阜孔庙、浙江衢州孔氏南宗家庙、台北文庙、苏州文庙、云南建水文庙、福建泉州文庙、浙江黄岩文庙、山东邹城博物馆等知名博物馆合作,成功创意、制作礼器、乐器30多套,还有根据各地特点、出土文物等,量身原创设计礼品等。

金海鸥是一位"苏州市非物质文化保护基地带头人",他的传承人就是他的女儿金磊。金海鸥全心全意传授自己的铸剑,做锣,仿制改造铜鼓、编钟、琴瑟技艺。金海鸥说:"如果百年之后,女儿来不及学全我的技艺,我留实物给她,留考虑问题的智慧给她、留检测手段给她。"令金海鸥欣慰的是,女儿金磊已经能够承担起"苏州干将坊营造艺术工程有限公司"的责任,对我国古代八种制造乐器的金、石、丝、竹、匏、土、革、木质材烂熟于心,她天资聪明、勤奋好学,已经是金海鸥的好帮手、好助手,她一定能不负所望,继承衣钵,并且有新的发现、新的发明、新的创造、新的进步。

参考文献:

[1](东汉)赵晔:《吴越春秋》。
[2](唐)陆广微:《吴地记》。
[3]王謇撰、张维明整理:《宋平江城坊考》,江苏古籍出版社1999年8月版。
[4]段本洛、张圻福著:《苏州手工业史》,江苏古籍出版社1986年9月版。
[5]陈晖主编:《苏州市志》,江苏人民出版社1995年1月版。
[6]江洪等主编:《苏州词典》,苏州大学出版社1999年9月版。

[7] 徐文涛主编:《虎丘》,苏州大学出版社1999年12月版。
[8] 《金阊区志》编纂委员会编:《金阊区志》,东南大学出版社2005年5月版。
[9] 《沧浪区志》,上海社会科学院出版社2006年8月版。
[10] 《平江区志》,上海社会科学出版社2006年11月版。
[11] 卜鉴民主编:《拂去岁月的封尘——苏州市区民族工商业旧迹》(上),文汇出版社2013年4月版。
[12] 卜鉴民主编:《拂去岁月的封尘——苏州市区民族工商业旧迹》(下),文汇出版社2013年10月版。
[13] 苏州市地方志编纂委员会编:《苏州市志》,江苏凤凰科技出版社2014年12月版。
[14] 施晓平:《苏州城门·城墙那些事》,古吴轩出版社2015年3月版。

沧浪亭：官衙园林的文化表达

陶友华

沧浪亭是苏州古典园林世界文化遗产的九个典型例证之一，苏州园林一向被公认为私家园林的代表，因而论者常把沧浪亭也视作典型来解读私家园林的特征[①]，更多的学者把沧浪亭与其他苏州园林并列为私家园林的类型来介绍[②]。笔者认为不应该将沧浪亭与其他私家园林混为一谈。判断某一园林是否为私家园林是根据其所有者的身份和园林的功能特征来论定的，我们看问题既要考虑历史，更要关注现状，有的园林在其发展过程中主人多次更替，认定园林的属性就不能简单地以最初主人而定，而要依据最后的所有者的身份才能下结论。探究沧浪亭历史和现状可知，其始建者是苏舜钦，园林属性当为私家园林，然后清代此园都为江苏巡抚衙门等政府部门修缮和使用，根据所有权的标准划分，沧浪亭当是典型的官衙园林。园林中现有大量官方的文化符号就是佐证。比如，园中有多处皇帝的御笔刻石，有不少官员记录其行事的碑刻，还有多处极富政治文化色彩的建筑，这些文化印记在一般的私家园林是不太可能存在的。因此与其说沧浪亭是私家园林，倒不如称它为官衙园林。

官衙园林又称郡圃，是中国古典园林的重要组成部分，历经兴衰，现存无多，沧浪亭是不可多得的遗存，下文我们根据其历史沿革和现存的文化景观，探究沧浪亭中官衙园林元素的表达。

沧浪亭由私家园林到官衙园林的嬗变

沧浪亭是苏州现存最古老的一座古典园林，距今已经有近千年历史，从园林现状看，园林属性经历了从宋代的私家园林到元明时期的寺观园林再到清代官衙园林的转型。

沧浪亭建园肇始,就有一般私家园林不同的特色。北宋庆历四年,诗人苏舜钦因支持范仲淹的新政,被守旧派用反腐的名义削籍为民,来到苏州,用四万钱"买地作亭,号曰沧浪"[③]。一般私家园林都是宅园结合,或前宅后园,或园在住宅的旁边。然而苏舜钦却宅园分离,苏舜钦住宅在现在的皋桥,游园则需乘舟前来。"时榜小舟,幅巾以往,至则洒然忘其归。觞而浩歌,踞而仰啸,野老不至,鱼鸟共乐。"[④]宅园分离,乘舟入园成为沧浪亭的特色。

到了南宋初年,园归韩世忠所有,称韩园,平江图中有其垣域,园门南向,保持无宅之园的特色。

元朝时,沧浪亭池园荒废,其地为大云庵。到了明朝嘉靖年间,僧人文瑛"寻古遗事,复子美之构于荒残灭没之余,此大云庵为沧浪亭也[⑤]"于大云庵旁边,复建沧浪亭,此时沧浪亭与寺庙一体。

康熙三十四年(1695),宋荦任江苏巡抚时,寻访沧浪亭遗迹后,重修沧浪亭,"构亭于山之巅",改水亭为山亭,并得文征明隶书"沧浪亭"为额,建面水轩等景点,形成了今日沧浪亭布局之基础。宋荦重修沧浪亭一方面是恢复名胜古迹的风雅之举,另一方面也是将其"当官传舍",为自己创造了吟赏烟霞的诗意栖居。他为自己用公款修沧浪亭给的一个理由是,来山林野趣清静之地游赏可以"耳目若益而旷,志气若益而清,明然后事至而能应,物触而不乱"[⑥]颇有苏舜钦"形骸既适,则神不烦"之意,这样可以提高工作效率,为国家做更多的事情。当然宋荦重修沧浪亭是得到康熙皇帝的恩准的,康熙皇帝下江南宋荦曾四次迎驾苏州,康熙给宋荦有沧浪亭只可用作官绅议事、官府接待,不可作为官员办公所在的圣谕。因江苏巡抚衙门所在地在沧浪亭西北一里多路的书院巷,为方便游园,宋荦在园北架桥并设入口,即现在之正门,这也是一般园林正门皆南向,而沧浪亭却大门朝北的原因所在。宋荦还将沧浪亭的日常管理服务交给给寺僧,"买僧田七十亩有奇"使之

"主守有僧，饭僧有田"。从此，沧浪亭便正式成为官衙园林了。后来又有几位官员重修过沧浪亭，其中有巡抚吴存礼、布政使梁章钜、巡抚陶澍、巡抚张树声等。因此清代康熙、道光、同治间沧浪亭屡经修缮，官衙园林的性质一直未变，只是园林的功能渐趋公共化，园子管理也循宋荦旧制，一直由僧人守候管理，至光绪初，园中犹有僧居。

光绪末，沧浪亭被洋务局等借用，民国初，一度借设修志局。间又几度驻军，颇有毁损。苏州美术专门学校校长颜文樑于民国16年5月受公益局聘为沧浪亭保管员，学校亦迁入。"向之凡百废弛者，今得而一新之"[7]基本恢复旧观，颜文樑有重修沧浪亭记。

由此可见沧浪亭自元代开始，其演变轨迹大略为由寺观园林变而为官衙园林，最后成为公共园林。

作为官衙园林的表达

（一）御笔刻石与皇权表达

正因沧浪亭是官衙园林，康熙皇帝和乾隆皇帝巡游江南常驻跸于此。乾隆共到过沧浪亭四次，其时在园南部曾筑拱门并有御道。皇帝常来此园，园中亦多御笔，张树声曾说"高宗南巡，驻跸留题"，沧浪亭现存御笔刻石主要有四处：分别是御碑亭、闲吟亭，仰止亭和印心石屋。

御碑亭是座半亭，康熙五十八年，江苏巡抚吴存礼所建。亭中石碑上刻有康熙御笔题写的诗文："曾记临吴十二年，文风人杰并堪传。予怀常念穷黎困，勉而勤箴官吏贤。"康熙所作的诗，连同诗碑两侧的对联"膏雨足时农户喜，县花明处长官清"都是康熙南巡时赐给当时的江苏巡抚吴存礼的。全诗肯定吴存礼抚吴的政绩，及皇帝对黎民百姓的关怀，也对下属官吏德行存有担心。康熙是中国历史上一位有德有为的君主，在处理政务中不尚空言，讲求实效，澄清吏治，亲任赏罚。所题对联的上联反映康熙重农爱民、俯察庶类的思想；下联典出潘岳治河阳。西晋时潘岳任河阳县令，号召农民多植桃柳,被称为"县花",是古代官员关心百姓生产的典型。康熙借用此典,以鼓励地方官员清正廉洁,勤政为民。从诗文和对联的内容上看,康熙很重视农业的发展,体恤百姓,而且也鼓励官员的清正廉明。吴存礼将康熙赐给自己的诗文刻石,一方面是彰显皇帝对地方官员的关心和期许,同时也能抬高自己的身份。

闲吟亭在沧浪亭东部,沿廊而建,亭中有乾隆皇帝的御笔刻石,记述的是乾隆十二年(1747)江南沿海遭受飓风暴雨的悲惨情景。从刻石的内容来看,表达了高宗对百姓的体恤之情,毕竟乾隆到过沧浪亭四次,为了体现皇恩,在此设乾隆御碑也是恰到好处的。

仰止亭,位于五百名贤祠西侧,亭名是借用《诗经》中"高山仰止,景行行止"的含义,意思是高尚道德令人仰慕,大德大贤当为楷模。亭中壁嵌江南才子文征明画像石刻,神韵简古,其中有乾隆御题文征明像赞,系乾隆十九年立,上刻乾隆题诗并小序:"沈德潜持明人画徵明小像乞题句。徵明,故正士也,怡然允之。飘然巾垫识吴侬,文物名邦风雅宗。乞我四言作章表,较他前辈庆遭逢(德潜更为徵明祠乞额,因以'德艺清标'四字赐之,德潜额手称庆,且自谓若非遭际之隆,将同徵明沉滞终身云)。生平德艺人中玉,老去操持雪里松。故里遗祠瞻企近,勖哉多士善希踪。"可见乾隆对吴地贤士和民风赞许有加,认为苏州乃"文物名邦风雅宗",士林精神值得弘扬"勖哉多士善希踪"。乾隆帝对文征明的褒扬既是说明苏州人杰地灵,又是表明对汉族知识分子的笼络之心,这是一种政治态度。乾隆皇帝对苏州历史名贤的认同,为后来主政者修五百名贤祠作了张本。

印心石屋位于瑶华境界的西侧,是个小院落,"印心石屋"四个大字是清道光皇帝的御笔。陶澍任江苏巡抚,后任两江总督,道光十五年道光赐其"印心石屋"匾额。石屋一丈见方,取意"方丈室"。"印心"是佛语,印心,取佛家著作《景德传灯录》"衣以表信,法乃印心"之意。陶澍在此建印心石屋除了表达禅意外,大概还有君臣同心之意。

在沧浪亭集中设置御笔刻石表达了皇帝的权威,也体现了皇帝关心臣民,励精图治等政治意图。有了御碑,各级官员可以经常来此观摩,"瞻眺叹诵⑧"接受教育,正如梁章钜所说:"伏睹圣制,濯缨托意,而淳饬于大法小廉,勉实副名,是尤予小臣循环庄诵,夙夜求所以报称而无负者矣。"⑨同时立御碑除了能够张扬皇权,还能标榜与皇帝的关系,抬高官员的身价,因此御笔刻石最能体现沧浪亭的官衙园林特色。

(二) 碑刻的宣政教化功能

封建社会,勒石留名是重要的传媒手段,其作用不亚于竹帛留青,地方官员经常将自己的意愿和政治诉求成文并刻石,放在公共空间,进行宣教,因此沧浪亭有大量的其他私家园林不常见的官方碑刻,这些碑刻也成为沧浪亭的一道独特风景。

沧浪亭园内各类碑刻计150余块,有苏舜钦、林则徐、张问陶、孙星衍等墨迹石刻,特别是清朝数任江苏巡抚宋荦、吴存礼、梁章钜和张树声等的《重修沧浪亭记》,交代了他们重修沧浪亭的初衷和行为,让我们考察到这些重修沧浪亭官员们的良苦用心。

宋荦的《重修沧浪亭记》,除了介绍修园之缘起及经过外我们还能看到他对后任者的殷切期望:"余有时而去,而斯亭亡恙,后之来者,登斯亭岂无有与余同其乐而谋所以永之者欤。"希望后任能让沧浪亭"永之",将沧浪亭的文脉永续。当然,他的愿望一次次在继任者身上得到实现,沧浪亭后来不仅屡毁屡建,而且其政治教化功能不断被强化。

吴存礼的碑记介绍了他重修沧浪亭的缘起。因其"特蒙圣恩,赐以御制诗一章""文风人杰,亦获上邀天语褒嘉,因不敢自私,欲镌诸石"。然后"谋诸缙绅父老,佥曰沧浪亭在郡城东南……名胜为苏郡之最,建亭植碑,唯兹地为宜"。修园的目的在安置御碑,立御碑的是为了"宣扬皇上德意,为三吴士林光宠"。显然这是官府的政治行为,有教化之功。同时也希望沧浪亭能够"因御书而益增其胜,藉以垂名于不朽",沧浪亭与御碑可以相得益彰,可见在吴巡抚的眼中,重修沧浪亭是一项官府的重要的形象工程。

梁章钜主持重修沧浪亭时担任布政使,还兼任助理巡抚,在江苏巡抚陶澍等地方官员的支持下,"庀材鸠工,扶仆易朽,凡六阅月,顿还旧观",他表述的重修沧浪亭的目的是"一亭之修,而异日民情因之可见,……好古自命,振厉风雅"。当然还有一个主要目的是弘扬皇恩:"盖斯亭为纯庙宸跸所经,天章颁宠,照耀川谷,倘失时不治,久益荒废,将何以宣上德"。因乾隆谥号为"纯","纯庙宸跸所经"意思是乾隆皇帝曾亲临此园。如果沧浪亭"荒废"了,怎么能对得起先皇,怎能彰显皇恩呢?由此可见沧浪亭可不是一般私家花园,这里承载者皇权的象征物,修与不修那可是政治态度问题了。

同治十二年,沧浪亭因"粤逆之乱……污败毁灭殆尽",张树声重修沧浪亭,他也是最后一位重修沧浪亭并记之的江苏巡抚。这次重修工程浩大,"凡用人之力六万一千五百工有奇,良材坚甓,金铁丹漆之属,其用材略相当焉"。恢复了沧浪亭、五百名贤祠、明道堂等建筑和景观,"邱壑景物,土木之胜,金谓视昔无逊焉"。由此可知,沧浪亭的建筑景观和规模与陶澍、梁章钜之时没有差别了。清末有同治中兴之说,沧浪亭也又一次中兴了。对这次沧浪亭重修的目的张树声在重修记中说:"钦承列圣彝训,都人士景行先哲,群有奋乎百世之心,治道懋而风化兴。"用意与前任略同,上承皇恩,景行先哲,有助教化。

除了历任官员的重修记碑刻外,沧浪亭最具教化功能的碑刻当为五百名贤祠内的石刻。五百名贤祠为道光七年(1827)巡抚陶澍所创,咸丰间毁于兵火,同治十二年重建。堂内的三面墙上分别嵌有125块碑石,总计594幅历史人物的线刻头像,这些石刻都是清代石刻家顾湘舟所刻。这594位历史人物都是自春秋到清朝约二千五百年间与苏州历史有关的名士贤达,涉及政治、军事、科技、文化以及忠孝、隐逸等各个方面。这些人要么为官清廉、勤政爱民，要么刻苦治学、文章传世，总之都是当时社会中既严守道德规范又在某一领域取得杰出成就的"德才兼备"的先贤名士。

官府在沧浪亭设苏州名贤祠并刻石，可以倡导敬仰先贤、弘扬先王之道的风气，后来苏州地方官吏上任必须来此地参拜，要求地方官员以先贤为楷模，注意自我修养，务必清正廉洁。每年三月、九月初二卯时"绅衿后裔"、地方官员和生员都要来此地公祭，并形成定制。于是五百名贤祠的刻石成为思想品德教育的永不磨灭的教材，直到今天还在为我们提供弘扬先贤优良传统，不断进取的正能量。

（三）专属公卿议事雅集的场所

宋荦当年重修沧浪亭时，康熙帝有过圣喻，对沧浪亭的功能有过明确的定位，因此历任地方官员常把沧浪亭作为文化社团会友雅集之地，有的还将雅集状况以绘图方式纪事。沧浪亭仰止亭以南曲廊折角两面，就保存着3方记录官员乡绅在沧浪亭举办文人雅集的石刻，其中有陶澍的"沧浪五老图咏并序"和朱珔的《七友图并记》，还有一方《沧浪小坐图并记》石刻，两广总督抗英名将邓廷桢篆书《沧浪小坐图》题字，孙辅烽作记。

沧浪五老图中的五老是指陶澍任江苏巡抚时在苏州的五位离任或在任的朝廷命官。图中所绘之景："前内阁中书潘三松先生奕隽，己丑进士，年八十八，时方坐亭上，右手倚石床而弈；与之对局，前刑部尚书韩桂舲先生崶，丁酉拔贡，年七十有一；坐水窗，持竹竿而钓者，为前山东按察使石琢堂先生韫玉，庚戌进士，年七十有二；其一偃仰于笋石间，手书而观，为前山东道监察御史吴玉松先生云，癸丑进士，年八十一；最后一人，捻髭而行吟，蹙然若有所思，画手谓此老江苏巡抚，前壬戌进士云汀陶某也。"陶澍邀请四位元老在此优哉游哉，诗酒唱和，世称"沧浪五老"。绘图纪盛，表现出江南文人特有的情趣。

沧浪七友是指壬戌同年中进士的在吴与过吴者的官员，分别是陶澍、卓秉恬、朱士彦、梁章钜、吴廷琛、顾莼等。他们在沧浪亭雅集,"绘成长卷,又勒石于沧浪亭[⑩]",梁章钜还根据酒量大小分别制作了小沧浪七友杯,各镌名于杯底,真是风雅之至。朱珔曾经担任正谊、紫阳书院主讲。

文人雅集,属士大夫们精致文化的一种典范,由来已久,最著名的当属东晋王羲之等人的兰亭雅集,元代苏州则有顾阿瑛的"玉山雅集"为雅集提供平台乃是苏州园林的主要功能。清代一般文人雅士都集于私家园林,如吴门七子集社于鸥隐园等,苏州的地方权贵常集于沧浪亭。嘉庆年间潜庵《苏台竹枝词》云:"新筑沧浪亭子高,名园今日宴西曹,夜深传唱梨园进。十五倪郎赏锦袍。"如道光年间潘奕隽为吴中耆旧之冠冕,常与苏州文士海内名公卿宴集,多会于沧浪亭[⑪]。

这些图咏为苏州地域文学史留下了辉煌的见证从这些留存的图咏刻石和相关的文献资料,可见当时的沧浪亭已然成为地方官员和乡绅文化交流的场所,举办文人雅集的平台,地方文化活动的中心,体现苏州上流社会生活品位的窗口。所以陈从周也认为"园在性质上与他园有别,即长时期以来,略似公共性园林,官绅燕宴,文人雅集,胥皆于此,宜乎其设计处理,别具一格"[⑫]。公共性乃沧浪亭有别于其他私家园林最大特色。

(四) 建筑题名和楹联的政治文化取向

匾额楹联是中国古典园林的要素之一,有着画龙点睛,揭示主题,表达园林主人的思想情趣的作用。沧浪亭官衙园林政治宣教的文化取向在建筑题名匾额楹联中也有所体现。

明道堂是园中最大的主体建筑,取意苏舜钦"观听无邪,则道以明"。明道即学习、领悟正确的理念,主要是儒家的道德准则、行为规范,此处常做文人讲学之所。这里曾设紫阳书院、正谊书院,作过"二程"(程颢、程颐)学祠。相传乾隆帝南巡时,曾召誉满江浙的苏州评弹艺人王周士于此堂内说书。

明道堂堂外有一副抱柱联,为乾隆四年(1739)巡抚徐士林所题:"三秋刚报赛,休辜良辰美景,请先生闲坐谈谈,问地方上士习民风，何因何革；五簋可留宾，那用张灯结彩，教百姓都来看看，想平日间竞奢斗靡，孰是孰非。"上联言广交良友：秋高气爽百姓正在欢庆丰收，莫辜负大好时光，请您来随便聊聊，了解地方上绅士庶民风俗习惯，哪该发扬哪当摒弃；下联言俭待嘉宾：粗茶淡饭我能款待嘉宾，何须用华庭盛宴，让百姓仔细看看，比较平日里迎来送往极尽奢靡，谁是正道谁是邪门。徐士林为清朝著名廉吏，曾设宴沧浪亭，款待士绅，教民节俭，从这副明白如话的对联中，也可知徐士林的勤政之风。通过楹联的说教，提出了为官必须清廉要求。

五百名贤祠内的匾额最能体现古代先贤的教化主题。祠堂正中高悬"作之师"三字匾额，取自《尚书·泰誓》："天佐下民，作之君，作之师。"意思是指这里陈列着的"五百名贤"堪作万民之师的意思。师，这里指五百余名贤，还有敬仰之意。

匾额下方署头石刻上刻着"景行维贤"四个大字，意思是五百名贤都是行为光明正大、德行高尚，都是为后人仰慕的贤德之人。五百名贤祠东面月洞门上还刻有"周规折矩"的砖额。这里的"规"和"矩"显然是指当时士大夫文人所崇尚的儒家礼仪和法度。

五百名贤祠内的楹联大都为对苏州历史名贤的颂扬，事迹的解读和介绍，起到对传承优秀地域文化这一主题的渲染和烘托的作用。楹联撰写者多为朝廷命官或地方名士，如江苏巡抚陶澍的"非关貌取前人，有德有言，千载风徽追石室；但觉神传阿堵，亦模亦范，四时俎豆式金闾"；曾任杭州知府的薛时雨所题"千百年名世同堂俎豆馨香因果不从罗汉证，四史先贤合传文章事业英灵端自让王开"。其他还有吴县名士孙义钧的"百代集冠裳，烁古炳今，总不外纲常名教；三吴崇俎豆，维风励俗，岂徒在科第文章"等，这些对联叙事用典，皆切合五百名贤本事，又洋溢着怀古之幽思。质朴典雅，情深意挚。读其联，思其人，感慨万千，深受教益。

在此我们还必须对沧浪亭的题名作辨析。沧浪之水是中国文化内涵最为丰富的意象，其出典为《楚辞·渔父》："渔父莞尔而笑，鼓枻而去，歌曰：'沧浪之水清兮，可以濯吾缨；沧浪之水浊兮，可以濯吾足。'遂去，不复与言。"儒家经典《孟子·离娄上》也有同样的表述："有孺子歌曰：'沧浪之水清兮，可以濯我缨；沧浪之水浊兮，可以濯吾足。'孔子曰：'小子听之！清斯濯缨，浊斯濯足矣。自取之也。'"对沧浪之水的解读有很多，其中洪兴祖的阐释较为典型："沧浪之水清兮，喻世昭明。可以濯吾缨；沐浴升朝廷也。五臣云：清喻明时，可以修饰冠缨而仕也。沧浪之水浊兮，喻世昏闇。可以濯吾足"[13]，意为清斯濯缨出仕兼济天下，浊斯濯足归隐独善其身。苏舜钦造园"构亭北碕，号沧浪焉"究其处境当取义为后者。

时过境迁，园林的主人身份变了，那些在位的朝廷命官对沧浪之水的价值必然会重新取向。以其教育背景和官员遴选制度的影响，中国的文人本质上都是儒者，以入世取仕为旨归，即使一时受挫，还要东山再起。不到万不得已，都要走向仕途。因此在他们的眼中沧浪之水都是用来濯缨的。

乾隆对苏州沧浪亭情有独钟，故避暑山庄也造了沧浪屿，为"乾隆三十六景"第十七景。乾隆咏之道："山泉汇为湖沼，澄泓见底，孤屿临流，悠然得沧浪趣。绿洲朗润蕙兰荣，日对沧浪之水清。俯洁搴芳无限趣，那更分别足和缨？"乾隆认为，在当代水总是清的，我们用不着"分别足和缨"，皇帝是一个朝代的权威，他的价值取向深刻影响着官场。

现在沧浪亭的官员所题的楹联中大凡用到沧浪之水的意象大都取义濯缨。如同治年间曾任湖北巡抚的郭柏荫题明道堂："渔笛好同听，羡诸君判牍余闲，清兴南廞追庾亮；尘缨聊一濯，拟明日刺船径去，遥情沧海契成连。"

因此官衙园林的主题不在出世退隐，而在入世进取，强调的是自我修养，勤政清廉，教化民众，具有鲜明的政治倾向。

余 论

官衙园林同官衙一样，实际上也是"宣上德"之地，"莅兆民"之所，是皇权统治的代表，是官吏地位的象征。沧浪亭的官方特色不仅体现在特殊的历史变迁，保留多处皇帝御笔，还有很多政治色彩较浓的刻石、建筑和匾额楹联，这些都是主持修缮沧浪亭的官员的活动记录和政治表达，同时也是当政者勉励士林，澄清教化，舆论引导的平台。因此现存的沧浪亭包含了官衙园林具有的一般特征，为我们认识中国古典园林家庭中较少露面的官衙园林文化表达提供一个范例。

注释：

① 孙浩：《从沧浪亭解析江南私家园林造园特征》，载《中国园艺文摘》2010年26期。
② 阮仪三：《江南古典私家园林》，译林出版社2009年版。
③ （宋）朱长文：《吴郡图经续记》。
④ （宋）苏舜钦：《沧浪亭记》，选自邵忠、李瑾选编：《苏州园林重修记·苏州历代名园记》，中国林业出版社2004年2月，第36页。
⑤ （明）归有光：《沧浪亭记》，选自邵忠、李瑾选编：《苏州园林重修记·苏州历代名园记》，中国林业出版社2004年2月，第38页。
⑥ （清）宋荦：《重修沧浪亭记》，选自邵忠、李瑾选编：《苏州园林重修记·苏州历代名园记》，中国林业出版社2004年2月版，第40页。
⑦ 《颜文梁重修沧浪亭记》，选自邵忠、李瑾选编：《苏州园林重修记·苏州历代名园记》，中国林业出版社2004年2月版，第46页。
⑧ 《张树声重修沧浪亭记》，选自邵忠、李瑾选编：《苏州园林重修记·苏州历代名园记》，中国林业出版社2004年2月版，第44页。
⑨ 《梁章钜重修沧浪亭记》，选自邵忠、李瑾选编：《苏州园林重修记·苏州历代名园记》，中国林业出版社2004年2月版，第43页。
⑩ （清）《陈康祺郎潜纪闻二笔》，中华书局1997年版。
⑪ 罗时进、王文荣：《清代吴地"九老会"文学活动探论》，载《苏州大学学报》（哲学社会科学版）2009年第1期。
⑫ 陈从周：《园林谈丛·苏州沧浪亭》，上海文化出版社1985年版。
⑬ （宋）洪兴祖：《楚辞补注》楚辞卷第七。

桥联：无名文人的用武之地
——从苏州古桥读历史文化（之一）

王家伦　陈建红

南宋《平江图》中记有苏州古城区内的桥梁359座，目前"苏州"的概念已非畴昔，行政区划几度调整，且桥梁有废有兴，所以没有人能说得清苏州究竟有多少座桥。即使在一个小小的甪直镇，算出来的结果也各有参差。我们关注的是，因所处地理环境和文化氛围的浸染，苏州古桥上那些未曾留下撰联者姓名的颇值得玩味的桥联。[①]

自然人文景观的写照

常熟拂水岩香花桥明柱有联两副，镌联对仗工巧。东联曰："弓影腾空，流通万壑；花名独表，香透重门。""弓影"，桥弯弯如弓。下联中，还将桥名"香花"暗藏于联中，可谓不露痕迹，尽得风流。西联曰："雁齿横排，云烟出没；虹腰高卧，泉石奔腾"。"雁齿"，桥阶；虹腰，桥背。此联在宏观相对的基础上微观相对；如上联内部以"云烟出没"对"雁齿横排"，下联中以"泉石奔腾"对"虹腰高卧"。另外，联中无"水"，却处处有水，因为水花飞溅而引来"云烟出没"，因为水流湍急而致使"泉石奔腾"，可谓不着一字，其义自现。

昆山千灯古镇种福桥南联为"虹彩亘长空，柳市南头，夜半钟声梅隐近；龙梁凭远眺，江流东去，日斜帆影淀（修建重凿时误作"澱"）湖遥"。就上联而言，"柳"与"梅"照应；就下联而言，"江"与"湖"照应；此联定出于行家之手。上联中，"梅隐"即梅隐禅院,道光年间《昆新两县志》卷十曰:"在尚书浦东,地本梅圃。国朝里人建此,遂以名院。僧星一复建后殿并廊庑。"现在已踪迹难寻。下联中,"龙梁",形容桥如长龙卧波;"江"之吴淞江,"淀湖"应为千灯镇南不远处的淀山湖。纵观全联,平仄和谐,且上下对仗工整,生动地再现了自然景观之美。

甪直寿昌桥之联,颇有趣味。南侧上联云"遥山黛影分江路",下联曰"夹岸钟声过客船"。"遥山",即南面不远处的张陵山,当然,此"山"只能在水网交错的甪直算作"山",实际上是一座土丘;"山"上树木葱茏,在远处显出黛青色;映有山影的河水,与未曾映有山影的河水色泽不同,这就是"分"了;上联从视觉角度描绘了桥所处的位置和地理环境。下联从听觉入手:凡有寺院处必有钟声,甪直与江南古镇一样,寺院众多,如今,寿昌桥西北有闻名遐迩的保圣寺,东北有海藏禅院,南有张陵禅寺,这"夹岸钟声",当然泛指各处钟声;下联的意思为从甪直出发或是经过甪直到浙江上海一带的航船在钟声的伴随下从桥下经过。总之,此联虽通俗易懂,却意境深远,将寿昌桥的地理位置和四周环境呈现在我们面前。

寿昌桥北侧的桥联是"波静清江环竹院,日临晓市集云帆"。"清江"即吴淞江通过甪直镇区流向澄湖的河道,即桥下之水;"竹院"指古镇四围翠竹环抱的农家小院。上联写出了甪直镇南端特有的景色:清澈的、平静如镜的河水缓缓绕过农家小院,静中有动。"晓市"是早间集市,"西汇晓市"为甪直八景之一;"云帆"借代船只;由于寿昌桥北不远即进入市镇,水面狭窄,仅供船只交会,不宜泊船,故南来的船只大多"集"于寿昌桥边。下联写了每当拂晓,到西汇赶早市的农民都把船停在桥下,密密麻麻,如云一片。动中有静,写出了甪直早市的热闹境况。此联音韵和谐,构思精巧,联中动静结合,颇得王维《山居秋暝》的遗韵。

周庄全功桥南联为"江上渔歌和月听,日边帆影带云归"。周庄八景之一为"蚬江渔唱",该联形象地道出了此中景色,联中景物，有静有动，色彩分明；既显现了红日照耀下的白天，又描绘了月色朦胧的夜晚；既诉诸听觉，又付诸视觉。"和月"与"带云"，用词精确，尽得其妙，古镇韵致栩栩如生。

吴江八都双塔桥北侧副联为"遥对莫厘峰，别饶胜景；滨临稽五漾，时听渔歌"。"莫厘峰"是洞庭东山最高峰，为桥西太湖中的一个半岛，风景绝佳；"饶"意为增添；"滨临"应为"濒临"，估计重修时凿字出错。紧靠桥下确为稽五漾之水，当然称得上紧靠。站在桥上，抬头南望，浩浩荡荡的稽五漾水顺浔江向南流去，让人心旷神怡；举目西眺，远处黛青色的洞庭东山隐隐约约，秀色可餐；桥下，碧波荡漾，渔歌阵阵。此联中，既表达了声，又描绘了色；既描写了动态，又刻画了静态。构成了一幅让人陶醉的图画，美哉！

所处地理位置的点评

山塘街斟酌桥南侧，面向山塘河有桥联一副。上联为"鹤市人家通一水"。"鹤市"为苏州的别称，《吴越春秋·阖闾内传》：吴王阖闾有个女儿，因不满意她的父亲而自杀。吴王很痛心，厚葬于阊门外。下葬之日，吴王令舞白鹤于吴市中，令万民随而观之，然后将这些人与白鹤都骗进墓门，发动机关全部掩埋，杀活人以殉死人。后即以"鹤市"代称姑苏，即今苏州市。上联写斟酌桥到苏州由山塘河一水相通。下联为"□□花舫聚三汊"。"汊"，水道交叉口，斟酌桥下，河道成"丁"字型，一横为山塘河，一竖为东山浜。所缺两字，一般认为是"虎丘"，从格律平仄来看，似乎无甚不妥。但明代李士标《秋日偕卞润移棹虎丘》有句"虎疁北拒通关路，鹤市西来尽佛宫"，相传公元前210年，秦始皇南巡求吴王剑，挖掘阖闾墓，见白虎蹲踞山上，率部向西追赶，虎不见处即名为"虎疁"地。这个"虎疁"就是当今的浒墅关。所以，笔者认为所缺两字应是"虎疁"，就是说从浒墅关来的花舫都聚集在这个三汊河道口。如此，上联在东边，指向东面苏州古城；下联在西边，指向西面浒墅古关。既合平仄，又意境深远。从另一个角度而言，斟酌桥离东面的"鹤市"与西面的"虎畷"路程相差不多，而"虎丘"则太近了些。然而，不知何故，下联末一字"汊"为去声，此乃对联的大忌，能拟出如此对联的作者不该犯这样的低级错误，或许撰联人从吴方言出发，在理解平仄时另有考虑！

甪直正阳桥西边的桥联是"西迎淞水源流远，东接昆冈钟毓繁"。"淞水"，即吴淞江，到上海段称为"苏州河"，从外白渡桥下流入黄浦江，再注入长江；所以说，吴淞江是太湖下泄长江口的主要河道。吴淞江的支脉从西面进入甪直古镇，从正阳桥下流出。"昆冈"，昆山市有玉峰山，又称马鞍山，以产"昆石"而著名，在甪直的东面，实际上，正阳桥所在的位置已经属于昆山，甪直本身就是跨苏州吴中区和昆山的古镇。"钟毓"，钟：凝聚，集中；毓：养育，凝聚了天地间的灵气，孕育着优秀的人物，山川秀美，人才辈出。此联虽未直接赞颂正阳桥的地理环境，却透过所述景物告诉了我们正阳桥迎着西边流来的吴淞江水，东边和昆山接壤，地灵人杰，非同凡响。

周庄全功桥北联为"北濒急水泉源活，西控遥山地脉灵"。"濒"，靠近，临近；一些介绍全功桥的文字，都误作"频"，实为相互抄袭之误，如实地观察，或懂得一些对联知识，看看下联中相应位置上的字，就不会犯这种低级错误了。"急水"，周庄之北有"急水港"，即苏申外港线，导白蚬湖水入淀山湖，且水流湍急；正因为"濒临""急水"，周庄之水才"泉源活"。周庄之西，可遥望苏州城西诸山；正因为以城西诸山为依托，周庄之地脉才显示出特有的灵气。该联交代了周庄重要的地理位置。联中，"北"与"西"方位名词相对，"濒"与"控"动词相对，"急水"与"遥山"偏正结构的名词短语相对，"泉源"与"地脉"名词相对，"活"与"灵"形容词相对，极为工整；且平仄和谐，韵致动人，读来琅琅上口，实乃佳构。

历史人文典故的展示

木渎桥西津桥东侧有一联，1994年《吴县志》记为"立马望苏台，山翠万重拱虎阜；扬鞭来震泽，风涛千古泣鸱夷"。凡笔者所见的写到西津桥的书籍，皆从是说。对此，笔者颇有疑问。为此，到桥头反复观察，辨出该字离"鞭"甚远，实际应是"颿"字，"颿"，同"帆"。如此，一切疑问都得以解决，"震泽"是太湖的别称，"扬鞭"如何能到达太湖！只有"扬帆"才能乘风破浪，沿胥江一路西行到太湖。更何况"扬鞭"与上联的"立马"意思雷同，乃对联之大忌。

这副对联，把我们带到2500年前的吴越相争。吴国大夫伍子胥，因帮助阖闾夺取王位，国势日盛，而得以封爵。后来，阖闾的儿子吴王夫差当政，伍子胥因劝阻夫差拒绝越国求和，渐被疏远。后来，吴王夫差听信谗言，赐剑命伍子胥自尽，并投尸于江。范蠡是越国大夫，他帮助越王勾践发愤图强，经过十年奋斗，最终灭了吴国。功成之后，范蠡激流勇退，弃官从商，成了富甲天下的巨商。

上联中的"苏台"，应是"姑苏台"，吴王夫差花8年心血造成，一般认为在灵岩山附近。越兵灭吴后，付之一炬。"虎阜"，苏州虎丘的别称，吴王阖闾墓所在地。上联感叹吴国当年的强盛，英雄阖闾之墓在万重翠山的簇拥中。下联中，"鸱夷"指皮袋，其借代义有两解：其一，吴国的忠臣伍子胥被迫自杀后，暴君吴王夫差竟将伍子胥的尸体放在皮袋中任其在江上漂流，所以，"鸱夷"代指伍子胥；其二，越国大夫范蠡认为伍子胥这样的忠臣被杀是自己的罪过，所以，当越灭吴后，也自称"鸱夷子"，"耕于海畔，苦身勠力，父子治产。"（《史记·越王勾践世家》）一般写桥者分析这副对联，多认为此处的"鸱夷"指范蠡；但笔者认为，此联中"鸱夷"应指伍子胥。首先，桥下的胥江与伍子胥关系密切；其次，撰联者乃吴人，"泣"的对象只能是伍子胥而不可能是范蠡，更何况此处向南不远，有伍子胥墓。下联感叹了吴国的沦亡和伍子胥的悲剧。

桥梁实用功能的显示

澹台湖畔五龙桥南向内侧明柱上镌有"锁钥镇三吴，下饮长虹规半月；支条钟五水，远通飞骑扼全湖"一联。"锁钥"，桥型如一把大锁，镇守着苏城的南大门；"三吴"，即吴郡、吴兴郡、会稽郡等三郡，由于这三郡都是从同一个吴郡（原称会稽郡）中分出，因此三郡地区被合称为"三吴"，如今可看作太湖东部一带；"下饮长虹规半月"，（桥）如同长虹饮水，如同下弦之月。"钟"，聚集，集中；"五水"，桥位居太湖梢、澹台湖、大龙港、新郭港和马家浜等五水合流处；"飞骑"，骑马奔驰者，"扼"，扼守。下联形象地道出了五龙桥作为交通要冲的实际功能。

相城区北桥镇石家桥东侧一联颇耐人寻味。曰："红板夕阳，不数题诗客过；苍葭秋水，尽携策杖人来。""红板"，桥板，白居易《折杨柳枝》有句"红板江桥青酒旗，馆娃宫暖日斜时"，以"红板桥"比地位甚低者，以"馆娃宫"喻高贵者；"不数"，不去计算；"题诗客"，为吟诗作赋而来此处的文人骚客。上联的含义清楚，建造此桥，不是为了某个景点锦上添花，不是为了文人墨客提供创作的素材。"苍葭"，绿色的芦苇，虽然脱胎于《诗经·蒹葭》的意境，却朴素易懂，读来丝毫没有阻隔；"携"，搀扶；"策杖人"，拄着拐杖的老人。下联显示了此桥的"平民化"功能，是为便民而修筑。就"对仗"而言，"苍"对"红"，色彩相映成趣；"秋水"对"夕阳"，偏正式名词相对，也暗含着"绿""红"相对；"尽携"对"不数"，都是副词状语加动词的偏正结构；"策杖人"对"题诗客"，都是动宾式定语加名词的偏正结构；"来"与"过"，动词相对。能撰出如此工整、含义深刻的对联，必是此道高手。然而，这位无名高手关注的是"策杖"的老人，而不是"题诗"的过客。

当地风土人情的概括

吴江盛泽白龙桥有一副最引人注目,且经常被人引进有关丝绸业文章的桥联:"风送万机声,晴翻千尺浪。"实际上,白龙桥共有四副桥联,此乃东侧主联的一小部分。东侧主联全文为"风送万机声,莫道众擎犹易举;晴翻三尺浪,好从饮水更思源"。此联内涵丰富,对仗工整,读来琅琅上口。"万机声",表示盛泽丝绸织机之多;"千尺浪",借喻丝绸产品之盛。显然,上半联指的是盛泽镇上发达的丝绸产业。然而此联更有一层含义:重在教人感恩。上联的下半段说的是此桥重修能得到众人响应非同一般,下联的下半段直奔主题。盛泽人钮文乾《重建白龙桥碑记》中说,镇西白龙桥倒塌后,未能修复,而镇南的登云桥及镇东之澄溪桥先后倾圮,镇北的兴隆桥亦颓废日久,修复镇上的桥梁已成当务之急。这时,镇上有个在碑文中尊称为"沈节母(节妇)"的妇女,"出所储千金率先捐助,本镇绸业诸君闻风慕义,合集巨资,鸠工聚材,刻期大举"。对如此影响丝绸业的义举,当然应有感恩之心。可以这么说,本联是纵向的因果联:上半段为果,下半段为因——丝绸业之所以兴盛,是因为万众齐心,且有一呼百应的首义者。这是对当时风土人情的一种深层次的诠释。

姑苏人文荟萃,名流云集,然而,更多的是无名文人,对他们而言,桥肩长系石下的明柱是施展才华的极佳阵地。上述这些桥联大多出自无名文人之手;文字书法也大多出自民间的无名佼佼,隶书、楷书、行书与草书争奇斗艳;阳刻与阴雕各显其能,深化了桥梁这一景物的文化意蕴。然而,我们在考察这些桥联的过程中也发现了一些不尽如人意的地方,如那些上下联倒置以及用自以为是的"繁体字"等。看来,提高古建筑重修参与者的文化功底,是一个亟待解决的重要问题。

注释：

① 本文所涉桥梁，详见东南大学出版社 2013 年 6 月出版的《苏州古石桥》一书。

参考文献：

[1] 徐文涛：《苏州胜景》，上海文化出版社 2001 年版。
[2] 刘伟明、朱威：《苏州古桥文化》，古吴轩出版社 2009 年版。
[3] 王家伦、谢勤国、陈建红：《苏州的桥》，东南大学出版社 2011 年版。
[4] 王家伦、谢勤国、陈建红：《苏州古石桥》，东南大学出版社 2013 年版。
[5] 苏州市和苏州各区县志书。

桥头：阅尽历史的沧桑
——从苏州古桥读历史文化（之二）

谢勤国　陈建红

目前，苏州桥梁中共有国家级文物保护单位8座，其中包括"捆绑"在一起的太仓古桥5座；省级文物保护单位12座，其中包括"捆绑"在一起的周庄双桥；市级文物保护单位100余座，其中单个的61座，古镇甪直、黎里、蠡墅各若干座。另外，还有大批未列入文保单位的内涵丰富的桥梁。从这些桥梁，我们可以读出历史的沧桑。[①]

血雨腥风，几人欢喜几人愁

"滚滚长江东逝水，浪花淘尽英雄。是非成败转头空，青山依旧在，几度夕阳红。白发渔樵江渚上，惯看秋月春风。一壶浊酒喜相逢，古今多少事，都付笑谈中。"然而，历史的功过是非，难道仅仅都在笑谈中吗？

（一）吴越争霸

苏州越城桥、行春桥东西向首尾相连，越城桥在东，行春桥在西。这两座桥给我们展示了当年吴越争霸的血雨腥风。

既然称之为"越城桥"，就定和越城有关；有"越城"，也应该有"吴城"，吴城在石湖北渚行春桥西头茶磨屿上。1981年，苏州博物馆对遗址进行了调查和试掘。发现城址呈首北尾南的卧鱼状，土城的东、南两面城垣已被开山采石破坏；西、北两面尚有残存的、依山而筑的、高4米多的夯土城垣，绵延300余米，残存面积达2万多平方米。1983年4月，吴城遗址进行发掘，出土了西周至春秋时期的夹砂陶鼎足、泥质红陶片、原始青瓷片、几何印纹硬陶片及小件石器;夯土层土质坚硬,结构紧密。吴城内东北部山顶为开阔台地。吴城是春秋吴国的军事城堡,俯控太湖的东、南两侧方向,经过几代吴王的精心整治,自以为固若金汤。设此城,显然是为了对付越国。

史载周敬王四十二年(前478),越攻吴,开凿越来溪,筑越城屯兵,对吴城采取围而不攻的战术;而吴军则在吴城驻守。隔水对峙五年,至周元王三年(前473),越灭吴。清乾隆《苏州府志》记载,"越城一云越王城,又云勾践城。越伐吴,吴王在姑苏,越筑此城逼之"。越城在南宋时,"城堞仿佛具在,高者犹丈余,阔亦三丈,而幅员不甚广"(范成大《吴郡志》)。而如今越城遗址就在越城桥的东面,南北长450米,东西宽400米,面积近18万平方米,高出周边田地1米多。放眼望去,遗址南北两端有一些树木,满目凄凉;遗址的西部是一些农民复耕种植的菜畦;而东部则是乱七八糟的棚户搭建,据说租给外来人员养猪。站在越城遗址的边上,关于吴越相争的史实不请自来,但实在难以想象当年勾践于此屯数万雄兵,与吴城虎视眈眈对峙的情景。也许,这就是时过境迁带来的特殊感觉吧。

(二) 天国风雨

昆山花桥集善桥,俗称"赵家桥"。桥为花岗石结构三孔梁式桥,南北向。南孔桥面梁石上刻有"太平天囯"四个楷书大字,位在靠近中孔桥面处,略偏于西侧。上北下南,自左至右竖写,上面"太""天"两字稍大,下面"平""囯"两字略小。据我们所知,太平天国时所写的"国"字应是"口"中一个"王",但此处的"国"却写成了繁体的"國",似乎违反规定,或许此石匠新参加太平军不懂规矩,而刻字的时间又甚为仓促。据文献记载,咸丰十年至同治二年(1860—1863),李秀成率领太平军两次与常胜军(洋枪队)在上海青浦大战,集善桥是由昆山向青浦进军的必经之地;战斗中,击毙常胜军队长美国人华尔。花桥中学的老师告诉我们，就在集善桥南面不远处的吴淞江边，过去堆积着大量的废弃的酒坛，是当时太平军驻扎时留下的。这些酒坛，是桥面"太平天国"四个字为太平天国时所刻的有力证据。站在桥上，想到的是英勇的太平军将士们曾经跨过此桥向东南挺进；想象着夜深人静，几个高级将领在桥上运筹谋划，商讨如何与洋枪队浴血奋战的情景。但是，想到更多的是天京城内或歌舞升平，或刀光剑影的情形——历史的悲剧似乎就在眼前。

周庄福洪桥，当地老百姓习惯称为"红桥"，不仅因为"洪"与"红"同音，更是因为发生在桥上的一次惨绝人寰的屠杀。周庄地处江苏、浙江、上海两省一市交界处，为水上交通要冲，也是太平天国后期重要的军事通道。当时苏州一带的太平军与浙江嘉兴等地太平军遥相呼应，形成掎角之势，互相支援。其时大部队调动都会经过周庄。由于诸多的原因，太平天国遭到失败。苏州城陷落后，数百太平军战士突围来到周庄，当地地主豪绅勾结清政府，在福洪桥上残酷地杀害了几百个太平军士兵，太平军士兵的鲜血染红了福洪桥的石阶，染红了碧澄的后港河。从此，这座见证历史惨案的福洪桥就被当地百姓叫成了"红桥"。也有认为"红桥"应是"洪桥"，为纪念洪秀全之意，似乎有点牵强附会。有人就此撰成一联："满清王朝那里去？换了人间全是福；天国英灵今何在？惟是桥头一片红。"虽平仄不谐，但颇能反映那段惨烈的历史。

漕运繁忙，纤夫有恨亦有喜

宝带桥是苏州桥中的"天皇巨星"，它的建造同我国历史上的漕运关系十分密切。

简单地说，"漕运"就是将从地方上征来的钱粮运到京城或其他指定地方。隋大业六年（610）隋炀帝开凿江南运河，江浙的粮食和珍宝沿着这条运河，源源不断地进入京都。当时船只航行，顺风则扯篷，而逆风却需人工拉纤。笔者幼时看过列宾的油画《伏尔加河上的纤夫》，为纤夫们古铜色的背影而震撼；当年下乡插队时,也曾多次亲自体验过这种酷暑纤绳嵌皮肉,严冬赤脚踩冰碴,负重沿河弯腰力行的艰辛。

滔滔的京杭大运河经枫桥、胥江和横塘,转而折东,流经苏州时在古城墙外绕一圈,如同一个大大的"口"字。就在这"口"的右下角,大运河径直向南,通向浙江杭州。大运河到了苏州城南七八里处,与西边的澹台湖零距离接触,也就是说,大运河这条直线与澹台湖这个圆大致"相切"。然而,这个"切点"却使得大运河西侧无岸,四五百米纤道不通。到唐代,漕运已空前繁忙,有人提出在这个"切点""填土作堤","以为挽舟之路";可如此也就切断了太湖经吴淞江入海的通路,更何况泥筑的堤坝很可能被汹涌湍急的湖水冲垮。唐元和年间(806—820),苏州刺史王仲舒为保证漕运的顺利畅通,下令整治纤道,建长桥于澹台湖上。为解决资金问题,王仲舒带头捐出自己珍藏的一条玉质宝带,当地士绅百姓深为感动,纷纷解囊捐赠,兴工建桥。桥自元和十一年(816)动工,历时四年而建成。浩大的工程,往往伴随着美丽的民间传说;苏州民间,还流传着八仙吐枣核帮助宝带桥打桩的故事。桥造好后,两岸百姓欣喜雀跃,而受益最大的是船工纤夫。为纪念刺史捐带建桥的义举,人们将此桥命名为"宝带桥"。从此,这条"宝带"就与姑苏一千多年来的存亡兴衰紧密地系在了一起。

可歌可泣,天下兴亡匹夫责

苏州,鱼米丰盛,人文荟萃。这里的人给人的感觉是温文尔雅,彬彬有礼;但是,在民族大义面前,在遭受侵略苦难的时候,苏州百姓也有着怒目金刚的一面。苏州古桥,也记载了大量可歌可泣的中华民族抗击外来侵略的英雄事迹。

苏州下津桥南塊西侧有一座白莲桥,跨白莲桥浜,东西向连接枫桥路。古白莲桥头,明抗倭英雄任环曾设白虎关。嘉靖年间倭寇进犯的时候,苏州军民在此迎头痛击,大败倭寇,称"下津桥大捷"。如今,白莲桥已非畴昔;白虎关早就没了踪迹;唯有下津桥，留守在岁月里，珍藏着以它命名的大捷的每一个细节。

在过去的数百年中，太仓皋桥承担着"桥"的职责，不知多少人通过它跨越致和塘；同时，皋桥也记下了太仓农民在第一次鸦片战争中抗击侵略者的英勇事迹。英军攻破镇江后，大肆抢掠，弄得镇江城内"无市不空，无家不破"，繁华的城市变成了一片瓦砾。江南的百姓忍无可忍，自发组织起来保卫家乡，抗击侵略。就在皋桥边，演绎过一段气壮山河的篇章。当地农民引诱英军士兵登岸，"手拈锄耰，击杀者无数"。吓得英军落荒而逃，从此不敢再提在此处登岸。

中国第一位女性大学校长杨荫榆女士，因"女师大事件"辞职来到苏州，居住于盘门旁新桥巷赋闲。日寇侵占苏州后，敌酋要她出任伪职，遭严词拒绝。面对侵华日军在苏州烧杀抢掠的暴行，她数度到日军司令部抗议。一天，几个被日军追逐的妇女逃至盘门新桥巷的杨荫榆家，作为一个有正义感的知识分子，杨荫榆立即勇敢地站出来用日语同日军交涉，当众斥责日军的暴行，保护了这些中国妇女。凡此种种，杨荫榆成了日军的眼中钉。1938年1月1日，两名日军以司令部传见为借口，把杨荫榆诱出家门，行至盘门外吴门桥上，突然枪击杨荫榆，并将之抛入河中，又连开数枪将其射杀。吴门桥，是日寇枪杀手无寸铁的中国人的见证，更是平民百姓不怕牺牲，报祖国、报家乡的明证。

繁华再现，万民聚集展风情

苏州"行春桥"的得名可能来自"行春"的民俗。立春是农历每年的第一个节气，为一年农事之首。历代统治者和百姓都很看重立春，汉时太守还有"行春"之文，以示政府对农耕的重视。以后，"行春"逐渐演变成为民俗活动。《吴郡岁华纪丽》形象地记载了吴中繁盛的盛况，铺叙了吴中行"迎春礼"等各种各样的行春风俗。

但是，有趣的是，行春桥行使的职能并不是"行春"而是

"行秋"。据说每年农历八月十八日晚上,由于特殊的时间和角度,月亮偏西时,清澈的光辉,透过九个环洞,直照到北面的湖水上。此时,微波粼粼,在石湖水面上可以看到一月的奇观;就大多数人而言,看月为虚,凑热闹看人方为实!但是,这并不影响到行春桥看"石湖串月"成为苏州人的习俗。八月十八日这一天,姑苏游石湖登行春桥者不计其数,游船如织,苏州几近万人空巷。清顾禄《清嘉录》载:"八月十八日,游石湖,昏时看行春桥下串月。旧俗多泊舟望湖亭,今亭废,而画舫皆不轻往。或借观串月之名,偶有一二往游者,金乌未坠,便已辞棹石湖,争泊……"蔡云《吴歈》载:"行春桥畔画桡停,十里秋光红蓼汀。夜半潮生看串月,几人醉倚望湖亭。"沈朝初《忆江南》词:"苏州好,串月看长桥。桥畔重重湖面阔,月光片片桂轮高,此夜爱吹箫。"乾隆皇帝六下江南,六临石湖,作过行春桥诗五首,并还在其他诗中多次提及行春桥。

相传,农历八月十七是上方山"五通神"的生日,苏州一带善男信女纷纷到上方山去烧香,"借阴债"。明代时,香火极盛。夜间,巫婆装神弄鬼,热闹非凡。十八日一早,四乡八里的烧香船都涌向石湖。一些船上载着习武的高手,敲锣打鼓随着画舫穿越桥洞,还有把钢叉从桥洞这边飞越桥面,越过喧闹的看客的头顶,待船到桥洞那边正好接住的。其时,行春桥上人山人海,喝彩声四起。明代吴门画派的大师文徵明曾为此景作过一幅《泛舟石湖》的诗画卷。清康熙年间(1662—1722),苏州巡抚汤斌为了防止有人利用结社赛会图谋不轨,亲自拆掉了五通神庙。虽然从此"五圣作祟"的迷信活动煞住了,但八月十八看石湖串月的风俗却依然保存。即使当天下雨,文人雅士们也能玩出情趣,清诗人舒位《八月十八日石湖串月逢雨》曰:"十五游虎丘,十八石湖游。吴侬只爱看秋月,不管阴晴与圆缺。过横塘,接上方。荡柔橹,飞华舫。石湖居士知何处?湖中之水流无住。不须月子唱弯弯,斜风细雨归家去。"

行春桥观看"串月"之民风流传至今。笔者幼时,也随同大人去游石湖看"串月",但感觉上没见到"串月"的奇观,不过,即便如此,在人堆中挤来挤去,感受一份空前的热闹,倒也颇有情趣。如今,一些旅游公司也闻风而动,纷纷于农历八月十八日组织各种活动。

无可奈何,关公秦琼战未休

在古文化传承的潮流中,热衷并急于参与表现者颇多,这是好事;但是,由于受文化底蕴的影响,也奏出了一些不和谐的乐章——除了反映历史的本来面貌,苏州古桥头也留下了一些或令人喷饭或耐人寻味的历史笑话。

(一)敬修和尚200多岁

灭渡桥的西堍,铸有一个正在化缘的和尚铜像,如真人般大小。他身穿僧袍,趺坐于地,双目低垂,举右手作问询状。与大桥相映成趣,似乎颇为匹配。和尚所示"缘启"上写着:"大河阻隔,摆渡不便。贫僧发愿,大桥必建。有力出力,有钱出钱。广结善缘,福报无边。天人共庆,善哉善哉。大明嘉靖。"显然,这里介绍的是敬修和尚化缘造桥的故事。然而,这铜铸敬修像前"缘启"上的"大明嘉靖"却使人越看越糊涂,敬修募化造灭渡桥成于元大德四年(1300年),比大明嘉靖元年(1522年)也至少要早220年,那时,敬修和尚应该几岁?退一步说,假设史载造桥年月有误,假设这个铜铸的和尚不是敬修另有他人;但成书于大明正德年间的王鏊所撰的《姑苏志》上已记有灭渡桥始建的故事。先有正德后有嘉靖,岂能桥先造好后再为造桥而化缘!铜像设计者的幼稚无知,使美好的景物和动人的故事成了"关公战秦琼"式的笑话,岂不"杯具"?

(二)"白洼"竟能应"青龙"

昆山花桥徐公桥北侧联为"横排白□凌霄汉,雄踞青龙锁海潮"。所缺之字显然是人为凿去,且为时已久,仅能辨出"冖"状的痕迹,上面似乎还有一点或一横。1997年《花桥镇志》考证该字为"洼",因为"洼"的异体字"窪"有"⌒";笔者认为此处不可能是"洼"字,应是"虎"的异体字"虎",该字上部也有一个"⌒"。理由如下:

首先,在中国传统文化"四象"中,青龙的方位是东,代表春季;白虎的方位是西,代表秋季;朱雀的方位是南,代表夏季;玄武的方位是北,代表冬季。既然桥东端的下联有"青龙",那么,桥西端的上联的对应部位就应该是"白虎"。

其次,古代将天上的星座分为三垣、二十八宿。二十八宿中,每七宿为一组,分列东、北、西、南四个方向,各以一种动物形象为标志;西方七宿为奎、娄、胃、昴、毕、觜、参,动物形象标志为白虎。故上联"横排白虎凌霄汉"意为七宿排列成白虎图像,照耀于西方的天空;下联"雄踞青龙锁海潮"将桥喻为青龙,限制着海潮向内陆推进。上联谈天,下联说地,一天一地,和谐相对。

第三,"白洼"之意无法理解,莫非为"白色"的低洼地?那么,如何又能"横排"并"凌霄汉"呢?只有"白虎"才有可能。

第四,从对联的规则而言,动物对动物是基本常识,让"青龙"和一片"白色的洼地"相对,岂不"掉价"!更何况"虎"为仄声,与下联的平声字"青龙"之"龙"正好相对,而平声字"洼"又岂能和同样为平声字的"龙"相对?

最为重要的是,可从此字因何被人为破坏的角度分析。"白虎"虽为神兽,亦为凶煞形象,《协纪辨方》卷三引《人元秘枢经》:"白虎者,岁中凶神也,常居岁后四辰。所居之地,犯之,主有丧服之灾。"即俗语所云"丧门白虎"或"退财白虎"者。谚曰:"白虎凶神当堂坐,流年必然有灾祸,不现内孝现外孝,否则流血难躲过。"旧社会农村妇女中被诬为"白虎星"者并非个案。很可能该地出现过灾祸,算命先生认为是"白虎星"作祟,故令人凿去"虎"字以求平安。

当然,"白"下究竟为何字,最有发言权的是悄立于废墟中的徐公桥。当回顾往事的时候,它不知是悲还是喜。凿字发生的同时,或许伴随着一个凄惨的故事,饱含着血泪,充满着哀伤。

在我们通过苏州的古桥阅读历史的时候,在几度欣喜的同时,不免心生几多遗憾甚至是惋惜:历史的云烟已散去,但它曾经真实地发生过,作为后人的我们,怎能因匆匆行事或底蕴不足而篡改历史、误导子孙呢?希望有关桥梁的保护部门能够细致再细致些,让懂行的人员参与,真实地反映苏州的历史,更好地保护苏州的文化。

注释:

① 本文所涉桥梁,详见东南大学出版社 2013 年 6 月出版的《苏州古石桥》一书。

参考文献:

[1] 徐文涛:《苏州胜景》,上海文化出版社 2001 年版。
[2] 刘伟明、朱威:《苏州古桥文化》,古吴轩出版社 2009 年版。
[3] 王家伦、谢勤国、陈建红:《苏州的桥》,东南大学出版社 2011 年版。
[4] 王家伦、谢勤国、陈建红:《苏州古石桥》,东南大学出版社 2013 年版。

无形战线上的隐蔽战士
——记苏州地下工作者徐懋德和顾孟琴

池景彦

1920年12月31日,苏州城里一个土木工程师的家中,一名男婴呱呱坠地。父母亲希望孩子能够子承父业,成为一名优秀的土木工程师。他们却没有想到,这个名叫徐懋德的孩子,后来成为一名优秀的地下工作者。徐懋德作为一名温文尔雅的教育工作者,尊重师长、爱护同辈,既有优秀的传统素养,又有革命的气魄,用自己高尚的人格力量,团结起一大批进步青年。为了革命工作的需要,他始终战斗潜入在敌人的心脏。在那最黑暗的地方,他恰如一盏明灯,不断散发着革命的光和热。

自觉走上革命之路

徐懋德从小在苏州接受教育,小学就读于苏州钱业小学,初中就读于苏州纯一中学。其后考上苏州工业专科学校。1937年苏州沦陷后,徐懋德随母亲逃难到上海。在上海海门中学读书期间(海门中学本为海门名校因抗战而迁上海),他在邱汉生老师(著名历史学家,复旦大学教授)的影响下,接触到了马列主义,思想上有了明显的变化。1938年,徐懋德考入上海交通大学土木工程系。在跟邱先生的进一步的接触过程中,徐懋德坚定了自己的政治选择。1942年大学毕业后,他随邱先生来到通海区海门中学,开展革命工作。在通海期间,徐懋德用教书作掩护,积极宣传革命,与邱汉生一起组织了海中学生运动的领导核心——星火社。

1943年,随着日寇在南通发动大规模的清乡运动,南通地区的抗日形势日趋恶化。江南工委任命徐懋德为苏常太地区苏昆段特派员，让他潜入苏州发展革命力量。

当时苏州的反动力量十分强大，政治风气比较紧张，共产党员不能公开开展活动。于是，徐懋德就决定找一个工作来掩护自己的地下工作。他找到了吴逸人帮忙。吴逸人是徐懋德的初中英语老师，当时担任吴县县立一中校长。吴逸人对徐懋德十分欢迎，安排他在县中任教。同时，吴逸人又推荐他去敌伪开办的"清乡干部学校"兼任水利教员，目的是为了更好地开展地下工作。

于是徐懋德利用在敌伪"清乡干部学校"教书做幌子，携带装有新四军急需药品的手提箱，多次通过敌人检查严格的"检问所"，为部队送去疗伤治病的药品。

在苏州潜伏期间，他还大力发展革命力量。他在吴县一中发展了黄厥明、唐崇侃、夏锡生、陆咸（学生）、许符实（教师）。这些同志就成为后来党在苏州开展工作的火种。

1943年6月，徐懋德在苏州发展了上海中西女中毕业的顾孟琴入党，后来二人结为伉俪，共同为党的革命事业奋斗终生。在上海中西女中读书期间，顾孟琴受到孟蕴佳、王寿华、许怡曾等多位老师的影响，心中逐渐产生了对革命的向往。尤其值得一提的是女中的校长薛正，对她的爱国话剧演出事业尤其支持。顾孟琴想出各种办法，躲过当局的严格审查，在学校的大礼堂上演了《被压迫的女性》、《蜕变》等一系列革命题材的话剧，鼓舞了全校师生的革命热情。1945年抗战胜利，顾孟琴考入东吴大学，继续组织开展学生运动。

苏州城内的秘密战斗堡垒

1945年日本投降后，徐懋德等人感到十分振奋。虽然当时上海、南京等地的政治气氛比较浓厚，但是苏州地下党的力量还比较薄弱，一共只有六位共产党员。组织上研究，急需建立一个群众性的组织，可传播进步思想、团结组织进步青年的公开阵地。徐懋德就召集当时的几位党员商量，大家决定创立一个图书馆，以此为掩护开展地下工作，逐步发动进步青年。

在大家的商议下，将图书馆定名为"文心"。当时叶圣陶所著的《文心》一书在青年中有很大的影响，取名"文心"能够调动起青年参与的热情。

图书的来源成为要首先解决的问题。在徐懋德带动下，大家纷纷捐献出自己的藏书，凑齐了部分书籍。进步青年教师吴石牧捐出自己家中的住房作为馆舍。值得一提的是，著名历史学家顾颉刚为图书馆题写了馆名。就这样，"文心"图书馆于1945年10月6日正式开放，成为苏州当时地下活动的中心。

图书馆成立后，从上海订阅了各种中间的和进步的报刊，例如《申报》《新闻报》《文汇报》等，并且在公园"裕斋"增辟了阅读室。在馆藏书籍的选择上，以《新民主主义论》、《论联合政府》等进步书籍为主。同时，徐懋德为了掩人耳目，也安排购进了一些其他书籍。

同时，为了获得进一步开展活动的空间。徐懋德筹划建立董事会，邀请陆鸿仪（爱国律师）、严庆琪（苏纶纱厂总经理）、陆鸿吉（江苏农民银行苏州分行经理）、张寿鹏（商会会长）、邓邦迪（苏州工专校长）等人担任董事，其中陆鸿仪任董事长。各位董事经常在天官坊陆鸿仪律师的办公室开会，共同商量图书馆发展的相关问题。

图书馆成立后，徐懋德依托这一组织，开展了大量工作。学生工作方面，他积极发动东吴大学的学生民主运动，支持在学生中建立学生自治会。同时，徐懋德还积极扩展文心图书馆在学生当中的宣传、组织作用，通过文艺演出的方式宣传革命，鼓动学生的革命热情。

在徐懋德的影响下，苏州"艺声歌咏团"有了一次公开演出的机会。他们借用社教学院的礼堂，举办了一场爱国歌咏会，高唱《松花江上》《大刀向鬼子们的头上砍去》等爱国歌曲。徐懋德亲临演出现场，参与演出的各项指挥工作。最后，演出在全场齐唱

《团结就是力量》中圆满结束,气氛十分热烈。

在徐懋德等多位地下党员的积极运作下,"文心"图书馆的借阅群体逐步扩大,慧灵女中、苏高工、东吴大学等学校当中有很多读者。

1947年底,苏州形势严峻,组织上给徐懋德安排了新的任务,调离苏州到外地工作。但是"文心"图书馆这个地下党组织的活动逐步发展壮大,成为凝聚进步群众的坚实堡垒。

辗转港台开展革命工作

1947年11月徐懋德夫妇离开苏州后,上海局决定派他们去台湾,开辟新的工作局面。徐懋德夫妇到台湾后,组织上先安排他担任中共台湾省工委学生工作委员会书记。

1947年徐懋德夫妇到台湾工作时,顾孟琴已经怀孕,行动十分不便。1948年孩子出生以后,由于在台湾没有亲属,孩子只能自己照顾,经济方面也主要靠自己想办法解决。为了维持生计,顾孟琴先后做过会计、家庭教师等工作,但也出色完成了掩护工作。

除了掩护工作及赚钱养家外,徐懋德多次将领导层拟好的地下刊物稿子带回家让顾孟琴印刻分发。第一份刊物是初到台湾时(1947年)用日文缮写的《台湾青年报》。因为台湾人在日统下只会日语,不懂中文。顾孟琴不懂日文,只好克服语言上的障碍,把原文一模一样地刻印下来,分发出去。最后几份是1949年的党报《光明报》。当时形势已非常紧张,《光明报》原址出了问题,便转移到徐懋德住家刻印分发。他们住的是简陋的日式居屋。两间屋子隔开只用一扇纸门,刻印工作在后室。工作中会有邻居来串门,顾孟琴只好抱了孩子去谈笑应酬,暂停后室工作。

顾孟琴对报纸的发行工作也十分细心。在写报纸投递地址时,左手右手换着写,避免暴露笔迹。同时将报纸分成多份,分别投入不同的邮筒。顾孟琴还领导了台湾一所师范学院地下的学生党支部工作。

徐懋德和顾孟琴及长子徐正刚于1949年摄于台北

1950年,由于在台湾的中共组织被国民党破坏,徐懋德和顾孟琴在组织的安排下来到香港,在华东局驻香港办事处工作。1955年,华东局撤销香港办事处,又在组织的安排下,夫妇二人来到天津,开始了新的革命工作。

回到天津后,顾孟琴在中国对外文化协会天津分会工作,任办公室主任。1975年调任"周恩来同志青年时代在天津革命活动纪念馆"馆长。顾孟琴为宣传中国文化、开展对外文化交往做了大量工作。同时,天津作为周恩来同志从事革命工作的重要地区,在宣传周总理革命事迹方面有着得天独厚的优势。顾孟琴充分发挥这一优势,通过广泛征集、举办展览等方式,将周恩来、邓颖超等一批革命先辈的事迹进行了深入人心的宣传。1984年离休。

回到天津后,徐懋德调到天津市委调查部工作。1957年7月徐懋德到天津大学任天津大学党委常委、宣传部长兼土木系副主任、党总支书记,后来调到学校科研处任处长。由于他有着丰富的对台工作经验,1981年被调到天津市委台办副主任,两年后任主任。1987年徐懋德退居二线,任天津市政协委员会常委。1997年离休。

1995年12月25日，徐懋德曾回苏州，组织他的旧部，召开了一次文心图书馆成立四十周年座谈会，到会同志都是当年青春年少，而今白发苍苍；当年壮志凌云，而今沉稳有余，但大家初心不变，一如往昔。回忆、笑谈、憧憬，徐懋德更在会上畅谈连连，焕发了青春。当年的文心董事会董事大多已经作古，仅有当年的张寿鹏作了发言。这次座谈，又为大家留下了新的记忆。

徐懋德和顾孟琴离休后，仍然不忘继续从事革命工作。一是徐懋德和顾孟琴离休前后，特别在离休后，仍然不忘继续做革命工作。最感人的是全力帮助为台湾地下工作牺牲及落难的同志们落实政策，使这些革命志士得到应有的荣誉和权利。二是为建立台湾地下党史付出极大的精力。徐懋德、顾孟琴和其他一些熟悉台湾情况的同志多次上书中央领导，各地奔跑，极力呼吁。因此逐渐引起领导的重视，开展了此项抢救工作。

徐懋德于1985年摄于苏州文心图书馆40周年纪念会

这些工作，耗费了他们大量的时间与精力，然而他们以铁肩担道义的精神，完成了使命。因为他们认为历史就应该实事求是地记载曾经发生的一切事情，不应该留下任何空白点。要对得起为了革命事业献出宝贵生命的同志。要对得起为了革命事业受尽各种苦痛、磨难的同志！

茅丽瑛的光辉形象照耀了我的一生

——回忆在"中国职业妇女俱乐部"的峥嵘岁月

罗致哲 口述 丁 蘗 整理*

我家是直隶大兴县（现北京大兴区）人，家里是五代中医。父亲罗鑫泉（1890—1976）曾就读于南京夫子庙边上的文正书院，成年后去江西九江师从薛老学习齿科，薛老早年跟随来华的德国医生学西医齿科乃中国最早的齿科医生之一。

后来父亲在上海设立齿科医院，我在南通读完小学后，1931—1937年在南通女子师范学校就读。1937年毕业，原来我打算考庚子赔款去清华就读或出国留学，但是，由于这一年全国师范生、高中生举行统考，我在数、理、化、教育、（儿童及民众）心理学、应用文以及选修外语、绘画、音乐等课程全部通过，且主课成绩名列前茅。学校一定要我留下任教，不得已，我只能放弃官费升学，开始了执教生涯。

1937年8月13日，日寇侵略上海，抗战全面爆发，1938年3月17日寇在南通登陆，我家早备撤退计划，雇船将随身必带之物放在船上，日本兵一登陆，船只立即起航，全家撤至如东县崛港，不久，我回到上海父亲身边。当时才20岁出头的我，面对日寇侵华的暴行，怒火在心中燃烧。到上海后，我白天在光厦中学教语文，夜里则在卡德路有二个教室的忠孝里弄小学义务授难民子女上课。当时，全国各地蜂拥而来的难民子女很多，孩子们年龄段不同，大的和小的差距大，我设法办起复式班，初小的在一个班，高

---

* 罗致哲（素云），苏州市二中教师。丁蘗是其学生。

小在另一个班,一个人同时肩挑二个班的教育,往往这个班讲课,另一个班做作业,两面跑来跑去,学生竟然都说我上课好,结果,孩子愈来愈多。开办难民小学,我每月有30元工资,但是,见到难民子女的艰苦状况,我或买书本、文具用品,或支援特别困难的孩子吃饭,工资全部用在学生身上。我还去法华镇一带的越界筑路难民聚居区家访,很多人为我捏一把汗,那里太乱是著名的三不管地区。1938年秋,同校陆修澄老师见我生活朴素、思想进步、工作主动、积极,便介绍我加入了南京路外滩抛球场附近的"中国职业妇女俱乐部",它是共产党的外围组织。俱乐部负责人,名誉主任是鲁迅夫人许广平。实际负责人是启秀女中的英文教师茅丽瑛主任。

介绍我进入俱乐部的陆修澄老师出身大家闺秀,浦东陆家嘴一带的土地房产均是她祖上产业,她早年加入共产党。1927年,国民党开展清党运动后去了新加坡、马来西亚等南洋各国,1937年抗战爆发回到家乡陆家嘴办中学,她和茅丽瑛共同为支援抗战出力。她的侄女也很进步,1939年去皖南投奔新四军⋯⋯

我在几位大姐的影响下,积极工作,不分白天黑夜,从不感觉疲劳。1938年,夏秋之交,茅大姐组织"劝募寒衣联合大公演",在卡尔登大戏院(今长江剧场)义演《女子公寓》话剧,这个全是女子的戏配角必须要个男的啊!哪儿去找呢?找来找去找不到,后来,实在没有办法了,便硬把明星公司的"奶油小生"顾也鲁(二十世纪五六十年代出演"女理发师""51号兵站""老兵新传"等电影,广获好评)拉来充当男配角,演得非常成功,募集到的资金立即用来购买前方急需的御寒衣服、物品⋯⋯《女子公寓》这出戏的演出在我进俱乐部前不久,我加入俱乐部后,还有人即兴表演这出新戏的剧中片断,让我感到非常新鲜、有趣。

1939年,"三八妇女节"前,原来打算请许广平为大家作一次演讲,但是,有人提出许口才不好缺少吸引力,于是决定请银行家黄定慧演讲,会场设在大沽路的联大,由于俱乐部的活动早已被敌人监视，赴会时要求三三两两分散前往，不要引起注意。黄定慧女士为上海各处赶到的一百多位来自教育、文艺、金融等各行各业各阶层的职业妇女作了精彩演讲，介绍了妇女节的来历和国际上妇女在社会生活各方面所起到的重要作用。我从此了解到妇女生活的天地很大并不只局限在小家庭里，坚定了我投身抗日的决心。

  我在茅大姐的领导下开展各项工作，主要任务是为抗日前方募集资金，1939年春末夏初，茅大姐到处奔走，她原来联系好租界内的海军俱乐部作为义卖场所，谁料，业主受到日伪当局威胁，临时变卦，不允许我们在此义卖了，没有办法，我们只能将厂商支援的毛巾、袜子等日用商品和各人自有物品，搬到俱乐部自己办公室展开义卖。我拿出两件自己一直舍不得做的上等衣料，一出示便被人高价买去，心里十分高兴。同时，买了几双绣有几朵小花的半长筒手套。义卖的物品多为工厂支援，大到汗衫、衣料，小到领带别针、发夹、纱手套、布手套，本身价值不高，人们一片爱心，所以，售出高价。当年，上海滩孤岛上，民众爱国热情高涨，纷纷而至，慷慨解囊，在义卖活动高潮时，突然来了几个人，不买东西，寻衅滋事，将桌面上的小商品掀翻，弄得满地一片狼藉……茅大姐估计到是敌人派来捣乱的特务，和大家一起沉着应付，最后圆满地完成了筹款任务。所得钱款用于买药品、衣服和日常生活用品，送往新四军。

  曾听俱乐部朋友讲，1938年秋，我加入俱乐部之前，第一次押送物资离开上海送往皖南新四军的是基督教青年会的刘良模。1940年春，我丈夫钱江（遐龄）赴赣南途径江西上饶时，见集中营门卫疏忽，独自闯进去探个究竟，突然在人群中发现刘良模也被关在这里，"老乡见老乡，两眼泪汪汪"（三十年代中期，刘良模常来苏州基督教青年会参加活动，钱江因父辈在沪开设多家商店常去上海，二人熟悉），还没有顾上说两句话，军警来了，只能匆匆离开，从此，再也没有了他的消息。新中国成立后才知道刘良模当年获释后去了美国，并将《义勇军进行曲》带到美国，于是中美

人民共同唱响了美国大地。新中国成立后"义勇军进行曲"被定为国歌，

1939年上半年，我在俱乐部安排下，参加了仁济医院举办的战地救护训练班，学会了包扎、救治、运送伤员，一心想去前线效劳。

"中国职业妇女俱乐部"租有三个房间，分了多个小组，例如话剧组、交谊组（内设音乐、舞蹈、歌咏等小组）、研究组等等。这是一个松散型的群众组织，平时前来俱乐部的妇女并不多。我参加研究组，活动常在晚上或星期天。那时的孤岛上海，美国友人途经上海时，便由茅大姐接待来俱乐部介绍延安情况，中共方面的进步文化人士或从延安或从皖南到达上海后，也在俱乐部小范围演讲中国和国际时局，然后相互传递信息。记得我读到艾思奇的《大众哲学》，是从延安解放区带过来的，纸张十分粗糙，是用再生纸印刷的。不过，书中观点却使我开阔了思路，接触到辩证法，改变和活跃了我的思维，使我终身受益匪浅。

令我永生难忘的是在此时我读到了一本曾由鲁迅介绍并推荐出版的俄国作家鲍里斯·拉夫列尼约夫（1891—1959）所著《第41个》，书中探讨了爱情和人性，政治与流血这些紧扣时局的命题。它讲述的是在苏联国内战争时期，出生在伏尔加河三角洲的渔家孤女，女红军玛特琉卡英勇杀敌的故事。她七岁时便能用刀子剖开大鱼，参军后成为一名出色的狙击手。她每消灭一个白匪就做下一个记号，嘴里说着："遭鱼瘟的！"先后射杀40个敌人。但是，在一次伏击驼队的战斗中，她失手而没有把一个白军军官打死，首长叶甫可夫命令她带领2个战士将俘虏押解去总部，途中过湖时，小船遭遇风浪沉没，2个战士牺牲，她和白军军官一起漂流到一座荒岛上，两人相依为命，渐渐产生了爱情……后来，一艘敌方快艇前来营救，眼看曾经让她着迷的，有一双动人蓝眼睛的白军军官快要登上快艇时，她用最后一颗子弹，射杀了第41个敌人……这个故事在我心中产生和坚定了革命高于一切的崇高理想，眼看日寇蹂躏祖

国和人民，从个人而言，生命也好，爱情也好都不及保卫和热爱自己的祖国重要，投奔抗日前线的愿望愈来愈强烈……70多年过去了，此书基本情节仍然让我难忘……

还有一本《女壮士》的苏联电影，描述一个女工带领姐妹与资本家展开英勇斗争，该片中的《夜莺曲》非常好听，优美的乐曲，至今犹回荡在耳边。

1939年上半年，我每次到俱乐部参加活动时，看到茅大姐忘我工作的情景，内心非常感动，她常常工作得很晚，我总是等她办好事情后，锁门一起离开，当时，英租界有1路和2路有轨电车，法租界只有一条线路，行驶的是一种红色的公共汽车，在抛球场均设站点。茅大姐总是工作得很晚，老是赶晚上23:30的末班公共汽车回家，有几次，我们俩下楼后，一路小跑，匆匆忙忙赶往车站，可就眼睁睁看到那辆红色公共汽车驶离，没法赶上，只能步行回家。我家住在同孚路（石门一路），而她要走过圣母院路（石门二路）才到启秀女中，我俩一路同行，无话不谈。

同年9月，我毅然放弃在孤岛上海的教育工作，借俱乐部的关系奔赴浙东敌后。我只给父亲留了一张条纸就离开上海，决心奔赴抗日前线，从上海乘船去宁波。原本打算到宁波后找新华书店的联络人转赴延安或皖南，但是，一到宁波，发现新华书店已经被贴上封条，联系人被捕了。在走投无路的情况下，幸遇一位浙江大学的朋友，拉我到中心剧团演出，每月有12元钱的收入，才让我生存下来。从上海出发时，有三个俱乐部的朋友乘同一条船，其中吴大昆教授的爱人林珊梅也是苏州人，她是从宁波下船后接着去桂林寻丈夫的。后来，我来到达金华山区，在宣传队剧团里演戏，为了唤醒民众，只要天晴，剧团几乎每天晚上都要演出，宣传抗日，鼓动民众奔赴抗日第一线，一年多的时间里我们的足迹踏遍了浙东各县、各乡、各镇，虽然辛苦，却磨炼了我的坚强意志。

1939年底，得到噩耗，12月12日，茅丽瑛大姐在上海被汪伪特务暗杀，茅大姐身中3弹，救治无效于14日光荣牺牲，令我悲愤不已。她虽然与我们永别了，但是她永远活在我的心里！她认真执教、同情工农、热爱祖国，在国家危亡之际，自觉担负起救国重任，不顾敌人威胁，完全置个人生死于度外，表现出知识女性正直、勇敢、善良的伟大品格。她是我一生积极向上的精神源泉。

1940年秋，我辗转回到苏州木渎婆家。1940—1945年日寇统治期间，我不愿出来做事，直到抗战胜利才到私立灵岩中学兼课，新中国成立后进入苏州市第二中学，一直工作到退休。

我晚年愈发怀念茅丽瑛大姐，她离开我已经整整73年了，她30年华的生命将百世流芳，而我96虚度，没有成绩，惭愧不已。回想1957年，我以民盟支部主委身份在整风中提了一些意见，尽管非常温和，想不到1958年被错划为右派。在长期遭受不公正待遇的岁月里，内心苦闷时，就回想青年时期与茅大姐一起工作的峥嵘岁月，我在"中国职业妇女俱乐部"虽然只有短短一年多的时间，但是终生难忘！想到茅大姐为国献身，我眼前这点小小的磨难又算得了什么呢？茅大姐的精神始终激励我要坚强地生活下去，她让我懂得了人生的价值在于奉献，使我度过困难，平静地活到了今天。

日伪统治下苏州丝织工人的罢工斗争

杨 韬

苏州市工商档案管理中心最新出版的《丝绸艺术赏析》一书中，收录了一幅珍贵的黑色真丝缎匹头料的照片，头料上用多色人造丝织出了带有明显爱国情感的"中华第一爱国织绸纯绒纱缎本厂"字样。厂家打出"第一爱国"这样带有强烈宣传作用的口号，无疑反映了当时丝绸人爱国爱丝绸的深厚情结。时值中国人民抗日战争暨世界反法西斯战争胜利70周年，不禁联想：在那样一个时局动荡的年代，丝织业经营陷入困境，生活陷于绝境边缘的丝织工人又是如何在日伪政府统治下，同日军、资本家做斗争，为抗战的胜利付出自己那份微薄而艰辛的努力的？

罢工中的成长

1937年，日军在上海发动"八一三"事变，抗日战争全面爆发。1937年11月，日军占领苏州，为这座静雅安谧的城市带来了巨大的灾难。日本实行"以华制华""以战养战"方针，在低价收购茧、丝运往日本后，又将成品返销中国。日伪统治下，物价飞涨、严重缺电，苏州织绸厂的维系日趋困难，资本家将损失转嫁到丝织工人身上，工人工资只降不增，且常常不能按时发放，导致丝织工人生活难以为继，劳资双方关系紧张，矛盾一触即发。

当时有一家名为鸿华的绸厂，厂内工人工资一贯低于别厂，且到了发工资的时候资方总要借故拖延几天，每到淡季还会把卖不出去的被面等产品，硬性折价给工人，使得工人每月到手工资大打折扣。在这样的情况下，鸿华厂工人代表顾福宝经常同资方说理谈判，为工人们争取利益。然而他这样的举动使资方心生不满，伺机报复。当时苏州日本宪兵队所属的"宪特工"特务组织负责人祝德昌知道了鸿华厂资方的打算，二者一拍即合，当即决定联手镇压工人运动。

1941年8月，祝德昌带人在鸿华厂车间逮捕了顾福宝。工人们听说顾福宝被捕，立即向资本家要求放人，同时工人代表联络各厂，呼吁全市丝织工人给予援助。各厂工人代表很快集合在一起，开会商量对策，最终决定在次日中午起举行全行业大罢工，2000余名丝织工人都到皮市街鸿华厂示威。工人们临时推选汪荣生、戈寿福等8人为工人代表，和资方进行谈判。汪荣生出生于苏州唯亭一农户家中，靠在绸厂做工为生，抗战后曾参与、领导数次工人罢工斗争。在总结了多次工人运动的经验教训后，他逐渐明白，对于资本家勾结日伪军开除、逮捕工人代表这类事件，单单少数人反抗是没有用的，必须打破工人一盘散沙的现状，团结起来，有自己的组织才能赢得胜利，为工人争取权益。因此，在谈判中，他和其他几位工人代表提出了三项条件：立即释放鸿华厂工人代表顾福宝，按物价、米价上涨比例增加工资，由在业工人来改组"吴县丝织业产业工会"。工人全行业罢工的行为有力地震慑了鸿华厂的资方，尽管资方有日伪特务的支持与协助，但为形势所迫，最终只得无奈同意了这三条要求。此次罢工斗争取得了最终的胜利，日伪特务同资方相勾结企图压制工人的阴谋被粉碎，丝织业工人在罢工斗争中也越发团结。

这一次的罢工斗争是丝织工人对于资本家与日伪特务相勾结镇压工人运动的反抗，较之以往单纯为争取某项经济利益而进行的罢工更能使工人们团结起来。同时他们还争取到了在业工人参加工会的权利。有了在业工人的参与，工会也就注入了新的战斗力，这为后来苏州丝织工人运动的继续发展奠定了组织基础，有着重要意义。

高压下的团结

1942年2月1日,由在业工人代表推选,吴县丝织业产业工会正式成立,自此在沦陷区有了"合法"的工会组织。工会组成后,着手的第一件事就是研究探讨如何在物价不断上涨的境况下保障工人基本收入。经萧家巷汪伪机关江苏省社会运动指导委员会调解,吴县丝织业产业工会与铁机丝织业同业公会签订了依中次米平均价计算工资的劳资协约,并在该协约基础上,签订了以米价涨落满十元增减生活补贴成数的协约,工人的生活水平因此得到了保证。

1942年4月19日,吴县丝织业产业工会经会员代表大会决议,征收会员特别费每人国币3元,共筹得国币5832元,向纱缎庄业工会按价赎回了霞章公所,作为丝织业工会的固定会所。霞章公所建成于清宣统元年,是丝织工人祭祀发明蚕丝的轩辕帝和丝织工人聚会的地方。1939年,因经费不继,被前经手人抵押给了纱缎业同业公会。霞章公所的赎回,是吴县丝织业产业工会全体会员力量的凝聚,也是丝织工人团结的证明。

1943年,在日伪统治下,粮价飞涨又严重缺电,由于供电跟不上,因此许多工厂每天开工仅3个小时都不到。工厂资方们又乘机抽调资金大做投机生意,使生产更加难以维系。丝织业产业工会向资方同业公会提出20条合理建议,以求改善工人待遇,却遭到了拒绝。为了在这样艰苦的环境下生存下去,数家绸厂的丝织工人进行了罢工斗争。8月中旬的一天,受到工厂资方重金贿赂的"清乡党务办事处民众运动委员会"负责人、汪伪汉奸史训迁召开了劳资协商调解会,汪荣生、陆根泉率领工人代表30余人参加,准备谈判。然而抱持诚意而来的众人万万没想到等待他们的居然是敌人的阴谋诡计。众人刚进会场,史训迁就以陆根泉煽动工人罢工、破坏社会秩序为名,将其押进了警卫室。汪荣生一看到此景,哪还有不明白的,当机立断表示:"我们都是工人代表,要关一起关",随后也跟着冲进警卫室。史训迁本想将二人分开以使谈判更加顺利,未曾想到会弄巧成拙,失了谈判主动权,只好将二人都放了出来。他们恼羞成怒,各打了汪荣生和陆根泉一记耳光。汪荣生当即表示:"我们是丝织工人的代表,你打我们就是打了全体工人"。在这样谈无可谈的情况下,他带领其余工人退出了会场。

工人代表被关被打的消息传到各厂,丝织工人群情激愤,纷纷要求开展全苏州丝织工人总罢工。在产业工会的周密规划下,各厂工人纷纷响应,全城丝织工人一并停工,引起了社会震动。同业公会资方代表眼看事情闹到无法收拾的地步,只能到丝织产业工会要求恢复协商,最终答应了产业工会提出的厂方增加生活补贴,以及史训迁公开道歉的要求。这是日伪时期苏州丝织工人斗争取得的一次重大胜利。

当时在丝织业工会所办的丝织合作社工作的苏州中共地下党员沈默,于工会年报"编后感"中写道:"生活的高压,使我们只觉得沉重地透不过气来。但无情的岁月,在风雨动荡的时代里照样推动它的巨轮,似飞般地向前驰去……事实告诉我们,在这多难之秋,一个团体的存在,果然是必要,同时,尤须对会员加倍培植,以自己的信仰、爱戴,我们唯一的保障我们的工会,然后才谈得到其他的一切。"

绝食中的抗争

作为苏州"四大绸厂"之一,拥有悠久历史的百年老厂——苏州东吴丝织厂在那个特殊的时期也充斥着矛盾与斗争。1944年10月,苏州东吴丝织厂资方乘物价不稳大做投机买卖,对工厂的经营十分懈怠,更借口煤炭严重短缺、电力无法供应,要解雇18名工人,并且只允诺男工发解雇费一石八斗米,女工还要打对折,对工人代表的再三交涉均置之不理。解雇费对工人来说就是卖命钱,即便刨除其余花费,一个五口之家每月也需消耗大米一石二斗,一石八斗米只够他们维持一个多月。东吴厂资方这样的做法不仅损害了这18个工人的利益,也直接关系到全市丝织工人的命运,绝不能开此先例。但当时工厂早已停工，罢工已经不可能，大家就一致同意进行绝食斗争，迫使资方增加解雇费，不达目的誓不罢休。其他绸厂的工人听到这个消息后，马上到各厂发动工人，派代表来慰问，支援他们的绝食斗争。产业工会召开了各厂工人代表会议，有的准备罢工，有的也进行绝食斗争，并决定全市丝织工人总罢工，来支援东吴厂工人的绝食斗争。

在持续了三天两夜的绝食斗争中，18人未有一人退缩、动摇，即便是伪省政府社会科的顾新石来劝说和威胁，他们也忍着饥饿，仍然坚持着，并且在斗争中越发团结。到后来，很多人已躺在地上无力讲话，都还在相互鼓励，与资方斗争的决心始终鼓舞着大家。

由于18个人的紧密团结以及全市丝织工人的鼎力支持，同业公会的资方们看到了工人们的决心，为使事态不致进一步闹大，一致建议东吴厂资方答应增加解雇费。终于迫使资方让步，在第二天付给挡车工每人三石米解雇费，帮机工打七五折，准备女工打对折。工人们又一次取得了胜利。

中国人民抗日战争是中国人民抵抗日本帝国主义侵略的正义战争，它使中华民族的觉醒和团结达到了前所未有的高度，它令人扼腕，也发人深思。抗日战争的胜利，成为中华民族走向振兴的重大转折点。苏州丝织工人在抗日战争的漫长岁月中，经受住了各种严峻的考验，表现出了坚韧顽强的革命精神，他们密切团结在一起，共同克服了种种困难，为争取我国民族独立和解放事业做出了一定的贡献。在现今的和平年代，我们纪念抗日战争的胜利，不仅仅是为了铭记历史、缅怀昔日胜利的荣光，更是为了重述那份不堪回首的痛苦与悲伤，让活在当下的人们珍惜这来之不易的和平，唤起每一个善良的人对和平的向往与坚守，捍卫二战的胜利果实，将蒙受的苦难与屈辱化为走向未来的民族凝聚力和正能量，再度凝聚民心民意。如此，才算不辜负先辈们的付出与牺牲。

（原载《档案与建设》2015年第12期）

江南望族

近代西学与柳亚子家庭教育思想的形成*

陆文龙

柳亚子（1887—1958），谱名慰高，字安如，苏州吴江人。中国近代著名的诗人、社会活动家和民主人士，著名的爱国文学团体——南社的重要发起人。柳亚子研究曾因"文革"而停滞，自20世纪80年代以来才有所进展。目前有关柳亚子的研究成果很多，截至2016年4月6日，通过检索中国知网发现，以"柳亚子"为篇名的文章就有414条，其中硕博论文5篇。1980年代至2001年，有关柳亚子的文章，多数还是回忆和纪念性的文字，多为叙述柳亚子的人际交往、革命活动等内容。[①]2001年至今，柳亚子研究有了一些新的发展，但主要还是侧重于柳亚子的文学创作和近代转型等方面，而对柳亚子家庭教育的研究，尚付不多见，涉及柳亚子家庭教育的重要史料《柳亚子家书》自出版以来，引用极少[②]。本文拟以《柳亚子家书》、自述、诗文集等资料为基础，参考分湖柳氏家谱、《分湖诗钞》[③]和其他回忆性文章，试对柳亚子家庭教育的思想资源、教育内容和教育方式展开分析，注重探讨近代西学对柳亚子家庭教育思想形成的作用。

思想资源

自鸦片战争打开中国的国门，很多西方的思想和观念传入中国。中国近代家庭教育呈现出新旧杂陈、中西并存的特点，而爱国

---

* 本文为国家社科基金项目"清末民初苏沪地区文化世族的转型研究"（批准号：12BZS053）的阶段性成果，同时获得上海市浦江人才计划资助（15PJC077）。

保种、变革传统、学习西方则始终是近代中国家庭教育的主旋律。

（一）应时而至的西学

近代社会的变革让中国很多有识之士意识到"今日为中国前途计，莫亟于教育"。④而新式教育又离不开西学。苏州近代新式教育发展较早。早在1871年，美国传教士蓝柏就开始在苏州创办小学。1901年美国传教士又在苏创办了东吴大学（今苏州大学）。除了教会教育，近代苏州很多地方士绅与社会团体也在新政奖励办学的推动下，兴办新学，推动了苏州教育近代化的发展。⑤近代苏州的女子教育更是领先全国。早在1897年，教育家江溦芳⑥有感于当时"欧风东渐，文化日新"⑦的形势，创办了中国最早的新式女子学堂——兰陵女学⑧。为了探求西学，苏州很多新式知识分子出国游历、考察。据不完全统计，1894年到1949年间，家在苏州（包括各县及外地流寓苏州的）先后去国外的留学生有967人。这些人攻读的专业相当广泛，涉及军事、外交、政法、教育、生物等各个领域。⑨

柳亚子家乡所在的吴江⑩，东邻上海，西靠太湖，南接嘉兴，北靠苏州，历史上就水运发达。近代轮船航运与铁路的发展，特别是1905年的沪杭铁路、1908年的沪宁铁路的开通，又大大缩短了吴江至上海的时间。⑪这使得来自上海的很多新思想能够很快传到吴江。苏州民信局的发展与苏州开埠后邮政局⑫的兴起又使得吴江与外界通讯更加便利。苏州报人包天笑曾通过民信局代订《申报》，送达速度也并不"迟慢"，往往"昨天上午所出的报，今天下午三四点钟，苏州已经可以看到了"。⑬柳亚子曾回忆，清末时吴江的平望镇就已通小火轮，上海出版的小报也流传到集镇上。⑭正是因为得地理之优势与交通、通信之便捷，近代吴江地区也较早得风气之先。吴江一度出现过报业的兴盛，涌现出了一大批如《新黎里》《新盛泽》《新同里》等以"新"字打头的近代报刊。这些传播新思想和西学知识的报刊的发展，也从一个层面反映了近代西学在吴江地区的传播情况。

当然，这种西学的传播是有差异的，分布也是不均衡的，与交通地位的优劣直接相关，一般来说市镇优于村落。查阅《柳亚子生平事迹年表》可知，柳亚子在十二岁以前基本上生活在吴江的大胜村，生活空间相对狭窄，获得信息的渠道也很少，受的是严格的传统文化教育。柳亚子12岁时，全家才迁居到黎里镇。这以后柳亚子能够接触到西学的机会也增多了。清朝政府于1887年开始增设算学为科举考试科目。1899年，13岁的柳亚子为应付科举开始"兼习算术、代数"[15]，读的书就有《学算笔谈》和《代数术》。[16]此后柳亚子对西学的接触越来越多。按照心理学的研究，12岁到25岁正属于青少年期。这一时期正属于自我意识高速发展的阶段，也是一个人世界观与价值观形成的重要时期。这一时期接触的西学，无疑对柳亚子的人生影响很大。

（二）求新务实的家教

个人思想的形成除了受到当时思潮的影响外，还不可避免地受到家族（或家庭）的制约。柳亚子的家族原先世居浙江宁波府慈溪县祝家渡，明末为躲避战乱才迁到苏州吴江，一直耕读持家。[17]有清一代，吴江柳氏尽管有若干次分迁，但基本局限在太湖东岸的分湖之滨，也因此得名分湖柳氏。[18]他们所在的分湖"地属吴江，去县治东南六十里"。[19]相传为东汉大隐士严光（字子陵）隐居游钓之处。从该地可以躲避战乱，又适于隐居，不难想象该地相对比较偏僻，柳氏家族的地域流动性在相当长时间内比较弱。因为"傍湖之民以农为业，其在湖之东境者，耕种尤勤"[20]，所以分湖柳氏家族一向务实。先祖柳梦坤有诗云："譬如萧条家，子弟稀且劣。譬如丰盛家，子弟多且杰。非天有厚薄，盛衰由己出。此理关根本，因材笃其质。"[21]经过几辈人的奋斗，柳氏家族终于在分湖地区得到了较大发展。

晚清分湖柳氏大胜支在分湖流域已经形成了与雪巷沈氏和莘塔凌氏三足鼎立的局面。[22]柳亚子曾说，"所谓书香门第，耕读世家，在我是当之无愧的"。[23]柳氏家族又通过与其他家族，特别是沈氏和凌氏的联姻来提升自己的社会地位，获得更多的社会资本。有关分湖柳氏大胜支的婚配情况，可参见表一。随着近代社会变迁，柳氏族中子弟的教育场所也从传统社会的乡间私塾演变为吴江各城镇甚至是上海、苏州等中心城市的新式学校。柳亚子高祖柳树芳（1787—1850）被柳亚子称为"大胜柳氏在文坛上的开山祖师"。他"勤恳于学"，"好诗，所交游多文学善士"[24]，精研文学，有诗文集传世。柳亚子的谱名"慰高"与父亲名"念曾"、叔父名"慕曾"，都是为了纪念他。柳氏家族在近代社会变革中，不断求新。祖父柳应墀"诗文以外，还兼治地理洋务之学，有赋稿两卷，又有《补魏源海国图志》若干卷"[25]。叔父柳念曾（别号无涯）曾"遣其子负笈海上"，"与里之贤者兴办学校，躬为教授，慨然有移风易俗之概"[26]。父亲柳念曾（寅伯）是秀才，对《说文》等很有研究，"淹通经术，博洽群书"[27]。柳念曾曾经与陈去病等人组织过雪耻会，响应维新变法。柳亚子后来回忆说，"戊戌那年，我对于政治还不大了了，但从父亲的口上，常常听到他讲起关于政变的故实，和康有为、梁启超的名字。在现在想起来，他老人家大概可以算是一个维新党吧"[28]。柳亚子的母亲费漱芳曾从学于清代名士袁枚的再传弟子徐丸如夫人。她是柳亚子的启蒙老师，教会柳亚子识字与《唐诗三百首》。但是母亲相对比较严格，教育方式也不是很恰当。柳亚子认为母亲把他"保护得太厉害了"，使得他"无法发展。"[29]这使得他在对待自己孩子教育上，格外强调给孩子自由的发展空间。柳亚子的舅祖父凌退修对他的影响很大。柳亚子对他非常尊敬，认为他"不但是一位名士，而且还是一位政治家"，"深于旧学，又能吸收新思潮，论起并世人物来，实在并不在南海康有为之下"[30]。凌氏所著的《狂言谵语》的文稿"以鲁仲连的老弟自命"，"鼓吹变法维新，反对慈禧太后干预朝政，这些与康、梁主张基本一致"[31]。可以说，柳亚子继承了家族或家族姻亲中那些士大夫的道德追求和"社会关怀"[32]。

表 1　分湖柳氏嫁娶简表

姓名	与柳亚子关系	配偶情况
柳树芳	高祖	大胜浜沈氏，继配拌水港顾氏
柳兆薰	曾祖	黎里邱氏
柳应墀	祖父	莘塔凌氏（凌退修姐姐）
柳念曾	父亲	吴江费漱芳
柳慕曾	叔父	原配莘塔凌氏，继配雪港沈氏，续弦黎里周氏
柳兰瑛	大姑母	莘塔凌其枚（凌退修独子）
柳玉瑛	二姑母	黎里蔡寅（后官至江苏司法筹备处处长）

注：参照柳亚子《自传·年谱·日记》，上海人民出版社 1986 年，第 44～53 页。并参阅了分湖柳氏的相关家谱。

（三）个人阅历与交游

个人阅历来自于自身的经历与阅读体验。柳亚子 12 岁以前居住在吴江大胜村，地方偏僻，视野狭窄，接受的基本上是传统文化教育。1897 年，12 岁的柳亚子随父母迁徙到黎里镇，视野也变得开阔。13 岁的柳亚子已经在研习算术与代数这些西方的数学理论。早年因为深受支持维新变法的父亲的影响，柳亚子对康梁等维新人士充满敬意。他在《自传》中坦言，"戊戌政变对我颇有影响"。他非常推崇梁启超，"以《新民丛报》为枕中鸿宝焉"。[③]1902 年，16 岁的柳亚子到吴江县城参加童子试，并在当年认识了同乡的陈去病与金松岑。同年，柳亚子开始热衷于法国卢梭的《民约论》（即《社会契约论》）中的天赋人权思想，并为自己更名"人权"。"习英语，因口吃废学。" 1903 年，柳亚子在家乡加入了中国教育会，创办了《新黎里》，随即到上海爱国学社读书。在上海，他又结识了蔡元培、章太炎、邹容等人，并且参与了《苏报》的一些工作。1904 年，柳亚子为陈去病编行的《二十世纪大舞台》刊物撰写刊词，鼓吹"梨园革命"。他又在吴江的同里镇进入同里自治学社学习。1905 年，柳亚子继续去同里自治学社读书，并且暑期跟从陶成章"学催眠术"。1906年，20岁的柳亚子去上海理化速成科学习化学，"谋造炸弹，因病中辍"。后又去上海健行公学任教，在那里认识了高旭、马君武、刘师培、苏曼殊等人。同年，柳亚子和妻子郑佩宜在盛泽举办了"文明结婚"，在当地是破天荒的创举，轰动一时。也是在该年，柳亚子还加入了中国同盟会与光复会，并且认识了孙中山。[㉞]这些经历都让他深受西学影响。

现存苏州博物馆保管部的《磨剑室藏革命文库目录》（下称《文库目录》），收录了柳亚子青少年时期所读的书目。这些书是柳亚子"青少年时期的精神食粮，从中也可以看到西学东渐在他们那一代人身上引发的文化冲撞和融合"（柳亚子外孙柳光辽语）。[㉟]该《文库目录》合计书目131种，合312册，其中涉及西方思想和文化的就占了很大的比例。早年柳亚子的阅读不仅有《弥勒约翰自由原理》《斯宾塞社会学原理》等翻译过来的西方经典，而且有大量诸如《民报》《国民报》《童子世界》这类的近代报刊。[㊱]柳亚子早年从这些书中较早接触到了卢梭的"天赋人权"等思想。他"雅慕其人（指卢梭），更名曰人权，字亚卢，谓亚洲之卢梭也"。[㊲]《文库目录》收录了柳亚子早年阅读过的大量宣扬女权思想的著作和报刊。著作类如马君武翻译的《斯宾塞女权篇、达尔文物竞篇合刻》，明确涉及女权的报刊就有《女学报》《女子世界》《女报》《中国女报》《中国新女界杂志》等。其中《女子世界》一共发行了18期，而柳亚子在其中12期都有发表文章，很多涉及女权。

在柳亚子早年交游的人中，陈去病[㊳]、鲁迅和金松岑[㊴]等人对他影响较大。17岁的柳亚子经陈去病介绍加入上海的中国教育学会。其后他与陈去病等创立了著名的爱国团体——南社，以诗文宣传革命。柳亚子和鲁迅相识较早，并深受鲁迅家庭教育思想的影响。他在1942年儿童节发表的《我的儿童教育观》一文，认为鲁迅是"近世儿童教育最伟大的人物"。[㊵]他既推崇鲁迅"救救孩子"的口号，又叹服鲁迅对周海婴的爱护。金松岑是柳亚子的老乡。柳亚子本人曾就读于他在苏州同里创办的自治学社。金松岑1903年刊印的《女界钟》，被后世誉为中国近代第一部宣扬女权的专著。柳亚子在《女子世界》发表的一些文章也引用过金氏的某些观点。1947年初，金松岑去世，当年年底柳亚子感叹道："今距松岑之殁又将逾岁矣，思之雪涕不已，盖余少年时代之思想与松岑关系颇深刻也。"[41]

思想内容

在传统社会，子女对父亲的权威不容置疑，父子关系往往不够亲密，即所谓"父严而子孝"、"父尊而不亲"。如柳树芳辑《分湖小识》"孝友"卷，载有清代孙岐故事。孙岐的父母"怒或挞之"，孙岐却"喜谓群儿曰'吾亲爱吾也'"。[42]即使到民国时期，家庭教育的内容，仍然以传统文化为主。[43]父母真正懂得家庭教育方法的人相对还是很少。柳亚子和妻子郑佩宜共育有一子两女（儿子无忌、女儿无非和无垢），都学有所成、学有所长。[44]柳亚子都对他们"爱护备至，关怀周到"。[45]柳氏三兄妹取得的成就，一方面固然与他们个人的奋斗有关系，另一方面也离不开柳亚子对他们的教育。

柳亚子社会活动繁杂，但他没有忽视对子女的关爱与教育。柳亚子患有口吃，这既给柳亚子带来不便，又促成了他的大量文字留存。在当时的历史条件下，家书成为柳亚子与分居异地的子女交流信息和情感的重要途径，因此透过《柳亚子家书》（岳麓书社1997年版）可以窥见柳氏家庭教育的魅力。该书收录家信524封，分为柳亚子致家人的信387封，儿女致柳亚子夫妇的信137封。起讫时间从1919年3月28日到1950年12月18日。其中有关柳亚子与子女的通信情况，如下表所示。在家书中，柳亚子对子女们的为人、为学、择业等方面都给予了细致的指导。他既是孩子们的慈父，又是他们亲密的朋友。教育心理学认为，言语指导在培养品德中也是十分必要的。[46]使用家书的形式，采用训诫的方式，循循善诱，陈明利害，非常符合教育心理学的原理。

表2　柳亚子与子女通信情况表

(单位：封)

姓名	写信次数	收信次数	时间跨度	总计
柳无忌	72	213	1919—1950 年	285
柳无非	31	52	1919—1930 年	83
柳无垢	33	40	1919—1930 年	73
无非、无垢	无	22	1919—1930 年	22
总计	136	327	1919—1950 年	463

注：此表根据《柳亚子家书》(岳麓书社1997年版)统计整理得到。因为柳亚子有时写的家书是给柳无非和柳无垢两个人的，因此特别列出。

(一)"西学为用亦为主"

在对子女的学业指导上，柳亚子深受西方思想影响。柳无忌回忆说："父亲对我幼年的学业十分关怀，他有一个坚定的意见：即西学为用亦为主。"[47]柳亚子在孩子早年会让孩子接触一些中国传统文化，如柳无忌童年时候，柳亚子就曾为他"延师在家课读"，当时主要读的还是如《左传精华》《史记选》《古文观止》《唐诗三百首》等传统文化类的书籍。在日本时，柳亚子也曾在空闲时候为柳无非、柳无垢"上课"，教她们《左传菁华录》《白香词谱》等书，练习写作旧诗。[48]但柳亚子本人并不主张子女主要研习传统文化。他尤其对当时社会上流行的"读经热"嗤之以鼻。针对有学者提出要小学生读经的主张，他直斥为"太荒谬"，很多时候穷尽一生都难以读通。读经对小学生来说，尤其费时伤脑，弊明显大于利。[49]

柳亚子让子女就读的学校都是当时非常西化的学校。如柳无忌就读的圣约翰青年会学校和圣约翰中学；柳无非就读的上海圣玛利亚女校、上海神州女校等。子女在外求学，柳亚子就通过书信和他们保持联系。在家书中，柳亚子对子女们习字、读书、课程学习、选择学校、选择专业等方面都给予指导，但从不强迫命令，而是充分尊重子女。孩子们也向他倾诉学习上的苦恼与困惑,柳亚子均逐一解答,并予鼓励。柳亚子对子女的学业非常关心,如得知柳无忌"有升班的希望",在家书中便不断勉励他继续进步[50]。柳亚子把自己早年学会英语的梦想寄托在子女身上,经常鼓励子女子要努力学习英语。如在1921年5月6日的家书里,他鼓励女儿柳无非"英文须要勤读,三妹也须叫他勤读,不要贪懒"[51]。寄送书籍和学习用品也是柳亚子表达父爱与父教的重要方式。由柳氏家书可知,柳亚子曾给子女邮寄《英华合璧袖珍新字典》等书籍和《吴江妇女》《中国国民》《儿童世界》等期刊。

柳亚子非常关心子女教育。柳无忌回忆说:"平日祖母及母亲治家俭朴,父亲除买书或有时救济亲友外,从不浪费一钱,但为筹措子女的教育经费却无不尽力以赴。"1925年,柳无忌当时由圣约翰转到清华读书,"那一年旧制清华改办为大学,需要资金,凡愿捐赠五千元的家长,可以送子弟入学"。柳亚子"不惜出巨款"将柳无忌送去清华学校,使得柳无忌毕业后有赴美读书的机会。此后柳无非、柳无垢亦相继赴美求学,都受到良好的高等教育。[52]柳无忌先后就读于劳伦斯大学和耶鲁大学,女儿柳无非和柳无垢都曾赴美国罗林斯等大学求学。柳无垢后来写信给柳亚子说:"父亲,我真想说,虽然你决不肯。如果你说没有钱,为什么不在我的折子上拿五六百元去住医院检查呢(虽然你会说,将来我没有钱时仍要用你——而且我的钱都是你的)。真的,在世界上,没有再比你们两人般爱我。而且我是以此为傲的——只你的爱有时自私一点。你们为了我们三个人的去美国,花掉多少钱。如果不花掉这些,母亲可以实现她环游世界的梦了。如果不因为我们,你们今日不必担心没有钱用。试想父母把子女抚养起来的艰难!而你们又如此的了解我!我是时时觉得自己不能有助于你们而不安的。"[53]

(二)"大人者,赤子之心者也"

柳亚子童年与少年时期深受传统文化熏染,后来才接触到西学。柳亚子在"吸收和诠释外来文化时候,往往借助于脑中旧有的概念，采用的是直觉感悟的传统思维方式，欠缺严密的数据考证和逻辑推理"（外孙柳光辽语）。柳亚子直言："我的信仰进化论和共产论，与其说是渊源于达尔文和马克思两大师，还不如说是渊源于《公平》（原文如此，笔者猜测或因印刷错误，《公平》或应为《公羊》）、《礼运》吧。"㊴柳亚子"虽然反对儒家，而思想上所受儒家的影响，却还是十分广泛的"，他所反对的是"儒家君臣父子兄弟夫妇三纲五常的一套"。他认为这些"是封建的，是反时代的，是吃人而不许人抵抗的，实在要不得"㊵。而对待传统文化中的德行修养，柳亚子是非常看重的。在对孩子德行培养上，柳亚子还是参照传统的道德要求，并融入了经世思想，强调社会担当。柳亚子曾经送给外孙柳光辽一张条幅，上面写的就是"大人者赤子之心者也"㊶。该句化用于《孟子》里的"大人者，不失其赤子之心者也"㊷。所谓赤子之心，就是要用孩童的至诚待人处事。一个真正有德行的君子应该保有这样一份至诚之心。作家谢冰莹回忆初次见到柳亚子的印象是"和蔼、诚恳、热情"。她认为柳亚子"有一颗热爱国家民族，热爱人类的赤子之心"㊸。赤子之心无疑反映了柳亚子对家人品德方面的期望。柳亚子非常提倡节俭。柳无垢记得当时家里的大厅里挂着"一粥一饭，当思来之不易"的朱子家训。她说："父母亲鼓励我们把压岁钱、省下来的零用钱存在他们那里，不要胡乱花用。我们也不准骂人打人，我不记得家里有打人的事，父亲对仆人们更是非常客气。我们还被教育要同情穷人，不要轻视他们。"㊹

柳亚子的外孙柳光辽回忆说："我敬重阿爹（黎里对外公的称呼），在于他做到了不计功利地关心国家大事。民国初创后，南社社员曾经领衔国民政府的五个院，而阿爹这位南社的主任，却始终安逸于一介布衣。阿爹一生爱书，曾因'狂胪乡邦文献'以致'床头金尽'；新中国成立后，他却把毕生收藏的书画典籍悉数捐赠国家，不传留给后代。1952年后，阿爹配有专用的汽车，不可公车私用，是家里不成文的条规。"㊺柳亚子非常注重培养孩子的社会担当。1920年10月5日，他在给柳无忌的信里教导说："少年的时代要读书，成人的时代，要替社会做事情，总不能守着家庭不离开的，便不是有志气的人。"㉛

柳亚子的子女也继承了这种社会担当。1925年，上海爆发五卅惨案，柳无忌曾经参加圣约翰大学罢课来抗议租界当局的横暴，继而因为圣约翰大学卜芳济校长把学生挂起的五色国旗取下，"痛哭流涕地离开梵王渡，誓不返校"。㉜柳无垢曾经回忆幼年时候，有一两年，父亲的大厅里放满了许多印有青天白日徽记的小册子。"有一本较厚的，叫《建国大纲》。有一种报纸，叫《新黎里》。家里放了一大堆，等待分发。也曾记得，有一年春天的夜里，我被匆匆抱起，坐了小汽船到上海去，先是住在旅馆里，后来在二马路一家医院的楼上租了两间房间，住了几个月。一天，一位叫孙中山的人死了，父亲的神色难看了好几天。更有一年，我们小学生被领着集合开会，到镇上游行。家里的留声机唱着'工人顾正红'，听说哥哥和姐姐在上海都退出了教会学校，然而，对于这一切，我都模模糊糊，完全不懂。父亲组织南社，办国民党，我也不清楚。"柳无垢在大同中学读书，当时学校里"大家只知道读死书，不问国家社会大事"。柳无垢本人酷爱文艺作品，而新出版的文艺和社会科学书籍，父亲柳亚子每本必买，这使得她有广泛阅读的机会。㉝柳无垢在"九一八事变"后，还积极参加游行、演讲、贴标语、办壁报等活动，宣传抗日，还参加了上海中学生赴南京请愿的活动。更因为父亲柳亚子的影响，少年时候的柳无垢"对社会已渐渐地抱不满，开始写一些反对社会黑暗面的散文小品，后来还与哥哥、姐姐的文章合编在一起，定名为《菩提珠》。"《菩提珠》共收录了柳氏兄妹18篇文章，首页写有"献给我们最亲爱父母"，代序中写道："父母亲，请接受此册我们兄妹共同的努力，在你们慈爱的抚育下，这是我们初次的收获。"㉞

（三）"新辟中华女界天"㉟

柳亚子非常厌恶传统家庭关系中的男尊女卑和纲常名教，极力主张男女平等，对待柳无忌与柳无非、柳无垢完全平等，毫无偏颇。柳亚子对古今中外的革命英雄非常推崇，尤其敬佩妇女界的爱国革命英雄人物，在作品里多次提到苏菲亚·罗兰夫人和贞德。他有关中外杰出女性的诗有《题犹太爱国女伶罗情传》《吊鉴湖秋女士》《辑白莲军女首领王赛昭史料竟、謄以二律》《茅丽英女烈士挽诗》《题苏联游击队女首领丹娘遗像一首》《悼张秋石女士》《追忆张秋石女士》等，还有为悼念张秋石烈士而填的"金缕曲""沁园春""摸鱼儿"等词。⑯柳亚子在1925年发表的《论女界之前途》中就主张男女享有平等的受教育权利。⑰

柳无非回忆说："我父亲青年时代就思想进步，反对封建礼教，主张男女平等，提倡女权。父亲没有大男子主义，没有家长式作风。他虽然性情急躁，有时会发怒，但对妻子温顺敬爱，对子女循循善诱，我们如有不对的地方，则好言教导，不大声斥骂"，"我母亲也很开通，和父亲一样，并无重男轻女思想，没有特别宠爱儿子。我有一兄一妹，父母亲对我们无论在生活方面、受教育方面都是一律平等。我们兄妹三人都有上学的机会，从小学、中学、大学以至出国学习。"⑱在柳亚子年轻的时期，当时女子能读书的不是很普遍，而他极力主张女子也要上学。1919年，郑佩宜的妹妹郑光颖"正在念书时"，郑父去世了，郑母有意让她辍学，在家做做女红，帮助家务。而当时社会上一般也都认为女孩儿家将来总是要出嫁，不必多读书，只要能写写算算即可。女子无才便是德的思想是根深蒂固的。但是柳亚子劝说岳母，支持让郑光颖继续上学。⑲柳亚子本人对子女的培养是平等的。柳无非、柳无垢都先后出国深造，这在当时社会属于非常开明的。正如许纪霖所言，柳亚子这类第二代知识分子"更多的是文化关怀，他们对文化价值和道德重建的关心要超过对社会政治本身的关心，因此特别重视文化启蒙的工作"⑳。

教育方式

(一)"自由放任"

对儿童教育,柳亚子是主张"放任自由"的。1943年柳亚子发表《我的儿童教育观》明确主张对于儿童的教育要"自由放任"。他推崇孟子所谓的"责善则离",也认可好友高天梅提出的"不肖主义",即要子女比父母更高明,更能适合时代。他主张父母"要做青年的垫脚石,而不要做青年的绊脚石"①。他是这么说的,也是这么做的。当时柳亚子在家里,没有长篇说教,没有强求,没有呵责,更没有打骂。"放任自由,真意在于尊重每个人的自由发展。"柳亚子是著名的诗人,但是从来没有强要孩子们背诵旧体诗;柳亚子书法很好,经常有人来求他的墨宝,但他却从来不督促孩子们练毛笔字。柳光辽回忆说:"母亲三兄妹,钻研学术,倾心家务,关心政治,各有所为。放任自由,不是放任不管,而是身教重于言教,提倡自觉。"②

柳光辽认为柳亚子对这种自由放任是另外一种教育,即身教。他回忆说:"过去,也有人问过我,阿爹(当地对外祖父的称呼)曾经对我和表兄妹们进行过什么革命教育?确实,我回忆不起什么具体的事例了。除了在启蒙时期的'谁知盘中餐,粒粒皆辛苦'之类的教诲外,阿爹是从来不向我们讲什么大道理的。但是,阿爹并不是不关心对我们的教育,而是采用另一种教育方式,那就是用他的实践,他的人格,他的追求,不断地教育着我们,这些都在我的一生中留下了永不磨灭的影响。"

柳无垢也说,"父亲的革命思想使家里很少封建气氛"。父母的言行以及家庭的环境,对柳无垢影响很大。六岁时,柳无垢进黎里女子小学读书。柳无垢回忆当时情况说:"父母亲对我们的管教并不严,也从不督促我们做功课,一切要我们自觉,但是我们被教以一定的礼貌规矩,例如,做人最重要的是诚实不说谎,长辈们常做榜样给我们看,证明大人是不说谎的。上学要勤,不迟到,不旷

课;功课要好,做个好学生。"㉓

美国著名教育心理学家班杜拉认为,榜样的行为对教育对象影响很大,教育者应该通过言语教诲和亲身示范对教育对象传递道德规范。儿童学习什么,形成怎么样的道德认知结构,都是由示范所决定的。㉔柳亚子一方面给孩子提供很大的自由空间,另一方面又通过身教来给孩子做榜样。

(二)"须知恋爱弥纶者,不在纲常束缚中"㉕

柳亚子写家书比较随意,语气平和幽默,多白话口语。在家书中,他有时候自称"老亚",称呼两个女儿为"大鼻头""二鼻头"。在子女眼中,柳亚子某种程度上是温和的长者而非教育者的角色。即使作为父亲,他也是和孩子先做朋友,和他们谈心。他在给子女们的家书中,即便是要表达自己的想法,也会尊重孩子们的意见。教育心理学认为,"真诚就其最基本的意义来说,指开诚布公,行事不伪饰,不以一个人的权威和职业地位作掩护。有的教师经常利用一个人的地位或权威掩饰自己的弱点,这样做无疑会脱离学生"㉖。1918年,柳亚子送别儿子出国时候,曾作诗一首:"狂言非孝万人骂,我独闻之双耳聪。略分自应呼小友,学书休更效而公。须知恋爱弥纶者,不在纲常束缚中。一笑相看关至性,人间名教百无庸。"㉗柳无忌回忆父亲时候曾写道:"此时我尚年轻,未能理会诗意。现今看来,诗中所谓'弥纶'的至性之爱,流露于一笑中者,可以视为我们家庭间血缘的联系。父亲的脾气刚强固执,连祖母都无法劝导,惟母亲能以柔顺忍耐克服之。有时母亲与父亲赌气,终于父亲输了,赔罪和解,这种例子也见于他的诗内。母亲辛勤主持家务,照料小孩们衣、食、起居,无所不至;父亲忙于办南社,参加革命活动,但得暇亦与我们在一起玩,教我们读书,中间并无年代隔阂之感。"㉘

在柳无忌眼中,父亲柳亚子是一位十足的慈父。他说:"我读中学时,父亲已走上时代的前头,主张非孝之说,要把至性的纯洁的爱,代替封建社会的所谓孝道","母亲是我的慈母,父亲并不是我的严父,是比我大20岁的老朋友。他有时性子很躁急,对我却从不发脾气"[79]。柳无垢认为,父亲柳亚子给了她巨大的影响。当时"家庭里没有封建气息,完全是西方化的",在柳无垢的思想中注入了强烈的资本主义的自由、民主、平等的意识。柳亚子从不以长辈身份对子女发号施令,相反的,他给子女充分的自由。[80]柳光辽说:"一个家庭道德氛围,又摒弃其中的封建性,代之以西方的民主思想,这在家庭层面上反映了阿爹的思想体系的特色。"柳亚子的家庭教育在"20世纪初江南知识家庭因西风东渐引发的变革中,具有典型意义"[81]。

本文以上的分析都是建立在柳氏家族成员留下的文字资料之上的。除了文字资料外,近代的照相技术为我们保留了一些有关柳亚子及家人的珍贵记忆。照片作为承载个人记忆、集体记忆乃至社会记忆的一种媒介形式,既是对历史、文化、传统等静态的展现,同时也是保留和凝聚个人或群体共同文化传统和价值观念的重要手段。[82]柳亚子本人爱好照相,也留下了不少照片。笔者从柳亚子与其家人1915年到1993年不同时期的照片中发现,一般而言,近代家庭合照中,家里的长者一般都位于照片的中心位置或显要位置,但柳亚子在照相时会有意或无意地站在偏离中心的位置。另外从照片中柳家女性站的位置也反映出柳亚子家庭的氛围完全是民主平等的,并无传统的男尊女卑的观念。从服饰变化上看,柳亚子和家人的穿着还相对传统,有的是长衫,有的是袄裙袄裤。但是这些衣服相对过去,在纹样和板型上也增加了新元素。

结　语

柳亚子成长于19世纪末20世纪前期,这使得他既接受了传统儒家的教育,又深受西学的熏陶。他对西方文化有比较直接的认知,但是文化心态上特别是道德的期许方面,仍然保留了中国传统的一些特点。身处近代社会转型之中,他的家庭教育不可避免地受到时代大环境的影响。他的家庭教育思想资源中,既有社会大环境的西学东渐，又有家族教育的求新务实，更有他自己阅历与交游中所受的影响。他对子女学业上要求"西学为用亦为主"，道德上又以传统的赤子之心与社会担当相期。女权思想又让他想改革传统家庭教育中的重男轻女和男尊女卑。他的教育方式也受到西方近代教育思想的影响，讲求"自由放任"与民主平等，反对传统纲常的束缚。近代家庭教育中，柳亚子在家庭教育中扮演的是一个慈父的角色。他在家庭教育中摒弃了其中的封建性，代之以西方的民主思想，这在20世纪初的江南知识人家庭因西学东渐引发的变革中无疑是具有典型意义的。以往人们对近代家庭关系特别是父子关系的认识，往往更多的是西化的儿子与传统保守的父亲的冲突与纠葛这类五四启蒙话语的框架，如《激流三部曲》中的觉慧与高老太爷。对柳亚子家庭教育思想的探讨，为我们研究中国近代转型时期父子关系提供了另一种样例。近代家庭教育中慈母的形象很多，但是如柳氏这类慈父的形象却并不多见。

注释：

① 管林：《40年来柳亚子研究述评》，《南京理工大学学报（社会科学版）》，2001年第1期。
② 据笔者所见，对《柳亚子家书》的引用和研究，仅见周永珍和柳光辽的《解读<柳亚子家书>里有关宋庆龄的史料》（《南京理工大学学报（社会科学版）》2012年第2期）一文。
③ 分湖柳氏的三套家谱：（清）柳树芳纂修：《分湖柳氏家谱》，十卷，清道光二十一年（1841）刻本；（清）柳兆薰纂修：《分湖柳氏重修家谱》，十二卷，清光绪七年（1881）刻本；《分湖柳氏第三次纂修家谱》，六卷，民国十二年（1923）木活字本。诗钞资料即《分湖诗钞》（江苏人民出版社，2009年）。该诗钞第十五册载有柳氏家族成员的相关诗作。
④ 梁启超：《教育政策私议》，见舒新城《中国近代教育史资料》（下），人民教育出版社1981年，第937页。
⑤ 杨丽霞：《私立学校的兴办与苏州教育近代化》，《江苏地方志》2007年第4期。
⑥ 江漱芳（1867—1928），苏州吴县人，著名教育女性教育家。晚清著名学者江

标的族侄女。

⑦ 江漱芳：《兰陵自传》，《苏州文史资料》第 15 辑，1986 年，第 156 页。
⑧ 江苏省地方志编纂委员会、《教育志》编委会编：《江苏省志·教育志（上）》，江苏古籍出版社 2000 年，第 7 页。兰陵女学创办的时间目前有 1897 年和 1901 年两种说法。笔者利用江漱芳的《兰陵自传》（《苏州文史资料》第 15 辑，第 156~157 页）等资料考证，兰陵女学的创办时间为 1897 年。杨丽霞的《私立学校的兴办与苏州教育近代化》、苏州大学陈赞绵 2006 年硕士论文《近代苏州女子学校研究》及《苏州市志》（第一册）（江苏人民出版社 1995 年，第 788 页）"江漱芳"词条等提及创办时间都疑有误。
⑨ 姚永新整理：《苏州留学生名录》，《苏州文史资料》第 15 辑，1986 年，第 179 页。
⑩ 有关吴江的行政沿革概括如下：梁开平三年（909 年）置吴江县，清雍正四年（1726 年）析县为吴江、震泽两县，隶属苏州府，1912 年震泽复并入吴江县。
⑪ 张高伟：《清末民初江南地方的士绅转型——以金松岑、柳亚子为中心》，华东师范大学硕士学位论文 2015 年。
⑫ 苏州民信局设立于道光年间，吴江设有分局。吴江的邮政分局设立于 1900 年。有关苏州民信局与邮政局的博弈情况，可参见周子扬的《官民之间：苏州民信局与苏州官办邮局的博弈（1896—1934）》（上海师范大学 2013 年硕士学位论文）。
⑬ 包天笑：《钏影楼回忆录》，大华出版社 1971 年版，第 105 页。
⑭ 柳亚子著，文明国编：《柳亚子自述》，人民日报出版社 2012 年版，第 112 页。
⑮ 中国人民政治协商会议、江苏省吴江县委员会文史资料研究委员会编：《柳亚子先生诞辰一百周年纪念专辑》（内部资料），1987 年，第 3 页。另注：《学算笔谈》共 12 卷，是近代著名数学家华衡芳（1833—1902）关于数学的评论性著作，内容已经涉及初步的微积分知识。《代数术》25 卷则是华衡芳与英国人傅兰雅合译的西方数学书籍。
⑯㊶ 张明观：《柳亚子传》，社会科学文献出版社 1997 年版，第 30 页，第 55 页。
⑰《分湖柳氏第三次纂修家谱》，六卷，民国十二年（1923）木活字本。
⑱ 洪璞：《明代以来太湖南岸乡村的经济与社会变迁——以吴江县为中心》，中华书局 2005 年版，第 220 页。
⑲⑳㊷ 吴江市档案局、吴江汾湖经济开发区编：《分湖三志》，广陵书社 2008 年版，第 104 页，第 221 页，第 140 页。
㉑㉒ 张明观、倪明、吴根荣编：《分湖诗钞》，江苏人民出版社 2009 年版，第 277 页，第 3 页。
㉓ 柳亚子：《五十七年》，《自传·年谱·日记》，上海人民出版社 1986 年版，第

44页。

㉔㉟㊱ 张明观：《柳亚子史料札记二集》，上海人民出版社2013年版，第2页，第6页，第358～366页。

㉕㉘㉚ 柳亚子：《五十七年》，《自传·年谱·日记》，上海人民出版社1986年，第46页，第16页，第60页。

㉖ 王国平、唐力行主编：《明清以来苏州社会史碑刻集》，苏州大学出版社1998年，第199页。

㉗ 张夷主编：《陈去病全集》（第二册），上海古籍出版社2009年，第829页。

㉙㉝ 柳亚子：《自传·年谱·日记》，上海人民出版社1986年，第91～92页，第8页。

㉛ 张明观：《柳亚子传》，社会科学文献出版社1997年，第31～32页。

㉜ 许纪霖：《中国知识分子十论》，复旦大学出版社2003年，第85页。

㉞ 柳无忌、柳无非：《柳亚子生平事迹年表》，选自中国人民政治协商会议、江苏省吴江县委员会文史资料研究委员会：《柳亚子先生诞辰一百周年纪念专辑》，1987年版，第2～4页。

㊲ 柳亚子：《自撰年谱》，《自传·年谱·日记》，上海人民出版社1986年版，第8～9页。

㊳ 陈去病（1874—1933），中国近代诗人，南社创始人之一。江苏吴江同里人。

㊴ 金松岑（1873—1947），清末民初国学大师，江苏省吴江市同里镇人。

㊵ 柳亚子：《怀旧集》，耕耘出版社1981年版，第38页。

㊸ 郑全红：《中国家庭史》第五卷《民国时期》，广东人民出版社2007年版，第154、169页。

㊹ 长子柳无忌是中国近代著名的诗人和旅美散文家，曾任美国印第安纳大学东亚语言文学系主任等职，在文学研究上著述颇多。长女柳无非曾任第六届、第七届全国政协委员等职务，是中国民主促进会的重要成员。幼女柳无垢也是很有名的翻译家，曾参与宋庆龄文集——《为新中国奋斗》的翻译工作。

㊺ 上海图书馆历史文献中心近代文献部编：《柳亚子家书》，岳麓书社1997年版，第2页。

㊻ 邵瑞珍主编：《教育心理学》，上海教育出版社1996年版，第208页。

㊼ 柳亚子著，中国革命博物馆编：《磨剑室诗词集》上册，上海人民出版社1985年版，第17～18页。

㊽(52)(66)(68)(69)(78) 柳无忌、柳无非、柳无垢：《我们的父亲柳亚子》，中国友谊出版公司1989年版，第173页，第173页，第162～163页，第162页，第162页，第171页。

㊾(71) 柳亚子著：《柳亚子自述续编》，人民日报出版社2012年，第413～414页，第416～418页。

㊿(51) 柳亚子著，上海图书馆历史文献中心近代文献部编：《柳亚子家书》，岳麓书社1989年版，第13页，第118页。

㊵㊾㊽㊼㊻ 张建林：《"在世界上，没有再比你们两人般爱我"——柳亚子与女儿柳无垢》，http：//blog. sina. com. cn/s/blog_ 687b39760102w15g. html。

㊼⑩㊶㉒㉘ 张明观：《柳亚子史料札记》，上海人民出版社2008年版，第6页，第4页，第23页，第2页，第3页。

㉓ 柳亚子：《儒家思想对我的影响》，选自《柳亚子选集》（上），人民出版社1989年版，第510页。

㊱ 柳光辽：《外祖高风在，追忆绕膝情》，见中国人民政治协商会议、江苏省吴江县委员会文史资料研究委员会《柳亚子先生诞辰一百周年纪念专辑》，1987年版，第35~36页。

㊲ 金良年编：《孟子译注》，上海古籍出版社2012年，第123页。

㊳ 谢冰莹：《忆柳亚子先生》，见中国国民党革命委员会、中国革命博物馆编：《柳亚子纪念文集》，中国文史出版社1987年版，第188~189页。

㊷ 柳无忌：《柳无忌散文选——古稀话旧》，中国友谊出版公司1984年版，第83~84页。

㉞ 柳无忌、柳无非、柳无垢：《菩提珠》，北新书局1931年版，第1~2页。

㉟ 详见柳亚子著，中国革命博物馆编：《磨剑室诗词集》上册，上海人民出版社1985年版，第1531页。本处化用来代指柳亚子在家庭教育中注重女权和男女平等。

㊼ 柳亚子著；王晶嚁等主编：《柳亚子选集》（上），人民出版社1989年版，第56页。

⑩ 许纪霖：《中国知识分子十论》，复旦大学出版社2003年版，第85页。

㊼ 邵瑞珍主编：《教育心理学》，上海教育出版社1994年版，第201页。

㊵㊶ 柳亚子：《自海上归梨湖，留别儿子无忌》，柳亚子著；徐文笈，刘斯翰注：《柳亚子诗选》，广东人民出版社1981年，163页，第378页。

㊼ 注：略分；不计较名分。而公：柳亚子自称。弥纶：补合牵引。纲常：三纲五常。至性：自然本性。名教：儒家伦理道德的规范。无庸：无用。该诗题名中梨湖即是柳亚子的黎里镇故居。

㊾ 中国国民党革命委员会中央委员会、中国革命博物馆编：《柳亚子纪念文集》，中国文史出版社1987年版，第297页。

㊷ 孙信茹、杨星星：《家庭照片：作为文化建构的记忆——大等喊傣族村寨的媒介人类学解读》，《新闻大学》2012年第3期。

近代家庭教育的转变：以黄炎培为例*

杨 桢

家族的兴衰离不开良好的家族教育，良好的家族教育有利于家族不断繁衍出优秀人才，这些佼佼者又会引导家族教育不断发展与进步，促使家族兴旺绵延。川沙黄氏正是如此。黄氏在两宋之际迁入川沙，在此繁衍生息。至清代，川沙黄氏虽有黄中松、黄烈、黄元吉等经学家，但科举功名并不显著。近代以来川沙黄氏人才辈出，深受大家族教育影响的黄炎培（1878—1965）成为当时社会的翘楚，他在组建了自己的小家庭之后能够把握时代的变化，与时俱进地调整小家庭教育模式，他的子女中出现了哲学家黄方刚、革命烈士黄竞武、水利专家黄万里、混凝土专家黄大能等杰出人才。本文通过梳理大家族支持与小家庭教育对于黄炎培成长成才的影响，和以黄炎培夫妇为中心的，小家庭对子女不拘一格的教育方式，通过探讨这些不同时期家族教育的异同，窥探近代家族教育的转变。

小家庭与大家族结合的教育模式

唐力行在《明清徽州的家庭与宗族结构》[①]一文中指出，明清时期江南社会大多是"大宗族、小家庭"的模式，因此孩童在成长过程中必然受到大家族和小家庭的双重影响。在小家庭教育中父母给予子女认知启蒙和道德培养，又包括外系亲属在内的大家族教

---

* 本文为国家社科基金项目"清末民初苏沪地区文化世族的转型研究"（批准号：12BZS053）的阶段性成果，同时获得上海市浦江人才计划资助（15PJC077）。

育,则给孩子提供了更加丰厚的物质支持、学养滋润,以及更高更广的受教育平台,很大程度上弥补了小家庭教育的短板。黄炎培的成才正是小家庭教育与大家族教育相互融合、相互促进的成果。

(一)小家庭对黄炎培的影响

小家庭的核心是夫妻,对于孩子来说就是其父母。在孩童的成长和教育方面,父母永远具有不可替代的重要性。中国古代"严父慈母"的家庭模式几乎是普遍现象,"父慈子孝"也为人们所向往,可见无论是"严父"还是"慈父",父亲作为一家之主对于子女的影响是非常大的。黄炎培出生在一个下层士绅家庭。父亲黄煜林,号叔材,是个秀才,青年时期做过塾师,他教过的族弟与学生都相继考取了功名。后来,黄煜林放弃塾师生活,转做他人幕僚,先后跟随吴大澂等人去过河南、广东、湖南等地,所见所闻日益广博,见识也超于旁人。他常年奔波在外,虽然无暇日日陪伴,却对子女的成长十分关心。为了让孩子了解川沙以外的世界,他常常写信给年幼的黄炎培描述他所去过的地方和看到的景象,他从广东给孩子寄回最新潮的泥人玩具:一个方方正正的小纸盘,上面矗立着上百个小泥人,用猪鬃伪装成脚,分两队站在纸盘两端,一边是中国士兵,一边是法国士兵,手在桌子上轻轻拍动,纸盘里的小泥人就会走动、跳跃起来,那情形如同作战一般。从父亲书信和玩具中,幼年的黄炎培第一次知道洋人的存在,这是他了解世界的开始。黄煜林终究是个穷秀才,他一生没有自己的土地和房屋,始终租赁他人房屋居住,对于积攒钱财并不十分在意。这种观念也在潜移默化地影响着儿子黄炎培。黄炎培一生得钱便使,从不积攒钱财,他信奉花出去的钱才是真正属于自己的。

在旧式家庭中,父亲是一家之主,是教育子女的最主要力量,但身为父亲却不得不为家中生计东奔西走,孩子对于父亲的印象是比较淡漠的。而此时母亲的陪伴正好填补了这一空白。母亲相夫、教子、事姑,对孩子体贴入微,逐渐孩子心目中建立起近乎完美的形象,母教也因此显得格外重要。包天笑说:"在我的内心中,在我的敬爱中,直到如今,我称颂她是圣者。我未见世上女人道德之高,过于吾母者,……可以说是旧时代里女界的完人。"②对于黄炎培而言,父亲常年在外,父子相聚的时间是极少的,大部分的时光黄炎培是和母亲一起度过的,黄炎培记忆中的母亲也是最美的。黄炎培说:"根据我童真时的想象:世界上有美人,最美是我母亲;世界上有好人,最好是我母亲。"③

母教最重要是在孩童启蒙识字的阶段。顾颉刚三岁初学《三字经》《千字文》等启蒙读物,便是由他的母亲周夫人教授的。史学家吕思勉八岁时接触《纲鉴正史约编》也是在其母亲程夫人的指导下完成的。蒋明宏分析苏南女性在家族教育中的作用,将其归纳为勖励志气、督促就塾、塾余温补、直接授学。④黄炎培的母亲孟樾清是地主家的女儿,娘家在川沙东乡有二三百亩田产,虽然财产传男不传女,但这足以让孟樾清在出嫁前接受了比较好的教育。当黄燨林为了家庭生计在外奔波时,孟樾清就自然地担当起教育子女的责任。黄炎培六岁时,母亲便开始教他识字、写字,后来又教他给父亲写信。孟樾清对儿子的要求十分严格,常常陪伴他读书到深夜。那时电灯还没有进入川沙的普通家庭,母亲通常会找来一个碟子和一个灯草做成油灯,儿子在油灯下读书,她就在一旁做针线活。有时看到儿子打瞌睡,还会用锥子扎他一下,清醒了继续念书。每天点多少灯油,几时起床,几时睡觉,都有明确的规定,容不得儿子有丝毫的懈怠。孟樾清也常用"少壮不努力,老大徒伤悲"之类的话来警示儿子。闲暇时,她也会讲一些故事、戏文给儿子听。黄炎培晚年仍能回忆起幼时母亲给他讲盲词《珍珠塔》时的情景,母亲一边生动地讲述,一边劝勉他说:"你看方卿多么苦!儿呀!你将来必须争气。"⑤

孟樾清不仅在学习上对儿子要求严格,生活中也时时注意培养儿子形成良好的品格。她时常要求黄炎培勤劳、珍惜光阴,发现儿子有懒惰之意,便大加斥责。一次黄炎培趁母亲生病,想要偷懒,却被母亲严厉训斥:"奎(黄炎培的小名),你看!谁在那里闲荡过日子？公公怎样？婆婆怎样？爹在外边怎样？农民一个个忙得怎样？只有你既不读书，又不做事，怎么对人得起？"⑥这场病中的训斥让黄炎培印象深刻，后来他把"儿懒惰，母生气，儿劳动，母欢喜"写入了给母亲的诗中。

  孟樾清待人诚恳，总是用最好的饭菜招待亲友。有一次家里要来客人，黄炎培被桌上的一碟菜馋坏了，刚想动筷就被母亲拦住了，"留一下，某人要来吃饭。儿呀！待人好些，自己省俭些"⑦。黄炎培一生友善待人，以诚待人，和若春风，可见母亲的教导对他影响至深。黄炎培五十二岁时还写下文章《母训一则——待人好些，自己省俭些》赠予自己的儿孙。

  母亲勤劳、宽厚和无微不至的关爱给予黄炎培无限的温暖，虽然母亲只陪伴了黄炎培十三个年头，他对母亲的感情却十分深厚，终生怀念。1951年，74岁的黄炎培在梦中见到了母亲，写下短诗《梦里的母亲》：

    童年失母，无夜不梦，渐长、渐老、渐稀。昨夜七十四龄的儿子，忽然投到他诀别了六十一年的母亲怀里来了。⑧

  1957年观看戏剧《珍珠塔》时，触景生情，想起儿时母亲的殷切教导，不禁潸然泪下，写下一首七绝：

    余兴逢场听管结，珍珠塔影隐华筵。
    人情冷暖儿时识，母训回头七十年。⑨

  黄炎培晚年写下了大量的诗作怀念母亲：

    鲜红的太阳，照耀着高楼的纱窗。
    娘呀！您怎么一点没有老？
    您还是这样梳妆，这套衣裳，

> 娘呀！怎么好久不见您了呢？
> 我爱您，我想您，想得好苦也！
> 今天面对面地坐在您膝上。
> 我，永远是您的儿，您，永远是我的娘，
> 太阳永远是人间的太阳。⑩

从黄炎培大量的回忆母亲的诗词中可以看出母爱、母训、母教对他人生的重要影响。

（二）大家族对黄炎培的教育

在"大宗族、小家庭"模式下，大家族对于孩童的成长，传统中国社会都为大家族教育，不仅是父母双亲，祖父母、叔伯、兄长，乃至外祖父母、姑舅等人都可以插手和参与孩子的教育，甚至担当起抚育孩子的责任，黄炎培的成长与大家族的帮扶密不可分。

黄炎培出生于在川沙城厢镇沈家宅院"内史第"。内史第的主人沈树镛，号韵初，清咸丰年间举人，博学多才，官至内阁中书，故其家宅名为"内史第"。沈树镛是一位颇有名望的金石收藏家和考订专家，致仕后返回故里，从事碑帖文字方面的研究，"考订精辟，有过人之处"⑪，而"所藏秘籍珍本甚丰，尤以书画金石碑帖为最"⑫，晚清知名学者、朴学大家俞樾曾赞誉"川沙沈家收藏金石之富甲于江南"⑬。沈树镛有姐妹二人，姐姐嫁给了高行镇的黄典谟（黄炎培的祖父），妹妹嫁给了东乡镇的孟荫余（黄炎培的外祖父）。沈树镛之子沈毓庆，号肖韵，娶了黄典谟之女为妻，是黄炎培姑父，又是黄炎培的父亲黄爔林一手教出来的学生。

黄炎培十三岁失去母亲，十七岁时父亲也病故，还有两个年幼的妹妹需要照顾，生活陷入窘境。黄氏的姻亲孟、沈两家担起了对这兄妹三人的抚养与教育。

黄炎培自六岁时跟随母亲孟樾清学识字，后来由两个叔叔教授四书。九岁起，黄炎培便常住川沙东乡外祖父孟荫余的园林中，在那里的家塾读书。孟宅里有一处"东野草堂"，从十岁到十九岁，

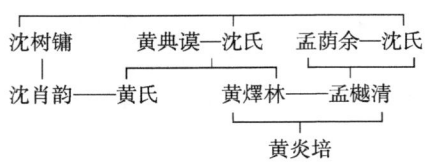

黄、沈、孟三家姻亲关系图

资料来源：黄炎培：《八十年来：黄炎培自述》，文汇出版社2000年版。

黄炎培在这里读了十年书。弥漫着书香气息的孟宅为人格塑造期的黄炎培提供了良好的成长环境。1933年，黄炎培游经西湖汪惕予宅，见眼前之景宛如当年的东野草堂，便作诗一首：

> 儿时景物老难忘，一曲明漪百亩桑。
> 少长田园知疾苦，家传诗酒戒疏狂。
> 荫人大木环村绿，坐我名花静昼香。
> 此地汪纶临水筑，当年东野读书堂。⑭

1887—1896年，黄炎培在东野草堂不仅学到了诗书礼仪、儒家经典，也开始朦胧地了解了国家的危难。据黄炎培回忆，"一次是孟荫余祖父抱我看壁上张贴着'谅山战役'泥板画，中国兵向法国兵开火，满纸是烟焰。"⑮外祖父眼看着祖国大好河山变得满目疮痍，总是愁眉苦脸，扼腕叹息，这一幕幕都深深地烙在黄炎培的心里。

孟荫余对于这个孤苦的外孙疼爱有加，关怀备至。黄炎培始终称其为"祖父"，而不称呼"外祖父"。一是他认为"外祖父"、"外祖母"的称呼是旧社会男女不平等的表现，另一个原因就是他与孟荫余之间深厚的祖孙情谊。

黄炎培的成才与姑父沈肖韵的指导和支持密不可分。黄炎培回忆少时"只有一个人从小看中我，培育我，喜爱我，就是我的姑父"[16]。沈家的书斋随时为黄炎培敞开，在这里，他不仅读到了《尔雅》《十三经》《宋儒学案》《明儒学案》等儒家经典，还得以接触沈家珍藏的金石珍品和各类藏书，"他家藏书最多，我一进城，经常在他书斋里泛览群书……我吸收的一些旧文化，和他家是分不开的了。"[17]黄炎培21岁时以松江府第一名考取秀才，24岁时又考取了举人，这些都与他在沈家书斋的学习分不开的。

　　沈家提供给黄炎培学习的不仅是传统文化儒家经典，还有新学。黄炎培的姑父沈肖韵是吴大澂的幕僚，甲午战役时随军出征，后来常年奔波在外，见识广博，当维新思潮广泛传播时，他便想方设法将最新的知识传输给黄炎培，黄炎培说："他还随时购新书给我读，第一部清楚地记得是赫胥黎的《天演论》。"[18]19世纪末20世纪初，黄炎培正"无聊地过塾师生活"，他教书的地方看不到报纸，姑父定期寄来的书信是他了解外界的最重要途径——"义和团给洋兵打败呀！英、俄、德、法、日、美、意、奥八国联军占领北京呀！清帝、皇太后出奔呀……"[19]。正在黄炎培对外面的世界满怀憧憬之时，沈肖韵又寄来一封信，告诉他上海南洋公学登报招考的消息，催促他前去应考，并且联系了三个亲戚资助他全家的生活费。黄炎培闻之大喜，随即辞去塾师的工作，奔赴上海。由于在沈家浏览了不少新书，黄炎培顺利成为了南洋公学特班学生。日后在南洋公学，他进一步学习新文化，还结识了教育家蔡元培等杰出人物，成为人生的重要转折点。而这一切都源自于沈家丰厚的藏书和姑父沈肖韵的鼎力支持。

以小家庭为中心的现代教育

　　民国以后，以黄炎培夫妇为中心的小家庭在教育子女时，既保留了言传身教的教育方式和勤俭节约的传统美德，又融入了现代教育的内容和方法。与这种新元素的融入相对应的是，小家庭教育者的身份也开始转变，而子女的成才模式、教育结果也发生了改变。

（一）言传身教，勤俭节约

家庭是孩子所接触的第一所"学校"，而父母则是孩子的第一任教师。尤其是年幼的孩童，一举一动无不是模仿父母，父母的言谈举止、喜怒哀乐都可以成为他们学习的模板。而父母的谆谆教导也会铭刻于孩子的心中。因此，教育家们提倡父母要做到"言传身教"。时时"言传"，敦促提醒孩子朝着正确的方向发展，远离不良嗜好，似乎做起来要容易一些。至于"身教"，则有一番难度。黄炎培对"身教"颇为看重，他认为"做父母的（应）十分检束自己的行为，凡不许儿女做的，父母不做，且禁止家庭中任何人做，具体的如赌博，如吸纸烟——乃至亲友到我家里，恕不敬烟——苟为权力所及，总不让这些在我家庭里发见出来。"[20]

黄炎培家的旧宅中常年挂着这样一副对联："毋忘孤苦出身，看诸儿绕膝相依，已较我少年有福。切莫奢华过甚，听到处向隅而泣，试问你独乐何心。"[21]戒奢从简，是黄炎培对自己的要求，也是他对子女的要求。黄炎培少年时便失去双亲，还要照顾两个年幼的妹妹，艰辛的生活使黄炎培养成了勤俭节约的生活作风，也使他更加牢牢记住了母亲"待人好些，自己省俭些"的教导。作为父亲，黄炎培更愿以身作则，为他的孩子们树立一个勤俭的榜样。他奉行素食主义，也很少置办新衣，即使跻身名流仍不置办汽车。据黄万里回忆："父亲早年上班总是步行。甚至回川沙老家，坐了小船后还要走一大段路才到故居。抗战前在上海的最后几年，老友穆藕初实在看不过去，送给他一部坐旧了的汽车，父亲才算有车坐了。"[22]直至后来出任新中国副总理兼轻工业部部长，他仍旧住在一座破旧的四合院中，家中仅有一个旧式书架用来摆放物品，一张大木书桌用来办公，此外就仅剩几张大木床了。黄炎培在《家箴》中写道："勤于职务，则事业蒸蒸日上，俭于用度，则出入绰绰有余。"[23]他要求子女节约每一度电、每一滴水，乃至每一个信封和每一张草纸。

黄炎培的妻子王纠思[24]生活更为勤俭，多年后还穿着结婚时的衣物。在黄炎培的家里，弟穿兄衣、粗茶淡饭是生活的常态，有时几个孩子只能分吃一个苹果。但是由于父母亲的言传身教，几个孩子对节俭的生活也颇能理解。家里经济困难时，家里难以购买新鲜蔬菜，只能每日以豆芽下饭，"上顿豆芽，下顿豆芽，天天豆芽，日日豆芽"。年长些的子女直到晚年都对此清苦生活记忆犹新"在中学时代，身边有一整个的银圆，便快活得了不得"㉕。偶尔偷偷地溜出去打个牙祭，被父母发现了还免不了要遭一番训斥。相对于黄炎培，作为母亲的王纠思更善于言教，平日里言语上的督促更多一些，"他们的母亲，对于整洁，对于节俭，每次归家，不断的训话，积极的勉励，消极的责罚，旁人听惯了，真所谓'耳熟能详'"㉖。

（二）注重爱国教育和人格培养

黄炎培一生有七十年生活在国家贫弱、战火纷飞之中，他坚持"一份精神全为国，一寸光阴全为民"，在父亲的熏陶下，孩子们也从小在心底埋下了爱国的种子。多年后，黄炎培的孩子们追忆父亲的一生，"实即这样八个大字：反帝、爱国，振兴中华"。㉗1932年，"一·二八"事变爆发，日本侵略军的枪炮在上海狂轰滥炸，国民党十九路军蔡廷锴、蒋光鼐两位将军率领部队进行了顽强的抵抗。为了支持前线的抗战，黄炎培带领全家老小不分昼夜地为十九路军的将士们赶制过冬的丝棉背心，就连家里十来岁的孩童也未曾闲着。亲身的经历与投入，无疑给孩子们上了一节最为生动的爱国教育课。此时的黄大能正在中华职业教育学校读书，他和同学们一起投入爱国运动，忙于粘贴墙报、编演话剧、街头募捐，经常至深夜方能归家。黄大能回忆说："吾父平时家教极严，子女晚归常遭训斥，而这一时期一反常规，竟然慰勉有加。"㉘

淞沪抗战爆发一个月后，黄炎培长孙出生，儿媳请他为孩子取名。当时正值十九路军在前线取得了胜利，黄炎培高唱："留取精忠好模范，嘉名十九锡出生"，为长孙取名"黄十九"。这既是为了纪念十九路军在前线英勇杀敌的光辉事迹，更表达了长辈对孙儿的殷切期许，盼他日后能够成为如十九路军一般的血性男儿、民族英雄。

父亲的爱国热情深深地感染了黄大能。1935年的"一二·九"学生运动中,黄大能参加了上海大学生组成的请愿团,准备赴南京要求国民政府出兵抗日。学生和军警在车站僵持,黄炎培与夫人王纠思深夜前来慰问,对儿子的此番举动大为赞赏,并嘱咐他"胆要大而心要细,要勇敢而有策略"㉙。

黄炎培为几个孩子都写了座右铭,以此作为勉励和警示,其中最为人称颂的是:

> 理必求真,事必求是,言必守信,行必踏实。
> 事闲勿荒,事繁勿慌。有言必信,无欲则刚。
> 和若春风,肃若秋霜。取象于钱,外圆内方。㉚

其中,前十六字是黄炎培早年就已拟好,并终生为之努力的。后三十二字是在1943年黄炎培的第五个儿子黄大能即将赴英国留学,是为送别儿子所书。

坚持真理,实事求是,言而有信,踏实办事。前十六字是黄炎培做人的准则,他如此要求自己,也是如此要求自己的儿女们。他的第六个儿子降生,便取名为"必信"。而他的四子黄万里不畏强权、一生直谏,则将这十六个字最为清楚地表现出来。中间的十六字是对儿女日常的要求。事闲之时要珍惜每一寸光阴,切勿懒散度日,荒废学业。事忙之时也要保持冷静和理智,合理安排事务,把事情做到最好。要重诺,而无欲无求,刚正不阿。最后十六字是黄炎培的教给子女的处世之道、待人之法。对待同志和朋友要如春风一般温婉谦和,而对待坏人坏事则要如秋霜一般凌厉。更要像古铜钱一样,"内方",是对待原则性的问题则必须严肃、刚直,不能有丝毫妥协;"外圆"是要养成谦虚谨慎的作风,而不要锋芒毕露,盛气凌人。黄大能回忆说:"这幅父亲送给我的座右铭,我从1939年重庆北碚复旦大学毕业,到历时三年的川、滇、黔跋涉,再到留学英国,直至 1946 年回到上海,我竟带了它在地球上绕了一圈,今天还挂在我的书房里,始终都没离开过我。可以说,我的大半人生都是在这个座右铭的监督下度过的。"㉛

(三)"严父"形象的转变

中国数千年的父系社会中,父亲是一家之主,在家庭生活中享有绝对的权威。《仪礼》有云:"父者,子之天也",许慎《说文解字》有载:"父,矩也。家长率教者,从又举杖。"在"三纲五常"的伦理道德中,儿子须以父亲为纲,父亲对于孩子的打骂和责罚都是顺理成章的,而即使不使用"体罚"的手段,父亲依然能够达到不怒自威的效果。黄炎培说:"我用扑责时较少,但他们对我多畏惧。"㉜

对于接受过二十多年旧式教育的黄炎培,早年也保持着中国传统的严父形象。对于孩子的错误从不放过,经常给予严厉地批评,并让孩子保证以后绝不再犯。有时他还会像私塾先生一样打手心,让孩子牢记过失,在以后的生活中有所顾忌。他还要求子女们每天写日记,记录自己的收获,反省自己的过失与不足,并定期交给他检查。

黄炎培对孩子对儿女们的期望很高,要求也自然很严格,对于几个孩子的学习更是不许有丝毫的懈怠。黄炎培工作繁多,很少回家,每次归家必定先问及功课。儿子黄大能因为作业中有错误被父亲罚抄 100 遍,还不许吃晚饭。女儿黄学潮因为一科的成绩未能名列前茅而被父亲打手心。

黄炎培坚持认为父亲的威严与责罚是十分必要的,这对于年幼的孩子是一种天然的约束力,"我以为从幼年到青年,至少在某时期、某场合,实需要这多少有所畏惧的心理,使精神上有所约束,影响到他们行为上,使有所不敢为"㉝。

相比于父亲的严厉,母亲则常常表现得更为温和亲近。由于生计的压力,父亲常常需要外出劳作,养家糊口,与孩子相处时间较少。而母亲则有更多的时间照顾孩子的衣食起居,朝夕相处,体贴细微,"慈母"的形象在文人笔下比比皆是。当黄炎培严厉斥责孩子时,夫人王纠思往往保持沉默。而私下里,她并不赞成丈夫的严苛,时常提醒黄炎培对待孩子多一些宽和,注意态度和方法。而黄炎培也不赞成妻子"只教育,不责罚"的做法。

夫妻二人经过多次讨论,对于家庭教育达成了明确的分工,"大概他们的日记,是我负责检阅的。用款检查,是他们的母亲负责的"[㉞]。黄炎培也接受了夫人的建议,遇事先听孩子的解释,也尽量抽出一些时间与孩子们交流,父亲与子女之间的关系缓和了许多。"成年以后,父子间更如亲密的朋友一般。我和方刚是一个很好的交谈学问的朋友。那年住大连,三儿万里教我英文,讲文法讲得真清澈。大概他们学成以后,一部分知识上都合做我的先生。"[㉟]黄炎培也给孩子们讲《论语》,不仅帮助孩子们学习传统文化,还加深了父亲与子女之间的感情,"讲毕,在座十几人,从十一岁到三十多岁,十之六七都在中学,问他们听得有兴,愿下星期继续的,举手。全体举手"[㊱]。

(四)因材施教,职业引导

1905年科举制度废除以后,传统社会"读书—考试—做官"的模式被彻底摧毁,家庭对孩子的期望随之变化,职业选择越来越受到人们的重视,越来越多的家庭开始为子女的职业选择做规划。黄炎培撰写了一篇题为《怎样教我中学时期的儿女》的文章,"初中三个学年的使命,就在让别人认定他的,或自己认清自己的天性和天才,来决定一生修学就业的大方针"[㊲],认为对孩子的职业规划不必等到大学分科,而应在中学时期就做出努力地思考,帮助孩子发现自己的优势。他还以自己的儿子为例,指出父母应该在子女尚在孩童时期就努力观察和发现孩子的兴趣爱好,并予以积极的引导,"(我)有一个儿子,少年最喜欢读子书、佛经,便指导他研究哲学。还有一个在孩童时期喜欢玩积木,构成各种建筑,便时常带他从远处、高空看上海市景,诱发他对于工业的兴趣,指导他研究工科"[㊳]。

黄炎培的第三个儿子黄万里幼时非常顽皮。家里孩子多,母亲常常照管不过来,就把他送到了寄宿学校。黄万里晚年在《自述》中说:"十岁以前极其顽皮,为母亲所厌恶,长期寄宿于学校,寒暑假则托给至亲代管。"[39]作为父亲和教育家,黄炎培认为只要给予适当的引导和教育,这个淘气的孩子也定能有一番成就,他常说:"你总要闹出个名堂才好。"[40]父亲的期望给了黄万里极大的鼓舞,而黄万里日后的表现也印证了这一点,十岁以后他的成绩突飞猛进。浦东中学附属小学校长王则行先生、班主任王夔钧先生也逐渐发现了黄万里的特别之处,聪明、勤奋、记忆力超群,因而对他十分看重,着意培养,指导他背诵古文,并学习撰写旧体诗,并在黄炎培面前夸奖"此子可造也"。

为了使儿子更好地成长,黄炎培特意请来时任沪江大学校长的刘湛恩对黄万里的专业倾向进行考察。刘湛恩是民国著名的教育家,早年曾留学美国哥伦比亚大学、芝加哥大学等名校,并发表著名的文章《从孩子在学习中最有兴趣的科目考查出其日后应长期从事的专业》,对于教育有自己的一套理论。刘湛恩通过自己的考查和判断,认为黄万里更适宜学习文学。然而黄炎培认为国家贫弱,百废待兴,更需要建设型的人才,最终决定让他学习工科。于是,在父亲的影响下,黄万里考入唐山交通大学学习桥梁工程,后来又考取了公费赴美留学,之后转而学习水利工程并取得了优异的成绩,回国后为国家的建设做出了巨大的贡献。

除了对孩子的专业选择做出指导和规划外,黄炎培作为一名教育家,其本身的职业对其子女也产生了重要的影响。黄炎培人生的基本观念来源于释迦牟尼的一句话:"吾生为一大事而来",他认为自己一生就是为祖国的教育事业而来。他致力于教育救国、教育兴国的大业,从开办川沙小学堂到创办浦东中学,后来开创中国的职业教育,参与暨南大学、同济大学的筹建工作,一生为国家的教育事业呕心沥血,"苟实践其言,虽死,何悲!然苟并此而不能,虽生,何贵!"[41]在他的影响下,黄氏子女相继投入教育事业中。

黄炎培的长子黄方刚（1901—1944），曾就读于清华大学文学院，后获得美国哈佛大学哲学博士学位。归国后任东北大学文学院院长，"九一八"事变后离开东北，先后在北京大学、四川大学、金陵大学、武汉大学任教。黄炎培为他所题写的墓志铭"著书讲学，到死方休"。

三子黄万里（1911—2001），在获美国康奈尔大学硕士学位后，进入美国伊利诺伊大学香槟分校学习工程学，并成为该校第一位获得工程学博士的中国人。黄万里归国时正是抗战最艰难的时期，他参与了鸿化堰的修复工程，金沙江、闽江、嘉陵江的勘测工程，三台水利工程等。新中国成立后回到母校唐山大学任教，后与妻子丁玉隽一起进入清华大学任教。

四子黄大能（1916—2010），曾就读于父亲黄炎培所创办的中华职业学校土木工程系，后考入复旦大学，毕业后由教育部公派赴英国学习水力总电工程和水泥生产和使用，曾任中国留英工程师学会会长。新中国成立后投入教育事业，先后任大连大学工学院土木系副教授，建筑材料工业局中国建材科学研究学院室主任、副院长、副总工程师，兼武汉建材学院、上海建材学院、浙江大学教授等。

五子黄必信（1925—1966），曾任大连工学院讲师、普通电工教研室主任。

三女黄学潮（1920—　），曾任空军蓝天幼儿园副园长、致公党北京市委妇委会主任。

四女黄素回（1923—　），曾在内蒙古医学院工作。

六子黄方毅（1946—　），美国杜克大学硕士，曾任北京大学教授。长年供职中国社会科学院、北京大学等从事经济研究，并任美国霍普金斯大学高级国际研究院和哥伦比亚大学的客座教授。

近代家庭教育的转变

近代以来，由于中国社会的巨变，家庭教育也发生了翻天覆地的变化。鸦片战争前后,由于受到经世致用思想的影响,一些上层士大夫开始寻求家庭教育模式的改变。洋务运动时期,以洋务派为主体的官僚阶层开始对西方的教育有所认识,留学教育兴起。甲午战后,维新派思想家大力宣传西方自由平等思想,并将其引入家庭教育之中,倡导男女平等的受教育权利和父子平等的家庭地位。[42]新文化运动前后,家庭教育的变革更为激烈,家族制度受到猛烈的抨击。黄炎培出生于19世纪70年代末期,从"为人子"到"为人父",从被教育到教育人,几十年间,不仅个人在家庭中的角色发生了变化,也见证了中国近代家庭教育的转型。

首先,教育的规模从大家族教育逐渐转向小家庭教育。二十世纪上半叶,家族制度受到了猛烈的批判。新文化运动中,被胡适誉为"中国思想界的清道夫"的吴虞在他的《家族制度为专制主义之根据论》一文中认为以家族为基础,必将导致国家困顿于宗法社会而不能前进,"人民无独立之自由,终不能脱离宗法社会,进而出于家族圈以外"。[43]陈独秀则更为系统地批判了家族主义,并总结出宗法制度的四大恶果:"一曰损坏个人独立自尊之人格;一曰窒碍个人意思之自由,一曰剥夺个人法律上平等之权利,如尊长卑幼、同罪异罚之类;一曰养成依赖性,戕贼个人之生产力。"[44]家族被看作封建专制的基础,是阻碍中国社会发展的"洪水猛兽",必须予以清除。另一方面,"男耕女织"的自然经济遭到破坏,大批人迫于生计,不得不离开故土,转而向他乡寻求生计。大规模的人口流动致使原本"聚族而居"的模式难以维持,进一步加速了家族分化。家族制度的衰落直接导致了以家塾、义学为代表的大家族教育模式迅速瓦解,其规模和数量都呈现出明显的衰减之势,族中长老以及叔伯、姑舅等亲属对孩子教育的支持和干涉越来越少。与之相对的是小家庭教育的逐渐兴起,父母几乎成为教育子女的全部力量。

其次,父子关系之间的关系产生了明显变化。随着西方思想的传入,自由、平等的观念越来越被人们所认可。尤其是在新式学校里的学生,他们不仅否定家族制度,崇尚以个人为本位,更加反对"一家之人,听命于家长"的模式。作为小家庭中的子女,他们越来越要求与父母,尤其是父亲,实现平等对话。在一些开明的知识分子家庭中,通常对这种情形表现出理解和包容,开始了对构建"父子平等"的家庭模式的探索。而对于一些相对保守,坚持父权至上的家庭,父子之间的冲突就变得更加激烈了。黄炎培的长子黄方刚最早成年,他就曾向父亲提出如果家庭教育中没有"扑责"岂不是更好么?黄炎培也努力地适应这种变化,中年以后家庭氛围十分融洽,"吾们很热闹,很快乐,很和爱,家人相处,感情浓厚到了极度。踹稳了脚跟做人,拿很好的心肠待人,大家力争上游,一个个携着手向着共同的大道上走"⑥。

第三,近代以来,家庭教育的内容和理论发生了巨大的变化。晚清的孩童在读了四书五经之后,还会学习《千家诗》《唐诗三百首》,练习撰写八股文,教育的目的是帮助孩子在科举考试中取得更好的成绩。然而随着形势的变化和西学的传入,教育的内容日益丰富和多样化。曾国藩要求子女读《几何原本》,李鸿章聘请洋人引导子女学习外语,主张学习西方的上层士绅家庭中越来越重视西学教育。1905年科举制度的废除彻底打破了这种局面,新式学堂教育与家庭教育相结合,外语、算数、物理等成为士绅家庭教育的重心。此时,家庭教育的理论也进一步在中国社会传播开来。1889年11月,《申报》分四期连载了英国传教士韦廉臣《泰西教法》,论述了家庭教育的重要性和帮助儿童身心健康发展的一系列方法。1901年开始的清末新政中,清政府颁布了《奏定蒙养院章程及家庭教育法章程》,用以辅助指导家庭教育中的一些问题。1925年,我国儿童教育家陈鹤琴先生的两部著作《家庭教育》和《儿童心理学研究》,用于指导青年父母通过教导、运动、游戏等方法帮助孩子身体发育和激发智力的发展,将家庭教育的方法理论提升到了一个新的高度。黄炎培回忆小时候并没有很好的读物,有的尽是《玉历钞传》一类的小册子,里面图画畅想了玉皇大帝的天宫里繁华安详的生活,还构造出阎罗殿与十八层地狱的种种酷刑,以此来告诫人们弃恶从善。鲁迅在《朝花夕拾》中讲到少时十分好奇大人们口中的"活无常"究竟长什么样子,便找来了一本《玉历钞传》寻找答案。而等到黄炎培写《八十年来》时,家里孩子的读物已经是《趣味物理学》了。

最后,家庭教育的目的有了很大的变化,随着中国近代遭受到越来越严重的西方列强的入侵,救亡图存的爱国主义成为家庭教育中日渐突出的目的。传统社会中虽然有"修身、齐家、治国、平天下"之说,但在无战乱的年代家庭教育中更多的仍是以个人和家族的荣耀为目的来培养人才。当某家有子弟考取功名时,人们最先想到的是"光耀门楣"。近代中国战乱不断,国将不国,面对这种社会现实深受传统儒家文化影响的文人们,有着内在的救亡图存的责任感。黄炎培便是如此。这种内在的责任感使他敢于在青年时为了挽救国家危亡而发表反对清政府的言论,虽然最后流亡日本,但黄炎培救亡图存的精神始终没有改变,这种精神始终贯穿在对子女的家庭教育中。黄炎培的儿女多数有出国留学的经历,并且都取得了优异的成绩,若从个人生计来看,他们有能力在国外获得良好的物质生活条件,但是他们最终都选择回到祖国,并为国家做出了贡献,这不能不说是受家庭教育的影响。当然,在那个国家面临生死存亡的年代,选择以救国图的爱国教育为目的的不仅有黄炎培家族,还有以钱恂、钱玄同、钱稻孙及钱三强为代表的吴兴钱氏等等。[㊿]由此,救亡图存的爱国思想便成了近代家庭教育的主要目的之一。

注释:

① 唐力行:《明清徽州的家庭与宗族结构》,载《历史研究》1991年第1期。
② 包天笑:《钏影楼回忆录》,大华出版社1971年版,第3页。
③⑤⑥⑦⑧⑨⑩⑬⑭⑮⑯⑰⑱⑲㉓㉙㉚ 黄炎培:《八十年来:黄炎培自述》,文汇出版社2000年版,第20页,第24页,第20页,第20页,第20页,第24

页，第 21 页，第 44 页，第 32 页，第 22 页，第 44 页，第 45 页，第 44 页，第 48 页，第 221 页，第 221 页，第 230 页。

④ 蒋明宏：《清代苏南女性在家族教育中的作用探析》，载《河北师范大学学报（教育科学版）》2011 年第 1 期。

⑪ 朱鸿伯、顾炳权等编：《川沙乡土志》，川沙县县志编修委员会 1986 年版，第 52 页。

⑫ 吴成平主编：《上海名人辞典》，上海辞书出版社 2001 年版，第 229 页。

⑳㉕㉖㉜㉝㉞㉟㊱㊲㊳㊵ 黄炎培：《空江集》，上海生活书店 1937 年版，第 163 页，第 162 页，第 162 页，第 161 页，第 163 页，第 165 页，第 159 页，第 159～160 页，第 163 页。

㉑㊷ 朱鸿伯、杨正德主编：《黄炎培在浦东》，红旗出版社 1995 年版，第 171 页，第 172 页。

㉒ 赵诚：《长河孤旅：黄万里九十年人生沧桑》，长江文艺出版社 2004 年版，第 12 页。

㉓ 许汉三：《黄炎培年谱》，文史资料出版社 1985 年版，第 70 页。

㉔ 王纠思（1882—1940），周浦镇人，黄炎培的第一位夫人，两人共育有六子六女，其中一子二女早殇。

㉗ 朱鸿伯、杨正德主编：《黄炎培在浦东》，红旗出版社 1995 年版，第 172 页。

㉛ 俞月亭：《华堂映日——黄炎培、黄万里父子纪事》，《炎黄纵横》2006 年第 2 期。

㊴ 赵诚：《长河孤旅：黄万里九十年人生沧桑》，长江文艺出版社 2004 年版，第 12 页。

㊵ 赵诚：《长河孤旅：黄万里九十年人生沧桑》，长江文艺出版社 2004 年版，第 12 页。

㊷ 齐辉、胡琴娥：《近代精英家庭教育的嬗变》，载《贵州社会科学》2005 年 9 月第 5 期。

㊸ 陈独秀、李大钊编撰：《新青年精粹》（1），中国画报出版社 2013 年版，第 286 页。

㊹ 陈独秀：《东西民族根本思想之差异》，载《青年杂志》，1915 年第 1 卷第 4 号，第 12 页。

㊻ 邱巍：《吴兴钱家：近代学术文化家族的断裂与传承》，浙江大学出版社 2009 年，第 8 页。

近代苏州贝氏与苏州旅沪同乡会的慈善事业[*]

李志强

吴中贝氏自明中叶由浙江迁居苏州,世代经营中药业,在乾隆年间成为苏州"四富"之一。随后贝氏族人一面致力于读书科举,并涌现出一批藏书家、诗人、书画家等,在文化领域涉猎广泛、名人辈出。面临晚清的社会变局,贝氏族人积极投身近代金融业和商业,后人称之为"金融世家",但也不乏像贝润生这样的富商巨贾,还有久负盛名的昆曲家等等。当代更是出现了闻名全球的建筑大师贝聿铭等,贝氏家族至今绵延不绝,闻名于苏沪之间。

在苏州士绅和望族群体中,吴中贝氏家族在的科举功名的等级、人数以及在书画文艺方面的成就,相比于彭、宋、潘、韩等苏州望族以及其他科第世家、官宦世家和文学世家,在明清时期苏州经济发达、文化鼎盛的背景下,以功名为标准的社会评价机制,吴中贝氏并不能算作是十分显赫的望族。然而吴中贝氏之所以在近代甚至当代被政府、社会和学界所重视,这与吴中贝氏族人在近代以来涌现出的贝理泰、贝润生、贝祖贻、贝聿铭等几位名人和与贝氏有关的两处建筑(狮子林和苏州博物馆)密不可分。特别是贝聿铭在当代国际建筑界的地位以及他所设计的苏州博物馆让更多的人了解苏州这一古老的家族。仔细耙梳贝氏家族的近代变迁和族人的生活经历,我们会发现他们与上海都有千丝万缕的联系。

---

* 本文为国家社科基金项目"清末民初苏沪地区文化世族的转型研究"(批准号:12BZS053)的阶段性成果,同时获得上海市浦江人才计划资助(15PJC077)。

随着上海在中国的对外贸易中心、航运中心、金融中心、工商业中心及西学传播中心地位的确立,从十九世纪末到二十世纪初,越来越多的苏州人开始主动涌入上海。此时期苏州人迁沪不再限于富绅大族,更多的地主、士绅,甚至乡民都陆续涌入上海。在迁往上海的移民中,以江苏人最多,而江苏人中又尤以苏州人居多。在上海公共租界的人口户籍统计中,其中江苏籍的移民在1885—1920年每五年的人口统计依次为4万、6万、10万、14万、17万、18万、23万、30万,[①]35年间仅江苏移民就增长了近7倍,而这其中大部分都是苏州人。

同乡组织是考察移民规模和历程的一个重要指标[②]。同乡组织作为移民自发、自律、自治性的地缘组织,因其具有独特的凝聚力和感召力,在社会管理体系中发挥着地方政权难以奇及的某些社会管理、教化、协调与整合的职能与作用。苏州旅沪同乡会是苏州在上海建立的最早同乡会组织之一,随后大量以苏州府、县为单位的同乡组织的紧随其后。苏州旅沪同乡组织的增多,说明旅沪苏州人规模的扩大。

吴中贝氏族人最早立足上海的就是贝润生(1870—1945)。贝润生是吴中贝氏第十三世孙,名仁元,早年因家境清贫于1886年进入上海一家颜料行当学徒以谋生存,在一战期间成为上海有名的"颜料大王"。此后,除经营颜料行业外,他还热衷投资上海房地产、纺纱、面粉等近代工业,积累了雄厚的财富。担任上海总商会副会长期间,结识了许多商界名流。广泛参与上海地方乃至全国的公益慈善事业,"乐善好施"、"善人"的名声在上海各大报刊广为传播。由于贝润生的个人财富和名望以及吴中贝氏在苏州的影响,在苏州旅沪同乡会成立后的第一届选举大会上就被公举为副会长,他对苏州旅沪同乡的建立和苏沪两地的慈善事业都做出了很多贡献。

苏州旅沪同乡会的创建与早期发展

苏州旅沪同乡组织源于平江公所，1893年由严春旋、陈养泉、祝少英等人的号召集资筹建，初设在新闸路大通路口广肇公所对面，于1896年正式创立，名"梓安堂"。1922年，闸北建立平江公所"敬安堂"。

平江公所的宗旨是"暂厝旅梓，及施棺、代赊、义阡、施送衣米等。"③其主要活动是"施材、赊材"（指施舍、代赊棺材），施米、衣、痧药等，寄柩、葬阡、补助同乡学费等事务④。从董事及会员的职业上看，创建者以经营丝绸、珠宝等业务的苏州商人为主体，他们也是主要的捐助者和管理者。处理丧葬事务确实能够起到团结同乡、消除商人远在他乡生老病死而无人照料的后顾之忧，保障了旅沪商人的"后勤"工作。从组织的宗旨及主要事业来说，平江公所是一个同乡商人之间互助互济的慈善团体，所从事的事务与商业有关的并不多。1929年，平江公所向上海市社会局申请登记为公益慈善团体。

民国以后，随着旅沪苏州人的增多以及上海社会、经济、文化的快速发展变化，平江公所显然不能适应旅沪苏州人的生活、商业发展等需求。此前，福建、无锡、绍兴等其他旅沪同乡团体纷纷建立，并且成绩显著，为广大旅沪苏州人所羡慕。正如旅沪同乡会的早期发起者郑锦峰在成立大会上所言："溯自红羊劫后，吾乡人士客居上海年盛一年，政、学、军、警、工商各界旅沪者奚止万人，平时涣若散沙，无联合乡谊之思想，试观他省他县都能联络团体、群谋公益、成效卓著，独吾苏州尚在观望，但吾乡人士非无热心、无毅力，特无人肯发起耳？苟有人提倡，何患同乡会不成立乎？"⑤因此以商人为代表的旅沪苏州人迫切希望建立一个联络乡亲情谊同乡组织。最初由杨叔英、顾棣三、余子涵、陆薹双、郑锦峰五人发起筹备并组织，于1919年5月25日在新闸路平江公所开成立大会，这样，苏州旅沪同乡会便应运而生。经出席大会的旅沪同乡全体成员投票选举,举定杨叔英为正会长,贝润生、陈养泉为副会长。⑥在最初的五个发起者中,"杨叔英最为热心,召集同志进行调查草订章程,在伊宅内设立事务所,担任筹捐,并屡次开谈话会,同乡会方有成立之雏形。"⑦可见杨叔英在创建苏州旅沪同乡会上贡献最多,为同乡所公认,杨被选举为正会长在情理之中。陈养泉是平江公所的创始者之一,时任平江公所理事长,在旅沪同乡中也颇有名望。而贝润生的当选实属由于他在上海商界的地位。贝润生在此之前担任上海洋货商业公会总董(1906—1910)、上海总商会副会长(1911—1915)、全国商会联合会副会长(1914—1915),在上海商界乃至全国商界都有巨大的影响力。另外一战以后贝润生的财富迅速增加,"颜料大王"的称号在上海滩路人皆知。因此贝润生虽没有创建之功,但贝润生的实力和办事能力在同乡中可谓出类拔萃,他的当选也是众望所归。刚刚创建的苏州旅沪同乡会需要贝润生这样的商界名人的加入,借助贝润生的声望和人际网络来壮大旅沪同乡会的影响力,更需要他的捐款来协助同乡会公益事业的开展。

苏州旅沪同乡会以"联络乡情,共谋福利"为宗旨。关于组织和章程,"历年因环境之变化,屡有修改"⑧。在抗战胜利之前仍沿用传统会所的管理办法,由"全体会员大会公举一人为会长,主持本会一切事务,并为对外之代表;副会长一人,襄理会务,或会长有故缺席时得代行其职务。"⑨全体成员大会一般每年召开一次,采用"双记名复选法"选举会长、副会长以及各科干事。由全体会员大会选举职员若干(一般在五十人左右)组成职员大会,执行全体会员大会闭会期间的职权。职员大会下设评议部和干事部,评议部为"全会代议机关,评决一切兴革事宜。"⑩评议员可以提出议案并论述因由,经职员大会多数(并无明确规定)赞成通过,由职员大会选定人选执行。日常干事部下设总务、会计、书记、调查四科,总务科负责全会事务,会计科负责保存大会财产、司理银钱出纳,书记科负责撰拟函稿、保存文件,调查科负责调查一切事务之费。1922年后因为事务需要增设学务和交际两科，1923年又增设经济、慈善两科。可以看出，建立之初的苏州旅沪同乡会在组织系统方面根据业务需要不断完备。抗战爆发后，苏州旅沪同乡会工作被迫中断，1945年12月重新成立，新成立的苏州旅沪同乡会为了适应抗战胜利后国家法律的规定而对章程进行修改，完全成为一个"近代市民自治团体"。[11]将创立初期的苏州旅沪同乡会章程与1945年的章程相比，早在1919年的章程就包含着如全体会员投票公举领导人、评议员提议、多数公决、调查监督等民主自治的因子。

苏州旅沪同乡会早起主要负责人一览表

时间	会长	副会长	备注
1919年5月25日	杨叔英	贝润生、陈养泉	职员制
1920年7月23日	贝润生	杨叔英、陈养泉	改为董事制
1921年6月12日	杨叔英	贝润生、陈养泉	
1922年7月9日	贝润生	周渭石、陈养泉	改为两年制
1923年5月23日	贝润生	周渭石、奚萼衔	陈养泉病故，改选
1924年6月16日	周渭石	奚萼衔、陆霭双	贝润生当选不就[12]

注：以上数据来源于《申报》中1919年5月25日、1920年7月23日、1921年6月12日、1922年7月9日、1923年5月23日、1924年6月16日《苏州同乡会选举揭晓》等，由笔者自己整理。

作为会长和副会长职位上长达五年之久的贝润生经历了苏州旅沪同乡会的创建、变革和发展的整个过程，可以说贡献颇多。其实杨叔英和陈养泉两位会长当时因为年老身弱，经常称病不能莅会。[13]早期同乡会的常会和日常业务主要由贝润生主持。1920年同乡会改成董事制后，贝润生着手完善各科办事细则，并称"有治法，贵有治人，会务一切由各科董事轮流到会督促进行"。改变职员虽多，只逢有事开会（会员可以不到），各科只有"总务科推一人常驻会所办理事务"的局面，加强会务组织和人事制度的完善，极大地提高了同乡会的办事效率。

关于会长和会董的选举规定为一年一选,但在实际操作中明显有很多弊端,因为很多事务如救灾和教育事业都是长期性的,频繁更换职员并不利于同乡会事业的持续进行。1922年在苏州旅沪同乡会选举大会预备会上,会议由贝润生主席,总务科会董陆蓥双提议"会董一年一选任期太短,可改为三年一选,并拟将本届大会展缓一年",汪星一主张"照商会办法改为两年一选",而蒋伯云主张章程不能随意修改,应交与大会集体表决。贝润生调和众人观点,让书记科"章程内应行修正各条,可先具一草案,送达各会员征求意见,到大会日通过后,再行定期选举,合席赞同"。最终大会通过新的章程及办事细则,规定两年一改选。[13]又如1921年初,蒋伯云提议同乡之间"在岁首时进行同乡团拜",贝润生主张"机关团体业已改用阳历,团拜系沿旧习,不如改为职员叙餐会,众赞成通过"。[15]

旅沪苏州同乡会草章规定,"本会职员一年一任,连举者以三年为度"。早在1922年第四届职员选举之前,贝润生已经"声明退职,辱荷同乡挽留殷勤,辞不获命,暂任一期,期满不再蝉联"。而在1924年第五届选举中,贝仍以高票当选,如果不是他本人执意坚持不就,以他的威望很可能还会连任几届,但他没有破坏自己参与创制的制度,并没有贪恋名位,此后苏州旅沪同乡公举他为名誉会长,也是苏州旅沪同乡会的首位名誉会长,并且一直保留着他会董的职位,足见他在旅沪苏州同乡中的地位和名望。

苏州旅沪同乡会初期的公益事业

据《苏州旅沪同乡会草章》记载,苏州旅沪同乡会从事的事业主要为"对于团体之结合,与在沪各团体联络情谊,并为在苏及外埠同乡各团体之策应机关,就本会能力所及,得受其委托办理事务";"对于同乡之保卫,保障旅沪同乡遇有争执者,竭力和解之,如有冤抑受诬,因而损害名誉、身体、财产者,经本会调查确实后，设法救济之"；"对于公益教育之施行，凡关于公益教育、慈善事业，就本会力所及者直接举办之，或就各团体及个人举办协助之"。[16]作为苏州旅沪同乡的自治团体，同乡会是联络沪上其他组织团体和其他地方的苏州同乡团体的代表机关，对于旅沪苏州同乡主要有调解同乡矛盾、救济、司法援助，举办教育、慈善事业的义务。

苏州旅沪同乡会早期的章程的实施情况，自淞沪会战后资料失散较多。现在上海档案馆所藏的苏州旅沪同乡会的档案资料均是1945年12月苏州旅沪同乡会重新成立后的情景。幸好《申报》刊载了大量关于苏州旅沪同乡会在成立初期的史实。事实上，苏州旅沪同乡会在建立初期，即在贝润生担任负责人五年时间内，其从事的公益事业开展主要涉及赈灾救济、兴办学校、建立医院、法律援助四个方面：

（一）赈灾救济

1919年夏季以来，"霪雨为灾，苏省全境低洼之区均成泽国，常熟县堤岸溃决，遍地哀鸿，吴江区及昆山等地亦均秧苗漂没，不及补种，转瞬秋冬，待赈孔亟，灾情之重为三十年来所未有，吴县东南各低区灾况亦然"[17]。灾情导致粮食歉收，米价飞涨，人心惶惶。7月17日，由副会长贝润生召开并主持全体职员会议，经会员提议并经全体职员商议决定："为关系桑梓起见，拟请电呈省署，一面筹备救灾事宜，一面取消漕运，停止军米，以维民食而安人心。"[18]时任江苏省长齐耀琳立刻据情电告中央，电文在一周之内得到回复，命令暂停购运军粮。[19]8月28日又开特别会议商定筹办赈灾事宜，在苏州旅沪同乡会下附设苏属水灾筹振处，杨叔英为筹赈处主任，贝润生、陈养泉为副主任，"一面委托调查各处确实灾情、详为报告，一面刊印捐册分送劝募"[20]。募捐活动从九月份开始，到阳历年终截止，此次募捐采用分发募捐册的方式，"乐于捐助者将募捐册和善款一起送至本会，并未派人登门募捐"。年底捐款截止后"分发各县以工代振，会同就地绅董酌量办理"[21]。

关于1919年江苏水灾的筹赈募捐，苏州旅沪同乡会筹赈处在《申报》上共发布十次捐款致谢，但募捐规模不大，捐款数额也并不多。从捐助者姓名、商号和金额来看，大多是苏州籍商人捐助，但值得耐人寻味的是：杨叔英、贝润生、奚萼衔各捐五百元，赵雨亭二百元，其他同乡捐款数额大部分均在一百元以下。杨叔英、贝润生、奚萼衔、赵雨亭等人都是上海颜料业的富商，他们的捐款数额比其他同乡高出数倍，一方面说明上海的颜料业商人整体比较富有，一战以后颜料价格的暴涨确实造就了一批颜料业富商；另一方面也说明他们相对更多关心乡梓、乐于慈善。此外杨叔英、贝润生捐款之多也是因为他们苏州商界的领袖，他们必须给大家树立模范以号召捐款。而奚萼衔与赵雨亭仅是职员，但他们在首次捐款目录中确是捐款数量最多的。奚萼衔是贝润生的师父奚润如的后代，为了报道师父对他的再造之恩，1927年贝润生辞去瑞康颜料行经理职务，将瑞康颜料行交给奚家，并教授奚家兄弟如何经营颜料生意，因此贝润生和奚萼衔的关系犹如兄弟。赵雨亭是贝润生的姐夫，当年就是他介绍贝润生进入瑞康颜料行当学徒。三人私人关系紧密，又均是瑞康颜料行的股东，贝润生是上海滩有名的"大善人"，他的乐善好施以及菩萨心肠闻名上海政商两界，长期的相处也潜移默化地影响到了他的朋友、亲人，因此在很多重大的慈善捐助中，都能同时看到他们三人的名字，并且捐款数额均名列前茅。

1920年上海米价暴涨，严重影响平民的生存和生活，很多地方甚至发生"抢米风潮"。"苏属旅沪居户不乏贫苦之人，须应设法救济"，苏州旅沪同乡会召开临时大会，决定"一方面举办平籴以救旅沪同乡中贫户之米荒，平籴办法暂定为每石酌贴钱二千文；另一方面由于此次米贵原因皆由奸商以军用为名贩运出口，因此电请中央政府和苏省军政两长严禁军米私贩。"[②]此外，"特发起筹集款项、散放平米一月，先由苏属贫民报名，然后在平江公所内组织发放。原定每大口日给钱二十文，小口减半，现因最近数日来米价更加昂贵，仅给小数，恐鲜实惠，特决定加倍发给，计每名给银四

十文，小口二十文。"㉒

1924年9月江浙战争爆发，江浙人民惨遭兵祸，苏州旅沪同乡会派船救援，运载难民入沪，并和其他同乡团体一起组织难民收容所。苏州旅沪同乡会经会董贝季安筹款，在平江公所内建立苏属四邑难民收容所，大量安置逃难来沪的同乡。㉔并致电北京政府，请将关税附加税提发半数协济江浙兵灾，同时联合苏州商会、苏州红十字会一起在沪筹募捐款，商讨救助办法。㉕

由此可见，在遭受重大的自然灾害或战争破坏时，苏州旅沪同乡会总是以拯救生命为第一原则，及时联络旅沪商人捐款捐物，并与苏州本地的团体和绅商建立联系组织赈灾救济，发挥苏州同乡"代言人"作用，及时与政府联络沟通，尽可能减少苏州民众的损失，为旅沪苏州人构建了一条社会保障与救济的防线。

（二）兴办学校

苏州旅沪同乡会对教育事业也特别重视。随着旅沪苏州人的增多，移民子女的教育需求越来越明显，在苏州旅沪同乡会建立不久，就有会员提议建立旅沪公学。经过半年多的筹办，先后勘定校址、建立校舍、请聘教师，1920年3月8日苏州旅沪公学（后改为苏州旅沪小学）在新闸路寿康里正式开学㉖。"凡同乡中贫寒子弟与本校章程相合者，经同乡会会董证明介绍入学免收学费，次贫者半费"㉗，外籍学生兼收，第一届春季招生旅沪小学共招收六十余人，苏州籍仅占四成。后经公学主任徐莲舫、尤怀皋等代表的督促普及，提议添设高小学校，扩大学额，招收寄宿生，由于原有校舍不敷应用，遂迁至山海关路济美里。到1921年春季开学时，招生名额已达二百六十余人㉘。1923年编制的招生名额为高级小学、初级小学、幼稚班暂定为三百名。㉙报名人数每年都在增长，人多屋少的办学"困境"每年都会发生，因此苏州旅沪同乡会每年一次的全体大会都会提及教育事业，提议扩大校舍、增聘教师、增加学务预算等，并且有关增加教育投入和扩大学舍的议案几乎均全票赞成通过。学校的经费主要由会董自愿捐助，必要时还会向在沪之商号和同乡募捐。如1920年"众（会员）以学堂逐步扩充，经费亦须按年增加，若仅由各董事个人捐助，不足济事，应由各董担任向同乡人所开之字号募集月捐，以期永久，全体赞同。"㉚1921年"经费年内已不敷用，明春开学为日无多，须预为筹定，经众讨论结果，以同乡各店号所认之月捐指充学款，如再不敷，由董事担任"㉛。

（三）兴建医院

苏州旅沪同乡会成立后继续协助平江公所施衣送米、施药，然而随着旅沪的同乡人数，特别是贫苦者的增多，临时性的施药、送米就显得捉襟见肘。为了继续并扩大惠及旅沪贫苦同乡，1922年8月10日，大会决定将会董奚萼衔所设的萼衔医院改名为苏州旅沪同乡会萼衔医院，医院地址也由闸北普善山庄迁到苏州旅沪同乡会，常年施医给药，"每日上午九时至十二时止送诊给药，每人只取号金四十文"㉜。后来考虑到"沪埠地方辽阔，立一医院未免偏在一隅，仍难普及，因此改为由会中（会员）敦请同乡之旅沪行道者分任诊务，以便乡人就近诊病"㉝。从建立医院到征请同乡行医者分散义诊，为了方便旅沪同乡能够病有所医，苏州旅沪同乡会可谓煞费苦心。虽然所请医生诊所均在英租界中心地点，而同乡之散处闸北沪南以及租界东西等区，加之上海区域辽阔，所建医院、诊所无法惠及上海的每一个旅沪苏州人，但在当时有限的条件下这些措施也弥足珍贵。

（四）提供司法援助

除了关注旅沪苏州人的生活、教育、医疗等需求外，苏州旅沪同乡会还对在沪同乡遭遇的不公事，提供司法援助。1921年12月20日，《申报》记载：常熟籍米船工人被海关洋人巡捕殴伤致死，监察厅开庭审理，正凶未拘。苏州旅沪同乡会以桑梓关系，特分函交涉公署及地检厅两处，请其向海关索交正凶，讯明国籍，并与凶手所属国家的领事严重交涉，务达惩凶目的。并派专门交涉员到海关询问原委。船户同帮也聚集抗议为死者雪冤，以同盟停装相威胁。经过多方努力下，税务司做出妥协，将该犯案洋人解送检厅候讯。㉞对于关系重大的案件，苏州旅沪同乡会和其他同乡团体会联合行动，积极为旅沪同乡寻求法律保障。如1924年7月上海公共租界发生荷兰巡捕强奸宁波籍中国佣妇的事件，然而根据"领事裁判权"等条约规定，"荷国民人有犯事在中国者，皆由领事官审判，各按本国法律严办"。然而荷兰领事却将凶手擅自押解到爪哇，使国人之正义无处伸张。宁波旅沪同乡会联合苏州旅沪同乡会，各派律师代表商讨此案的审判和善后救济等解决办法，专电北京外交部，希望外交部向荷兰领事提出严重抗议，"迅将该荷捕解回上海犯事地方依法办理，以符条约而保法权"㉟。因为租界"国中之国"的特殊地位，此事虽没有成功解决，但同乡会之间团结合作、不畏强权、为同乡争取权利的努力值得赞扬与肯定。

此外，作为一个"近代市民自治团体"，苏州旅沪同乡会在重大的政治、战争和社会事件发生时，都会发表自己的声音。如"五四"运动期间，北洋政府抓捕四百余名学生，1919年6月6日，苏州旅沪同乡会致电大总统和国务院："沪地南北商界一律罢市，值此尚未统一之时，人心惊惶，长此相持，恐发生巨祸，与人民生命财产及各国侨商关系匪浅，迫于舆情，迅将学生释放，以免民心涣散。"㊱至于1919年江苏省议员增加薪资预算㊲，1924年江浙战争中江苏督府到苏州筹办军米导致米价上涨㊳，五卅惨案后学生被捕㊴，苏州旅沪同乡会都致电中央或地方政府，提出严重抗议表明自己的态度并提出可行的对策。国难当头之际，同乡会将桑梓情怀与爱国热情融为一体。

在贝润生担任苏州旅沪同乡会负责人期间，苏州旅沪同乡会组织制度创立、赈灾救济、兴办学校、建立医院、提供法律援助等公益慈善事业方面不断进行尝试改进与创新，这不仅是当时社会进步观念的体现，也是同乡团体由传统会所向现代同乡会转变的努力实践。这些活动不仅为广大旅沪苏州人提供了生存和发展的保障，也为近代上海城市的发展起了多方面的整合作用。

此外，贝润生还经常以个人名义，联合贝氏家族的其他成员，修路筑桥，建立学校、医院等，积极参与苏州的市政建设和公益事业。如1921年苏州虎丘等名胜修葺完毕，但通往虎丘的道路只有七里山塘一条石板街，随着交通工具的进步，通往虎丘的道路亟需改善。贝润生联合同族贝理泰以及杨士伟等六位绅商，募款12000元，修建了自阊门至虎丘山门的马路，从此汽车可以直达虎丘山门。自沪宁铁路修通通车后，苏州火车站设于城北，但乘火车的往来旅客都必须绕到齐门或阊门，然后乘摆渡到对面车站。通过旅沪同乡会的提议和苏州绅商多方奔走，苏州市政府开放关闭已久得平门，并计划修建一座自平门通往火车站的桥梁，但因经费无着迟迟没有动工。热心地方公益的贝润生贝理泰共同商议，由贝润生捐资修建平门桥，并承担北段一千二百尺马路的修建费用。1928年2月平门桥正式开通，苏州城举行巨大的庆典[40]。它大大改善了城内与火车站的交通，方便了苏州市民的生活。1916年，贝润生倡议、筹办并出资12500银圆，在中由吉巷建造房屋，置办新式设备，建立苏州城东幼稚园[41]。当时该院设施先进，已有钢琴和游乐设施，并采用新型教育方法，是苏州第一家具有现代意义上的幼稚园[42]。19世纪末以后，众多的贝氏族人开始走进上海经商、求学、生活、工作，但他们又都情系苏州，这种苏沪之间的迁徙与互动对贝氏家族和苏州都产生了深刻的影响。

近代以来，随着苏州与上海在经济、金融、交通、文化方面地位的变化，众多苏州移民涌向上海，原有的同乡团体——平江公所已不能适应现实发展的需要，由此苏州旅沪同乡会应运而生。苏州旅沪同乡会创立以后在组织制度创建、赈灾救济、兴办学校、建立医院、提供法律援助等公益慈善事业方面不断进行尝试改进，这一过程不仅是社会发展及思想观念的进步体现，也是同乡团体由传统会所转向现代同乡会的努力实践的结果。苏州旅沪同乡会的创建和发展离不开苏州绅商的积极参与，绅商是苏沪之间人口迁徙与地方互动的重要纽带，而这其中家族的力量不可忽视。苏州旅沪同乡会的各项活动不仅为广大旅沪苏州人提供了生存和发展的保障,为近代上海城市的发展起了多方面的整合作用,而且也将上海的资本和先进的思想观念源源不断地输入苏州,为苏州近代的城市发展提供了不竭动力。

注释:

① 邹依仁:《旧上海的人口变迁研究》,上海人民出版社 1980 年版,第 82 页。
② 参见高红霞:《长三角移民与上海(1843—1949)》,选自《移民群体与移民社会》,上海人民出版社 2012 年版,第 291 页。
③ 《平江公所、章程及各项规则草案、办公规则和概况表》,Q118-4-1,上海档案馆藏。
④ 《平江公所登记表留底》,Q118-4-12,上海档案馆藏。
⑤ 《苏州旅沪同乡会成立》,载《申报》1919 年 5 月 26 日。
⑥ 关于苏州旅沪同乡会的组织筹建,郭绪印著《老上海的同乡团体》认为"1919 年 6 月,由杨叔英、陈养泉、贝润生等发起组织成立"。笔者认为郭著参考的档案资料大部分是苏州旅沪同乡会于 1929 年向上海市社会局呈报后填写,大部分是抗战胜利后同乡会复会以后重新编写的,因此笔者认为档案不能全面真实反映苏州旅沪同乡会的筹建组织过程的全貌,因此笔者以《申报》资料为准。
⑦ 《苏州旅沪同乡会成立》,载《申报》1919 年 5 月 26 日。
⑧ 郭绪印:《老上海的同乡团体》,文汇出版社 2003 年版,第 756 页。
⑨ 《苏州旅沪同乡会草章(续)》,载《申报》1919 年 5 月 14 日。
⑩ 《苏州旅沪同乡会草章(续)》,载《申报》1919 年 5 月 15 日。
⑪ 郭绪印:《老上海的同乡团体》,文汇出版社 2003 年版,第 756 页。
⑫ 《贝润生启示》,载《申报》1924 年 6 月 10 日。据《申报》记载:贝润生在第五届选举之前就登报发表声明,认为自己经连任两载,"自愧才识轻庸,毫无建白"恳请同乡另举贤能。然而选举结果仍高票当选副会长,众同乡挽留无效。贝仍表示"当选不就、不再蝉联"。
⑬ 《杨叔英通告》,《申报》,1920 年 6 月 12 日。
⑭ 《苏州旅沪同乡会大会预备会会纪》,《申报》,1922 年 5 月 16 日。
⑮ 《苏州同乡会纪事》,《申报》,1921 年 1 月 18 日。
⑯ 《苏州旅沪同乡会草章》,载《申报》1919 年 5 月 3 日。
⑰ 《苏州旅沪同乡劝募苏属灾赈启》,载《申报》1919 年 9 月 6 日。
⑱ 《苏州旅沪同乡会开会纪事》,载《申报》1919 年 7 月 18 日。

⑲《请停购运军米漕米之覆电》，载《申报》1919年7月28日。
⑳《苏州旅沪同乡会议筹赈》，载《申报》1919年8月27日。
㉑《苏州同乡会议筹赈处通告》，载《申报》1919年12月1日。
㉒《苏州旅沪同乡会临时会纪事》，载《申报》1920年6月9日。
㉓《苏州同乡会散放款项》，载《申报》1920年6月29日。
㉔《救济伤兵与难民，各同乡会之救济》，载《申报》1924年9月25日。
㉕《苏州同乡会开会筹款》，载《申报》1925年2月1日。
㉖《苏州旅沪公学招生广告》，载《申报》1920年3月1日。
㉗《苏州旅沪同乡公鉴》，载《申报》1923年2月21日。
㉘《苏州旅沪同乡会纪事》，载《申报》1921年3月1日。
㉙《苏州旅沪公学招生》，载《申报》1923年8月15日。
㉚《苏州旅沪同乡会纪事》，载《申报》1920年12月21日。
㉛《苏州旅沪同乡会纪事》，载《申报》1921年1月18日。
㉜《苏州旅沪同乡会尊衔医院开诊布告》，载《申报》1922年9月12日。
㉝《苏州旅沪同乡会征求现在闸北沪南租界东西区等处行医诸同乡启示》，载《申报》1924年5月31日。
㉞《苏州同乡会于船户之鸣不平》，载《申报》1921年12月20日。
㉟《两同乡会抗议荷捕强奸案》，载《申报》1924年8月14日。
㊱《苏州旅沪同乡会电》，载《申报》1919年6月6日。
㊲《旅沪苏人反对苏省议员加费》，载《申报》1919年6月17日。
㊳《苏州旅沪同乡会开会纪》，载《申报》1924年6月2日。
㊴《五卅惨案后学生被捕，苏州旅沪同乡会电》，载《申报》1925年6月7日。
㊵《苏州平门之开放》，载《申报》1928年2月11日。
㊶《捐资兴学褒奖执照》，民国《吴中贝氏家谱》，1920年修。
㊷贝祖武：《吴中贝氏家族》，《苏州文史资料选辑》第17辑，第11页。

论苑撷英

孔子的"人无远虑，必有近忧"解

王伏生

《论语·卫灵公》："子曰：人无远虑，必有近忧。"现以杨伯峻先生的译文为据，以做参考：一个人没有长远的考虑，一定会有眼前的忧患。本文在传统理解的基础上提出三个层次来解释"远虑"。

"远虑"的三层含义是：

第一是早虑，作及早考虑的意思。周太史史伯论周的兴衰时说："凡周存亡，不三稔矣，君若避其难，其速规所矣，时至而求用，恐无及也。"周代的灭亡，不超过三年了。君如果想避开这场灾难，就赶快规划逃亡的地方吧，祸到临头才想办法，就恐怕来不及了。"时至而求用，恐无及也"，就是说避祸要做长远的及早的打算、考虑，等到祸来了，就来不及了。《淮南子·人间训》说："患至而后忧之，是犹病者已惓，而索良医也，虽有扁鹊、俞跗之巧，犹不能生也。"不能及早"远虑"，"患至而后忧之"，就被动失败了。

第二是豫虑，作思患，虑患，考虑，即思患而豫防之的意思。"先事虑事，先患虑患。先事虑事谓之接，接则事优成。先患虑患谓之豫，豫则祸不生。"（《荀子·大略》）《周易·系辞下》引孔子语说："君子安而不忘危，存而不忘亡，治而不忘乱，是以身安而国家可保也。"《左传·襄公十一年》记载：晋侯以乐之半赐魏绛，曰："子教寡人和诸戎狄，以正诸华。八年之中，九合诸侯，如乐之和，无所不谐，请与子乐之。"辞曰："夫和戎狄，国之福也。八年之中，九合诸侯，诸侯无慝，君之灵也，二三子之劳也，臣何力之有焉？抑臣愿君安其乐而思其终也。"是说晋悼公把乐器乐队的一半赐给魏绛，说："您教寡人同各部落戎狄和好以整顿中原诸国,八年中,九次会合诸侯,犹如音乐一般和谐,没有一处不协调的。请让我和您共同享用它们。"魏绛辞谢说:"与戎狄和好,是国家的福分。八年之中,九次会合诸侯,诸侯没有不顺服的,这是君王的威灵所致,也是因为各位大夫的功劳,臣出过什么力呢?然而臣希望君王安享这种快乐而能想到它的终结。"

《书》曰:"居安思危,思则有备,有备无患,敢以此规。"公曰:"子之教敢不承命。"清代阎若璩《四书释地三续》记载:"京山郝氏曰:居安而不虑危,危即生于安。处治而不虑乱,乱即伏于治。故曰虑不远,忧必近也。虑者预备,非虚语也。"董仲舒《春秋繁露·俞序》曰:"爱人之大者,莫大于思患而豫防之。"(爱人最大之处,没有比担心忧患并预防忧患更大了)。

疏忽大意,历史上吃了亏的事不胜枚举。《左传·昭公五年》记载:"城濮之役,晋无楚备,以败于邲。邲之役,楚无晋备,以败于鄢。"春秋时期,晋国与楚国在城濮之地(今山东鄄城西南,一说在今河南陈留附近)打了一仗,晋国战胜后,对楚国不加戒备,因此在邲(河南荥阳北)的战役中就打了败仗。楚国在邲之战中胜晋国后,也不加戒备,后来在鄢陵(今河南鄢陵县)战役中就吃了败仗。因此必须安其乐而思其终。

一个人一旦陷入盲目性,就会不顾"远虑",忘记"远虑",一意孤行,引起"近忧",祸害就会即刻而至。《淮南子·人间训》说:"昔者智伯骄,伐范、中行而克之,又劫韩、魏之君而割其地。尚以为未足,遂兴兵伐赵。韩、魏反之,军败晋阳之下,身死高梁之东,头为饮器,国分为三,为天下笑,此不知足之祸也。"此不知"远虑"而祸及身也。

第三层含义是深虑,是要深思熟虑,深入细致谨慎地思虑和行动,即要从本质上思想上认识"远虑"的重要意义,从治本上考察事故发生的因果关系,以及事故的隐蔽性和不确定性,必须在祸患未形成之前就加以预防,防患于未然。"慎终若始,则无败事"。(老子·六十四章)

"前茅虑无"(《左传·宣公十二年》)。"茅"即"旄旌"。古代行军,前军以旄旌作为标志探路,如有埋伏不测,前军就用不同形式和颜色的旌旗告知后面的军队。"虑无",就是思虑所未必有之类之事,即预备不虞之事的发生。① 还有"曲突徙薪""重门击柝""未雨绸缪",皆为此义。

但又不能只顾"远虑"的问题而蒙蔽于眼前的"近忧"。《淮南子·人间训》载:秦始皇"祸在备胡而利越也。欲知筑修城以备亡,不知筑修城之所以亡也。发适戍以备越,而不知难之从中发也"。此"知备远难而忘近患"(《淮南子集释》)。秦的灭亡就在暴政和失仁,而秦始皇只知道防备远方没有发生的灾难,而忘记近处的眼前的祸患。

在思想上认识,在行动上落实,才能达到"远虑"的目的。这就是建本,"君子务本,本立而道生"(《论语·学而》),不从根本上考虑,就要走邪路,抄捷径,那就会适得其反。子服惠伯说:"君子有远虑,小人从迩。"(《左传·襄公二十八年》)荣成伯说:"远虑者忠也。"《淮南子·人间训》说:"圣人思修,愚人思叕。""迩""叕",就是近、就是短,就是只顾眼前利益,贪图快捷利益,就是抄捷径,走邪路,败良田,这种思想和做法是同"远虑"的务本建本的思想和做法是对立的,是违背实事求是的科学规律的。思想上偏了方向,行动上就要出差错,急于想获利,思考不周密,做事不谨慎,纪律不严明,工作不负责,得过且过,乜斜于他人的缺失,侥幸于自责之苟安。更有甚者,心术不正,居心不良,贪图无厌,利令智昏,破坏公益,攫取私利,伤天害理,更是贻害子孙,危害百姓,祸害无穷。

"远虑"的根本是一种治理,消除隐患,防患未然。要自觉主动,深识危机,洞见症结,防微杜渐,补苴罅漏,思察入神,化险为夷。它是一种"神治",一种"理治"。《尸子·贵言》说:"圣人之道亦然,其兴福也,人莫之见而福兴矣。其除祸也,人莫之知而祸除矣。"(《百子全书》)

"远虑"和"近忧",还指自然的"天灾"。"天灾"等在古代缺少科学预测和研究,"远虑"得少。今天社会发展了,科学进步了,"远虑"的责任重大了。"天灾"是关系到人类的生存和延续的大问题。十九世纪,法国古生物学家居维叶(1769—1832)的《论地球表面的生物进化》中就提出了"灾变说":地球表面已经过多次的激变(灾变),每次激变之后,生物绝灭,然后再从零开始进化而来。[②]("灾变论"条)人类现在正在探索研究人类生存延续下去的问题,使人类永远延续下去,永远长存。这是个全人类的"远虑""永虑",这是个未来的遥远的事。但一万年太久,只争朝夕。我们现代人类探索和研究其他星球,就是在寻找答案。我们做的爱护地球,治理地球,保护环境,净化水土,使人活得健康、长寿、幸福,这就是落实"以人为本"的思想,就具有"远虑"的深远的和现实的重要意义。

"远虑"从本质上根本上而言,也就是要把从防直接的患,防直接的祸,到防间接的患,间接的祸,到防无知造成的患,无知造成的祸,再进一步上升到谋求谋划社会和谐发展、科学发展、经济发展、文化发展、人的责任素质发展上来的"永虑"。

从今天来说,"远虑"就变成为未来社会理想蓝图构想构建的远虑,深虑,永虑。为全人类的和平、和谐、民主、平等、自由、公平、正义、科学、文明、富裕、幸福、合作、友善,为全人类的生存的延续,文明的发展而远虑。

由上而知,"远虑"和"近忧"自有它的内在联系,不可分割的关系。如果没有由近及远的考虑,那么必然会有由远及近、由隐及明直至迫在眉睫的忧患的到来而不知。

注释:

① 杨伯峻:《春秋左传注》第二册,中华书局1981年版,723页。
② 辞海编辑委员会:《辞海》中卷,上海辞书出版社1979年版,2851页。

中华伦理美德"母慈子孝"与当代感恩教育

朱 年

孝道,作为中华民族的传统伦理美德源远流长。

"孝"的观念发轫于殷商时期,"孝"字最初见于殷商卜辞。在《尔雅·释训》中则将"孝"解释为"善事父母之孝"。东汉许慎的《说文解字》也对"孝"解释为:"孝,善事父母者,从老、从子,子承老也。"

百善孝为先。中华自古以来,一直将孝道奉为圭臬。成为社会上人人所应遵守之德目,人人应该履行之德行。从某种意义上来说,中国文化的本质就是一种"孝的文化"。

数千年来,孝道文化影响了整个社会、整个民族,中国人始终把"孝"视为立身之本、家和之本、国安之本,同时也是人类延续之本。

永言孝思,孝思维则

中华孝道是在漫长的历史长河中形成的优秀伦理道德,是中国传统文化的精粹,也是中华文明对人类文明的突出贡献之一。其集中体现在儒家的孝道思想中。

千百年来,在儒家的伦理思想中,"孝"历来为立身之本,是一切德行之根本,也是教化产生之根源。中国第一部诗歌总集《诗经》上说:"永言孝思,孝思维则",即是教导人们永远要尽孝道,以行孝为人伦之准则。

我国古代杰出的思想家、教育家孔子,还特别将"孝"提到了中华民族道德精神的象征，即"仁"的高度。他认为仁德的核心是爱人，即"仁者爱人"，然仁德的根本是"孝悌"。《论语》曰："孝弟也者，其为仁之本与！"是说孝敬父母、尊敬兄长这些"孝悌"准则，应该是"仁德"的根本，也可以说是为人之本。《孟子》也说："仁之实，事亲是也。"是说"仁德"的实质，首先就是侍奉父母，首先要有上报父母恩的德行。

在儒家看来，为人子女对父母行孝道是子女应尽的责任，孝亲正是孝之"始"。而在倡导"百善孝为先"的同时，儒家又主张履行孝道除了应该孝顺供养父母外，还必须继承父母之遗志，以发扬光大父母的未竟事业尽孝。即如《中庸》所言"夫孝者，善继人之志，善述人之事者也"。《孝经》也云"立身行道，扬名于后世，以显父母，孝之终也"。

儒家认为，孝亲是孝之"始"；光宗耀祖是孝之"终"，履行孝道必须从始从终。认为为人子女，应该立身行道，扬名于后世以显其亲，这才是大孝；更认为人之"道"，除恭敬侍奉父母师长外，还必须洁身自爱，修身养性，并得一技之长，报效国家，为父母增光。

无疑，儒家倡行的孝道由最初的事亲之孝，立身之孝，提高到了以孝治家，以孝治国的高度，是对中华传统伦理道德的突出贡献。

母慈子孝，值得倡导

在中华传统文化中，"父慈子孝"是中华伦理道德"五伦十教"之一。然千百年来，"慈父"并不多见，而"严父"则比比皆是，伦理史上反倒是"慈母"辈出，各领风骚。母慈子孝，传为千古美谈。

1. 感恩绝食

清代大学者，诗人洪亮吉之母蒋氏，出身书香名门之家，知书达理，尤擅小楷。丈夫洪翘于乾隆十六年病逝后，她一人带着三个子女回到了娘家,仅靠自己带着女儿纺纱织布以养家糊口。在含辛茹苦之际,她还节衣缩食,千方百计地供洪亮吉读书识字,常常是夜深人静时,慈母还一边纺织,一边督促亮吉认真读书。后来,洪亮吉回忆起儿时那段辛酸岁月时,曾在诗中深情描述过"夜寒窗隙雨凄凄,长短灯檠焰欲迷;分半纺丝分半读,与娘同听五更鸡"的母爱之情。还作下"送尔书堂去,窗疏尚见星","勤读母颜喜,读倦母心悲"的动人诗句,以展现慈母对自己的深深之爱。平时,洪亮吉常常会感叹地说:"阿母胜严师",曾对人说过:"六岁孤,从母育于外家。虽间出从塾师读,然《毛诗》《鲁论》《尔雅》《孟子》,实皆母太宜人所亲授也。"

母慈子孝。后来洪亮吉寒窗苦读成名之后,入仕出门在外,因思母心切,为感怀母亲养育教诲之恩,在自家住处专门请人绘了《机声灯影图》《寒檠永慕图》悬于室中,以时时观忆。乾隆四十一年十月,洪亮吉得悉母亲病重,即火速赶回家中,奈何世事多难,在离家30里处,闻报老母已然故去,顿时悲痛欲绝,不能自持,竟跌入路边河中,幸被路人救起,才保住性命。从此,即以母亲临终时自己未侍立在旁为终身大憾。后每逢母亲忌日,洪亮吉便整天不食,以自罚自责,前后竟长达30年之久,世所罕见。演绎了一出慈母出孝子的佳话。

2. 孟母三迁

孟子,儒家称之为"亚圣",其母亲是历史上一位著名的慈母。

孟母特别注重外部环境对小孟子人格的影响,为了孟子从小有一个较好的生活环境和学习环境,自小培养孟子良好的道德情操,孟母不辞辛劳,不厌其烦,三次搬家,留下了在历史上脍炙人口的"孟母三迁"的故事,展现了慈母望子成龙的一番苦心。

同样,"母慈子孝"。孟子为了报答母亲的养育之恩,教诲之恩,数十载发愤寒窗苦读,终于满腹经纶,成为战国中期继孔子以后的一代儒学大师、大思想家,为子孙后代留下了多篇伦理学名著。同时他还进一步发挥了孔子的学说和思想,丰富了中国古代伦理道德的思想宝库。在社会政治方面,孟子还反对霸道,力主对天下百姓应施以"省刑罚,薄税敛"的"仁政"。特别是他提出的"民为贵,君为轻"的民本思想观点,更是难能可贵。由于他在中华儒学上的深厚造诣,被后人列为仅次于孔子的中华儒学之"亚圣",并作为孔子的"四配"之一,位列孔庙大成殿,世代接受民众的祭祀。

孟子对慈母之恩,感恩图报,正是以自身的实际行动,成功演绎了"立身行道,扬名于后世,以显父母,孝之终也"的儒家孝道。

3. 寸心报辉

唐代著名诗人孟郊,46 岁始中进士,任过溧阳县尉。其长于五言论古诗,与同时代诗人贾岛齐名,因其诗多寒苦之音,苏轼为此曾有"郊寒岛瘦"之称。孟郊的母亲也是中华历史上一位有名的"慈母"。

孟郊从小天资聪颖,却屡试不第,一生穷困潦倒。他曾三次远离家乡,出门去应试。而每次出门前,年迈的老母因为生怕儿子远行在外受到风寒的侵袭,总是要在昏暗的烛光下飞针走线,为他缝缝补补,直至夜深,展现了一个母亲对儿女的深深慈爱。后来孟郊终于进士及第,为母增光,当上了常州溧阳县的县尉。县尉虽为小官,但孟郊即迫不及待地将母亲亲自接到任所,与她一起生活,并极尽孝道,努力侍俸母亲,以报慈母养育之恩。

因为在孟郊的心灵深处,始终为老母亲一以贯之的慈爱所深深触动,在其著名诗篇《游子吟》中,孟郊终于用情真意切的笔触,生动刻画了一位慈母的形象:"慈母手中线,游子身上衣。临行密密缝,意恐迟迟归。谁言寸草心,报得三春晖。"此诗用真切的语言,记下了一位母亲对子女的劬劳和慈恩之情,词里行间洋溢着作为为人子女,对母亲知恩、感恩、报恩的深切感受,知恩感恩之心溢于言表,成为中华诗库中的经典之作而千古咏唱。

在当代，该诗甚而还被联合国教科文组织推荐为世界各国对儿童进行启蒙教育之教材。这都是因为诗中以"母慈子孝"的传统美德，塑造了一个慈母的光辉形象，因而具有普世的人伦价值。

4. 鬻书报恩

近代书法家唐驼，书宗王、欧，其书体秀丽遒劲，恪守法度，成为当时题写匾额的高手，时有"圣手"之称，可谓名噪于世。但唐驼幼年时曾因家贫失学，处境十分艰难。唐驼父亲英年早逝，留下了三个尚未成年的孩子，而母亲邹氏终身不再嫁人，抚孤守节，一家人平时全靠母亲帮佣洗衣养家糊口，省吃俭用，艰难度日，兄妹三人也全靠慈母一手扶养成人。唐母在抚养儿女的同时，还时时鼓励唐驼兄弟姐妹发愤攻读，永言孝思。

后唐驼成名后，常常感念慈母之恩，并忆及幼年失学之痛，决心卖字筹款办学以谢母恩，"以显父母"。为了尽快实现报恩夙愿，他不惜出重资在上海《新闻报》头版刊登整版广告，宣传其为行孝报恩，发誓鬻书万件以筹款。从此即呕心沥血，长期劳累不止，以卖字换金，不久即因辛劳过度，时时吐血，但最终还是实现了其夙愿。后来，近代史上著名的儒商张謇，为唐孝子祠校撰记时，也被其"强仁之心，坚贞之气"所深深感动。

母慈子孝在中国文化史上曾经大放异彩，在当代仍然是一种值得发扬光大的传统美德。特别是对当代儿童、青少年学生的德育教育，更有着十分深远的积极意义。

感恩教育，亟待加强

"知恩图报"是中华传统伦理美德中的一个重要德目。

中华孝道历来内涵"孝"的成分，如《诗经·小雅》曰："父兮生我，母兮鞠我，拊我畜我，长我育我。顾我复我，出入腹我，欲报之德，昊天罔极。"

感恩，是对别人施于过自己恩惠的一种感激之情。感恩图报就是在感激的基础上，想方设法去报答对方的一种德行。作为施恩的一方（譬如父母对子女的关爱），虽在赐恩于人时从不企图得到被施恩者的回报，但中华伦理认为，作为受恩的一方，应该知恩、懂得感恩，并且要知报、思报、图报和回报。即古人倡导之"滴水之恩，当涌泉相报""投之瓜，报之桃"。同时斥责"有恩不报非君子"，更认为"恩将仇报，禽兽不如"。

唐代诗人孟郊在著名诗篇《游子吟》中的"谁言寸草心，报得三春晖"之句，之所以成为古今广为传诵的经典诗篇，就因为诗中形象生动地表达了作者认为父母对子女的关爱，无私无悔、恩重如山，是一种难以报答的无价情爱。

中华亚圣《孟子》主张，为人子女要好好事奉父母，即要以感恩的态度来回报父母的养育之恩。又说："人人亲其亲，长其长，而天下太平。"如若人人能关爱、侍奉父母，各自敬重自己的长辈，以恩报恩，则天下自然就能治理好。所以儒家主张慎终追远的孝亲之道，既是作为子女对父母至亲至真的感情流露，同时也是子女对父母无怨无悔的回馈报恩。

中华大地自改革开放以来，随着市场经济的实行和物质文明的飞跃发展，社会道德的缺失已是不争的事实。社会上见利忘义，损人利己，行为失范，尔虞我诈，知恩不报，人伦沉陷的种种不文明、不健康、不道德的现象，已是屡见不鲜。甚至子女不履行赡养父母的职责，时有遗弃、虐待父母的现象出现。这些现象固然有方方面面的原因，但感恩观念的淡薄，年轻一代对中华民族的传统美德知之甚少，不能不说是重要原因之一。

而长期以来，在以"应试教育"为主的学校教育中，也在"分数一切"的前提下，将道德教育置于了无足轻重的地位，并在相当程度上忽视了道德教育，使得广大青少年学生的人文素质、道德情操日益低下。不少学生认为，父母、师长、社会和祖国赐恩于他们是天经地义之举，是顺理成章、理所当然的，无所谓思恩或感恩，更用不到回报，对知恩不报毫无愧疚之心。

因此，将"感恩教育"在现代学校教育中，特别是中、小学教育中提上议事日程,十分必要,亟待加强。中小学校应当将"孝道文化"、"礼仪教育"、"感恩教育"列入学校的"思想品德课"。以大力弘扬中华传统伦理美德,大力教导学生既要懂得思恩、知恩、感恩,更要知恩图报,启迪、引导学生从小确立崇德报恩的观念,培养学生既有感恩的意愿,又有报恩的践行,以孝敬父母师长,利益他人,服务社会,报效祖国为荣。即教育广大青少年从"孝亲"这一"孝之始"做起;立身行道,洁身自爱,得一技之长,报效国家,以发扬光大父母的未竟事业,实行中华民族伟大复兴的中国梦以尽"孝之终"。

同样,父母是青少年的第一老师,家庭是孩子最早接受教育的课堂。广大家长也应身体力行,做好表率,让孩子接受慈孝文化的熏陶。"母(父)慈"才能"子孝",使得孩子从小懂得知恩、感恩、报恩。自小培育他们饮水思源、知恩思报的道德情操,使中华民族的传统美德代代相传。

总之,在当代对广大青少年学生的感恩教育,亟待加强。如何在社会上大力倡导"父慈子孝"、"母慈子孝"的传统美德,使"知恩图报"的伦理深入人心,正是现代社会教育,特别是青少年学生伦理教育面临的紧迫课题。

探析计成共享园林与宜居环境的美学理想

金 文

计成在《园冶·掇山·池山》中写道:"池上理山,园中第一胜也……洞穴潜藏,穿岩径水;峰峦飘渺,漏月招云。莫言世上无仙,斯住世之瀛壶也。"他对于成功的、"峰峦飘渺,漏月招云"的池山,给以极高的美学评价,誉为仙境"瀛壶"。在《屋宇》章,他还提出了"境仿瀛壶,天然图画"这一最高理想的纲领性名言。

从本质上看,蓬瀛神山仙境之说,蕴含着古人对环境美等等的理想追求。这一神话传说,最早发端于《山海经·海外北经》:"蓬莱山在海中。"后来,王嘉《拾遗记》卷一还把它与"壶"字联系起来:"三壶,则海中三山也。一曰方壶,则方丈也;二曰蓬壶,则蓬莱也;三曰瀛壶,则瀛洲也。"《史记·封禅书》、《列子·汤问》等也有类似记载,其他诗文中就更多。对此,古人总是把目光注视着海上或天空去寻寻觅觅。白居易《长恨歌》写道:"忽闻海上有仙山,山在虚无缥缈间。"这种仙山,当然是不可能寻觅到的。然而,计成却不然,他所追求的,是"住世之瀛壶"。什么是"住世"?是指此身所居的现实世界。计成之所以可贵,在于他并不让人们遥望海上,或仰望天空,相反,他脚踏实地,把人们寻望虚无海天的眼光拉回到自身所居住的实实在在的地上,说明天堂就在人间,美丽的仙境是可以通过人的努力,通过园林艺术的创造而建立在现实之中。因此,世上虽然无仙,但园林化的现实世界,就是天然图画般的"住世之瀛壶"。

计成的"住世瀛壶"之说,还应联系其密友郑元勋《园冶题词》中一段话来探析:

> 予与无否交最久,常以剩水残山,不足穷其底蕴,妄欲罗十岳为一区,驱五丁为众役,悉致琪华瑶草、古木仙禽供其点缀,使大地焕然改观,是亦快事,恨无此大主人耳!

这是何等的视野!何等的襟抱!何等的美学!何等的快语!掷地可作金石声。这番经天纬地、言简意赅的卓绝言论,赖郑氏置于《园冶》书前的《题词》这一珍贵手迹保存了下来。它是计成造园实践到最后阶段所凝聚而成的最高理想。纵观计成一生,他"游燕及楚"(《园冶自序》),不但饱览大好河山之美,胸有丘壑,并通过绘画来渲染、抒写这种美,而且还通过园林来表现、焕发这种美。从园林美学的视角说,作为立体绘画的园林,是山水画向物质现实的转化,它"有真为假,做假成真"(《园冶·掇山》),既来自现实,又高于现实,装点着现实,美化着现实。而计成对"冶"字之义——扈冶广大、陶冶万物的体悟,由于对神州山川、绘画园林的挚爱,萌生了按造化的旨趣,以大地为对象的"大冶"理想……他希望自己的造园实践能突破园林围墙的局囿,走向浩浩瀚瀚,广阔无拘的境界,使广袤的大地实现园林化……成为仙界般的美境。这一美学理想,无论是在中国古代风景园林史上,还是在中国古代美学思想史上,均难能可贵,极为罕见,值得大颂特颂!也可这样说,这一"大冶"理想,在一定程度上是通向美丽中国梦的。

对于计成这一从未告人的心底宏愿,还可从古代的哲学、神话中来溯源。在中国文化史上,《庄子·大宗师》有"大冶铸金","以天地为大炉,以造化为大冶"之说;西汉贾谊《鵩鸟赋》有"独驰骋于有无之际,而陶冶大炉"之言;东汉扬雄《解嘲》有"天地为炉兮,造化为工;阴阳为炭兮,万物为铜"之语……但是,这些仅仅是一种联系于神话传说的想象,甚至其中不无消极因子,而一旦到了计成那里,竟转化为一种融和着实践理性的美学憧憬,转化为"大冶"的崇高美学理想。

还可从人类居住环境理论这一视角来探析计成"大冶"理想的非凡意义。张薇《园冶文化论》这样写道:

> 如果按20世纪50年代末希腊建筑师道萨迪亚斯首创现代"人类聚居学"理论来算,《园冶》比其早了300多年。但是,长期以来,学界对《园冶》的理论价值的认识不够充分。笔者认为,《园冶》不仅是一部古代造园理论著作,一部百科全书式的文化典籍,而且是一部杰出的古典宜居环境理论著作。从这种新的角度来解读《园冶》,深入系统地研究《园冶》所阐发的古典宜居环境理论,对这个十分重要的历史遗产来一个"觉醒",这对于继承和发扬我国优秀的文化传统,创造宜人的生活环境,建设和谐社会,坚持可持续的科学发展观,都具有重要的理论和实践意义。[①]

这是高度评价了计成古典宜居环境理论的现代意义,指出了当前这一视角的缺失以及学术界对这一古典宜居环境理论的忽视。再进一步由这一视角来评价计成的"大冶"理想,应该说它是《园冶》一书中宜居环境理论向更高境界的升华,是计成思想体系最后的光辉顶点。遗憾的是,郑元勋所述计成的"大冶"理想,虽赫然列于书前《题词》之中,但学术界却视若无睹,没有人予以拈出,发其底蕴,加以彰显弘扬。

应该看到,计成这一杰出的美学理念,不仅早于西方种种有关宜居思想,而且还可说中国自有文明史以来,也是绝无仅有,不妨作一回顾。

纵览悠悠中华古史历程,最早听到的是唐代大诗人杜甫《茅屋为秋风所破歌》的悲壮之音:"安得广厦千万间,大庇天下寒士俱欢颜，风雨不动安如山。呜呼！何时眼前突兀见此屋，吾庐独破受冻死亦足！"诗人自己是"布衾多年冷似铁"，"长夜沾湿何由彻"，但却热切希望天下寒士能拥有万千广厦，得以遮风避雨，稳定安居，这种崇高的思想境界确乎是亘古未有，令人生敬！如果说，杜甫的美好愿景是沉郁深广的现实主义所闪发的浪漫主义理想之光，那么，八百多年后明末的计成，他自己是无可奈何地传食朱门的一介寒士，却意欲罗十岳，驱五丁，打造天地大园林，美化人居大环境，让广大人群能住得美，居得宜，愿普天下人都能共享园林美的生活，这是地道的浪漫主义的瑰光丽色！计成从中国古典哲学发端，从《园冶》之"冶"字中所提升、所拓展的这一仙境般的浪漫理想，表现为既采撷《水经注》中蜀王令五丁力士开道的神话传说，又吸取王毂《梦仙谣》中"琪花片片粘瑶草"的典故，既令人想起"何如缑岭""欲拟瑶池"（《相地·江湖地》）的神仙故事，又令人似看到"层阁重楼""境仿瀛壶"（《屋宇》）的海上仙山……真是一派仙气氤氲！然而它们并非虚无缥缈，不可捉摸。计成是立足现实的理想主义者，他是以造园来装点现实，美化环境，让人感到真正的"瀛壶"离不开"住世"。特别值得指出，他并不满足于提出这类理念，而且还以"护宅之佳境"（《相地·傍宅地》）为出发点，不断扩展至山林地、城市地、村庄地、郊野地、江湖地……意欲实现全覆盖，让整个大地焕然改观。从历史发展的视角看，这是为后人提出了努力实现的宏伟远大的目标。计成不愧是美丽中国的先行者。

不妨进一步以人居环境理论的视角，把历史上先后互为辉耀的两颗明星——杜甫和计成作一有意义的比较，杜甫光辉诗篇所向往的是室内空间的安居，计成卓越园论所向往的，则是室外环境的宜居，它们是一枚闪光金币互不可少的两个面，或者说，同样是人类思想史上所绽放的美丽花朵。然而，在"战伐乾坤破，疮痍府库贫"（杜甫《送陵州路使君赴任》）的过去，在寒士地位极其低下的社会里，这类美好的愿景，注定是难以实现的。杜甫的《茅屋为秋风所破歌》,也只能是一首悲歌。郑元勋所转述计成的话,其中有一句特别有意味:"恨无此大主人耳!"这七个字中,也寓含着几许悲辛,几许发人深思的潜台词!故亦应予以开掘,并联系时代的变迁来接受。

鲁迅先生曾深刻指出,司马迁的《史记》,乃"史家之绝唱,无韵之《离骚》",《园冶》也堪称"园林之绝唱,无韵之《离骚》",其忧怨幽思,深寓于计成"否道人"的别号之中,如《易·否·象辞》所云:"天地不交,而万物不通也;上下不交,而天下无邦也。"此外,他那一腔幽怨,在书末《自跋》中也吞吞吐吐、欲语还止地透露出来:

> 崇祯甲戌岁,予年五十有三,历尽风尘……逃名丘壑中,久资林园,似与世故觉远。惟闻时事纷纷,隐心皆然,愧无买山力,甘为桃源溪口人也。自叹生今之时也,不遇时也!武侯三国之师,梁公女王之相,古之贤豪之时也,大不遇时也!何况草野疏愚,涉身丘壑……

计成生当"时事纷纷"(《园冶自跋》)的明代崇祯末年,面对着的,是严酷的现实,惨淡的人生……是时,朱明王朝板荡不宁,哀鸿遍野,加之党争激烈,而自己又家道中落,命运蹇涩,生机维艰,只能游食朱门,忍辱负重,因此,虽也有诸葛亮、狄仁杰的抱负,却无由舒展;虽有"使大地焕然改观"的宏愿,却难以起步。"常以剩山残水,不足穷其底蕴",其中隐含了多少诉说不尽的话语,是何等的悲怆感伤,深厚沉郁!"自叹生今之时,不遇时也",此语似通不通,话中有话,言不尽而意更无穷……在那个时代,对一介寒士来说,隐逸山林不失为明智的选择,但又"愧无买山力"。他痛感绝艺无传,更觉前途茫然,"吾谁与归"!他多么希望出现一个有理想、有魄力的"大主人"——贤君明主,能让其远大美学理想的实践开始起步,但事实上是不可能的。他的一生,也是一个饮恨终身的悲剧。

然而,他毕竟留下了宝贵的遗产:除一部《园冶》外,还有七个字——"使大地焕然改观",让后人解读不完,受用不尽。

以今天的理论来分析,计成包括"大冶"在内、力求物化的宜居环境理想,从总体上由高至低、由大而小,可相对地粗分为三个层级:

一、大地园林。这是其宏观的终极理想,也就是相通、相接于美丽中国梦的"大冶"理想,其特点是有似于瀛壶仙境的、浓重瑰丽的浪漫主义,而其实质则是希望把人居环境提升到仙居环境的高度。他给后人留下了一代代人努力为之实现的远大目标。

二、中型园林。这可从《屋宇》章的文字中见出:"奇亭巧榭,构分红紫之丛……隐现无穷之态,招摇不尽之春。槛外行云,镜中流水,洗山色之不去,送鹤声之自来。境仿瀛壶,天然图画。意尽林泉之癖,乐馀园圃之间。"境仿瀛壶,也似充满仙气,但又是可以现实地建成的,能让人"意尽林泉之癖,乐馀园圃之间"。实例如计成所营建、驰名南北江的常州吴又于园、仪征汪士衡园,还有扬州的郑元勋园,它们虽然大抵只有数亩,却可行可赏,宜居宜游,满足着人们自然生态的需求和精神文化生态的需求。

三、小筑园林。《相地·傍宅地》一开头就说:"宅傍与后,有隙地可葺园,不第便于乐闲,斯护宅之佳境也。"结尾又说:"足矣乐闲,悠然护宅。"这是反复点题。总之是宅旁屋后,其隙地面积虽小,却可以成为护宅的佳境,山水园林的美景。此外还有如《自序》所说"别有小筑,片山斗室",规模虽小,但同样宜赏宜居。

计成的"大冶"理想,只有历史车轮驶进现代,才有可能提到议事日程上来。1923年,《园冶》最早的注释研究家陈植先生在《国立太湖公园计划》中说,"国立公园发源于美国,渐及于欧洲、日本诸国。然其发达,乃最近十年间事,故其名称于最近数年间流入我国"。当时,陈植先生接受了考察太湖并进行规划设计建为森林公园的任务，经过周密的调查，深入的考察，发掘大量的风景资源，订出翔实可行的《计划》。他说，其目的就是要实现"共享之道"，"所以永久保存一定区域内之风景，以备公众之享用者也"。②这种园林美的"共享之道"，与计成的"大冶"理想是一脉相承的。然而，此计划的实现，却受障于"啸聚湖中猖獗无已的湖匪"等等，于是，陈植先生一番心血基本上付诸东流。但是，《计划》中所列屈指难数的景点及其描写，所作条分缕析的论述、建议……还是很有参考价值的。

又经过了60年，到了1983年，已进入了改革开放时代，陈植先生又提出，"应从速组织造园学会，为祖国国土美化及国内外人民服务"，"绝不能作茧自缚……长期停滞于造园初步的庭园阶段，而不思发展"。③这讲得多好！"祖国国土美化"与"使大地焕然改观"相比，可说是同一理想在不同时代的不同表述，由此也可见陈先生与计成的宜居环境思想是一脉相承的。

计成所企望的"使大地焕然改观"，只有在改革开放的时代，才真正有可能逐步地实现。就太湖周边的"共享之道"来看，风景区已不断被开发，沿湖周边的湿地、园林、景点、疗养院、森林公园……不断涌现。再将目光从"悠悠烟水，澹澹云山"的江湖地，移向"市井不可园也"的城市地，可见各级各类自然遗产、文化遗产得到了应有的保护，绿化的面积在不断地扩大，居民小区的景观建设、休闲绿地也相应增长，特别是园林城市、生态城市、宜居城市如雨后春笋般出现……所有这些可喜的物化成果，确实使大地有所改观，计成如果地下有知，当万分欣慰！

还值得探析的是，《相地·郊野地》有"花落呼童，竹深留客。任看主人何必问，还要姓字不须题"数句，其特色除了巧于用事，将体现晋人风度生动风趣、脍炙人口的典故等组成骈语外，其深一层的内涵更值得深入探究。

对于上句"任看主人何必问"，《世说新语·简傲》中有王徽之（东晋大书法家王羲之第五子，字子猷）好竹不问主人的故事：

王子猷尝行过吴中，见一士大夫家极有好竹，主已知子猷当往，乃洒扫施设，在听事（听事即"厅"）坐相待。王肩舆径造竹下，讽啸良久。主已失望，犹冀还当通，遂直欲出门。主人大不堪，便令左右闭门不听（即不让）出。王更以此赏主人，乃留坐，尽欢而去。

　　短短的一段文字，刻画出这位东晋名士的傲慢、怪僻、孤高、狂放、清雅、爱美、超拔、脱俗……"任看主人何必问"的上文为"竹深留客"，此四字，正是"任看主人何必问"的必要的引领和铺垫，是为了更好地凸显王徽之的赏竹及其寓意，如此前后勾连，可谓承接得天衣无缝，交代十分妥帖。而宋代大文豪欧阳修咏颍州西湖，作《采桑子》十首，其小序《西湖念语》落笔也说："昔者王子猷之爱竹，造门不问于主人。"这指名道姓，说得更为明确。

　　再探析下句"还要姓字不须题"，这用的是王献之之典，故事见《晋书》、《世说新语》，兹将两段文字迻录于下：

　　王子敬自会稽经吴，闻顾辟疆有名园，先不识主人，径往其家。值顾方集宾友酬燕，而王游历既毕，指麾好恶，傍若无人。顾勃然不堪曰："傲主人，非礼也；以贵骄人，非道也。失是二者，不足齿之伧也。"便驱其左右出门。王独在舆上，回转顾望，左右移时不至，然后令送箸门外，怡然不屑。（《世说新语·简傲》）

　　献之字子敬，少有盛名，而高迈不羁……尝经吴郡，闻顾辟疆有名园，先不相识，乘平肩舆径入，时辟疆方集宾友，而献之游历既毕。傍若无人。辟疆勃然数之曰……便驱出门，献之傲如也，不以屑意。（《晋书·王羲之传》附王献之）

　　顾辟疆，是吴中历史上第一个蜚声遐迩的私家名园——辟疆园之主,王献之则是东晋风流名士之冠,王羲之第七子,双方因园林而发生了一场戏剧性的矛盾冲突:一方无视礼节,径往其家,旁若无人,另一方面则勃然大怒,要驱送出门,而一方仍然傲如,不以屑意。那么,为什么说这就是"还要姓字不须题"呢?这是因为《世说新语·简傲》这段文字中有"先不识主人"这一关键语;《晋书·王羲之传》这段文字中也有"先不相识"之语,二者都有一个"识"字。"识"为何义?这需要丛证。《玉篇》:"识,认识也。"唐李白《与韩荆州书》:"生不用封万户侯,但愿一识韩荆州。"宋陆游《赠应秀才》:"辱君雪里来叩门,自说辛勤求识面。""识",是认识,相识,识面。王献之的"先不识主人"或"先不相识",就是事先不去认识主人,或事先不与主人相识、识面。

再说,古人相识取什么方式?曰:通名。清赵翼《陔馀丛考》卷三十:"古人通名,本用削木书字,汉时谓之'谒',汉末谓之'刺',汉以后则虽用纸,而仍相沿曰'刺'。"但这种方式,对于蔑视礼数、放达不拘、追求精神自由的东晋名士来说,是不屑一顾的,于是,既不愿自投名刺,又不想通报姓字,更不会谦谦地求识面,预先征得园主人的同意,相反,"傍若无人"地"乘平肩舆径入","指麾好恶"……最后,即使"便驱出门",依然"傲如"。这样,其人其事就典型地进入了《世说新语·简傲》。

计成也颇为赞赏这类晋人风度,故而紧接着"任看主人何必问",又写下"还要姓字不须题",然而其主旨却不在于此,而在借题发挥。试看中国园林史的发展走向,自宋代开始表现出园林不同程度的开放。如果说,东晋顾辟疆的驱客,标志着私家园林的封闭性,那么,到"宋代就不同了,当时洛阳有许多名园,邵雍《咏洛下园》就有'洛下园池不闭门','遍入何尝问主人'之句。即使如司马光的独乐园,也取消了对公众的封闭性"[④]。司马光是计成推崇的历史人物之一,《园冶》中多次提到了司马温公及其独乐园。再看司马光的《独乐园记》,一开头就标举了《孟子·梁惠王下》中的"独乐乐,不如与众乐乐"的名言,即主张有乐

（yuè）与众共享。但是，司马光对自己的园名，却违反这一逻辑，题为"独乐（lè）"，究其原因，不过是由于当时不得志，以此作为"独"善其身的表白而已。试细味《独乐园记》结尾："自乐恐不足，安能及人？况叟之所乐者……皆世之所弃也，虽推以与人，人且不取，岂得强之乎？必也有人肯同此乐，则再拜而献之矣，安敢专之哉！"言下之意是，如真有人"肯同此乐"，那么，他愿意"推以与人"，"再拜而献之"，可见，他也还是主张"与众乐（yuè）乐（lè）"的。

《相地·郊野地》中的"任看主人何必问，还要姓字不须题"，是符合于园林逐步趋于开放即"与众乐乐"这一历史走向的。再联系计成的"大冶"理想来看，欲"使大地焕然改观"，也就是希望能打造天地大园林，美化人居大环境，让人们都能共享园林生活美，这理想当然也包括园林"与众乐乐"的开放。故而应该说，只有联系于"共享之道"，才可说是读懂了隐于"任看主人何必问，还要姓字不须题"用典背后主张园林开放的积极主旨，才可说是读懂了计成"使大地焕然改观"的"大冶"理想。

注释：

① 张薇：《园冶文化论》，人民出版社，2007年版，第258~259页。
② 并见《陈植造园文集》，中国建筑工业出版社1988年版，第29、30、50页。
③ 《陈植造园文集》，中国建筑工业出版社1988年版，第242页。
④ 金学智：《中国园林美学》，中国建筑工业出版社2005年版，第50~52页。

资料集萃

春秋吴大城　姑苏繁华地

徐刚毅

苏州是古城，自伍子胥在此筑城，便再也没有移动，它以小桥、流水、人家的水城风貌，矗立原址已有2500多年。《史纪正义》云："使子胥筑阖闾城都之，今苏州也。"顾颉刚说："苏州城之古为全国第一，尚是春秋之物。"

苏州是古都，自吴王寿梦从无锡梅里移至苏州平门西北二里"别筑城为宫"，至夫差失国存在了110年。越国灭吴后，其早期和后期也曾两度迁都于吴，达50余年。东汉末孙吴则在此开创基业12年。元末张士诚据苏州建立大周政权也有12年。苏州作为诸侯国或者割据王朝的都城，前后将近200年。

苏州是一座传奇的城市。尚武之时好用剑，轻生死，骁勇善战，能将天下搅动，春秋吴国一度称霸江东而威动中原。然而南北朝后它便由尚武转向崇文，变得风情万种，吴侬软语，儒雅倜傥，美不胜收。一千多年来，儒商经济、文教科考、建筑园艺、吴门书画、吴门医派、通俗文学、藏书刻书、昆曲戏剧、手工工艺等诸多领域，都曾在中华文化中呈现出独具一格的精美境界！

苏州还是一座富庶而又负重的城市。税赋历来苛重，唐时白居易任苏州刺史后，给朝廷上奏道：当今国用"多出江南，江南诸州，苏最为大"。宋代则出现了"苏湖熟，天下足"的局面。到了明代，据《明会典》载，洪武二十六年（1393）苏州府以全国1%的土地，实征税粮米麦占全国的9.6%。苏州一府七县所纳粮税，竟比浙江省十一府六十六县之总和还要多。

然而作为国之粮仓、朝廷钱袋的苏州，两千多年的历史，又决非如外界所想象的那般歌舞升平，安居江南。相反它所遭受到的战争劫难，乃是格外的惨烈！越灭吴残其国，楚灭越城又摧，秦统一后拆城墙挖剑池，六朝军阀反叛赤地千里，唐末骄兵割据前朝遗迹都被摧毁，南宋初金兵南下屠戮烧掠，元初蒙古兵又毁城杀人，元末朱元璋围城十个月日夜炮轰，清初兵灾半城被屠，咸丰年间太平天国战争又将古城全面摧残⋯⋯

许多时候，战争悲惨到了白骨相撑、一城殆空的地步。然而每每战乱之后，苏州便又在原地开始了艰难的重建，直到风光如昔，重新昌盛。如此兴亡盛衰周而复始，其频率居然平均每两百多年就是一个轮回！久历劫难而刚强不屈，构成了苏州另一面重要的文化个性。

江南岁月　吴地悠远

（一）自然山水物产

苏州山温水软，绿野锦绣。太湖襟带西南，运河贯穿南北，长江蜿蜒西来，大海波撼东方。尤其是三万六千顷碧波太湖，四分之三在苏州；太湖七十二峰，五十六座在吴中。江河湖海之间，近郊诸山逶迤耸峙，洞庭东西两山、渔洋、邓尉、穹窿、阳山、支硎、寒山、上方、天平等皆为吴中名胜。更有灵岩、狮子、虎丘、金山四座山冈，经大自然鬼斧神工，居然演化成为象、狮、虎、豹四座神兽栩栩如生，终年守护着苏州这座天下名城。

苏州位于长江三角洲太湖平原，东邻上海，南连浙江，西傍无锡，北枕长江。亿万年的沧海桑田和北亚热带湿润季风气候，造就和滋润了这片江南沃土。境内河流纵横，湖泊棋布，植被茂盛，经人工千百年养殖和精耕细作，鱼米之乡美名早已名闻遐迩。池塘淡水养殖历史悠久，青鱼、草鱼、鲈鱼、鳜鱼、鲫鱼、鲢鱼等品种繁多；长江时鲜刀鱼、鲥鱼味道鲜美；还有太湖野生"三白"，即白鱼、白虾、银鱼，以及阳澄湖大闸蟹更是名声远扬。农业以水稻、麦子、棉花、油菜为主，兼以蚕桑、畜禽、茶叶、瓜果、蔬菜。四时八鲜，特产丰富，花果中的桂花、杨梅、枇杷、桔子、梅子、白果（银杏）、栗子、桃子等自古以来都是著名的产地，而水生植物茭白、莲藕、芡实、茨菇、荸荠、水芹、莼菜、菱角，号称"水八仙"，品种齐全。

（二）人文历史溯源

1985年12月，考古工作者在太湖东山镇三山岛西北端的清风岭下，发现了距今一万多年前旧石器时代人类使用过的石器，以"三山文化"命名的这一考古成果表明，至少在晚更新世晚期，太湖流域就是人类活动的重要区域。"吴地文化一万年"似乎已成为约定成俗的一种说法，然而苏州人认为，更清晰地展现在人们眼前的苏州史前历史，还是应该从距今6000年前的那个时间段上说起。

从20世纪70年代起，考古工作者在苏州草鞋山遗址发现了马家浜和良渚文化时期的建筑遗构、生产工具、玉琮、玉璧、碳化稻和纺织品等，尤为重要的是发现了距今6000年的水稻田74块，说明长江三角洲是世界稻作农业与栽培稻的起源地之一，这是中国迄今为止发现最早的有灌溉系统的古稻田。此外在苏州越城，吴县张陵山、澄湖；昆山少卿山、赵陵山、绰墩，张家港鹿苑徐家湾等地都发现了这一时期的遗址，并在吴江梅堰龙南村发现了距今5000年前的村落遗址。2010年1月张家港金港镇南沙街道东山村遗址，首次在长江下游地区发现了距今6000多年前崧泽文化早中期高等级大墓群。这也是迄今为止发现的崧泽文化墓葬中随葬品最多的一次，有谓之"崧泽王"。

然而大约4000年前，灿烂的江南史前文明却因一场大洪水而中断，先民四散迁徙，便也将文明的影响带到了四面八方。太湖流域则又沉入到漫漫长夜之中，以至于泰伯、仲雍自陕西岐山千里南奔来到太湖畔建立勾吴部落的时候，这里似乎还是一片荆蛮之地。勾吴部落形成吴国，在无锡梅里存了五百年，至十九世寿梦开始转移苏州，最后由二十四世吴王阖闾建立吴国都城，苏州城池从此源远流长。

(三) 行政建置沿革

秦始皇统一中国，秦王政二十五年（前222），秦在原属楚国的江南之地设会稽郡，辖26县，并于吴国故都设吴县，为会稽郡治。

东汉永建四年（129），顺帝因会稽郡区域广大，一分为二，浙东为会稽郡，治所山阴（今绍兴）；浙西为吴郡，治所仍在吴县。

隋开皇九年（589）废吴郡，改称苏州，苏州自此得名。

宋太祖开宝七年（974），改苏州为平江军。宋太平兴国三年（978），吴越国钱弘俶向宋纳土称臣，吴地入宋，平江军恢复苏州名称。北宋末徽宗政和三年（1113），升苏州为平江府。

元至元十三年（1276），平江府改称平江路。

朱元璋攻下苏州，改平江路为苏州府。

清康熙六年（1667），在原江南省基础上分置江苏、安徽两省，苏州为江苏省会驻所。江苏抚署和苏州府衙以及吴县、长洲、元和三县治同城而设。咸丰十年（1860），太平天国忠王李秀成占领苏州，建立苏福省，三年后失败。

民国元年（1912），撤裁苏州府，苏州改称吴县，省府迁移南京。1928年划吴县城区为苏州市，1930年撤市复归吴县。

1949年4月30日成立苏州市，划苏州市及吴县、吴江、常熟、昆山、太仓五县为苏州行政区（地区），行政区驻苏州。1953年1月26日苏州市为省辖市。1983年实行市管县体制，撤销苏州地区，吴县、吴江、昆山、常熟、太仓、沙洲六县归苏州市管辖。

吴国雄起　诸侯争霸

（一）造筑阖闾大城

吴王阖闾登基后，伍子胥提出"立城郭、设守备、实仓廪、治兵库"的强国之术，得到阖闾赏识。周敬王六年（前514），伍子胥受命筑城，他参照楚国郢都的规模形制，"相土尝水，象天法地",建造了阖闾大城,又称吴大城。阖闾大城为不规则长方形,《吴地记》称为"亞字形,周回四十七里,陆门八,以象天八风。水门八,以法地八聪"。八门即阊、胥、盘、蛇、匠、娄、齐和平门。相传当年孔子登泰山,东望吴门,见城头白马如练彩云飘逸,也对这座都城充满了神往。

阖闾大城至今已历2500余年,城址一直未变,如今航空拍摄,仍可清晰地看到被护城河包围着的、略带长方形的亞字形城址,实乃世所罕见。

(二) 吴国显名诸侯

阖闾治国,重用伍子胥。伍子胥曾在一天之内七荐孙武,孙子兵法十三篇遂得以问世。阖闾为了"兴霸成业",开始对外扩张。先出兵灭徐国(今安徽泗县),又进攻楚国潜、安(今安徽六安、霍山一带)等地。阖闾九年(前506)吴王亲自率军,以伍子胥为谋,孙武为将军,大举进攻楚国。经过水路陆路长途奔袭,以3万之兵击楚国20万军队,在柏举(今湖北麻城东)之战中五战五胜,最后攻入楚国首都郢都(今湖北江陵西北),楚昭王仓皇出逃,后因越国攻吴,阖闾只得退兵。

阖闾时代的吴国"西破强楚,北威齐鲁,南伐越",一跃而成为春秋后期的强国。阖闾死后,子夫差即位,继续北进中原,威逼宋鲁,挟鲁伐齐,与诸国争夺霸权。夫差十四年(前482),吴王与周王室的代表单平公以及晋国国君晋定公、鲁国国君鲁哀公会盟于黄池(今河南封丘西南)。盟誓时吴国和晋国争着以盟主身份先歃血,并各摆理由。夫差说,我是泰伯后裔,周的长房,应该先歃。晋定公说,在姬姓国家中,我是最大的。最终夫差以武力相威胁,迫使晋定公让步。

黄池盟会使吴国霸业达到了顶峰,然而由于夫差错杀了老臣伍子胥,又连年穷兵黩武,好大喜功,掏空了国力,吴国在争得盟主地位的同时,也迅速走上了衰亡的道路。

吴国崛起的时间虽然不长,但却给后世留下了许多彪炳千秋的人物和业绩。吴地先贤初有泰伯、仲雍三让天下,继有季札尊礼修德,还有被后世尊为"南方夫子"、开启了东南文化先河的孔子弟子言偃,他们都成为历代称颂的楷模。干将、莫邪铸剑,吴戈、吴钩从此成为精良武器的替代名词。为伐楚,伍子胥开胥溪,经太湖宜兴、溧阳、高淳,然后在安徽南部注入长江,全长225公里;为伐齐,吴国凿邗沟,从邗江至淮安,将长江和淮河贯通,全长150公里,这两条河道也是我国乃至世界上最早有确切穿凿纪年的大型运河。此外我国七大方言之一的吴语,也正渊源于春秋那个时代。在汉语各大方言中,使用吴方言的人口仅次于北方方言,苏州方言向来被视为是吴方言的代表。

(三) 吴越金戈铁马

吴人与越人同属我国古老的百越民族,但由于吴楚已成世仇,而越依然与楚结盟,故吴越之间征战不断。阖闾五年(前510),阖闾因越国不肯跟随去攻打楚国而讨伐越国,攻破了越国的槜李(今嘉兴西南)。吴国伐楚,在柏举之战中击败楚军并攻入郢都,越王允长却趁吴国空虚兴兵伐吴,阖闾被迫撤兵回国。阖闾十九年(前469)越王允长去世,阖闾趁勾践刚即位,即对越发动战争。勾践在槜李出奇招,派遣三排罪人走到阵前,一起持剑割颈自杀,吴军见状目瞪口呆,越军乘机掩杀过来,大败吴军。阖闾被刺伤脚趾,因伤痛发作死在路上。

夫差继位后不忘国耻家仇,第二年便亲率大军伐越。勾践率兵三万迎敌,双方在夫椒展开决战,吴军大败越军,勾践率残部逃入会稽山,又被吴军包围。勾践派大夫文种下山求和,伍子胥坚决反对,但夫差却听信已接受文种厚贿的伯嚭的意见,同意媾和,并将勾践、范蠡带回吴国当人质。勾践入吴,为吴王驾车养马,为博得吴王欢心,还尝其粪便以辨识病情,两年后勾践即被特赦。

勾践回国后卧薪尝胆,"十年生聚,十年教训",重新积蓄力量。正当吴、晋、鲁三国在黄池会盟,吴国争得盟主之际,勾践却大举攻吴。夫差匆匆回国,吴都已被洗劫一空。此时的吴国已无力再战,靠赔款换得了越国退兵。周元王元年(前475),越军又围攻吴都,两年后吴军战败,夫差被俘自杀。吴王金戈越王剑,悲凉壮烈的吴越春秋故事,终于在吴都西郊秦余杭山(今阳山)山麓,降下了帷幕。

六朝吴郡　文采初现

（一）孙吴吴郡奠基

秦汉之际,司马迁描述江南是"地广人稀","无积聚而多贫"。吴（郡）会（稽）之地民风依旧轻悍,骁勇善战。公元前209年,项梁、项羽叔侄在吴中起兵反秦,率江东子弟兵八千渡江西去,并于公元前207年经过"破釜沉舟",在巨鹿之战中一举消灭了秦军主力,秦王朝覆灭。西汉吴王刘濞发动"七国之乱",失败被杀。

东汉末,浙江富阳人孙坚被曹操命为破虏将军,封吴侯,治于吴。孙坚娶迁于钱塘的吴县人吴夫人为妻,生子孙策、孙权。时富阳地属吴郡,吴县又为吴郡首邑,故吴被孙氏视为桑梓之地。孙吴之初,即以吴为中心创建基业。孙坚死后,孙策继承,因善于用人,得兵民拥戴,至建安四年（199）,孙策已平定吴郡、会稽、丹杨、豫章、庐陵等江东大部分地区,惜其英年早逝,26岁即被人射伤致死,弟孙权（182—252）继立。

曹操命孙权为讨虏将军,领会稽太守,但他并不去任职,而命吴郡士族顾雍为会稽郡丞,行太守事,自己依旧屯居吴郡城内,直到建安十四年（209）移治于京口（今镇江）。在这12年间,吴郡一直是孙吴政权的政治中心,在此期间孙吴整合地方势力,镇压反叛,均得胜而归。尤其是在建安十三年（208）的赤壁之战中联合刘备击败曹操,奠定了三国鼎立的格局。孙坚、孙策去世后葬盘门东南二里青旸地,东吴名将周瑜宅则在景德路雍熙寺西。

（二）士族顾陆朱张

秦汉以后,各地世族大姓的兴起成为社会发展的重要趋势。六朝时代吴郡大族以顾、陆、朱、张最为知名，且每个家族都有其特点，民间有顾厚、陆忠、张文、朱武的说法。这些家族相互提携，相互通婚，往来密切，形成了共荣辱、同进退的士族集团，并称"吴郡四姓"。仅孙吴一朝，四大家族为官者就达一千余人，可谓群星灿烂。

顾氏定居吴郡最早，其祖先为"越王勾践之支庶"，后来封于顾邑，子孙遂以顾为氏。孙吴时顾雍（168—243）任丞相达19年之久，为稳定和发展起到了重要作用。顾雍在朝处事公允，心胸宽广，气量之大让人敬佩，故有了"宰相肚里能撑船"的赞誉。

顾雍长子顾邵娶孙策之女，并任豫章郡守，政绩卓著。曾孙顾荣（？—312）在西晋时入洛阳任职，南归后以江东大族首望身份平息叛乱，接引司马睿南渡，奠定了东晋中兴的基业。

陆氏堪称江东世族第一盛门，为汉初名臣陆贾伯父陆万之后，陆曾任吴县令，子孙遂为吴人。吴郡陆氏孙吴时家族势力最盛，历经西晋、南朝数百年间十数代人仕宦不绝，陆逊（183—245）掌孙吴兵权，夷陵之战中用火攻连营七百里，一举击破刘备，自此威名远扬。顾雍死，陆逊继任丞相。其子陆抗也是名将，陆逊死，孙权将军队交他统领。孙皓即位，陆抗镇守荆州，为东吴保住了半壁江山。陆氏一宗在孙吴朝有"二相、五侯、将军十余人"。孙吴灭亡后，陆机、陆云兄弟成为江东士族的领袖人物。此外二十四孝中的"怀桔遗亲"故事中的陆绩（187—219），他在任郁林太守时两袖清风，退休回乡时因没多少行李，便以巨石压舱，此石被后世誉为"廉石"。这个陆绩，便是陆逊的堂叔。

吴郡四姓中朱氏于西汉末自下邳迁居，于孙吴时勃然崛起，其中以朱桓、朱据两支最为显赫。朱桓为名将，在镇压山越、抗击曹魏的战争中多有立功，官至前将军。子朱异在朱桓死后代父领兵，战功卓著。朱据为朱桓同族兄弟，"才兼文武"，深受孙权赏识，曾让其领丞相。

张氏于两汉之际迁吴，始祖为张良七世孙。南朝时张敞一族崛起,曾任侍中、尚书、吴国内史等要职。其子张裕、张邵兄第对刘宋建国立下功劳,成为肇宋功臣。张氏在刘宋时仕宦达三品以上者就有14人之多。吴郡张氏以张翰最为知名,西晋时张翰入洛,被齐王司马冏重用,但他发现司马冏骄横专权,迟早出事,便借口秋风起,思念家乡的莼菜和鲈鱼,得以辞官隐居吴中。不久齐王兵败,他幸免于难,自此"莼鲈之思"成为知机归隐的出典。

(三)文士崭露头角

先秦时期,吴地风俗尚武,秦汉以来亦多战将斗士。然六朝之际随着北方人士大量南迁,文化学术渐趋发达,知名学者开始涌现。

早期来吴的是东汉著名诗人梁鸿,流寓吴地阊门,替名士皋伯通家打工舂米,期间虽贫,但妻孟光对其仍相敬如宾,这段故事便成了成语"举案齐眉"的出典。梁鸿在吴潜心著作,死后亦留葬于吴。西晋时期吴郡文学家以陆机(261—303)、陆云(262—303)兄弟和张翰最为著名。陆机诗歌"才高辞赡,举体华美",其文风对当时影响深刻。陆云与兄陆机齐名,并称"二陆",擅长诗文,开六朝文学的先声。张翰文章"有清才美望",现存诗中以《杂诗》"黄华如散金"句最为人称赏,李白有"张翰黄花句,风流五百年"之语。

在艺术领域,吴郡绘画艺术已举足轻重,在六朝三大家中,除了顾恺之,陆探微和张僧繇均出自吴郡。刘宋时的陆探微善画肖像,又能作山水画,轻勾慢勒,笔迹周密。梁代张僧繇的绘画形象逼真,尤擅绘制宗教人物和飞禽走兽,成语"画龙点睛"即因他而来。书法方面,陆机的《平复帖》是我国现存最早的古代名人书法真迹。此外张融、张永也是著名的书法家。在经学方面成果最大的应数梁陈之间的顾野王(519—581),他曾受梁武帝之托编纂字书,搜罗考证古今文字的形体和训诂,著成《玉篇》30卷,比《说文解字》多收7500字,这也是我国现存最早的一部楷书字典,顾野王也由此被称为我国楷书的始祖。

(四) 空濛烟雨楼台

魏晋南北朝时期，中国南北都处于分裂动荡年代，除了东汉末三国鼎立连年征战之外，江南先后发生了王敦、孙恩、卢循、侯景之乱，"百姓饥馑，死亡涂地"，三吴地区甚至一度"千里绝烟，人迹罕见，白骨成聚"。生于乱世，人们渴望安宁而不得，只能转而乞求神灵和来世，这就为宗教的传播提供了土壤。孙权治吴期间，为迎接西域僧人性康，在盘门内建普济禅院和塔，即今瑞光塔。孙权母亲吴夫人舍宅建通玄寺，即今报恩寺和北寺塔。两塔均为我国始建年代最早的宝塔之一。性康、竺道生、支遁等高僧先后南来讲经说法，虎丘千人石至今仍遗有"生公说法，顽石点头"的典故。

梁武帝时更是大倡佛教，在境内广兴佛寺。清同治《苏州府志》及民国《吴县志》载，始建于六朝的寺观宫庵有107处，其中建于梁代的即有73处，故自古以来，苏州便有东南佛国之称。留存至今的古刹名观就有观前玄妙观、虎丘云岩寺、木渎灵岩山寺、枫桥寒山寺和支硎寺、唯亭重元寺、洞庭包山寺、甪直保圣寺、常熟兴福寺、张家港永庆寺等等。"千里莺啼绿映红，水村山郭酒旗风。南朝四百八十寺，多少楼台烟雨中"，杜牧的那首《江南春绝句》，正是那个多难岁月里江南人的现实世界。凄美空灵的生活场景背后，是无数百姓家破人亡之后虚无缥缈的精神家园。

隋唐水城　诗意无限

(一) 运河滋养古都

隋炀帝即位，役民工百万开凿大运河，从洛阳通淮河，又开挖湮塞的邗沟，从淮河接通长江，以方便到江都来赏琼花。接着他又想学秦始皇去会稽祭大禹陵，于大业六年（611）开江南运河，从京口（今镇江）经苏州至余杭（今杭州）。苏州段运河北从望亭入境，南到吴江盛泽出境，全长82公里，由太守李显征集民工完成。

江南运河是利用自然河流和原有人工运河开挖、整修连接而成,大运河最古老的河段即是当年阖闾大城的护城河。由于苏州段地势较低,唐时在望亭置堰闸以节制河水。元和五年(810)苏州刺史王仲舒修筑王江泾至长洲县数十里的石塘与土塘来控制太湖水势,又疏浚平望淤塞河段,并对八圻段运河削弯取直。苏州运河上最著名的宝带桥便是王仲舒变卖束腰玉带所建。此桥位于大运河与澹台湖交界处,五十三孔纤桥长虹伏波,恰似天宫玉带降落人间,飘逸在风光旖旎的江南原野之上。

自运河开挖,苏州成为江南交通枢纽,经胥江可直至太湖,沿吴淞江可达东南沿海,溯长江又可通达内地州县。唐时苏州运河上即已"帆樯林立,商贾云集",杜甫诗曰:"窗含西岭千秋雪,门泊东吴万里船",可见苏州的商船,经过运河,万里山川之遥,也都成为坦途。天宝年间张继路过枫桥,正是在运河侧畔有感而发,作《枫桥夜泊》诗,遂使寒山寺穿越古今,名动中外。大运河不仅赐予苏州城市不尽的财富,也给苏州文化带来了永远的滋养。

(二)江南雄州瑰丽

中唐以后,尤其在安史之乱时,北方人民大量迁移江南,苏州人口为此大量增加。以唐元和年间为例,苏州已有100880户,同比杭州51276户,湖州43467户,常州54767户,以上三州在中唐时期人口都要比苏州多,然而至唐代后期则都已比苏州少一半左右了,由此可见唐代苏州地位迅速上升的趋势。因北方及中原重遭兵灾,人民离乱,生产破坏,此时朝廷每岁所收粮食赋税,大部分已出自淮南和江南。白居易(772—846)任苏州刺史时曾上表道:当今国用"多出江南,江南诸州,苏最为大"。唐时按照人口规模和经济水平,将州县地位分为"辅(京畿重镇)、雄、望、紧、上、中、下"七等。大历十三年(778)苏州升为"雄"州,为当时江南唯一。

白居易在《登阊门闲望》诗中曾描述道:"阊门四望郁苍苍,始觉州雄土俗强。十万夫家供课税,五千子弟守封疆。"除了户口众多之外,谈到苏州的富庶和繁雄时,他也评介道:"霅溪殊冷僻，茂苑（今苏州）大繁雄。唯此钱塘郡（今杭州），闲忙恰得中"。由于人口增长迅速，刺史王仲舒到苏州后首先做的一件事，便是把民居的茅屋草顶改为瓦顶。因为从前人口稀少，民居大多不相邻，起火不会延烧。然唐时坊市已鳞次栉比，为防止炊烟缭绕迸出火星，便作此预防。

唐代苏州城市风景到底有多精彩？诗人是这样描述的，杜荀鹤云："君到姑苏见，人家尽枕河。古宫闲地少，水巷小桥多"，苏州小桥流水人家的水城风貌已跃然纸上。李商隐道："茂苑城如画，阊门瓦欲流。还依水光殿，更起月华楼"，这分明是在说苏州繁华富丽的建筑景观，恰似琼楼玉宇，美不胜收。刘禹锡云："二八城门开道路，五千兵马迎旌旗"，伍子胥建城时的八座水陆城门此时统统开启，河道街衢畅通无阻，五千兵马立队旌旗高展，这又是一幅何等壮观热烈的场面啊。记叙苏州城市最传神的还应数白居易的一系列诗文了，"绿浪东西南北水，红栏三百九十桥"，城内有桥三百九十座，数量与今日相差无几，且唐时木桥居多，故桥栏都要用朱漆涂上，水城、桥风光盎然。"处处楼前飘吹管，家家门外泊舟航"，这又是一幅多么优雅祥和的水巷生活场景。白公还登上子城齐云楼遥望，"半酣凭槛起四望，七堰八门六十坊。远近高低寺间出，东西南北桥相望。水道脉分棹鳞次，里闾棋布城册方。人烟树色无隙罅，十里一片青茫茫"。从中可以解读出，苏州有八座水陆城门和六十个里坊，水城门外建有七道挡水的堤堰，佛寺宝塔高低错落远近辉映，东西南北桥梁遥相呼应，水巷河道里舟船来往如织，里坊街市纵横交错，就如同棋盘一样规整严密。放眼望去，但见十里人烟繁闹，一片树色苍茫。这就是一千两百多年前被称之为"人稠过扬府，坊闹半长安"的江南名城苏州！

（三）诗人魂牵苏州

面对如此一座诗意无限，摄人心魄的城市，无数人都魂牵梦绕为之倾倒。白居易在送刘禹锡赴任苏州时说："何似姑苏诗太守？吟诗相继有三人。"诗人韦应物、白居易、刘禹锡先后任过苏州刺史，他们都将这段经历视为人生幸事，经常作诗怀念，并各以"苏州"作为自己的别名，这已成为诗坛的一段佳话。无独有偶，在唐代到苏州作过刺史的一般都喜欢称之为"某苏州"，其中有记载的就有四个李苏州，他们是长庆二年的李乂，长庆四年的李谅，太和年间的李绅和开成二年的李道枢。

韦应物离任后即寓居城内永定寺，并终老于苏州。白居易离职后也一直牵挂苏州，作诗云："扬州驿里梦苏州，梦到花桥水阁头"，并将自己一生所录《白氏文集》珍藏于苏州南禅院千佛堂。多年后他回到洛阳，在《忆旧游》中再次回忆江南胜事，"江南旧游凡几处，就中最忆吴江隈。长洲苑绿柳万树，齐云楼春酒一杯。阊门晓严旗鼓出，皋桥夕闹船舫回。六七年前狂烂漫，三千里外思徘徊"。白公对苏州一往情深，诗文读来，至今仍催人泪下。

此外还有李白，对苏州也情意绵绵，他的那首《苏台览古》，"旧苑荒台杨柳新，菱歌清唱不胜春。只今惟有西江月，曾照吴王宫里人"，借助于苏州的历史典故和人文景观，抒发了对于朝代盛衰兴亡的无限感叹，也正是因为这首诗的出现，为中华词坛创造出了一个新的词牌名称，那就叫《西江月》。

宋元平江　天上人间

（一）州学源远流长

宋仁宗景祐元年（1034），范仲淹（989—1052）出任苏州知州。范仲淹为唐朝宰相范履冰之后，唐末四世祖范隋在江南做官，中原战乱，子孙遂为"中吴"（苏州）人。范仲淹来苏后在南园买下一块空地，准备建宅居住。风水先生说此地居卧龙街（今苏州人民路）之首，在龙首之地建宅，将来子孙定会科甲不断，世代将连出公卿。范却说，与其我一家出贵人，还不如让天下之士都来这里接受教育，当出更多公卿。于是献地兴造学舍，奏请建立州学，并聘泰州名儒胡瑗前来讲学。各地英才闻之纷纷来学。胡瑗讲学不仅重视经学理论，而且讲究治事能力，授以治兵、水利、算数等实用知识与技能。他主张学以致用,培养具有实际才干兼识并收的通才。这种主张全面发展的教学理论得到了范仲淹的推崇,在后来的"庆历新政"中,范仲淹不仅将州县办学作为新政重要内容,由朝廷颁布兴学诏书推向各地,而且还奏请将胡瑗的教法著为太学令,全面推广。由于胡瑗曾在苏州、湖州两地教学,因此又称苏湖教法。范仲淹的苏州办学与胡瑗的苏湖教法在中国教育史上均具有开创意义,吴地崇文重教也由此蔚然成风,故自宋以后的一千多年里,苏州人才涌流不绝。

(二)城乡物阜民丰

吴越国时钱氏十分重视水利建设,"五里七里为一纵浦,七里十里为一横塘",用开挖沟渠的泥土修筑塘堤,并设置堰闸斗门,形成圩田相连,水网密布,区域协调的庞大排灌系统,为农业发展奠定了基础。北宋雍熙年间,诗人王禹偁(954—1001)出任长洲知县,为减轻当地田赋重税,奏请朝廷改吴越国亩税三斗的旧规,减免至亩税一斗,为苏州农业发展与百姓富裕做了铺垫。宋时江南农业生产采取了二熟制,即早稻和麦子,粮食产量得到了很大提高,亩产可达五六石。北宋时"国家根本,仰给东南","苏湖熟,天下足"已成为当时的谚语。

北宋一朝,苏州上承吴越国七十年安宁,又连绵一百六十余年太平盛世,城市之富,甚于唐代。在城市建设方面,在城区不仅将唐时草棚瓦顶的民居换成了砖墙房屋,而且连近郊窄巷里的建筑也都用砖砌就,显得整洁雅致。水巷河道上的桥梁也都弃用木质而采用石料构建。登高俯瞰,但见寺庙新建,宝塔重修,园亭林立,城郭填溢,楼阁相望,飞桥如虹,蔚为壮观。从遗存至今的瑞光塔、双塔和上方山楞伽寺塔等古迹上,人们似乎仍能寻觅到那个繁盛年代里苏州瑰丽多彩的影子。南宋范成大(1126—1193)编纂的《吴郡志》中已出现了"天上天堂,地下苏杭"的谚语,这应该就是"上有天堂,下有苏杭"的出典。

（三）重建平江城坊

然而正所谓福兮祸所伏，太平日久之后，北宋开始衰亡。在导致北宋灭亡的过程中，有一个苏州人起到了推波助澜的作用，他就是朱勔（1075—1126）。宋徽宗朝政腐败，穷奢极侈，大兴土木建造园林，在苏州设苏杭应奉局，命"花园子"朱勔专门为朝廷挑选运载"花石纲"。朱勔在太湖诸岛大量开采湖石，并在江南大肆搜刮民间花木奇石，激起民怨沸腾，爆发了宋江起义和方腊起义。北方金兵趁机挥师南下，后来钦宗即位，尽管将祸国殃民的蔡京、童贯、朱勔等六贼贬谪，并将童贯、朱勔杀掉，但北宋王朝还是灭亡了。

靖康之变后宋高宗赵构即位，南宋建炎四年（1130）二月金兀术率军在攻掠临安（今杭州）回师途中进犯苏州，从盘门直入城中，劫掠官府民居，子女金帛，仓库积聚，纵火延烧，凡五昼夜，二百里外犹见烟焰。士民躲避不及，惨遭屠戮者十之六七，事后收尸，死难者近三十万之众。建炎浩劫，令"风物雄丽，为东南之冠"的苏州城旦夕之间一城殆空，凡地面上几无一碑一刻之遗，尽成废墟。毁灭之惨烈，古今所无！

建炎之后历任知府相继重建城池，大兴土木，整修府署，重建子城楼亭，并在古胥门构姑苏馆，筑姑苏台，辟百花洲，以作接待宾客的馆阁。时宋高宗有意将都城从临安迁至苏州，故曾按照都城要求进行重建，街巷布局已具雏形，一改唐时城市住宅区和商业区分割的坊市格局和里坊制度，取而代之的是街巷制，即巷内建宅，巷外街道则沿街设店，以作商市，跨街再建牌坊。街巷路面则以石板铺就，下设泄水沟渠。"天下最美苏州街，雨后着绣鞋"，人们就是这样来称赞当时苏州洁净雅致的街巷的。

这是中国古代城市市容的一次新变化，对以后的元大都和明清北京城的城市布局都产生了重大影响。除此之外，苏州还以商店、作坊和民居均为前街后河，拥有水陆两套交通网络而更具特色。经过将近一个世纪的重建，苏州终于以繁华宏丽的面目再度矗立于世。宋绍定二年（1229）知府李寿鹏镌刻《平江图》，这块罕见的城市实测图碑，将宋代苏州城市的形态永远定格在了历史之中。人们发现，今天的苏州城市格局，竟然与当年的《平江图》如出一辙，惊人的相似！

（四）平江海运空前

连年战乱导致大运河山东段淤塞，元朝立国后，为此开辟了海运。首先通过海道运输漕粮，其中有朱清和张瑄，被朝廷委以重任，侨居太仓负责漕运事务。起初每年运粮至京都4万吨，后增至300万吨。元初，海舟巨舰可经吴淞江、青龙江（今上海青浦附近）取道直抵苏州城东葑门湾停泊，葑门外墅里泾一带还建有海船修造场坞。海运的发展也带动了海外贸易，使得苏州沿江沿海的常熟白茆港和太仓刘家港迅速兴起，尤其是刘家港，自至元二十四年（1287）朱、张两人疏浚至和塘（今娄江）直通苏州后，从元以前"居民不满百"的荒村一跃而成为"番汉杂处，闽广混居"的"六国码头"，琉球、日本、高丽诸国海船都齐集于此，太仓人口也猛增至40000多户。至正二年（1342）朝廷设市舶分司于太仓城厢镇武陵桥北，专掌番货、海舶、征榷、贸易。海上贸易的活跃推动了江浙地区手工业和商业的发展，苏州物产丰富，船户众多，出海方便，故元代经商者多巨富，著名者便是靠海运经商富可敌国的昆山人沈万三。

由于海运发达，城市繁荣富庶，意大利旅行家马可·波罗是这样描绘这座城市的，"苏州城漂亮得惊人，居民生产大量的生丝制成的绸缎，不仅供给自己消费，而且还行销其他市场。他们之中有些人已成为富商大贾。这里人口众多，稠密得令人吃惊。这里的商业和手工艺十分繁荣兴盛。有许多医术高明的医生，善于探出病根，对症下药。有些人是学识渊博著称的教授，或者是哲学家"。他还评介说苏州人"民性善良怯懦，他们只从事工商业，在这方面的确相当能干。如果他们的勇敢和机智一样优越，就凭他们众多的人口，不仅可以征服全省，而且还可以放眼图谋更远的地方"。

明代苏州　流金溢彩

（一）阊门洪武赶散

多少年来，在纵横数百公里的扬州、泰州、淮安、盐城等苏北大地上，许多人都自称祖先是在元末明初时候来自苏州的阊门，因此当地人都把睡觉叫作"上苏州"，希望能够梦回故乡。1980年上海交大历史系曹树基教授在苏北10个县展开调查，结果发现在大丰县18种族谱中，有14种明确记载祖先于元末明初从阊门迁入。顾颉刚在《苏州史志笔记》中也谈到，兴化人祖籍多苏州。在如此广阔的土地上，人们都异口同声地说祖先来自苏州，这就不可能是集体臆造，而应该是历史的真实。

朱元璋攻下苏州后，不惜采用各种手段，征服、屠杀、籍没、强迁大量苏州和江南诸府人户，填充安徽凤阳和苏北淮扬等地，此中既有豪门巨族，也有一般中产人家，民间称之为"洪武赶散"。有人认为朱元璋如此做法是为了报复苏州人曾经帮助了张士诚。此说不无道理，但客观地讲，在经过连年战乱之后，苏北等地人少地荒，同时也为了铲除江南原有的社会经济基础，确保东南稳定和国家赋税收入，朝廷此法当为国策，其范围涉及苏州、松江、杭州、嘉兴、湖州五府，总数约40多万人，之后便将这些人的田地没收为官田，使之成为国有土地。

这些人背井离乡，来到苏北平原，跑马为地，插草为标，开垦荒地闲田；或者煮海为盐，从事其他营生，重新开始生活。明顾公燮在《消夏闲记摘抄》中也说，"徙江南富民十四万以实凤阳，私归者有重罪"。由于当年的移民都集中到苏州，再从阊门码头启程迁往各地，故阊门日后便成为仅次于山西洪洞县大槐树之后，中国第二个寻宗之地。六百多年后的今天，当苏州市金阊区政协发起"阊门寻根"行动，便在江淮大地上激起了强烈的回响，其情切切，催人泪下，感人至深，虽历经漫长岁月而仍不磨灭。阊门，已成为千百万移民后裔们心中永远的根！

(二) 郑和七下西洋

位于长江入海口的太仓刘家港,因地处江南财富之地苏州之东,自元代通番贸易兴盛之后,外商云集,百货齐备。明永乐时国家强盛,明成祖主张"内安诸夏,外抚四夷",派遣使臣邀好海外和四邻诸国,命郑和为钦差正使宣慰各国,起航出使西洋。自永乐三年(1405)起至宣德五年(1430),郑和七次从刘家港起锚远航,并又都以此作为收泊之地。如今,郑和的塑像和他第七次下西洋时撰立的《娄东刘家港天妃宫石刻通番事迹记》都矗立在太仓天妃宫内的郑和纪念馆。

曾随郑和四下西洋的昆山人费信通晓阿拉伯语,信奉伊斯兰教,在郑和使团中担任通事教瑜,南洋群岛中的费信岛就是为纪念他而命名。费信著有《星槎胜览》4卷,记录了下西洋时40国的风土人情,其中占城国、交栏山、暹罗国、爪哇国、旧港、满剌加国等20国是亲身经历,是重要的中外交通史资料。

(三) 吴中黄金百万

苏州经济于成化年间(1465—1487)开始兴旺,手工艺发展迅猛,东北半城,丝织工匠比户习织,机户不下万家,生产出的苏缎、宋锦、缂丝等高档丝织品闻名海内外。苏州织造局则专门生产特供皇室与朝廷的龙袍和衣着装饰等产品。隆庆、万历后宫廷还通过苏州织造局征役工艺名匠,生产各种工艺美术品,故明代的苏州手工艺产品无不出类拔萃,如今已被世人冠之以"苏"字头的如刺绣、缂丝、玉石象牙雕刻、装裱、乐器、制扇、漆器等产品几乎都是在明代形成的,其中的"明式家具"更成为中国传统工艺文化中的一颗明珠。

明代苏州因地理位置通江达海而成为国内著名的工商业城市,创于明万历中期的孙春阳南货店因其店铺如州县署衙分为诸房,有南北货、海货、腌腊、酱货、蜜饯、蜡烛六房,售者由柜上给钱,取一票,自往各房发货,生意由总管者统一掌纲。这种经营模式已被当今众多学者考证为"中国资本主义萌芽商业资本的一个典型"。城西的阊门、南壕、山塘至枫桥沿运河一线列肆二十里,成为丝绸、棉布、粮食、百货、洋贸以及南北货的商业集散大市场,其中枫桥是全国最大的米豆市场,阊门绸缎肆坊也甲于天下,各路绸商无不以吴阊为绣市,阊门外则是青蓝布匹踹染加工和贸易的中心,阊门由此被喻为天下第一码头,闽、浙、广、徽、晋、鲁等地商人纷纷来此设立会馆。而此时苏州洞庭商帮的王氏、席氏、沈氏等家族也开始走南闯北,壮大实力。这时的苏州,俨然已成为全国财源滚滚的商业中心,唐寅在《阊门即事》中曾形象地描述道:"世间乐土是吴中,中有阊门更擅雄;翠袖三千楼上下,黄金百万水西东。五更市买何曾绝?四远方言总不同。若使画师描作画,画师应道画难工。"

　　商品经济的发展促进了城乡民众致富,并引发消费和社会风俗的变化,影响所及,使苏州成为天下倾慕与效仿的时尚中心。明末旅行家王士性在游历了很多地方之后这样说道:"苏人以为雅者,则四方随而雅之。俗者,则随而俗之。"

　　(四) 姑苏文采飞扬

　　明代的苏州文化如日中天,铺天盖地,浩浩荡荡,英才俊杰也如群星璀璨。明初湘城奇僧姚广孝(1335—1418),作为燕王朱棣的心腹,出谋划策帮助他登上了皇位,由此才出现了日后的永乐迁都北京和郑和下西洋以及编纂《永乐大典》等一系列重要历史事件。香山帮匠人蒯祥(1398—1481)在北京参加了皇宫和天安门的设计与建造,并参与重建故宫三大殿工程,官至工部侍郎,人称"蒯鲁班"。

　　明初吴下也多诗人,高启、杨基、张羽、徐贲互为诗友,都由元入明,诗多怀旧、题咏之作,称"吴中四杰",其中尤以长洲人高启博学工诗,才华横溢。古文大家昆山人归有光(1506—1571),虽八次考进士不第,却好太史公书,得其神理,学徒常常数百,人称"震川先生",是"唐宋八大家"与清代"桐城派"之间的桥梁。文坛领袖太仓人王世贞(1526—1590)以诗文闻名,成为"后七子"时代的文坛领袖。通俗文学家长洲人冯梦龙（1574—1646）一生主要从事小说、戏曲、民歌、笑话等通俗文学的创作、搜集、整理、编辑，为我国的文学发展做出了独特贡献，著作有《喻世明言》《警世通言》《醒世恒言》等70余种，其搜集整理的民歌《山歌》《桂枝儿》时人称为"我明一绝"。

苏州素以美术家众多著称，据徐沄秋《吴门画史》载，西晋到清末有画家1200余人。明代中叶后，美术创作进入最繁荣时期，沈周、文徵明、唐寅、仇英等绘画大家相继在画坛出现，被尊为"明四家"。沈周、文徵明的门人和子侄辈陈道复、陆治、周文冕、王穀祥、文嘉、周天球、文伯仁、钱穀、陆师道、谢时臣、居节等人也都享誉画坛。一地同时出现这么多的名画家，实为中国美术史所罕见，后世人称之为"吴门画派"。吴门大师兼通诗、文、书、画、篆刻，他们的画富有书卷气，追求典雅隐逸，故有人称之为"文人画"。吴门画派的最盛期历天顺、成化、弘治、正德、嘉靖、隆庆到万历中期，约130余年。在这之后直到明末，名画家仍不绝如缕，有明一代，画家竟有800名之多。吴门画派堪称中国古代画史上规模最大的一个流派，其影响力一直延至清代，乃至于今天，仍然盛而不衰。

此外苏州的书法篆刻艺术也名家辈出，徐有贞、吴宽、王鏊、祝允明等吴门书派也在中国书法史上占有重要地位。常熟人毛晋的刻书则被认为是"古今绝作"。有着"南桃北柳"之称的苏州桃花坞木刻年画与天津杨柳青齐名，至明代已形成独特的工艺制作程序，出产年画上百万张，销往全国以及南洋等地，并对日本浮世绘艺术产生过很大影响。

明代的苏州文人不仅才华出众，而且积极参与政治活动。以太仓人张溥、张采为首的一批文人于崇祯二年（1629）成立了复社，继承东林遗绪，坚持和阉党斗争，成员多时达2000余人，声势遍及海内，明亡后复社文人成为抗清复明斗士，死难殉国者不计其数。

(五) 昆曲委婉悠扬

元末明初,产生于昆山一带的南曲腔调经过整理改进,形成昆山腔。嘉靖年间,魏良辅(1489—1566)费时近十年,改革昆山腔的声律、唱法,吸取海盐腔、弋阳腔等南曲长处,以曲笛、萧、笙、琵琶、弦子为伴奏乐器,在唱法上讲究平上去入,抑扬顿挫,启口轻圆,收音纯细,旋律上悠远流畅,形成了委婉动人、细腻优雅的水磨调,通称昆曲,魏良辅就此有了"曲圣"和"昆曲之祖"的称誉。梁辰鱼(约1521—1594)在此基础上继续改革昆腔,编演了第一部昆腔传奇《浣纱记》,将昆曲变成了昆剧。昆山腔由此发扬光大,渐居南戏声腔之首,迅速流传,甚至出现了"天下歌曲,皆宗吴门"的局面。擅长诗文翰墨的张凤翼(1527—1613)尤善谱曲,他肆力著述,创作了传奇《红拂记》等作品,盛传于世。万历末,昆曲从长江三角洲流传北京、福建、江西、广东、湖广、四川、河南、河北等地,至清代中叶,原来的北曲消亡,昆曲成为全国性声腔剧种,很多剧种都在它的基础上发展起来,故昆曲亦被誉为"百戏之祖"。

(六) 山塘义风千古

明天启六年(1626),阉党魏忠贤专权,其亲信江苏巡抚毛一鹭勾结苏杭织造太监李实仗势欺压盘剥苏州百姓,并上疏诬陷忠正耿直、疾恶如仇的吏部员外郎、东林党人周顺昌。魏忠贤派东厂缇骑到苏州逮捕周顺昌,激起士民愤慨,一时万人云集,冲进官衙当场打死缇骑一人,并抗议加派捐税,掀起了一场声势浩大的市民抗暴斗争。巡抚毛一鹭吓得躲了起来,事后他向朝廷报告"吴人尽反"。朝廷派兵镇压,市民颜佩韦、杨念如、马杰、沈扬、周文元五人为保护众人挺身投案,五人被绑赴阊门吊桥,就刑时相顾谈笑,并痛骂毛一鹭,引颈就刃,慷慨赴义。周顺昌也被逮入京受酷刑死。第二年八月,崇祯皇帝即位,逮治阉党,魏忠贤畏罪自杀,周顺昌等也得到昭雪。苏州百姓愤怒地把毛一鹭在山塘为魏阉所造的"普惠生祠"拆毁,葬五人义骨于废基,立碑大书"五人之墓"。名士杨廷枢题"义风千古"坊,耸立墓前。复社领袖太仓人张溥有感于五义士"激昂大义,蹈死不顾"的英勇气概,撰写了《五人墓碑记》,赞扬五义士高风亮节,后被选入《古文观止》,传颂广泛,成为不朽名作。

(未完待续,清代部分将在下期续载)

早期西学东渐和苏州科技发展

张橙华

西洋枪炮传华夏

明后期,在剿灭倭寇海寇的战争中成长起一批将领。昆山郑若曾编纂的《筹海图编·鸟咀铳》记载,"嘉靖二十七年,都御史朱纨(苏州进士),遣都指挥卢镗,破双屿,获番酋善铳者,命义士马宪制器,李槐制药,因得其传而造作,比西番犹为精绝云",改进了传自西洋的鸟铳。

苏州卫世袭指挥何汝宾,天启二年(1622)任舟山参将,后升总兵,负责围剿东南沿海的海寇,并督造楼舡、武器,取得了胜利。战后普陀山僧民在普济寺山门外为立《何公去思碑》,并建生祠。崇祯二年,海寇李芝奇侵扰,其时何汝宾正担任总兵官,澳门葡萄牙人曾同意出借大铳给明朝守军,他身负策应之责。

何汝宾综览当时兵书,同时掺入自己的想法,编辑成《兵录》十四卷,约25万字,附图484幅。其卷二"教练",讲究练兵之法。卷三至十一论述射法、拳法、器械、安营、守御、攻战等。其中记有郑和及后来戚继光、俞大猷所用兵船,其详细记述和插图为后人研究明朝舟船的宝贵史料。卷之十二专谈制器炼铁法。卷十三为西洋火攻神器说。关于西方火器的技术可能来源于西班牙炮学家柯拉多于1586年著成的《实用炮学手册》。他介绍各种红夷大炮等西洋火砲的形制尺寸、弹药用量、铸造技术和弹道射程等。附图中有量铳规图,"以铜为之,勾长尺余。规心透窍,系以线,线末用锤,以线所直度为高下,数以测远近之步"。量铳规是用于测量炮身仰角的，以便炮兵确定射程。这是我国首次出现的量铳规图说。他对各种火药配方和配制的理论、技术，进行了前所未有的分析研究，指出火药的主要成分为"硝、硫为君"，"硝性主直（直发者以硝为主），硫性主横（横发者．以硫为主），诸毒药为之佐"，把古代的火药学提高到新的高度。

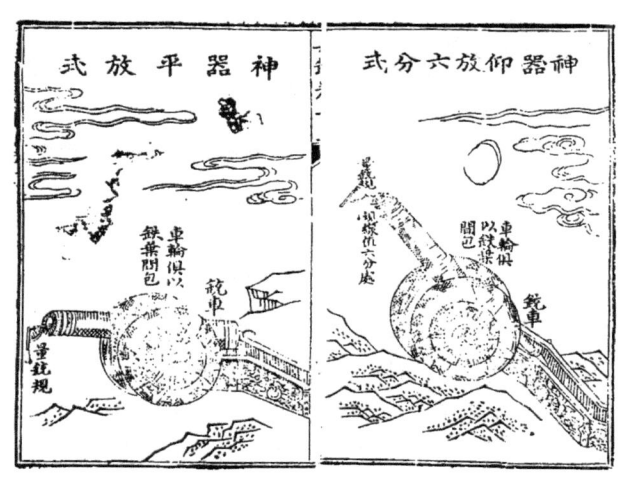

《兵录》中量铳规使用图

我国发明了火药和原始枪炮，明末中国引进的西方火炮和炮兵技术影响到历史的进程。可惜随在随后的年代里，我国的军事技术裹足不前，而西方进展飞速。到鸦片战争，中国人才认识到落后就要挨打。

道光初年，林则徐曾先后在苏州任江苏布政使和江苏巡抚共7年。鸦片战争失利后，他注意了解西方的技术和军事。林则徐在浙江向嘉兴县丞龚振麟（长洲人）提供了《车轮船图说》，龚振麟便进行仿制。经数月努力，他成功制成车轮船，到海中行驶。英军进犯镇海时，其军官见到中国的车轮战船，赞叹说："中国人这种首次尝试的独创才能，不由得令人钦佩。"后来又有四艘车轮战船参

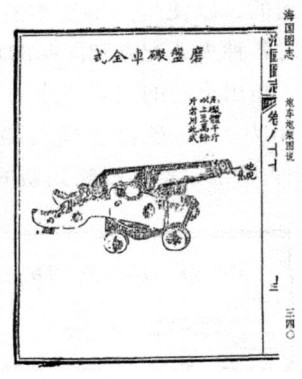

《海国图志》收录的龚振麟铸炮图说

加了1842年6月的吴淞保卫战。龚振麟又钻研林则徐带来的传教士汤若望的《则克录》,他仔细琢磨了英国大炮的炮架模式改进试制成功"四轮枢机磨盘炮架"。把重炮放置车上,可以后推前拉,移动炮位。另外在炮车上设磨盘,炮在车上就能四面旋转,向所需的方向发射。也可上下改变射击角度,大炮"虽重至万斤,以一人之力即可旋转轻捷",运用很为方便。远胜于只能直击的旧式炮架。铸造火炮历来是用泥模。泥型制好后要慢慢干透,从开工到出炮,需要一个月。那年雨雪连绵,泥型干不了,龚振麟创议用铁模铸炮。《铸炮铁模图说》由魏源收入《海国图志》。

仿制钟表献宫廷

利玛窦带入中国的自鸣钟很受官方的欣赏,各地开始仿制,明末李绍文《云间杂识》记载:"近上海人仿其式亦能为之,第彼国所制高广不过寸许,上海则大于斗矣"。清初制造的钟表除了皇家工厂的产品外,最著名的要算"苏钟"与"广钟"了,现故宫博物院内还收藏着康熙时期苏州制造的立体竖表、梳摆自鸣钟和时辰醒钟等。康熙初年孙云球为校准自鸣钟,制造了"自然晷",能

"应时定刻,昼夜自旋,风雨晦阴,不违分秒,奇亦至矣"(《虎阜志》)。计时标准的建立对于钟表制造业的意义自不待言。当时苏州钟表用重锤和发条,并用双针指示时辰,字盘上刻有子、丑、寅、卯等12个时辰刻度,还有十分精致的碗钟,外壳凿有包金箔的花纹,而最为著名的是插屏钟(本钟),并增加附加装置,如水发钟、鸟音钟、八仙过海钟、铜人敲钟、群仙祝寿钟、五子夺魁钟等。嘉庆年间钟表制造业已形成苏州新兴手工业行业,在苏州城北有钟表业义冢。咸丰年间美国传教士马神父于1851年向美国专利委员会写的一份报告说:"苏州从事钟表制造的有30家,杭州9家,宁波7家,每家平均至少有4名雇员。"

苏州博物馆曾经展出过明末清初我国工匠制作的打点摆钟"铜人敲钟水法音乐钟"。到了指定的时刻,钟内会奏起悦耳动听的音乐。小铜人拿着鎯头,掀开帘子走到正中间,自动敲钟报时。苏州山塘街还制作出售用发条做动力的自走洋人类玩具有寿星骑鹿、龙女击钵、玉兔捣药等"腹中铜轴,皆附近乡人为之,转售于店"。

山塘街还有影戏(幻灯机)洋画、万花筒等光学玩具(《桐桥倚棹录》卷十,卷十一)。当时苏州市郊的上方山、新郭里有眼镜生产作坊。即清代嘉道年间,眼镜业逐渐云集至虎丘与山塘,后来又到阊门内专诸巷。姑苏眼镜业名扬海内。北京的打磨厂、天津的估衣街、山东济南的芙蓉街等眼镜销售商店的市招上都标有

清代苏州钟表匠制作的天文节气钟(钟面是自动旋转和天空保持同步的星图,还显示24节气)

"姑苏眼镜"字样,以招徕顾客。

苏州诸多手工业公所中有钟表公所、裕明公所(眼镜),表明苏州的钟表业、眼镜业达到相当规模。这说明苏州人善于吸取外来技术,并转化成自己的优势产业。

理古传西有渐进

阻滞科技发展的基本原因在于封建统治,尤其是清雍正以后,屡兴文字狱。乾隆年间编《四库全书》,全国收集12000种,其中江苏4800种,占总数的34%,全国收缴烧毁禁书6000种共15万部,其中江苏6万部,又是全国第一。致使吴地主要私人藏书家从此一蹶不振。除了禁止政治、民族书籍,天文亦在禁之列,民间如有天文之类书籍"告评频起、士民蕙慎,凡天文、地理、言兵、言数之书,有一于家,唯恐招祸,无问禁与不禁,往往拉杂摧烧之"(王芑孙《惕甫未定稿》卷三)。著名的《天工开物》、《园冶》等书籍是失传之后在近代再从日本引回的。知识分子转向校勘、注释古籍,形成所谓乾嘉学派。主将多出自长江下游,如阮元、钱大昕、惠栋、段玉裁等。由于他们的认真考证、辑佚,后人才能看到一度失传的著名古典天算著作。与西方科技的迅猛发展相比,中国正是在这个关键时期落后于世界潮流的。

乾嘉学派还是注意西学的,如钱大昕(1728~1804年,嘉定人,长期住苏州,主讲娄东、紫阳等书院)在京师时与同年长洲褚寅亮研究本国九章算学及欧罗巴测量弧三角诸法,结论是中国勾股法优于西术三角、八线之法。西学中源、中优于西的说法反映天朝大国的自大心理,导致西学不受重视(江藩《汉学师承记》)。又如李锐等在算术、代数与球面三角方面做了不少理论工作。李锐(1769~1817年)元和(今苏州)人,乾隆五十六年(1791),李锐从紫阳书院肄业,从钱大昕学习天文、数学。钱氏"始教以三角、八线、小轮、椭圆诸法,复引而进之于古",自撰《弧矢算术细草》《勾股算术细草》《方程新术草》。在阮元的主持下,李锐负责编写《畴人传》,以历法沿革为主线,以人为纲目,共录自远古至当时的中外历算家316人。这是中国历史上第一部专为科学家立传的著作,所收材料大体能反映中国古代天文、数学发展的面貌。《畴人传》中介绍了明末以来西方天文数学的传教士41人,由此记录了西学东渐的进程。这是我国第一本数学史著作,在其影响下,后人编写了《畴人传续编》和《畴人传三编》,继续介绍以后的天算家。

李锐又分别钻研了大统历法、回回历法,以及蒋友仁(M. Benoist,1715—1774)的《地球图说》等。(蒋友仁《坤舆全图》献给乾隆皇帝以后,被锁在深宫,三四十年以后才由当时参加过文字润色工作的钱大昕以《地球图说》为名加以出版。该书首次明确介绍哥白尼的日心说。)常熟人屈曾发编撰了《数学精详》(又称《九数通考》)十三卷。在"自序"中他说,"自早岁游心算学间,曾采辑传本,手自抄录,以备遗忘。然于按题立法之故,究未通晓原委,洞悉其所以然,尝格而不化。"后来于"乾隆己丑(1769)之春因事入都",见到康熙年间的《数理精蕴》,伏而读之,觉得该书"订古今之异同,集东西之大成,搜罗美备,剔决奥微,平日之格而不化者,一旦涣然冰释,且得开拓其心胸,增广其闻见"。《数理精详》从介绍中国古代的数学之原——河图、洛书开始,到节录西人的几何原本结束,展示了中外数学发展的基本脉络。卷一介绍算术和初等代数。从卷二到卷末,分别介绍了平面几何、立体几何、高等代数、解析几何等数学知识,附有8位有效数字的三角函数表。书中设立了大量的例题帮助人们理解数学原理,这些例

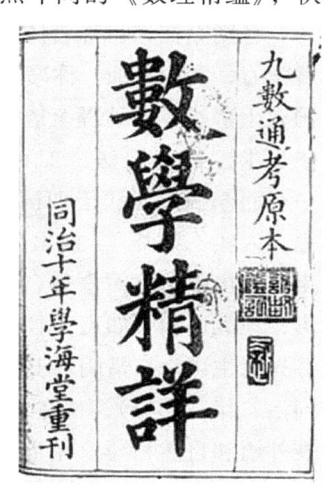

《数学精详》书影

题特别重视结合生活和生产实际来讲解数学。戴震高度评价屈氏的《数学精详》。此书以后多次重印，对于传播我国和西方的传统数学有重要作用，至今可见到同治十年（1871）、光绪十三年（1887）等版本。

钻研传统数学与清初传入西洋数学并有所发展的还有：江苏巡抚徐有壬（归安人）对球面三角、椭圆周长有独到的计算。

在天文方面，阳湖李兆洛制作铜质天球仪，他还根据《仪象考证》编制了3083颗星的大型星图，近南极、北极的天空各作一圆图，另用十二图表示十二宫附近的星空，此图后又经冯桂芬补充为3240颗星的星图。但乾嘉学者抱残守缺，笃信地球中心说，认为哥白尼学说"动静倒置，违经叛道，不可信也"。钱大昕称开普勒定律"乃假名象也"，"不过假以推步"。在理论上如此落后，又不进行实际观测，因此乾嘉学派在天文学上难以推动科学进步。只是吸收消化明末传入的西方数学，客观上为下次中外交流作准备。

师夷长技以制夷

林则徐在苏州曾表扬过吴县冯桂芬（1809—1874），并招入抚署学习，赏识有加，称冯为"国士"，"一时无两"。冯桂芬读了英国教士慕威廉《地理全志》后认识到"我中华幅员八倍于俄，十倍于米，百倍于法，二百倍于英（但就本国而言，属国不与）……而今腼然屈居于四国之下者，则非天时、地利、物产之不如也，人实不如耳"。提出应该引以为耻，发出"莫如自强"的呼声，指出中国除军事外，还有"四不如夷"——"人无弃才不如夷，地无遗利不如夷，君民不隔不如夷，名实必符不如夷。"冯桂芬先后主讲南京惜阴、上海敬业、苏州紫阳、正谊诸书院约20年。同治二年（1863），他在上海创广方言馆，请林乐知、傅兰雅等讲授外语和自然科学，培养兼通中西的人才。冯桂芬在经史掌故之外，于天文、舆地、算学、小学、水利、农田皆有探究，对当时的河口、兵刑、盐铁等问题尤有研究，著有《校邠庐抗议》40篇，涉及政、经、文化、军事各个方面，在自序中他说因"位卑言高之意"而命名为"抗议"。他明确主张"采西学"，"制洋器"，并提出应当"以中国之伦常名教为原本，辅以诸国富强之术"。他的思想对洋务派有很大影响，被奉为先导。除《校邠庐抗议》、《显志堂集》外，还对李锐留下的数学原稿进行整理研究著成《弧矢算术细草图解》（一卷，李锐草，冯桂芬图解）、《西算新法直解》（八卷，冯桂芬、陈旸同撰）等。晚年移居木渎山塘街，主持纂修同治《苏州府志》，卷首的十二幅地图，采用新法（即西方的绘图法）绘制。著名政论家冯桂芬也有《弧矢算术细草图解》、《西算新法直解》等数学著作（均参见《畴人传三编》）。

培根实学王韬讲

英国传教士麦都思于1842年在上海办墨海书馆，出版宗教与西方科技文化书籍。王韬、艾约瑟译的《格致新学提纲》（1853），合信的《博物新编》（1855）等着陆续出版，掀起了第二次西学东渐的热潮。不久，数学家李善兰与伟烈亚力合作翻译的《几何原本》后九卷（1856）、《代数学》与《代微积拾级》（1859）。尤其是后一著作在中国开创了高等数学的新纪元，李在该书所创用的"微分"与"积分"等译名被中日两国所沿用。墨海书馆所出版的重要译著还有《光学》（艾约瑟、张福僖，1853）、《重学》（艾约瑟、李善兰，1859）、《谈天》（伟烈亚力、李善兰，1859）、《植物学》（韦廉臣、李善兰，1858）等，它们各自在物理、天文、生物领域为中国掀开了近代科学的第一页。这批书籍在当时就产生了影响。如无锡的徐寿、华蘅芳在家乡自学各种传统数学著作后，又听说墨海书馆之新书出版，就结伴赴沪购得《博物新编》等。他们还进行实验验证，如为了验证三棱镜能分光，就"用水晶印章磨成三角以验之"，还"设立远近多靶"以测斜抛运动的轨迹。

王韬（1828—1897），苏州人，因涉嫌向太平军上书，被清政府通缉，1862年流亡海外长达23年。其间，他主要居住在香港，

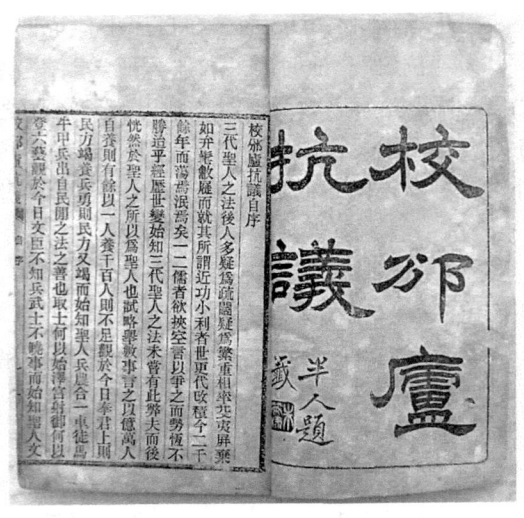

冯桂芬著《校邠庐抗议》书影（光绪皇帝曾下旨印刷一千部《校邠庐抗议》颁发给各衙门，作为变法的重要参考读物）

协助英华书院院长理雅各将中国的四书五经译成英文，促进了中国文化在西方的传播。1867—1869 年，王韬应理雅各之邀漫游西欧，这是中国知识分子第一次对欧洲的实地考察。他在开罗乘火车，在巴黎看电影，参观卢浮宫，在伦敦参观电报局、英国议院、大英博物馆，还到牛津大学发表演讲，眼界大开，思想激变。1874 年 2 月 4 日，王韬在香港创办了著名的《循环日报》，自任主笔，这是我国第一家以政论为主的报纸，通过报纸要求改变"取士、练兵、学校、律例"。王韬积极传播西方文化，呼唤改革开放，鼓吹变法图强，其思想对洋务运动、维新变法和立宪运动都产生重大影响，林语堂称王韬是"中国新闻报纸之父"。日本学者伊东认为："近代化，实质上就是一方面接受科学革命带来的成果，另一方面则是由于这一革命而产生的力图更加合理和实证地改造世界的信念，不单是面向自然界，而且还力图使这种信念渗透到政治、经济和社会各方面去的一种倾向。"伴随吴地近代工业一起成长的科技人才不仅引进科学知识，也引进了科学的思想方法。王韬对培根的科学思想和科学方法以高度评价，王韬《英人培根》写于19世纪70年代。之后在他主编《格致汇编》连载英人慕维廉撰写的《格致新法》，对培根的哲学思想做了比较详细的介绍。王韬已经认识到培根"实试实验，确有把握"，胜于宋明理学的"空虚之谈"。"其言务在实事求是，必考物以合理，还造理以合物"，"不敢以古人之言为尽善，而务在自有所发明"。西方科学家的治学方法是"天文学必以远镜实测……医学必细剖骨骼脏腑以穷其病之所在"，其目的在于"务期于世有实济，于人有原益"。王韬总结出只有在科学思想和方法的指导下，自然科学才能有长足进步，"哈尔非创血液循环论，牛顿创光学、万有引力学……无不祖培根之说，参悟而出"（《瀛壖杂志》卷六）。后来梁启超充分肯定了王韬在介绍"培根穷理之方法"中首开先河的贡献。

中国民间的科技教育开始于徐寿和傅兰雅于1874年筹建的格致书院，其宗旨在于"兴行格致之学"，这是不讲授儒家经典、不涉及传教，因而是不同于旧式书院与教会学校的中国第一所专门研习西方近代科学的新型书院。书院内设有以新学书籍为主的藏书楼与陈列工艺机械、实验器具、动植物化石标本的博物院，供阅览参观；还举办各种讲座，同时辅以实验演示。所编印最早的综合性科学杂志《格致汇编》，在当时起了科学启蒙与改变士风的作用。1884年徐寿逝世后，学贯中西的王韬应邀接任书院山长。在他掌院的12年中，一是正式招收学生学习自然科学，在校人数有100左右；二是改进教育方法，要求学生也学习西方的社会、政治学说，并评论时政，冲破了中体西学的束缚；三是在考试方法上，以西学与时务为主题的命题论文作为考课，还欢迎社会上的学者参加考课，每年4至6次，并编印成《格致书院课艺》，这在当时寻求救国之道的官员、士人中影响很大，洋务派重臣李鸿章、盛宣怀、早期改良派薛福成、郑观应都曾参与命题或阅卷。戊戌年浙江印行的《皇朝经世文三编》所收录的 800 篇文章中竟有 100 多篇选自《格致书院课艺》。这批论文中，钟天纬的《格致说》（1889 年）是最早介绍达尔文进化论的，文中指出达尔文学说"其大旨谓凡植物动物之种类，时有变迁，……不合宜者渐渐消灭，其合宜者得以永存"。格致书院不仅在上海培养了一批新学俊才，在全国也有很大影响，仿照它的榜样，先后办起了宁波格致书院（薛福成）、广州格致书院等。

王韬纪念馆（在甪直镇）

洋务派的"中学为体、西学为用"，也是 19 世纪中期吴地学者如冯桂芬、王韬等人的共识，都认为要学习、利用西方的科学技术而同时仍可保持住中国的传统。中体西用在一定程度上也是抵挡来自顽固势力的盾牌，在这个口号下输入西方科技的规模与速度也确是前所未有的。但洋务派苦心经营的南北洋舰队分别在中法、中日战争中惨遭覆灭，朝野震惊之余思索其原因与寻求新的自强之路。在此之前已经鼓吹变法的王韬等早期改良主义者就更加引人注目。王韬、郑观应、薛福成、马建忠在直接考察欧洲与筹办洋务的活动中，起初都从感性上认识火车、电报、各种机器之效用，继而就研究其教育、议会、社会制度对于发展科学技术的作用，认识到"西人立国之本，体用兼备。育才于书院、论政于议院……此其体；练兵、制器械、铁路、电线等事，此其用。中国遗其体，效其用，所以事多扞格，难臻富强"（郑观应《南游日记》）。提出"今日当变者有四，一曰取士，二曰练兵，三曰学校，四曰律例"。康、梁、谭等维新运动领袖不仅从江南制造局翻译的西书中学习各种新学,特别是从太阳系的演化与生物进化适者生存的启示中,深感中国社会必须改变以适应世界潮流,他们都直接到上海来汲取思想营养。康有为1895年到上海办强学会,请郑观应引介拜见王韬,专门参观格致书院,吸取其办学经验,以充实上书变法内容。谭嗣同于1893年在傅兰雅处参观化石、计算器,探讨包括天文在内的各种科学知识。杜石然指出:"洋务运动以来引进的科学知识,对维新派哲学思想的形成,起了十分深刻的影响","那些成为维新思想家的仁人志士,青年时都熏染于洋务,接受近代科技的洗礼"。其实,近代科学还影响到下一代革命家,郑观应、王韬这些身兼学习近代科技的带头人与鼓吹西方民主政体的急先锋双重身份的思想家实际已揭开"民主"与"科学"的序幕。因此,以近代吴地人士为中坚在中国传播近代科学技术,这不仅促进了全国科技的发展、机器工业的建立,也深刻地影响着社会变革的进程。到江南造船局大量翻译西方书籍,留学生大批负笈海外,就是西学东渐的高潮来了。由于苏州文人有崇尚实学、包容接纳外来文化的传统,使得苏州在早期西学东渐之中位于全国之首,苏州历代科技专家人数在全国第一,这些就是苏州籍两院院士领先全国的历史背景。

太湖流域猛将神信仰的调查与研究

沈建东

在广袤的太湖流域,有一位民间信仰的猛将神,流传久远,无论太湖渔民还是陆地的农民都奉他为自己的保护神。传说这位神姓刘,故又称刘猛将、刘天王等。在江南地方文献记载中,他的原型是宋代的一位抗金名将,传说他死后显灵驱蝗,被南宋王朝封为"扬威侯天曹猛将"。清雍正时,封作"驱蝗正神刘猛将军",列入官方祀典。在民间信仰和传说中,他却成了一位受后母虐待的放牛少年,驱蝗虫而殁,得到民众的爱戴和祭祀,他的成长经历和神异事迹还编成赞神歌和宝卷在民间演唱,至今如此。"文革"期间祭祀猛将的活动遭禁,二十世纪八十年代初开始民间逐渐自发恢复猛将堂和抬猛将庙会活动,近年来有愈演愈烈之势。

猛将信仰其中心流传区域大致是浙江北部以嘉兴为中心,江苏东部以苏州的吴中区、吴江区为中心,且这两个区域相邻且都拥有大部分太湖水域,而在上海、湖州、常州、无锡、宜兴等地也有猛将神庙和猛将出会活动。因此,可以这样说,猛将神是整个太湖流域民间共同的信仰神。

车锡伦、周正良先生《中国宝卷研究》认为,刘猛将的神格,历史文献记载是驱蝗神,清代官府也是把他作为"驱蝗正神"列入祀典。但是在太湖流域的民间信仰中,他不止于驱蝗,或者说主要不是驱蝗。中国的主要蝗灾区是华北平原,据历史文献记录,平均每六七年发生一次大蝗灾,在江淮一带,超过十年。因此认为:"江南是蝗灾的边缘区,作为驱蝗神,他的意义不大,但这里却是猛将信仰的主要流传区域。"而江南祭祀猛将的主要意义在于:农民祈求他驱除农作物的病虫害，风调雨顺，稻蚕丰收；渔民祈求捕鱼出船安全，鱼虾丰收。

据苏州地区历代（主要是清代）的文献笔记记载，其实，猛将会在明代就有记载，据明王稚登《吴社篇》记载，明代"凡神所栖舍具威信、箫鼓、杂戏迎之曰'会'……'会'有'松花会''猛将会''关王会''观音会'。松花、猛将二会，余幼时犹及见，然惟旱、蝗则举。"①王稚登（1535—1612）是明嘉靖、万历间文学家，所记苏州兴盛的民间庙会中有"猛将会"。又据顾禄所著《清嘉录》"正月"卷有"祭猛将"一项，云："十三日，官府致祭刘猛将军之辰。游人骈集于吉祥庵。庵中燃铜烛二，大如杯棬，半月始灭，俗呼'大蜡烛'。相传神能驱蝗，天旱祷雨辄应，为福畎亩，故乡人酬答尤为心愫。前后数日，各乡村民，击牲献醴，抬像游街，以赛猛将之神，谓之'待猛将'。穹窿山一带，农人舁猛将，奔走如飞，倾跌为乐，不为慢亵，名曰'赶猛将'。"②又据《清嘉录》卷七"烧青苗"一项云："是时，田夫耕耘甫毕，冬醵钱以赛猛将之神。舁神于场，击牲设醴，鼓乐以酬，田野遍插五色纸旗，谓如是则飞蝗不为灾，谓之'烧青苗'。"③清人徐蠡先编《香山小志》"杂记"亦载："香山各村集均供奉刘猛将神像，为其能驱蝗也。正月赛祀最为热烈，夜间锣鼓喧阗，各村舁神赴宴。赴此往彼，来送为赛主，预日具柬邀请，大书'年愚弟刘錡顿首拜'云云。此不知谁何作俑？"王稚登与顾禄、徐蠡先所记表明，在明清时代，苏州地方猛将会在民间十分兴盛，特别是受到蝗灾或旱灾，供奉尤其虔诚，猛将神性在那个时候主要是驱蝗求雨，保护庄稼丰收。

猛将的民间信仰兴盛除了乡邦文献笔记记载外，还有一个重要佐证既是大兴造庙，猛将神庙在苏州地区历史上有许多处，清顾禄《清嘉录》考证说，据《苏州府志》载，旧时猛将庙有五处：一在中街路宋仙洲巷，一是阊门外，一在盘门，一在横塘，一在洞庭山杨湾；以在中街路宋仙洲巷的最有名，规模也最大，俗称大猛将堂，又称吉祥庵。清顾震涛《吴门表隐》卷一则记录更加详细：

"岁腊日及正月十三日,大府率属致祭。一在江村桥西,一在甪直西美桥北,一在盘门营内,一在横塘,一在洞庭山杨湾,一在石匠巷北,一在卢师桥南,一在三条桥堍;其在穹窿坞者尤显应。村民舁像如飞,倾跌为敬,名曰'迎猛将'。此外士民尸祝,闾巷咸塑像祀之。夏秋之交,村民赛祀,名曰'青苗会'。"④综上所述,处于蝗灾边缘的太湖流域(苏州地区)祭祀猛将神是明清时民间的普遍信仰。

我们的问题是:为什么在蝗灾边缘区,作为驱蝗神的猛将却流传广泛而兴盛,至今不衰呢?拙文将从梳理和考证刘猛将原型和来历,呈现田野调查民间祭祀猛将主要活动形式和方式,通过田野调查并结合文献和其他专家的考证,试析其兴盛不衰的原因。

刘猛将原型和来历的梳理和考证

关于刘猛将的原型和来历众说纷纭,车锡伦、周正良《驱蝗神刘猛将的来历和流变》做了较为全面的梳理。认为主要有以下六种说法:一是宋代名将"刘锜"说,二是宋代"刘锐"说,三是宋代"刘鞈"说,四是宋代"刘宰"说,五是元代"刘承忠"说,六是"放牛娃"说。前五种说法均有史料记载,第六种说法不见史料,但至今仍流传于太湖流域民间。直到清光绪十三年以后,刘猛将的全部封号已经是"保康普佑显应灵惠襄济翊化灵孚刘猛将军",作为官府认可进入祭典的猛将神已经定型。

从掌握的猛将会文献笔记看,关于猛将神的姓名来历有多种说法,前三位都是宋代将领,比较集中的是刘锜(或其弟刘锐),清姚东升《释神》卷四引《灵泉笔记》载:"宋景定四年,封刘锜为扬威侯天曹猛将,有敕书云:'飞蝗入境,渐食嘉禾,赖尔神灵,剪灭无余。'"清姚福钧《铸鼎余闻》卷三引《怡庵杂录》载:"景定四年,上敕封刘锜为天曹猛将之神,蝗遂殄灭。"而刘锐名别见于《宋史》,《宋史》卷449《刘锐传》说他是南宋末年死难的文州知州,并不是刘锜的弟弟。《刘锐传》云:"嘉熙元年,北兵来攻，锐与通判赵汝向乘城固守，率军民七千余人昼夜搏战，杀伤甚多。拒守两月余，援兵不至，城中无水，取汲于江。"最后，"锐度不免，集其家人，尽饮以药，皆死。"而袁景澜《吴郡岁华纪丽》卷一考证说，"《怡菴杂录》：'猛将为宋名将刘武穆錡'王鏊《姑苏志》亦同，郡志称'錡弟刘锐为錡统制官尝为先锋馅敌，退老平江，旱蝗为灾，禳除有效，殁为神。'……考《宋史·刘錡传》无弟锐名，朱长孺谓'古名将阖门戮力，子弟功归父母，姓名隐盖有之，且绍兴年，帝驻平江，錡以江东路副总管提举宿卫六军，每军千人，为十二将，扈从赴金陵，安知其弟不于是时立功兹土，没歆其祀耶？'古今祀典为村巫淆乱多矣，不独一字王之额，为时可嗤也，郡志实指为刘武穆从弟，名锐，应有所据，为近是，特一时不得其明证耳，俟博雅者更考之。"⑤可以确定刘锜、刘锐皆南宋抗金将领，死后封为神。

刘翰与刘宰有两种说法，一说刘宰为南宋人，清王应奎《柳南随笔》卷二载："南宋刘宰漫塘，金坛人。俗传死而为神，职掌蝗螟，呼为猛将。江以南多专祠，春秋祷赛，则蝗不灭，而丐户奉之尤谨，殊不可解。"关于刘翰，袁景澜《吴郡岁华纪丽》卷一考证说："刘翰，翰为宋钦宗时人，以资政殿学士使金营，不屈死。亦不宜祀于吴郡。"⑥

车锡伦、周正良还考证认为，猛将为刘承忠的说法，是编造的，最早见于康熙二十二年编成的《畿辅通志》原文如下：按《降灵录》载："神名承忠，吴川人。元末授指挥。弱冠临戎，兵不血刃，盗皆鼠窜。适江淮千里飞蝗遍野，挥剑追逐，须臾蝗飞境外。后因鼎革自沈于河。有司奏请，遂授猛将军之号。"许多地方志，大都是原文抄录，有的则略作增减，或文字稍有变更。官方正式典册，如《大清会典》、《大清通礼》、《大清一统志》等都采用了这一说法，只是文字更加精简。

康熙五十八年（1719），河北沧州、静海、青县等地"飞蝗蔽天"，当时的直隶守道李维钧，向刘猛将军祈祷，结果蝗虫没有带来灾害。李维钧觉得很灵验,还亲自主持一次降神会,雍正二年(1724)春,李维钧升任直隶巡抚,李维钧编造上奏"刘猛将军降灵自序"为刘承忠的"神话",并上奏给雍正皇帝,雍正"密谕数省督抚留意",同意请求在各地建立刘猛将军庙,雍正皇帝认为"凡事之有益于民生者、皆欲推广行之。"于是发下谕旨,令各省府、州、县建庙,春秋致祭。乾隆后增修的《大清会典》,便将刘猛将列为"驱蝗正神",并将李维钧编造的刘承忠正式作为刘猛将的神主。嘉庆间官修《大清通礼》卷十六载,其祀礼云:"猛将军刘承忠,于各直省府州县致祭之礼:每岁春秋所在守土官具祝文、香帛,羊一、豕一、尊一、爵三,陈设祠内如式。质明,守土正官一人,朝服诣祠,行礼仪节与直省祭关帝庙同。咸丰、同治、光绪累有加封。"清光绪《嘉兴府志》有记载,雍正二年(1724)刘猛将神被列入祀典,同治皇帝赠赐"普佑上天王"匾额。清后期,邻吴江芦墟的浙江嘉兴莲泗荡刘猛将军庙,开始兴旺起来。而起因却是太湖渔民的祭祀,据光绪十二年(1886)《点石斋画报》载图《网船会》并附文:"嘉兴北乡连泗荡,普佑上天王刘猛将庙,为网船帮香火主亦,犹泛海者之崇奉天后也,浮家泛宅之流,平日烧香许愿来往如梭,以故该庙香烟独盛,八月十三日为刘王诞期,远近赴会者扁舟巨舰,不下四五千艘,自王江泾长虹桥至庙前十余里内排泊如鳞,是日奉神登舟挨荡巡行,午后回宫。俗名为网船会云。"清宣统三年(1911年)刻印的清末民初王江泾镇唐佩金《闻川志稿》也有描述:一逢开印日与诞辰日,江浙渔船咸集荡中,以数万计,演曲献牲,岁以为例。至二三月之交,船之集尤多,谓之网船会。当地民间传说,元末,江浙一带蝗虫成灾,当时在江淮任指挥的刘承忠看到招贤榜,便揭了榜来到嘉兴,领兵和当地民众一起扑灭蝗虫,虽然蝗虫灭绝了,但是田地也荒了,百姓忍饥挨饿,他又带领百姓到湖里捕鱼捉虾,由于天气突变,风雨大作,船被吹翻,刘承忠不会游泳,溺死在莲泗荡里。清袁景澜《吴郡岁华纪丽》记载:"《一统志》云'刘成忠,元末指挥,殉节投河,民立庙祀之。雍正间建始建祠,则成忠之说非也。'⑦老百姓为感念他的恩德就塑了雕像,年年祭祀,笔者在芦墟和嘉兴田野调查的时候发现,民间新年唱赞神歌的时候,会把放牛娃的猛将塑像和刘承忠的画像放在一起祭祀。

综上所述,初步可以认定,那位"降灵自序"的刘承忠"刘猛将军"在江南的主庙即在嘉兴莲泗荡,但在吴江、东山、西山镇、胥口等地民间仍然祭祀年轻隽秀青年模样的猛将神,与《宋史》卷三三六刘锜传中称刘锜"美仪状,善射,声如洪钟"的描述亦是一致。也与民间传说的放牛娃猛将相合。

大体可以确定,在太湖流域地区,包括吴江、嘉兴、嘉善、湖州、上海朱家角、青浦等地,民间的猛将神是个俊秀男孩模样,头上还扎着布条,就是民间刘猛将为放牛娃说的缘由,民间流传至今的猛将神歌和猛将宣卷都是按照这个放牛娃的传说演绎的。苏州东西山、胥口木渎地方乡村民众祭祀的是"美仪容"的抗金名将刘锜形象的猛将,刘承忠猛将的主庭是浙江嘉兴莲泗荡猛将庙,而吴江一带的渔民在每年八月十三刘王诞期都会赶赴此烧香唱赞神歌。

因为猛将神已列入官方祀典,也不再被禁止。于是官封官的,民祀民的,遂相安无事。郭立诚《中国民俗史话》一书还谈到旧时吴中地区民间有女性驱蝗神的崇拜,其云:"据清褚人获《坚瓠余集》卷四记清康熙癸未夏,吴中缺雨,旱则易生虫患,自江北传言金姑娘娘驱蝗事:康熙癸未夏,吴中乏雨,有人自江北来,传有一妇,趁柴舡,行数里即欲去,云:'我非人,乃驱蝗使者,即俗所称金姑娘娘,今年江南该有蝗灾,上帝不忍小民乏食,命吾渡江收取麻雀等鸟,以驱蝻蝗,汝传谕乡民,只要蝗来,称我名即可除,船钱在汝家门首,可归取之。'俄不见,已而常州一县果有蝗从北来,乡农书金姑娘娘位号,揭竿祭赛,蝗即去;复闻人言崇祯庚辰辛巳间向有金姑娘娘纸马,六十年来并未刷印,至今岁复兴,大获其利,予家庭中,秋间果无鸟雀,至冬复集。"当然,此引文里说的"吴中"比现在的行政区"吴中区"范围要大的多,包括清朝苏州府全境及其周边一些地域。

因此，车锡伦、周正良先生认为："据目前调查，猛将信仰主要流行于江苏南部的苏州、常州、无锡等市和镇江市的部分地区，浙江北部的嘉兴、湖州市及上海市的部分地区，大致以太湖为中心。由于太湖渔民包括了'苏北帮'，所以这位神君也被带到苏北。在金湖县香火神会祭祀的众神中，也有这位猛将。但在江南的苏州各县最为盛行。"[⑧]顾希佳先生在《祭坛古歌与中国文化》一书中论及吴越刘猛将信仰的时候也曾说到："又如刘猛将的信仰，决不会早于宋元间。"而太湖流域的苏州地区是民间猛将信仰比较集中的发生地和衍化地，因此各村镇还有自己的地方特色。结合文献和当下民间传承的猛将信仰活动，笔者进行了实地田野调查，有的地方甚至连续三年走村访户，不避寒暑，得到了许多第一手资料，使得研究工作更可深入一步。

民间祭祀刘猛将的主要活动

民间祭祀刘猛将的活动形式多种多样，除了初一月半庙中烧香祈拜外，还有各样的猛将会，笔者在苏州地区乡村进行了实地田野调查，发现胥口蒋家村有赤膊抬猛将、东山新年猛将会、农历六月二十四荷花生日猛将省亲赏荷会，而吴江芦墟则是刘王庙里唱赞神歌，各样的猛将会充满了地方特色，而相关的乡土文献笔记都记载颇少。笔者的民俗调查或可补充部分记载的不足。

（一）太湖东山猛将会

据《太湖备考》等记载，东山猛将庙最初建于南宋，相传以纪念南宋名将刘锜而建。民国年间，在东山、木渎一带，抬猛将的习俗十分兴盛，据民国《乡志类稿·岁时》记载，东山年俗的重头民俗活动就是猛将会，东山乡人奉刘猛将于新年初一出巡，谓之"贺年"，大纛摩天，金鼓动地，威仪甚盛。至一村，必于其广场上，环行一转，俗称"打机叉"。又去新婚各户人家，名曰"送子"，初一、初三、初五日潦里人抬着猛将神像出巡，初六日刘猛将巡湖滨。前山至席家湖,曰"冲湖嘴"。前山各猛将至潦里村,听任村人肩扛神像而逛,曰"逛会",晚有夜帮锣。初八日,各村发锣一遍,称日帮锣,又称沿锣。是夜出灯,曰"燎燔",或曰"潦反",相传潦里村于前代集众抗义也。初九日,前山各村小猛将,集合塘子岭上,每以潦里人为前导,用一杏黄飞虎旌指麾。绣旌一举,异神椅疾冲下岭,曰"抢会"。时则万头攒动,人声鼎沸,足步雷鸣,势如潮涌,每致椅裂神蹿,头破血淋,必争取第一,以卜蚕花茂盛,年必举行一次,谓可祛除不祥也。是日前,后山大猛将,相率巡行前后山,曰"漫山转"。十三日致祭刘猛将神,然巨烛如栲栳,入暖阁,俗呼"满算"。正月十五日……立竿刘猛将祠前,悬灯如塔,曰"塔灯"。明清时期整个东山有数百座大大小小的猛将堂,村村有神像,家家参与祭赛之典,成为当地最有特色的乡土文化风俗。又据2002年出版的《东山镇志》记载:"东山之有猛将神像,始于明代,初东山欲塑猛将像,苦不得其容,神乃显圣,作孩童像,像既塑成,抬过街西梢诸公井时,抬者将神像置井圈上,略作小憩,再抬却重不能移,知神意在此受享,即就井上祭祀。以后才移新庙之灵佑庙,每至正月出会时仍抬至井上受祀。这尊神像第一个在东山受祀,东山人称之为'老大',以后各村相继塑祀,依时间先后,人们称为:殿前老二、渡桥老三、潦里阿四、漾桥阿五、席家湖阿六、吴巷阿七等。至于小猛将(小型神像)则村村都有,数不尽数。有趣的是七尊大神像,都有绰号,如殿前之神像,初塑时无猛将堂,供于张师殿山门里,人称之为'戤大阿二',意思是没有安身处,靠在张天师门下,民国后才将山门改建猛将堂,渡桥原多吸鸦片者,便被称为'烟阿三'。潦里产芦柴,被称为'芦柴阿四'。吴巷旧时较穷困,被称为'穷阿七'等。"⑨百姓为猛将神充满乡土气息的取名,反映了太湖民众在心里把猛将也当做自己乡亲一样看待了。

历史上,还有利用猛将会之威武队伍,和晚上各村猛将堂前旗杆上高悬塔灯,照耀如同白日,惊退来扰匪寇。如明嘉靖间之海寇,明末清初之湖寇，甚至民国后匪氛不靖，亦效是法，一境得安。据清张霞房《红兰逸乘·琐载》卷四记载："洞庭山居民奉猛将极虔，云：明末寇盗犯洞庭，见中天王首裹绛帕，手握利剑。叱之，左右金甲神甚众，大风鼓浪，舟不得进，乃去。"[⑩]由此可知东山信仰猛将的历史大约不晚于明代，抑或更早至宋末元初，史料的记载则见于明始多起来。旧时，太湖沿岸各村祭祀时间上略有先后，乡民们还聪明地利用猛将出会锻炼合作精神，防御海寇、湖寇、倭寇，借此保境安民。根据2011年当地文化部门的统计，如今恢复的猛将堂有四十八座，塑猛将神像六十六尊，新年里"出猛将"成为了东山主要群众文化活动，也成为了太湖旅游文化的一大亮点。

每年正月初一开始，东山各村猛将出会此起彼伏，前山村的猛将要抬给后山村的看，后山村的猛将要抬给前山村的，东山镇上各路猛将队伍旌旗遍张，各村猛将都打扮一新，沿路村民、商铺都早早具香案供品迎节猛将神，远远见出会队伍，就燃香具拜毯，放百响、高升以迎接，抬猛将的壮汉还有信众给的红包。猛将神像出巡也不是都是人力所抬，有用电动三轮车或人力黄鱼车载的。清晨，猛将已经抬在寺庙门口，在阵阵鼓乐声中，接受众村民的膜拜。猛将神像前大红旗帜上写"东山殿前刘公堂"字样，穿着盛装的腰鼓队的妇女们在神前跳跃歌舞。上午九时，吉时已到，猛将出会开始，前导两位老村民走在前面放爆竹，一来给猛将老爷开道，二来通知村民出来——老爷来哉，快快出来相迎。庙里的主持端着香炉的木盘走在前面，后面紧跟着另外一名妇女捧着一个大红色的元宝，六面青龙旗随后，然后是猛将座像（用电动三轮车载），神像为武将打扮，金盔金甲，大红披风，手里握着宝剑，两旁是清代宫廷服饰的护卫拥簇下，缓缓巡游过来。后面是黄龙伞两面，紧跟着的是乐队六人，腰里都缠着红绸巾，随后是村里妇女的腰鼓队，队伍逶迤，沿路村民香案具水果、糕饼供品以拜。如今，正月初三是各路猛将出巡相聚在东山的雨花胜境，那个时候炮仗震天，各队聚会人声鼎沸，鼓乐齐鸣，热闹非凡。

（二）胥口蒋家村赤膊抬猛将

通过田野调查，发现在胥口的蒋家村，抬猛将的特色尤其鲜明有趣，每年正月十三夜村里的青壮年都赤裸上身，在寒风中抬着猛将的神轿飞奔，过去是在田野里而今天则改在村中弄堂里奔跑，以祈平安富裕。笔者分别在2013年、2014年和2015年农历正月十三亲历调查如下。

胥口蒋家村在胥口镇东南，目前村上有五十多户居民，以蒋、盛、翁、朱四大姓氏占多。每年正月十三，都有祭祀猛将的盛大仪式。清晨，在村中的猛将堂，村民要敲锣打鼓将猛将老爷请出来，然后抬上猛将老爷小轿子到附近另外一个村子——顾家上的猛将堂汇合，附近其他村子的猛将此日也到此汇合，鞭炮锣鼓声中，再各自抬上自家的猛将神回到村里，开始赐福活动。一般先安排村上办企业的到他开的厂里去举行猛将赐福仪式，仪式十分简单，厂里的董事长在猛将神抬来的时候到大门口亲自迎接，然后对着神像跪拜三次，再给抬猛将的村民一个红包，仪式就算结束。村民们再抬到另外一家工厂，所有村上办厂的老板都拜过猛将后，再抬到村里，进入每家每户家里接受祭拜，在蒋家村，每年在正月十三日上午是猛将老爷到村民家去视察的时候，轿子转到谁家，谁家要郑重其事接猛将，准备素菜，水果，黄酒三杯，猛将老爷吃全素的，还要供"馒头盘"，每家都早早准备了小红包，拜毯，候神轿来则放高升三个，然后主家夫妇拜神，小红包则是献给老爷的礼物。

我们进村，看到蒋姓村民家果然在中堂上的供桌上供着糯米做的圆形糕点，一个大的，一个稍小，十六个小的，都是圆形的，寓意六畜兴旺，上面有红色粉末和红色的印花做装饰，十分的漂亮，当地人称之"馒头"，另一个碗里还有干金针菜、木耳、香菇、粉丝等，还有一个盘子里是苹果、橙子等水果，还要在"馒头"里面放两元的钱，叫"喜钱"，文革以前有位老道士跟着游行的队伍，凡是到人家大门口，老道士就念经祝愿，这个喜钱就归他了，现在没了老道士，则归村上的公账。

等各家全都拜结束，在村口有个较大的场地，壮汉们将神像放在村口空地上，村民陆续来烧香礼拜。只见盛装的猛将端坐轿中，旁边是两位民村们俗称的"小老爷"，也打扮一新，有村民说是猛将的护卫，有的说是猛将的外公和舅舅。神前有长长的蜡烛台，成捆的香和红蜡烛被村民们一一都点燃着，烟火袅袅，拜毯上不断有村民在烧香叩首，再步行几十米，在路的左边有个猛将堂和居民的住房连在一起，门口有个大的铁桶，里面的线香、钱粮成捆地燃烧，走进猛将堂，只见对着门的神像是观音的坐像，在观音像的右面才是猛将的神像。大门口坐着两排上年纪的老太太，上前一问都说是来走亲戚"吃肉饭"的。

采访了村上的汤姓老人，他告诉我们，村上过年走亲戚请客吃饭都是在此日，即正月十三日猛将生日的时候，而且来到家里的人越多越吉祥，说明人多财气也旺。我们来到村中间的蒋培元家，只见院子里有几位厨师正在忙碌的切菜配菜，放在蒸架上蒸熟，异常的整洁新鲜。蒋培元满脸笑容接待了我们，今天家里有十五桌客人要请，讲究的都是八仙桌，算下来，要一百多人的宴请，要吃几顿。蒋培元还是每年抬猛将仪式的组织人之一（现在有四、五位村民组成负责的班子，主要负责收取捐资费、购买祭祀用品、装饰猛将堂等的开销和次序的维护等工作，完全也是义务的）。届时每家志愿出资不限多少，仪式用去多少均上榜公布，难怪在猛将堂对面墙上看见两张红纸贴的捐资姓名和开支细目呢。饭后稍事休息，马上开始抬猛将，先是清理现场，有十二人中老年妇女组成的打连厢队伍在神前跳唱起来，调子都是紫竹调、唱春调之类。一位老太正把供在神前的糯米糕（盘成两条龙的形状的称之为"盘龙馒头"）切成小块送给烧香的人，通常是一块糕，一个荸荠，预示生活步步高，"荸荠"象征元宝，财源滚滚。

八点整吉时良辰到，先是八位中青年男子，上身赤裸，当地人称"赤膊裸"，抬起猛将轿子，前有一人赤膊裸敲锣开导，绕着村上的主路跑三圈，再换成另外八个赤膊裸上身的壮汉，如此五六次，直到没有人志愿赤膊裸上前为止，虽说是初春，但夜晚的气温还是很低的，都在零度以下，可"抬猛将"的汉子们奔跑得热汗淋漓，头上也直冒热气，这样抬神奔跑端午仪式，当地俗称"抢轿"，其中年纪最大的一位已经七十六岁了。且抢轿途中轿子不能触地，换手的时候，轿子也不能触地，村里的刚结婚的新官人第一年一定要参与"抢轿"，来吃年酒的村上人家亲戚也可以参加"抢轿"仪式，但租住在村中的外地人一般不参加。

村上的的汤姓老人告诉我说，"赤膊裸抬猛将"的习俗，文革破"四旧"以后就没活动过了，一直到1993年才开始恢复，开始规模小，后来开始慢慢热闹起来了，1996年开始赤膊裸"抢轿"，不久，猛将庙也是在村里恢复建立起来的，原来活动期间蒋家村人最多，后来附近各村陆续建立自己的猛将堂，人就没有原来多了，但还是几个村中人气最旺的，各村抬猛将时间不一：蒋家村是正月十三日，低田村是正月初八，旺家桥（音）是正月初六。农历七月里猛将不抬出来，只是请堂名、宣卷来唱一下，俗称也叫"抬一抬"。但只有蒋家村的猛将要壮汉赤膊来抬的，看来文雅的吴人也有豪放粗犷的一面。

几个来回"抢轿"人潮涌动，高兴的是村上的孩子们，跟着抢轿的队伍跑来跑去，大喊大叫。最高潮就是"抛轿"仪式，把猛将的轿子高高地抛起又落下接住，反复三次，为的是让"猛将老爷"高兴，多多赐福人间。过去是在田埂上举行"抬猛将"仪式，各村庄的猛将都抬出来比赛，万头攒动，势如潮涌，每致轿裂神倒，头破血流，必争取第一，来卜蚕稻茂盛，每年如此，俗信可祛除不祥。现在新农村建设田少了，就在村子里游转，祈祷猛将老爷保佑村子里的人家平安发财。

抬猛将仪式最后一个活动是放焰火，让猛将老爷看焰火，与村民同乐。一位来自木渎的老人告诉我们，这一带原来有个总庙，在庙上村（原自然村）诸墅庙里供的是任环老爷，做过明朝苏州府的同知，是抗倭的将军，届时所有各村的猛将都要到总庙报到，任环老爷的像是青石雕成的,文革破四旧砸毁了。

查史料可知,在明代嘉靖年间,朝政腐败,内忧外患日益严重。苏州地区地处东南沿海,又是物产丰饶的鱼米之乡,一度倭患十分严重。曾历任苏州府同知、兵备佥事与苏淞兵备道副总兵的任环在太湖地区招募乡勇,加以训练,任环还张榜告示,发动百姓绅商们捐钱,在太湖洞庭东山建起船厂,打造四十艘双帆战船,提高了抗击倭寇战斗力,保境护民,竭尽全力,立下不朽的功勋。他虽没有戚继光、俞大猷那么出名,却也堪称名副其实的抗倭名将。此后,吴中太湖一带百姓对任环十分怀念,所以各村的猛将神都会去拜任环,"抢轿"也许就是抗倭遗留下来的活动,锻炼身体,驱寇保家。

在庙头村的诸墅庙,看到墙上石刻有《诸墅庙缘起及禁约》,全文如下:本区诸墅庙向逢前明任光禄公環遗像,并祀猛将神。每遇水旱灾荒,虔祷辄应。兵燹后庙像改易,然同治十三年尚有借水胥王庙古事传为美谈。公更修庙宇而祀之,惟神生前力御倭寇,累立大功,殁后乃血食苏乡,尤多灵感,此庙祀之缘起也。

禁约文

附助疏村于后

本庙此次演剧为更正祀典,崇拜先贤,并答借水救旱之神为,是以缤民乐。为保赛况六十年来仅此一举,敬神谢神何等郑重,倘有无智乡民在场赌博籍端滋事者,定即送官宪治或公同议罚,特此通知。

中华民国二十三年十月日立

吴县五都三图、六都七图乡民等公启木竹岗、底田村、杨木桥、庄桥头、吕木坞、谈家里、马家场、划船浜、前村、沈乡、韩泾上、汤家浜、顾家场、江湾里、柳家场、走马塘、大杨树头、杨家桥、汲水桥、仇家桥、横木泾、邱巷、陈巷、太平桥。

明清以来，横泾境内及尧峰山一带，正月十三也有猛将会，出会仪式十分壮观，而尧南、马家村的村民却于正月十二祭祀猛将神。藏书镇一带，猛将会规模亦很盛大，猛将神像不设庙宇，采取轮坐"七段"（唐岗头二段和皇驾坞、柳家场、徐家场、堰头村、石臼庙各一段），轮值户主称"当头"，七段外的村落供小猛将，有"七十二个半散段"之称，七段头每逢立秋前三天走青苗会，正月十三日猛将生日，坐段要"待猛将"。散段可以投贴预约待新年猛将，此日还要请宣卷、堂名来演唱，村民邀请亲友吃"猛将酒"，大型的待猛将活动几年一次，一般当年出会下一年请戏班唱戏，称"做戏"，以酬神谢段。大猛将出会队伍逶迤，鸣锣开道、旌旗宝伞无数，十分壮观。

（三）吴江芦墟：刘王庙唱赞神歌

民间传说，猛将出生后娘就死了，父亲讨了个晚娘，养了个兄弟，晚娘处处刁难猛将，小兄弟却处处维护猛将，后来猛将到娘舅家去生活了，头上扎了个布，是因为放牛跌开（破）了头，猛将还处处利用自己的神力为乡亲做好事，后来得道升天，带去了一个兄弟，两个长辈，一个是自己的娘舅、一个是自家的外公。

吴江芦墟、浙江嘉兴、嘉善、上海朱家角、青浦一带渔民有专门唱赞神歌的组织如旗伞社、公子社等，每年正月里到刘王庙唱赞神歌进行祭祀，俗称"赕神"，除了新年猛将生日赕神外，赞神歌在男婚女嫁（称赕喜宴）、小孩出生三朝，（称赕三朝）以及孩子十岁、二十岁（称赕生辰）、老人做寿（赕寿辰）、工厂开张（赕路头请财神及当地"换长年"，每隔一年做一次，谢神灵，祈祷人口太平，生意兴隆、工作顺利）地方各种庙会。

据吴江《芦墟镇志》第十六卷记载，芦墟草里村也建有庄家圩庙，供其神像，俗称庄稼圩大老爷。以后民众遇有病痛灾难，往往前去祈求庄家圩"刘王老爷"保佑，平时香火不断。刘猛将军已演变为神灵，庄稼圩庙由原来的纪念祠堂成了烧香祈祷的"神庙"。解放前每年的年初五要出庙会，形成惯例。

草里村位于苏州吴江市原芦墟镇最西北,东北方向临三白荡,由南、北两个自然村组成,总人口970多人,南室圩上原有刘王庙,名"庄稼圩",20世纪80年代末年,其西邻移建了芦墟镇上原来的泗洲寺,刘王庙遂称刘王殿,香火颇旺。在刘王殿西是财神殿。每年年初四、初五吴江汾湖一带甚至浙江嘉善、嘉兴等地的居民来此烧香祈祷。

原来每年初四、初五旗伞社都到芦墟草里村的刘王庙来通宵主唱两场。近几年开始简化,在初四、初五的白天进行。后来了解到刘王庙是沈家出资翻建的,所以每次年初四、年初五的赞神歌都是旗伞社在主殿演唱,其他社只能在两边的厢房演唱。据旗伞社主沈毛头说,旗伞社由于成员不断加入,在民国初年开始有分支了。现在有三个分社,一个是浙江嘉善大舜村的红班社,一个是浙江嘉善丁栅朱家社,一个是上海朱家角的七牲社。其中浙江嘉善大舜村的红班社的社住张六宝是沈小弟的干女儿,原旗伞社的成员,和沈毛头关系很好。他们是一个沈氏集团的民间信仰组织,世代是渔民,以前主要是捉鱼、看簖,后来主要是养鱼、卖鱼、造船为生计。上世纪70年代陆续在岸上开始定居了,但自己仍然有船,唱赞神歌的传统已经有9代了,但目前只推出八代来,自称祖先来自吴江金家坝雪巷沈氏。传承谱系如下:

第一代:沈伟昌
第二代:沈刘高
第三代:沈玉堂
第四代:沈万正、沈万叶
第五代:沈老虎、沈小弟
第六代:沈天生(沈老虎之子)沈毛头(沈小弟之子大名沈瑞生)
(沈毛头还有兄弟三人分别是:沈根生、沈金生、沈福生)
第七代沈伟忠(沈天生之子)、沈天林(沈毛头之子)

擅长演唱赞神歌有:《刘王神歌》《太姆神歌》《卖鱼娘子神歌》《唐陆相公》《杨伯神歌》《顾公神歌》《城隍神歌》等。

在吴江同里的庞山湖也有个唱赞神歌的民间信仰组织——公子社,社主是沈全弟。他们也称自己是来自吴江金家坝雪巷沈氏,也传了六代了。演唱的神歌名目基本相同。芦墟旗伞社沈家班与同里公子社沈全弟都共同承认自己是来自吴江金家坝雪巷沈氏。

据芦墟文化站地方文化研究者张舫澜介绍,芦墟唱赞神歌的历史悠久,有水上派(网船派)、陆上派(本土派)之分,前者是渔民为主,用小铴锣,伴奏用大锣、铜鼓、铍共四样响器,后者唱赞歌大多不用锣鼓家生,以"和口"(一人唱众人和)的形式传承,吴江地区流传下来的神歌据说有108只,经常唱的有《刘王神歌》《太姆神歌》《卖鱼娘子神歌》《唐陆相公神歌》《杨伯神歌》《顾公神歌》《城隍神歌》等,新年里主要唱《刘王神歌》。张琪荪、张舫澜、张缮搜集记录整理《刘猛将神歌》[①]在上海文艺出版社出版的《中国·芦墟山歌集》上公开发表,立即引起中外学者的重视。日本兵库县立大学文学博士太田出、滋贺大学史学博士佐藤仁史对《刘猛将神歌》和芦墟山歌产生了浓厚的兴趣,认为这是一座待开发的宝库,有很高的研究价值。

在刘王殿外,旗伞社的大旗和伞插在附近,上面绣制盘金绣的盘龙,有四色布组成的伞,并绣有"金玉满堂"字样。旗底色为白色,贴花五彩盘龙、祥云图。大殿正中供奉有刘王神像、红衣黄色披风、两边是刘王神的弟弟、堂弟、叔伯兄弟三人(旗伞社的沈毛头告诉笔者),刘王神身边分别斜放有青龙宝剑,传说刘王经常配剑的,所以供神的时候必须也要放置宝剑三把,还有清茶三杯。

供品主要是:熟猪头、猪尾、猪脚、蹄髈、肋条肉(代表全猪)、全鸡、全鱼。边上放把菜刀,(据说是供神享用供品时候用的刀具)放在大的塑料盆里,上面盖着一张大红纸的敬神表,上写:

农历 2011 年二月初四

生意兴隆

佑人人太平　进香大吉

旗伞社

银子收二埂　时神元宝二百只

对金收一千二百串，总收五金二万八千刀

沈氏堂门

庄家圩大老爷　南北四朝

其他放在小的碗里，有咸鸭蛋、鸡爪、肉圆、油面筋塞肉；香菇青菜、素十锦、绿豆芽韭菜、油面筋、腐竹；苹果、梨子、甘蔗、橘子、香蕉；饼干、糖果、干果。每个供品上都覆盖一张红色小纸片。黄酒倒在瓷的和玻璃的酒杯里，一字排开，共 36 只。筷子一捆放在酒杯边上。在唱赞神歌的过程中沈氏兄弟会不断添酒，一共要添 13 次。期间也不断有乡民捧着一个大盘熟猪头、猪尾、猪脚、蹄髈、肋条肉（代表全猪）、全鸡、全鱼，边上放把菜刀端上来，还有塑料袋里盛的水果直接放在供桌上，过一阵子又会拿走的，沈家供品则一直放在供桌的当中。

上午九点开始唱赞神歌。沈毛头燃香点蜡烛。跪地开始祷告，然后坐在凳子上开始赞神歌。唱的程序是先唱请神（沈毛头唱约一个多小时）、坐神（沈根生唱，约一个多小时）午饭后。12 点半。暖神（张六宝唱，约一个多小时）正本（沈金生唱约一个多小时）、送神（沈毛头唱，约一个多小时），期间沈天生锣、张六宝鼓。或者沈根生锣，沈金生鼓。沈毛头小锣，节奏基本是"咚咚镪、咚咚镪、咚咚咚咚咚咚镪"。唱过送神歌后，沈毛头在自己身上的小红袋子里拿出四个黄杨做的三角形的神物，称"筶"，焚香后，跪下，然后再用一面锣里开始"笃筶"。根据笃召的情况显示神对赞神歌是赞许还是不满意。如此三次。如不满意则要再唱一段赞神歌再举行一次"笃筶"仪式，如神满意则焚送元宝、钱粮、放高升、鞭炮在殿门外,送神回原处,仪式即告结束,供品撤回家。在整天的仪式上进庙来的乡民可以随意磕头,也可以上供品,坐在边上听,或随心走开,没有特别的规定,只有唱赞神歌的歌手不能离开。

在东厢房和西厢房里,有从嘉善丁栅赶来的朱家班子和上海朱家角的七牲社神歌班子也在唱赞神歌,供品基本和旗伞社一样。

《刘王神歌·请神》[12]（部分）

（由同里公子社沈全弟演唱）
河爷香请傩[13]南北朝大人请一请虐[14],
亦请侸丹[15]靠辈大人苏州府城隍府台大人到来临虐,
亦恭请侸丹莲泗荡上天王大爷到来临虐,
恭请侸丹莲泗荡大爷二爷三爷三位大人到来临。
奉请侸[16]莲泗荡金府安乐王爷千岁到来临,
奉请嘉兴格王江泾长龙桥边浪关王城隍要来临,
再奉请侸丹北朝里向各位神灵众位大人虐,
奉请侸丹北朝里向北雪泾格五公公六太爷两位大爷到来临。
奉请侸丹北朝里格上方山大太太二太太三太太三位大人到来临,
奉请上方山浪三爷三娘五位公子夫人匣[17]要到来临,
奉请高金山浪大爷二爷到来临,
奉请五峰山王爷格夫人小小二男一同来虐。
奉请侸丹金山浪向金山城隍金山太太金山小姐匣要到来临,
奉请香山嘛香山大娘匣要到来临,
奉请茅山浪向[18]茅山真君子三弟兄到来临,
奉请昆仑山浪向昆仑山三星三观爷到来临虐。
奉请山东蓬莱仙山上八洞中八洞下八洞各位神仙到来

临啊,
　　匣奉请苏州枫桥头周二少爷皇阿爹匣要来临,
　　奉请佴丹东朝头金泽杨爷杨爷嫚嫚⑲到来临,
　　奉请淀山湖七爷到临虐!
　　亦奉请佴丹同里镇浪格㉒南观城隍北观城隍二观城隍到来临虐,
　　奉请佴同里镇浪大庙里向东岳大殿十殿阎王匣要到来临,
　　奉请当坊土地吴门土地匣要到来临,
　　奉请佴丹渔业大队村浪向长生城隍龙王观世音娘娘匣要到来临虐!
　　奉请四海老龙王匣要到来临,
　　奉请九里湖张家泾六老太到来临,
　　再奉请九里湖龙王吴氏夫人到来临,
　　奉请高店财粮皇帝到来临虐。
　　奉请庄家圩浪向大爷二爷三爷三位大人到来临啊,
　　再请佴三界河爷到仔天庭浪向走一走,拿天庭浪向神仙来请一请虐,
　　奉请佴南天门浪向凌霄殿浪向,玉皇大帝王母娘娘匣要请得来虐,
　　奉请佴丹凌霄殿浪三十六位天神天将匣一同行。
　　奉请灵山浪向西天大佛如来菩萨释迦牟尼到来临,
　　奉请带领五百罗汉文殊菩萨到来临虐,
　　再奉请佴丹普陀山浪向南朝观世音娘娘请得来啊,
　　再奉请佴丹九华山地藏王菩萨亦请得来虐。
　　奉请佴丹同里湖罗星洲浪向,如来菩萨观世音娘娘请得来虐,……

　　　　　　(沈全弟演唱,张舫澜、张钟麟、金云凌记录)

（四）东山莳山寺：抬猛将赏荷

祭祀猛将的习俗在太湖地区影响十分广泛，不仅新年里有一系列的活动，而且其他季节也有抬猛将的活动。在东山一带，每年农历六月廿四有抬猛将赏荷的习俗。各村抬猛将至莳山下赏荷。

莳山寺位于太湖东山西南部的龙头山上，其山原名莳山，民间传说明初时太湖中有妖作怪，遂在山上筑石龙头镇妖而得名。山因称龙头山，南宋时宋高宗官军南渡经太湖龙头山，因风涛大作不可航行，祈祷神灵保护而脱险，故龙头山又称"莳山"。岛上风光秀丽，"莳山菱荷"名闻遐迩，是东山古十景之一。现存有莳山寺、十二生肖殿、路公祠、蛇王殿等明清建筑及古炮台、千年石龟、石龙头等古迹，故莳山寺是东山民间信仰集中之地，香火一直十分旺盛，农历四月十二蛇王诞辰、农历六月二十四雷祖诞辰，荷花生日，四乡善男信女都涌至此烧香出会。

清晨五点，天空微露鱼肚白，我们赶到龙头山莳山寺的时候，已经是锣鼓声声、人声鼎沸，村民们开着自家的农用小车、电动车、小的黄鱼车、自行车，多数村民都是步行，许多中老年妇女手里都挽着竹篮，里面放着线香、蜡烛，赶到莳山寺下看猛将赏荷、上山烧香祈祷。烧过香后有许多的老年妇女在寺边折些竹枝，说是庙边竹枝回去插在门上保平安的，清晨的莳山寺在太阳还没出来的时候就已经热闹非凡了。

笔者采访了金湾村民沈伟珍（68岁，东山金湾卜家村人，是村里的"香头"，组织烧香活动、文艺团队的排练、演出，大家都称她老师），她热情地告诉我们：小辰光莳山寺边都是荷花塘（现在我们看见还有荷花塘，但规模小多了），每年六月荷花盛开的时候，各村都要抬猛将老爷赏荷花，"文革"的辰光才（吴语：全）砸光了，二十世纪八十年代慢慢恢复起来。倪金湾是猛将老爷的外婆屋里厢，每年倪金湾人都要在寺庙下面的码头迎接其他村的猛将老爷来赏荷花，所以有锣鼓队、龙灯队、腰鼓队、挑花篮、鲜花队，都是本村的妇女组成，年纪在30岁至60多岁之间。横幅上写着"欢迎猛将菩萨降金湾"。每当其他村的猛将队伍来的时候,金湾人敲锣打鼓、舞起龙灯、跳起舞来,还要放三响高升,表示欢迎。广场上金湾人还供奉香案、猛将菩萨神像,神像边插着新鲜的荷花和荷叶,以示老爷赏荷花,香案上供的水果、糕点。陆上来的还是水上来的队伍都是一样的迎接方式。水上队伍我们看见都是双船捆在一起,上面一排木板联排,大头船上是大型的猛将神像,像通高两米多,手里拿着宝剑,头上戴着金色缀满红缨球的"相貌",披着大红的披风,两边数面彩旗迎风猎猎,香案山烧着红烛、盘香或寿字香,神前供着猪头、全鸡、全鱼、"龙馒"(一种自己做的糕)、水果、瓜子、糖果等。神前两边扎着新鲜的荷花荷叶以示老爷赏荷。水上的队伍还拉着红色的横幅,上面写着"刘府中天王"和自己的村名如"东山高田村前门头"、"西高田村"等等。随后的船是腰鼓队、挑花篮队、红绸队、龙灯队,都从水上迤逦而来护送猛将老爷回外婆家省亲赏荷。到了金湾码头,猛将老爷的船要在水里转两圈,寓意是猛将转圈赏荷花。据上年纪的村民回忆,过去河里也全是荷花。有的村子船上还用纸板做成护栏,上面写的有:"猛将尝荷花,百姓保平安""佛光普照,国泰民安""六月廿四,纪念猛将""满塘鱼虾蟹,池梗茶果旺""佛光普照,风调雨顺",还有个村拉的横幅:人民生活步步高,全靠党的好领导。陆地上来的队伍数王江泾一队的猛将精致,除了一个高达二米的大猛将由车子八位壮汉推着前进外,后面还跟着两位小猛将,通高大约八十几公分,神像皆鎏金,而且神位上也鎏金装饰,神像后面还装饰有状如鸡毛掸子的彩纸,看上去十分的威武气派。

  蕲山寺下的码头虽然队伍来来去去的很多,但村民都极有次序的进退,场面热闹有序。到八点的时候,各路猛将已经基本省亲赏荷完毕,打道回府了。热闹的庙会场面顿时清净起来了,只有三三两两的村民还在陆续上山烧香。

思考与余论

猛将信仰在苏南地区过去是十分兴盛的,但 1949 年后逐渐消失。近年来在沿太湖的江苏苏州吴中、吴江和浙江嘉兴、湖州、上海青浦、松江一带又兴盛起来。历史上猛将是稻作农业的保护神,清末民国以来,在这些地区却是渔民中间信仰最为虔诚,完全自发组织,在太湖的渔民中,还有自发组织的专门唱赞神歌的神歌班子,有自己传承谱系和拜神方式,且传延至今。

《论语》记载,孔子的学生子贡问老师,治理国家什么最重要,孔子回答说:"足食,足兵,民信之矣!"子贡让孔子去一条,孔子说:"去兵"又让去一条,孔子说"去食"。然后他说:"自古皆有死,民无信不立。"当然是民信最重要了。笔者认为,猛将神信仰的流布和神性的扩展,反映了中国民间信仰的传承性、变异性,实用性与随意性。虽然民众的虔诚膜拜充满了实用主义的心理,无论是抬猛将煦游还是唱赞神歌为主要仪式内容的节日文化空间,但无疑都是承载了民众对幸福生活的寄托和向往,现实天灾人祸的不确定性,让人无所依靠,精神上需要安抚和支撑,猛将神传奇故事正好可以填补这样俗信的心理。所以我们不能忽视或视而不见,正如郑土有先生指出的那样:"而事实上我国传统的神圣节日历来不乏丰富多彩、形式各异、人人可参与活动,只是由于种种原因,没能很好地得到传承、弘扬和利用,因此,在当下保护传统节日的活动中,应该充分关注神圣节日,切不可将它排除在节日体系之外。"[21]

中国节日的源远流长与民间信仰密不可分,民间信仰是节日的源头活水,因此关注与研究、保护传承民间节日决不能忽视民间信仰这个关键点,民间信仰也是节日重要的不可或缺的基础和组成部分,缺少了这部分,节日体系是不完备的。

祭祀猛将是太湖流域民间神圣节日,每年猛将庙会期间,在东山新年猛将出会,凡经过的人家、商铺都早早摆上香案,供上黑木耳、香菇、金针菜、水果、糕饼等素供，一俟神像经过，就点香纳拜、并赏给抬猛将人小红包，然后燃放"高升""百响"送神离开，如此便会安康顺遂，生意兴隆、鱼虾鲜果丰收。参与仪式，表达虔诚愿望外，村民特别是村中妇女都打扮一新，争相看出会。清严用三《尹山猛将会竹枝词》有生动的描绘，其诗云："竞看赛会櫂扁舟，村俏成群意气浮。桃柳风翻裙褶乱，歪斜吹散牡丹头。髽少乌云步少莲，布衫浆簌靛痕鲜。青团黄粽争相买，挖出荷包尽白钱。朝来挈伴过河东，为助神前花供共。每分三星须白镪，胎缨凉履各称雄。会毕分班上快船，腿酸脚软急呼烟。面筋蔬菜新煎酒，醉饱归来就凳眠。"②

虽然清代皇帝封刘承忠为"驱蝗正神"，但太湖流域农民和渔民祭祀的猛将却不并不完全是官方认可祭典的武将猛将，各地方的猛将神也因地域不同而各异，如嘉兴莲泗荡的猛将神是刘承忠为原型的，东山的猛将神则以宋武将刘锜为原型的，吴江芦墟的刘王殿的猛将则是以放牛娃为原型的，他们的共同点是都手握宝剑，象征斩恶除害，护佑一方平安。

民间拜神是有自己的标准的，民间的猛将神具有积极的反抗精神，他护佑百姓庄稼，就是保护民众生命，因此，几百年来剪不断的丝缕，百姓对他虔诚烧香祭祀。吴江芦墟刘王庙的供品上面盖着大红纸上的敬神词也许说明了民众的心声——"生意兴隆，佑人人太平，进香大吉。"而祝祷词是"人口太平，五谷丰登，六畜兴旺"。至今，民间仍然在传唱赞以放牛娃为原型的猛将神歌，传颂他的故事，东山、芦墟、莲泗荡的猛将会规模一年比一年大，参与人数也越来越多。不仅如此，猛将这位稻作文化的神君也是太湖渔民信仰的保护神，原因是太湖渔民长年在水上生活、捕鱼捞虾，行踪不定，如果遇到狂风巨浪，经常发生船毁人亡的惨剧，所以渔民更需要精神支柱和心理安慰，对神灵的信仰更易得到心理认同。所以，至今这位神君在太湖流域民间仍然占据有一定的信仰地位，值得引起关注和研究。

注释：

① （明）王稚登：《吴社篇》，《吴中小志丛刊》广陵书社 2004 年 12 月版，第 169 页。
② 文末附注："吴语谓急走曰'赶'，读如血音。"赶：原是一个"走"字偏旁加个"巾"字组成。
③ （清）顾禄：《清嘉录》卷一和卷七，江苏古籍出版社 1986 年 9 月版，第 27 ~ 29 页，第 155 页。
④ （清）顾震涛：《吴门表隐》卷一，江苏古籍出版社 1999 年 8 月版，第 5 页。
⑤⑥⑦ （清）袁景澜：《吴郡岁华纪丽》卷一，江苏古籍出版社 1998 年 2 月版，第 28 页。
⑧ 车锡伦、周正良：《驱蝗神刘猛将的来历和流变》，原载《中国民间文化》第 5 辑，学林出版社 1992 年版，第 1 ~ 6 页。
⑨ 《东山镇志》第 28 卷"社会·庙会"，东南大学出版社 2002 年 12 月版，第 843 页。
⑩ （清）张霞房：《红兰逸乘·琐载》卷四，《吴中小志丛刊》，广陵书社 2004 年 2 月版，第 144 页。
⑪ 张琪荪（1908—1990）吴江市芦墟镇著名老中医，人称"老琪先生"。他年轻时当过"神歌先生"，曾在庄家圩猛将会及赕佛讯演唱《刘猛将神歌》等赞神歌。并搜访到几十种山歌、赞神歌、宝卷、道情、佛曲的抄本和刻本，但大都在"文革"中被抄去烧掉。在他 80 岁时，经苦思冥想，断断续续地达一年零五个月的回忆演唱和口述，由他儿子张舫澜、孙子张缮如实记录下来，共 1800 余行。《刘猛将神歌》在《中国·芦墟山歌集》上公开发表，引起关注。
⑫ 请神：系水上派（网船派）赞神歌前固定的祭神仪式歌，本篇请神仪式中包括了"请神"、"坐神"、"敬神"三部分。唱完正本要"送神"，内容相似。
⑬ 傩：你。
⑭ 虐：仪式歌或神歌中常用语气助词。
⑮ 俉丹：我们。
⑯ 俉：我。
⑰ 匣：也或亦。
⑱ 浪向（浪）：上面，上。
⑲ 嫚嫚：姑母。
⑳ 格：的，有时也作"这"。
㉑ 参考郑土有：《一个民间信仰组织的"节日"生活——以江苏芦墟镇"旗伞社"为例》，载《节日研究》第二辑，山东大学出版社 2010 年版，第 65 页。
㉒ 转引自《江苏竹枝词·苏州·吴县》，江苏教育出版社 2001 年 3 月版，第 736

编 后 记

编 委

《传统文化研究》第 24 辑又杀青出版了。

第 24 辑在研究当前社会主义核心价值观方面，较 22、23 辑有所提升。首先从层面进入了内涵，又从核心价值观中各自选出一些"关键名词"，分篇从不同角度阐述，却又能显示其各篇的内在联系。例如"核心价值论"栏目中：《顾炎武爱国思想新论》、《论爱国主义主题是永恒的》两篇文章，从不同的角度对"爱国"一词进行论述，前者论述了顾炎武的爱国思想并提出对保国—保天下的新见解，后者从历朝历代爱国史实出发，梳理了不同时代的爱国理念，再从中取其优秀传统精神，这精神恰恰显示了前后两篇文章自有他们的内在联系："天下兴亡，匹夫有责"的精神。但时代不同了，爱国理念必须要听取时代的声音，才能把准历史的脉搏。再如《让诚信实现更大价值》和《论诚信价值观的内涵、价值与传承》两篇也各自分篇抒写与论述，后篇能在前篇基础上进一步论述其内涵与价值，显示了前后两文连续性的内在联系。《工匠精神——敬业精神的时代表达》一文中作者提出了敬业精神与工匠精神的关系，从许慎的《说文解字》《论语》《孟子》《二程遗书》中解读"敬业"一词，从而联系了工匠精神，并对工匠精神的某些误解又作了合理的解释，可见作者写作态度也是很敬业的。最后一篇，谈大学生的精神文明，虽是另起一笔，实质是综合了爱国、敬业、诚信、友善从大学生方面谈起，与以上四篇也有一定的内在联系。根据以上六篇的系列论述，这正体现了社会主义核心价值观通过人们的学习，找到了历史的传承与现实的共鸣。

由于22、23辑对核心价值观有了一定的阐述，所以在本辑续论就能起到一定的辐射作用。例如"生态综议"中《倾听山林与湿地的无声之声》，作者热爱太湖，但又生怕太湖中的水网被拆除后，卷土重来，再度污染太湖之水。所以作者又从正反两方面论述，指出保护山林的重要性。她将太湖周边山岭比喻为太湖的蓄水池，破坏了山岭，就等于破坏了山岭的毛细管输血的源头。山上的植被又是一条精妙的蓄水系统，破坏了这条蓄水系统，就等于破坏了湖泊水源的补充给养。还有湿地，它是水与陆地交接之处，它可以对水起到净化作用，若是都改为湿地公园，不但破坏了净化，而且失去了野趣与灵性。作者科学地点出了破坏生态的要害。又如《生态与环境——苏州开山取石与文化高地的影响》，作者从前几年的开山取石工程，致使阳山、支硎山、尧峰山、七子山在文化的积淀上受到一定的损耗，因为以上诸山，都是文人栖隐之地，有文化文人的故居坟墓，而且也有的是佛教胜地。近年来虽有所限制，但还需警惕今后，因而作者真挚地提出了几点建议。

《苏州古代生态环境保护与营造》、《范成大的田园世界及其生态之恋》，前篇正是反映了古代对生态环境的保护措施，后篇更体现了古诗人的田园世界——生态之恋，这正是回眸再切历史的脉搏。

苏州是丝绸的原发地，所以"丝路研究"在23辑上已有所刊载。24辑经苏州市档案局与苏州市传统文化研究会商议，决定

编 后 记

共建《传统文化研究》24 辑,档案局拥有自近现代以来完美的丝绸档案样本二万多卷,三十余万件,通过整理、申报,成功进入"世界记忆亚太地区名录"。在《传统文化研究》上增添栏目有"锦绣兰台"、"红色苏档",提供了 8 篇文章,5 篇属苏州丝绸档案样本介绍、刍议、申报、申报成功的系列文章,3 篇是抗战人文档案,这些文章因属档案类型,和《传统文化研究》文章有联系,同属文史范畴,虽文体有所不同,但无关紧要,在某种意义上说,也可发挥学术的功能。

至于"吴中人文",《传统文化研究》自始至终游弋在吴中与长三角一带的文化领域。在《苏州文化传承与文化苏州建设的思考》一文中,既肯定了苏州文化的唯一性与独特性是苏州发展的宝贵资源,苏州厚重的历史文化,是苏州文化发展的动力源,但为了要让吴文化更好地发展,要有文化自觉、文化自信。因此提出了三点思考:从天堂意识中走出来;从小巷意识中走出来;从园林意识中走出来。这并不是否定这三种文化,而是为了让其拥有更广阔的天空海域。对固有的本地区文化内涵应不断开发,同时也要和各地区的文化相互交融,既要海纳百川,也要发展中华文化。

本辑"吴中文化"中,《苏州吴国都城》《元末重修苏州城墙初探》《从会稽郡、吴郡到苏州——秦汉至隋唐时期吴城所辖行政区域及政治地位的变迁》三文,前篇根据"王国维二重证据法",参考古文献、地方文献,以及苏州有关单位多次发掘地下实物,认为苏州古城即为春秋吴都;中篇也有隐约透露其意,以提供读者思考;第三篇虽是论述秦汉到隋唐时期苏州的区域变迁,但也可从中领悟到一些有关苏州古城的含义。

再如《姑苏太守白居易笔下的东方水城——诗意栖居的天堂》《吴中好风景风景无朝暮——白居易笔下的苏州诗咏》两篇

文章，前篇是以白居易诗作为论据，论证了诗意栖居的人间天堂——苏州；后一篇是以白居易的诗咏作为论据，论证了吴中好风景，风景无朝暮。共同反映了东方水城、苏州古城美的特色。《余怀晚隐吴门考》、《徐俟斋情归吴中》二文都是考证与论述了明末诗人余怀与徐俟斋为了保持气节，不愿入仕清朝而归隐吴中，尤其是徐俟斋最后贫病而亡，与元郑思肖《墨兰图》诗那样"宁可枝头抱香死，何曾吹落北风中"。这两篇文章中，正体现了明末一些知识分子归隐民间或山林的爱国情操。《昆剧究竟几百年》《苏州评弹与苏州方言保护》《隐现无穷之态，照摇不尽之春——经典园冶的文学作品赏》，昆曲、评弹、园林，正是苏州三绝，三位作者从不同的角度进行了论述与赏析，也给人以眼目一新。《在文学与历史之间的游弋——顾颉刚的"红楼梦研究"》《邓云乡与红楼梦》《曹寅昆仲游千尺雪及邓尉探梅》这三篇文章同样从不同的角度共论《红楼梦》，给人有新的感触。《读书学习，成才兴邦——以范仲淹为例》、《苏州传世名著解读两种——〈吴郡志〉与〈宋平江城坊考〉》，两文是在近年来苏州掀起的读书风中所写，有叙写，有解读，对学习与读书来说是起到了导读作用。《璀璨的教育遗产——略论苏州校园历史建筑的保护和利用》，在百年，甚至百年开外的老校，不仅要看到它们们的历史建筑，弦外之音，更要看到他们的历史教育质量，应该一律加以关注与呵护，使这些老校共同培养国家更多更需要的人才。《开相宜从阿堵起？——父亲费新我画像若干事》《敲锣打鼓奏编钟剑胆琴韵众乐乐》，丹青、古乐同样是吴门的极品，二文写来，既有形象的丹青人物，又有悦耳的清音古声写出了吴门艺术的高雅。《沧浪亭：官衙园林的文化表达》《桥联：无名文人的用武之地——从苏州古桥读历史文化之一》《桥头：阅尽历史的沧桑——从苏州古桥读历史文化之二》，似乎沧浪亭和苏州的桥已经耳熟能详了，但这三篇却写出了新的意境，如专题写沧浪亭的官衙园林文化少有人写。写桥联，点出了无名文人的用武之地，令人感慨万千；写桥头，刻画了阅尽历史沧桑的画面，读后，也令人余味缕缕，甜酸苦辣。

新增的"红色苏档"栏目，使《传统文化研究》第一次刊载了有关红色人物与苏州丝织工人抗日斗争的事件，也可说是为本书开拓了一个新的研究领域，给人以激励、奋发。

"江南望族"栏目，论述了江苏吴江柳亚子、浙江川沙黄炎培的思想和家风家教。他们虽出生于晚清，思想与观念却随时代而转型，中西兼通，使子女既受到优秀传统文化的教养，又能接纳西方文化的精华，从而这些子女都成大器。贝氏家族虽属苏州望族，但他们的企业却踏上了大江南，进入了大上海，因而贝家的慈善事业见证了苏沪之间的文化交融。

"论苑撷英"三篇文章各有内涵，各有特色，显示了中华文化的优秀传统：人无远虑，必有近忧；母慈子孝；古园林的美学意蕴。

"资料集萃"三篇文章：《春秋吴大城姑苏繁华地》梳理了吴地悠悠2500年历史，从吴国崛起到诸侯争霸，从六朝吴郡文采初现到隋唐水城诗意盎然，直至明代流金溢彩（清代待续）；《早期西学东渐与苏州科技发展》，叙写了中华文化与西方科技文化在苏州的早期握手，作者对科技的介绍也颇到位；《关于太湖流域（苏州地区）猛将神信仰的调查与研究》详尽叙写了在苏州地区的农民由对爱国英雄与爱民好官的爱戴而延发出的民间信仰，抬猛将的大型活动已成为当地的重要民俗活动和非物质文化遗产。

2017 年 2 月